中国皇帝 全传

十六国·南朝·北朝

丁振宇 著

华中科技大学出版社
http://www.hustp.com
中国·武汉

图书在版编目（CIP）数据

中国皇帝全传 / 丁振宇著. ——武汉：华中科技大学出版社，2022.5
ISBN 978－7－5680－7351－6

Ⅰ.①中… Ⅱ.①丁… Ⅲ.①皇帝－列传－中国 Ⅳ.①K827＝2

中国版本图书馆 CIP 数据核字（2022）第 053768 号

中国皇帝全传
Zhongguo Huangdi Quanzhuan

丁振宇 著

策划编辑：亢博剑
责任编辑：康　艳　孙　念
装帧设计：今亮後聲 HOPESOUND 2580590616@qq.com · 小九
责任校对：刘　竣
责任监印：朱　玢

出版发行：华中科技大学出版社（中国·武汉）　　　电话：(027)81321913
　　　　　武汉市东湖新技术开发区华工科技园　　　邮编：430223
印　　刷：鑫艺佳利（天津）印刷有限公司
开　　本：710mm×1000mm　1/16
印　　张：115.75
字　　数：2200 千字
版　　次：2022 年 5 月第 1 版第 1 次印刷
定　　价：398.00 元（全四册）

本书若有印装质量问题，请向出版社营销中心调换
全国免费服务热线：400－6679－118　　竭诚为您服务
版权所有　侵权必究

【序】

在历史中寻找人生智慧

著名历史学家托马斯·卡莱尔说:"在我看来,世界的历史,人类在这个世界上已经完成的历史,归根结底是世界上耕耘过的人为的历史,甚至不妨说,他们是创世主。……整个世界历史的灵魂就是这些伟人的历史。"

哲学泰斗黑格尔说:"世界和人类整个历史是由理性统治的,'绝对精神'或'世界理性'是世界万物的本源。……人民就是不知道自己需要什么的那一部分人……他们的行动完全是自发的,物理性的,野蛮的,恐怖的。"

政治学家马基雅维利说:"一个君主如果能够征服并保持那个国家的话,他所采取的手段总是被人们认为是光荣的,并且将受到每一个人的赞扬,因为群氓总是被外表和事务的结果所吸引,而这个世界尽是群氓。"

以上三位是英雄史观的拥趸,所持观点是唯心主义的,他们认为,历史是少数英雄和帝王将相的意志、品质、才能决定的;虽然历史并非个人随心所欲的结果,却是由某种精神、意志决定的,伟大人物是世界精神的代理人。

翻开史书,我们几乎不用思考就能发现这么一个"真理":每个朝代的盛世,都是由帝王带领一批文武大臣缔造的;每当历史来到了紧要关头,明君贤臣良将便从天而降,受命于危难之际,挽狂澜于既倒,扶大厦于将倾。

这些帝王胸怀天下、雄才伟略、文武兼备、超群绝伦，带领众人建立新朝：普天之下，莫非王土；率土之滨，莫非王臣。他们通过建立封建专制制度，化国家为自己家，"手握生杀大权""天下之事无大小皆决于上"。

他们是众生的"主宰"，天威不可犯，表面看是历史的创造者，事实果真如此吗？

伟大的思想家马克思、恩格斯提出了新观点，他们指出："历史活动是群众的活动，随着历史活动的深入，必将使群众队伍扩大……人民自己创造了历史。"唯物主义者认为，人民群众是物质生产活动的主体，是社会历史的创造者。

孰是孰非，答案不言而喻。人类的实践历史证明了唯心主义观点是错误的，验证了历史是由人民创造的这个颠扑不破的真理。

英雄、帝王，的确是万人敬仰的伟大人物，他们也的确在历史进程中脱颖而出，并带领众人建立了不朽功勋。但是，那也是因为他们感受到了时代的情绪、时代的脉络、时代的欲望、时代的压迫感、时代的困扰，这种敏感让他与时代合二为一，与时代的脚步同步，相互配合，最终取得成功，而绝不是他们独自完成了历史进程的使命。人们不过是将功劳记在了英雄、帝王身上，他们集众誉于一身，以至于造成"历史是由帝王、英雄所创造"的假象。

巴黎公社的实践、十月革命的一声炮响、中国革命的胜利，都证明了人民才是历史的创造者，人民才是真正的英雄。习近平总书记说，人民是历史的创造者，是真正的英雄。波澜壮阔的中华民族发展史是中国人民书写的！博大精深的中华文明是中国人民创造的！历久弥新的中华民族精神是中国人民培育的！中华民族迎来了从站起来、富起来到强起来的伟大飞跃，这是中国人民奋斗出来的！

那么，英雄、帝王在历史发展进程中究竟发挥了什么作用？

中华民族是伟大的民族，拥有5000多年源远流长的文明历史，是世界唯一幸存至今的古文明国家。在这5000多年的历史长河中，

2000多年的封建社会不可忽视，数百位帝王更是难以绕过去。

自公元前221年，秦始皇正式建立秦朝，开启了我国封建社会历史进程，到公元1912年清政府灭亡，封建社会走到了尽头，退出了历史舞台。在这2000多年里，中国封建社会几乎遵循治乱周期率，历经数十个朝代、数百位帝王。这些帝王对我国历史发展进程产生了非常重要的影响。

积极正面的帝王发挥的作用是多方面的，他们是历史任务的倡导者和发起者，还是重大历史事件的组织者与参与者，更是历史发展进程的促进者和影响者。

比如中国第一个统一帝国的创建者、中国第一个封建帝王秦始皇。秦始皇雄才伟略，顺应历史潮流，横扫六国，终结了数百年群雄割据的局面，为中国历史跨入封建社会阶段做出了开天辟地的大贡献。他首创皇帝专制政体，颁布书同文、车同轨等政策，使中国进入了中央集权的帝制时代；他派兵北扫匈奴、修长城，南下百越，开灵渠，为民族融合统一做出了巨大贡献，后来长城成为中华民族的象征之一，成为中华民族精神的重要标志；他统一文字，为中华民族共同体提供了坚实的文化基础；他废分封，立郡县，开创了中国统一行政管理模式，为后代所沿用、发展。

比如汉武帝。他采取推恩令，解决了封建诸侯尾大不掉的问题，稳固了中央集权；他一改战略防守为战略反击，对匈奴宣战，奏响了"明犯强汉者，虽远必诛"的最强音；他罢黜百家，独尊儒术，强化封建思想统治，为后代封建统治者所推崇，使儒家思想成为2000多年来中国传统文化的正统和主流思想。

比如"开皇之治"的创造者杨坚。他结束了东汉灭亡后长达300多年的战乱，使各民族再次统一；他通过系列改革，休养生息，使国力增强，国民渐富，为隋唐辉煌打下了坚实的基础；他改革官制，确立中央五省六部制、地方州县二级行政体系，修订开皇律，开创科举制度，为后面封建王朝的行政制度奠定了基础。

比如"贞观之治"的开创者李世民。他文韬武略，南征北战，以"亡隋为戒"，任贤纳谏，"九瀛大定"，为大唐盛世打下了坚实的基础；面对强敌突厥，他励精图治，恩威并施，实行开明的民族政策，形成"四方来贺，八方来朝"的局面，使唐朝走向世界；他"偃武修文"，致力于经济建设，虚怀纳谏、不拘一格选贤任能，开创了我国封建史上又一个辉煌盛世。

比如被西方称为"全人类的帝王"的成吉思汗。他性格坚毅、富有韬略，锻造了一支令全世界闻风丧胆的军队，冲锋陷阵，无往不利，书写了冷兵器时代骑兵战争的巅峰传奇；他统一蒙古，灭辽、灭金等，为中华民族的融合发展做出了巨大的贡献；他的后代继承其遗志，统一中原，开创了我国封建史上少数民族政权建立大一统王朝的先河；他的后代子孙几次西征，影响了中亚、欧洲的历史发展进程。毫无疑问，他是中国历史上最具世界影响力的帝王。

比如布衣皇帝朱元璋。他出身寒门，却在乱世中杀出重围，最终剪灭元朝及地方割据势力，重新建立了大一统王朝；他以强力手段废丞相制度，加强中央集权，创设大量的典章制度，不仅为大明三百年基业打下基础，还影响了清朝行政体系的建设；他稳定政治局势，出台系列改革措施，发展经济，酿成"洪武之治"；他铁腕反腐，确保明初较长时间政治清明，官吏廉洁、百姓安居乐业。他是一位武定祸乱、文致太平的伟大帝王。

托尔斯泰在《安娜·卡列尼娜》一书中写道："幸福的家庭都是相似的，不幸的家庭各有各的不幸。"这句话放到帝王身上似乎也适用。成功的帝王都有共同的特点，但失败的帝王却"千奇百怪"。

比如晋武帝。别的帝王后宫佳丽三千，他的后宫美妇则在万人以上。为了公平，他经常坐着羊车到后宫游幸，羊车停在哪儿，他便宠幸哪位妃子。

比如东晋孝武帝司马曜。他曾重用贤人谢安，力挫前秦苻坚率领的 80 万大军，但他又纵情声色犬马不能自拔，最终被自己最宠爱的妃子用被子捂死。

比如北齐文宣帝高洋。他也曾励精图治，使北齐成为强国，但他纵欲酗酒，当众奸污大臣妻女，并亲自肢解尸体，残暴虐杀，杀人如麻，俨然暴君典型。

比如梁武帝萧衍。他在位40多年，曾宵衣旰食治国理政，建立了"文物之盛，独美于兹"的"天监之治"，但他沉迷佛法，纵容邪恶，致使奸臣当道，国力衰微，最终成为"南朝四百八十寺，多少楼台烟雨中"的素材。

比如唐明皇李隆基。他开创了"开元盛世"，执政后期却沉迷享乐，最终导致了"安史之乱"，使大唐帝国由盛转衰。

比如乾隆皇帝弘历。他在位前期政治清明，但后期奢靡无度，任人唯亲，大兴文字狱，导致吏治败坏，农民起义频发。

比如唐僖宗李儇与宋徽宗赵佶，身为皇帝，却不理政务，喜欢打马球、玩蹴鞠，甚至拿国家大事开玩笑，以球艺好坏来任命重要官员，结果导致政亡人息。

比如汉灵帝刘宏、南朝宋少帝刘义府、南朝齐废帝萧宝卷，明明是天潢贵胄，锦衣玉食，不愁吃穿，却在宫廷中"列肆"，自己穿上商贩衣服，做起买卖来。

比如北齐后主高纬，明明身份高贵，却喜欢当乞丐，下令在豪华的宫廷内开辟场地、兴建农舍，他自己则穿着破衣服，装扮成乞丐，沿街乞讨。

……

著名历史教授许倬云曾说："历史是人文学科里，与人最有关联的部分——文学、艺术和音乐，激发促进内心的感受，而历史是认识自己，加强对自我的认知。人，必须知道过去，才能知道今天，才能知道未来。所以，史学应该为一般人提供'知道自己'的基础知识。"

历史发展虽然有规律可循，但绝不是宿命论。本来是国泰民安，却因昏君主政、奸臣当道，造成国内危机重重，甚至改朝换代；本来国运不济，大厦将倾，但有英主当政，任人唯贤，最终化险为夷，国富民强。要知道历史必然性是寓于历史偶然性之中的，历史发展有顺利时期，也有曲折时期，但它们都是由历史偶然事件促成的。明白了这个大道理，对历史人物，尤其是对历代君主正反两方面的作用，就会有自己的评判和思考。

在撰写本书的过程中，作者查阅大量史料、典籍，精挑细选，汇集了我国封建社会时期几十个朝代的数百位帝王，上迄封建王朝的开创者秦始皇，下至末代皇帝溥仪，按朝代的先后顺序进行编排，主次分明，详略得当，既全面讲述了在历史上有较大影响的帝王，也简述了在位时间短的帝王，突出一个"全"字。

本书通俗易懂、正本清源，可以使读者对中国封建社会各个历史时期的治乱兴衰一目了然，从而了解中国封建社会各个历史时期的基本概况，这对于普及历史知识，并从中汲取可以借鉴的经验教训，是非常有益的。本书还是一套颇有价值的工具书，可对各个朝代、各个时期的帝王在位时的功过，以及历史各个阶段的政治、经济、文化发展状况进行检索查询。

读者如果能通过这部书获得对中国历代帝王比较清楚而客观的认识，作者的心愿便算达成了。因作者水平有限，书中难免有谬误之处，敬请读者不吝批评、指教。

十六国·汉（前赵）

光文帝刘渊　/ 349
昭武帝刘聪　/ 353
隐帝刘粲　/ 360
昭文帝刘曜　/ 363

十六国·成汉

武帝李雄　/ 368
哀帝李班　/ 374
幽公李期　/ 376
昭文帝李寿　/ 378
文帝李势　/ 381

十六国·前凉

昭王张寔　/ 384
成王张茂　/ 389

文王张骏　／393

桓王张重华　／396

哀公张曜灵　／400

威王张祚　／402

冲王张玄靓　／405

悼公张天锡　／408

十六国·后赵

高祖石勒　／411

闵帝石弘　／422

太祖石虎　／427

少帝石世　／437

成帝石遵　／440

哀帝石鉴　／446

庄帝石祗　／450

十六国·冉魏

武悼天王冉闵　／453

十六国·前燕

文明帝慕容皝　／457

景昭帝慕容儁　／461

幽帝慕容暐　／465

十六国·代

代王拓跋什翼犍　/ 470

十六国·前秦

惠武帝苻洪　/ 475
景明帝苻健　/ 478
厉王苻生　/ 481
宣昭帝苻坚　/ 487
哀平帝苻丕　/ 499
高帝苻登　/ 502
宣文帝苻崇　/ 507

十六国·后秦

武昭帝姚苌　/ 509
文桓帝姚兴　/ 513
末帝姚泓　/ 518

十六国·后燕

成武帝慕容垂　/ 521
惠愍帝慕容宝　/ 530
昭武帝慕容盛　/ 535
昭文帝慕容熙　/ 539

十六国·北燕

惠懿帝高云 / 543
文成帝冯跋 / 545
昭成帝冯弘 / 548

十六国·西燕

烈文帝慕容泓 / 550
威帝慕容冲 / 553
文帝慕容瑶 / 557
安帝慕容忠 / 559
武桓帝慕容永 / 561

十六国·南燕

献武皇帝慕容德 / 565
末主慕容超 / 572

十六国·西秦

宣烈王乞伏国仁 / 578
武元王乞伏乾归 / 581
文昭王乞伏炽磐 / 586
历武王乞伏慕末 / 590

十六国·后凉

懿武帝吕光 / 594

灵帝吕纂　／599

后主吕隆　／601

十六国·南凉

武王秃发乌孤　／604

康王秃发利鹿孤　／608

景王秃发傉檀　／613

十六国·北凉

文王段业　／617

武宣王沮渠蒙逊　／620

哀王沮渠牧犍　／625

酒泉王沮渠无讳　／628

河西王沮渠安周　／631

十六国·西凉

武昭王李暠　／634

宣公李歆　／637

冠军侯李恂　／640

十六国·夏

武烈帝赫连勃勃　／642

昌秦王赫连昌　／646

后主赫连定　／649

南北朝·南朝·宋

武帝刘裕 / 652

少帝刘义符 / 660

文帝刘义隆 / 663

孝武帝刘骏 / 669

前废帝刘子业 / 674

明帝刘彧 / 678

后废帝刘昱 / 683

顺帝刘准 / 686

南北朝·南朝·齐

高帝萧道成 / 689

武帝萧赜 / 693

郁林王萧昭业 / 698

海陵王萧昭文 / 701

明帝萧鸾 / 703

东昏侯萧宝卷 / 707

和帝萧宝融 / 713

南北朝·南朝·梁

武帝萧衍 / 715

简文帝萧纲 / 723

豫章王萧栋 / 727

元帝萧绎 / 730

闵帝萧渊明 / 735

敬帝萧方智 / 738

南北朝·南朝·陈

　　武帝陈霸先　/ 740
　　文帝陈蒨　/ 745
　　废帝陈伯宗　/ 749
　　宣帝陈顼　/ 752
　　后主陈叔宝　/ 755

南北朝·北朝·北魏

　　道武帝拓跋珪　/ 761
　　明元帝拓跋嗣　/ 766
　　太武帝拓跋焘　/ 769
　　南安王拓跋余　/ 774
　　文成帝拓跋濬　/ 776
　　献文帝拓跋弘　/ 779
　　孝文帝拓跋宏　/ 782
　　宣武帝元恪　/ 789
　　孝明帝元诩　/ 792
　　孝庄帝元子攸　/ 795
　　长广王元晔　/ 798
　　节闵帝元恭　/ 800
　　安定王元朗　/ 802
　　孝武帝元修　/ 804

南北朝·北朝·东魏

　　孝静帝元善见　/ 807

南北朝·北朝·西魏

文帝元宝炬 /811
废帝元钦 /814
恭帝元廓 /816

南北朝·北朝·北齐

文宣帝高洋 /818
废帝高殷 /823
孝昭帝高演 /825
武成帝高湛 /831
后主高纬 /834
幼主高恒 /839

南北朝·北朝·北周

孝闵帝宇文觉 /842
明帝宇文毓 /847
武帝宇文邕 /850
宣帝宇文赟 /855
静帝宇文阐 /858

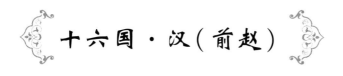

光文帝刘渊

刘渊档案

生卒年	约251—310年	在位时间	304—310年
父亲	刘豹	谥号	光文皇帝
母亲	呼延氏	庙号	高祖
后妃	单皇后、呼延皇后、张氏	曾用年号	元熙、永凤、河瑞

刘渊，字元海，匈奴族，本姓挛鞮（luán dī），新兴人，西汉匈奴首领冒顿单于的后代，十六国时期汉国（后改为大赵，史称前赵或汉赵）的开国皇帝。

刘渊幼时聪慧过人，长大后有远大的政治抱负，文武双全，善于骑射。曹魏咸熙年间（264—265年），刘渊作为人质来到洛阳，受到曹魏权臣司马昭的厚待和任用。西晋太康十年，司马炎封他为匈奴北部都尉。西晋永兴元年，刘渊称王，改元元熙。西晋永嘉二年正式称帝，年号永凤。

河瑞二年（310年），刘渊驾崩，终年60岁，谥号光文皇帝，庙号高祖，葬于永光陵。

少年英才　位极人臣

刘渊是西汉匈奴首领冒顿单于的后代，他的祖父是东汉末年南匈奴单于于夫罗，父亲刘豹任匈奴左部帅①。关于刘渊的出生，还有一个传奇的故事。据说刘豹和呼延氏成亲多年，一直没有生儿育女，夫妻俩十分着急。有一天，呼延氏来到龙门，双膝跪地，虔诚地祈祷，希望能够生一个儿子。或许是她的真诚感动了上苍，一个月后，呼延氏怀了身孕，又过了12个月，生下一个儿子，因婴儿左手有渊字纹路，故取名刘渊。

刘渊出生后，半岁就会说话，非常聪慧。他还很孝顺，据说7岁那年他的母亲病逝，他悲痛欲绝，一边痛哭流涕，一边诉说母亲生前的种种善行。刘渊幼年时曾拜上党人崔游为师，学习《毛诗》《京氏易传》《左传》《孙子兵法》《史记》以及《汉书》等名著。刘渊生于乱世，眼见群雄纷起，战火不断，深知男子汉大丈夫要想有一番作为，必须练就一身好武艺，于是，他努力练习武功。身材高大、膂力过人的他，练就了高超的箭法，是远近闻名的神箭手。曹魏咸熙年间，刘渊作为人质来到洛阳，结识了不少汉族官僚，并受到了曹魏权臣司马昭的厚待。后来，司马氏建立西晋，刘渊仍然留在洛阳。父亲刘豹死后，刘渊奉司马炎之命承袭父位，担任左部帅。西晋太康十年，司马炎又封他为匈奴北部都尉。

刘渊在任期间，执法严明，惩治奸佞，拒绝贿赂，待人真诚，吸引了一大批有识之士前来投奔，其中包括匈奴的五部、幽冀（幽州和冀州的并称）的名儒。随着声望的提高，刘渊的官职也迅速提升，到晋惠帝时已经官至五部大都督；后来又被调进邺城，封宁朔将军，负责匈奴五部的军政大事。

伺机而动　反晋自立

"八王之乱"时,西晋宗室自相残杀,各不相让。刘渊的叔祖父、匈奴左贤王刘宣等人见天下大乱,趁机拉拢了一班匈奴后裔,对他们说:"汉朝时,我们的先祖与皇室结盟,有福同享,有难同当。然而,大汉灭亡以后,晋国建立,他们根本不把我们放在眼里,不分给我们一点地盘,还把我们的人从王侯降成了平民,让我们受尽屈辱。难道我们就这样苟且偷生吗?而今司马家族内部自相残杀,正是恢复匈奴基业的大好时机。我的孙子刘渊有胆有识,朋友多,门路广,可以担此重任,大家可以推举他为大单于。"刘宣的话得到众人的一致赞同,大家于是秘密推举刘渊为大单于,并委托呼延攸到邺城送信,请回刘渊。

刘渊接到消息后非常兴奋,恨不得立刻返回左国城,但却没有得到司马颖的允许。无奈之下,刘渊只好打发呼延攸先回去,暗中联合匈奴五部及杂胡,自己则留在邺城等待时机。

西晋永兴元年,王浚、司马腾起兵叛乱,攻打皇太弟司马颖。刘渊认为时机已到,对司马颖说:"王浚、司马腾有精兵10余万,而我们兵少将寡,无力与之抗衡。如果殿下信得过我,请让我回去,一定调来匈奴五部兵马,消灭他们。"司马颖不知道这是刘渊的金蝉脱壳之计,便答应了他的请求。刘渊随即离开邺城,直奔左国城,在那里继任大单于,顺势起兵,仅用不到20天就召集了5万多人马。

刘渊离开邺城不久,王浚所部率领鲜卑人包围了邺城。刘渊原本想要发兵救援邺城,拯救晋室,但其叔祖父刘宣阻拦道:"想当初我们在西晋过着屈辱的生活,现在为什么还要去救他们?鲜卑、乌桓和我们习性差不多,不如和他们结为朋友,将来也可以相互照应。"刘渊深以为然,激动地说:"好极了,我手中现有10万兵马,个个以一当十,进攻晋朝就如同秋风扫落叶一般。但是,要想拥有天下,必须先得到人心。我们的先祖冒顿曾娶汉女做阏氏(相当于中原王朝的皇后),而且与汉高皇帝刘邦结拜为兄弟,所以,我们都是汉室的亲戚。我们不如打着汉朝的旗号，征讨晋朝，如此就名正言顺了。"众人听了纷纷点头称是。刘渊从此自称汉王，改元元熙，并将国都从离石迁到左国城。

元熙元年年底，刘渊派遣建武将军刘曜攻陷了太原，顿时声名大振，以至于起兵于赵魏的汲桑、山东的王弥、河北的羯族石勒在先后遭到晋军重创后，都纷纷投奔到刘渊旗下。一时间，刘渊的实力空前壮大。

迁都平阳　憾离人世

元熙五年（308年）七月，刘渊又一次迁都至蒲子，登基称帝，建国号为大汉。

有一天，太史令宣于修之对刘渊说："以臣之见，最多三五年的时间，我们即可攻破洛阳。蒲子崎岖不平，非久留之地，而平阳是陶唐旧都，紫气升腾，乃一片千古风水宝地，我们应该在那里定都，如此可保帝业永久。"本来刘渊下一步的计划是向洛阳进发，听了宣于修之的话，他将国都迁到了平阳。之后，刘渊派王弥、刘曜两次进攻洛阳，但都没有取胜。

河瑞二年（310年）正月，刘渊立单氏为皇后、刘和为太子。同年七月，刘渊病重，任命陈留王刘欢乐为太宰，长乐王刘洋为太傅，江都王刘延年为太保，楚王刘聪为大司马、大单于，都兼任录尚书事，辅佐朝政。八月，刘渊在光极殿去世。

注释：

①左部帅：官员，东汉献帝建安年间（196—220年）曹操置，三国魏沿置。曹操将入居塞内的南匈奴分为左、右、南、北、中五部，各部立其中贵者为帅，选汉人为司马以监督之。三国魏末改为左部都尉。

昭武帝刘聪

刘聪档案

生卒年	？—318 年	在位时间	310—318 年
父亲	光武帝刘渊	谥号	昭武皇帝
母亲	张夫人	庙号	烈宗
后妃	呼延皇后、刘皇后、靳皇后、樊皇后、宣皇后、王皇后、刘贵人等	曾用年号	光兴、嘉平、建元、麟嘉

刘聪，又名刘载，字玄明，匈奴族，新兴人，汉光文帝刘渊第四子，十六国时期汉国第三任皇帝。

河瑞二年，刘渊驾崩，刘和继位（汉国第二位皇帝），图谋铲除四王，刘聪发动政变，弑杀刘和自立，改元光兴。

刘聪文武全才，骁勇善战，出口成章。他在位期间，先后派兵攻破洛阳和长安，俘虏并杀害晋怀帝和晋愍帝，使西晋政权彻底灭亡，并扩展了汉国的疆域。在政治上，他创建了一套胡汉分治的独特体制。但是，刘聪心狠手辣，嗜杀成性，在位晚期纵情声色、疏于朝政。

麟嘉三年（318年），刘聪驾崩，谥号昭武皇帝，庙号烈宗，葬于宣光陵。

众望所归　即位称帝

刘聪从小聪明好学，熟读《孙子兵法》，且擅长书法，文采飞扬，14岁即精通文史，并创作了100多首诗词及50多篇赋颂；15岁开始习武，双臂有千钧之力，很快就成为远近闻名的大力士。

刘聪20岁后，曾到洛阳游历，结交了一批名士，先后担任过新兴太守郭颐的主簿、右部都尉等职。因为安抚接纳有方，他得到了匈奴五部豪族的拥护。河间王司马颙很欣赏刘聪，上表封他为赤沙中郎将。当时刘渊正在邺城任官，刘聪担心父亲被驻守邺城的成都王司马颖加害，于是投奔司马颖，被封为右积弩将军，参前锋战事。

西晋永兴元年，司马颖任命刘渊为北单于，立刘聪为右贤王。随后，刘渊回到五部后称大单于，刘聪也因此被封为鹿蠡王，负责管理匈奴右部民众。刘渊自立为汉王后，任命刘聪为抚军将军。

元熙五年年底，刘渊正式称帝，刘聪升任车骑大将军，不久封楚王，先后两次率兵攻打洛阳，一度攻克西明门。回到平阳后，刘聪被任命为大司徒。

河瑞二年，刘渊患病，任命刘聪为大司马、大单于，与太宰刘欢乐、太傅刘洋共录尚书事，并在都城平阳西置单于台。

刘渊驾崩后，太子刘和继位，他听信呼延攸、刘乘、刘锐等人的谗言，率兵攻打刘聪，想要除掉刘聪，结果大败，反死于刘聪之手。

刘和死后，按照功劳和才能，刘聪继承帝位是众望所归。但刘聪为人仗义忠厚，考虑到自己是庶出，而同父异母的弟弟刘乂是单皇后所出，认为帝位应该由刘乂继承。不过，刘乂也很仗义，不愿无功受禄，无论如何也不愿继承帝位。刘聪无奈，只好答应继位，他说："既然大家对我如此厚爱，那就恭敬不如从命了。但是，我为大汉的利益，继承帝位，只是暂时而已。等我的弟弟刘乂长大，再将帝位还给他。"就这样，刘聪正式登基，改元光兴，立刘乂为皇太弟。

灭亡西晋　荒淫腐化

刘聪当上皇帝后，便开始策划军事行动。仅仅过了三个月，他就命令长子刘粲和刘曜、王弥率兵进攻洛阳，攻陷100多个壁垒，获得了大片土地。光兴二年（311年）五月，他派前军大将呼延晏率领2万精兵进攻洛阳，经过大小12次战斗，共杀死晋军3万多人。6月，呼延晏和刘曜攻克平昌门，俘虏晋怀帝司马炽，杀死晋太子司马诠及大臣、百姓3万多人。晋怀帝被掳至平阳后，虽处处小心，最终仍被刘聪杀害。

晋怀帝被俘后，晋朝大将贾疋（yǎ）等人经过多次战斗，在关中汉人的帮助下，夺回了被刘曜占领的长安，然后拥立司马邺当了皇帝，即晋愍帝。消息传到平阳，刘聪大怒，多次派刘曜进攻长安，但都没有成功。刘曜非常失望，仰天长叹："天不助我也，奈何！"于是下令班师回朝。麟嘉元年（316年），刘曜又一次集结重兵，向长安发起猛烈攻击，这次倒是轻而易举地攻进了长安城。司马邺乘坐羊车，脱去上衣，口衔玉璧，让侍从抬着棺材，出城向刘曜投降。至此，西晋灭亡。

刘聪继位后，立妻子呼延氏为皇后，但是他很快就厌烦了呼延氏，转而喜欢父亲刘渊的皇后单氏，并将她据为己有。消息传开后，闹得满城风雨。单氏的儿子刘乂听到这一丑闻，非常羞愤，劝母亲自重。单氏觉得再无颜面活在世上，于光兴元年（310年）年底自杀。

单氏之死对刘聪打击很大，他整天茶饭不思、郁郁寡欢。后来，他听说单氏是因为刘乂的话才自杀，不禁对刘乂产生了怨恨之情。呼延皇后乘机对刘聪说："皇太弟知道他的母亲是因为陛下而死，心中一定怨恨，现在不敢显露，等到陛下百年之后，肯定报复，到那时，恐怕皇儿们会受其害。不如趁现在陛下正掌权，将他除掉，永绝后患。"刘聪觉得呼延皇后的话有几分道理，但毕竟兄弟情深，他不忍心下手，就说："这事让我考虑考虑再做决定。"呼延皇后见他有几分动心，进一步劝道："皇太弟看到皇儿们都要长大成人，必定想办法暗算他们，若再有哪个小人进谗言，说不定哪天就会下手，到时我们就会防不胜防。当断不断，反受其乱。陛下还是早做决定。"这使刘聪对刘乂的猜忌心更重了。

嘉平二年（312年）一月，呼延皇后病逝，刘聪把司空王育、尚书令任顗（zhuān）的女儿同时收入后宫，封为左、右昭仪。不久，他又将中军大将军王彰、中书监范隆、左仆射马景3位大臣的女儿也纳入后宫，立为夫人。接着，他又看上了右仆射朱纪的女儿，立为贵妃。这样他还嫌不够，听说太保刘殷有3个女儿长得十分漂亮，另外还有4个孙女，个个如花似玉，不禁垂涎三尺，也想把她们都弄进后宫。

刘乂见兄长如此贪得无厌，而且觉得纳同姓妃子有悖天理，便苦口婆心地进行劝说。刘聪也觉得面子上有些过不去，便征求太宰刘延年、太傅刘景的意见。这两人都是善于溜须拍马的人，正愁找不到机会讨好皇上，便说："刘殷乃刘康公的后裔，是真正的刘氏宗室。而陛下和臣子们不过是依附于高皇帝刘邦，并非宗室血统，所以不必顾忌太多。"刘聪听了非常高兴，马上将刘殷的女儿刘英、刘娥立为左、右贵嫔，又把他的4个孙女立为贵人。他还在大鸿胪李弘面前自我辩解道："这6个女子都生得天姿国色，貌美如花。她们虽然也都姓刘，但与朕并无血缘关系，所以我将她们纳入后宫也就理所当然了。"李弘虽然心中并不认同，但嘴上也只能恭维刘聪。刘聪还托李弘将自己的意思转达给其他大臣和皇子们。

自从得了刘家姑侄6个美女，刘聪再也无心处理朝廷事务，连大臣们也不接见，有什么事都是让中黄门通报，然后由刘英处理。嘉平三年（313年），刘聪立刘英为皇后，并准备在后庭为她建昭仪殿。廷尉陈元达[①]知道后，直言不讳地劝道："陛下继位以来，大兴土木，屡建宫殿，达40多座，劳民伤财，致使怨声载道。窃闻西汉文帝时，疆域辽阔，国富民强，仍能听信忠言，停建露台。再想我大汉，疆域不过文帝时二郡，却如此铺张浪费，实在让人无法忍受。"刘聪听了不禁暴跳如雷，下令将陈元达拖出去砍头。陈元达也是有备而来，在腰中束了一条铁链，一看情况不对，他连忙用铁链将自己锁在皇宫大殿的柱子上，任凭左右卫士怎么拉也拉不动。大臣任顗、朱纪、范隆、刘易等人替陈元达磕头求情说："陛下开恩，陈元达虽然冒犯龙威，但念及他是为了国家敢于直言，实属难能可贵，即便有些胡言乱语，也应当多多包涵。如果陛下执意杀死敢于进谏之臣，恐使天下人不服，危及社稷。"刘聪听了默不作声。

刘皇后听到皇帝要诛杀大臣的消息，急忙赶了过来，看到前殿跪倒一片大臣，她便躲入屏障后面，命人拿来纸笔，亲手写了几句话，让人转交刘聪。刘聪接过纸条，只见上面写道："启禀陛下，皇宫内宫室俱全，不必重新建造。如今天下尚未一统，陛下应当爱惜民力。爱卿陈元达之言极是，建昭仪殿对国家有百害而无一利，应当予以重赏才是。如果陛下执意杀之，将有损陛下声威。而陛下因为臣妾诛杀忠臣，天下人也会视臣妾为红颜祸水，留下千古骂名，国家会因为臣妾而穷困不堪，社稷也会因为臣妾摇摇欲坠，那么，臣妾就成千古罪人了。自古以来，国家衰亡，往往都是从后宫干政开始的，臣妾平日一向痛恨这样的女人，没想到今天也差点成为这样的女人。如此，臣妾还有何颜面活在世上，不如早早死去，也好谢罪！"

刘聪看后，羞愧地低下了头。过了一会儿，他让跪在地上的大臣平身，然后又走下殿去，亲自解开陈元达身上的铁链，拉着他的手说："有爱卿和皇后这样贤明之人辅助，朕就没有什么可担忧的了。为了表示对爱卿的嘉奖，朕决定将逍遥园改名为纳贤园。"之后，刘聪在纳贤园内大摆宴席，款待陈元达。

反复无常　诛杀宗室

尽管宫殿建设叫停了，但刘聪隔三岔五总要纳一位美女入宫。建元元年（315年），刘聪在中护军靳准的官邸内，看到他的两个女儿月光、月华有闭月羞花之貌，当下便带回宫中，封为左、右贵嫔。不久，他又将月光封为汉国第一夫人——上皇后，刘皇后、月华则封为左、右皇后，形成"三后并立"。这以后，刘聪每天和这3个美人饮酒作乐，醉生梦死，有时一连几天醉得不省人事。

陈元达为此多次进谏，刘聪心中恼火，但碍于陈元达声望太高，不好将他问罪，就对他明升暗降，改封为右光禄大夫。范隆、朱纪等人深知皇帝的用意，便联合多位大臣集体辞职，向刘聪发难。刘聪无奈，只好又将陈元达封为御史大夫。有一次，陈元达无意中发现月光有私通他人之嫌，于是对刘聪参了一本。刘聪大怒，立即将月光废掉。月光羞愧难当，自缢身亡。

因为有美人相伴，日日快活，刘聪和刘乂之间的兄弟感情也迅速疏远，而单氏之死又使刘聪一直对刘乂心存怨恨。他改变初衷，不想把皇位传给刘乂，而是传给自己的儿子刘粲。为了创造有利条件，建元元年，刘聪将刘粲封为丞相，总揽军政大权，并逐渐将刘乂架空。后来，刘粲指使手下亲信到刘聪面前诬告刘乂谋反。刘聪正苦于抓不到刘乂的把柄，现在机会来了，他立即命刘粲带兵包围东宫，将刘乂及其手下全部抓了起来。在对刘乂手下严刑拷问之后，刘粲逼迫他们形成统一供词，诬陷刘乂谋反。刘聪看到供词后，不问青红皂白，便将刘乂贬为北海王。不久，刘粲又派人将刘乂及其部众1.5万人全部坑杀。

宠信宦官　人心尽失

刘聪晚年敏感多疑，不信任那些有能力的大臣，而自己又沉湎于酒色之中无法自拔，于是就让宦官王沈等人代理政务。这些宦官知道文武百官看不起自己，便时常在刘聪面前搬弄是非，排斥异己。

麟嘉元年，刘聪听信王沈等宦官的谗言，签发了诛杀太中大夫公师彧、少府陈休、左卫卜崇、大司农朱诞及尚书王琰、田歆等人的诏令。大臣们闻讯急忙上表进谏，慷慨激昂地说："王沈等人身居要职，欺上瞒下，欺侮国家，索贿受贿，结党营私，握有生杀予夺大权，残害忠良，肆无忌惮。陛下不但不治其罪，反而放纵其行，任其为所欲为。现在巴蜀李雄窥探，伺机入侵，石勒已经占据赵魏，直接对我国造成威胁。陛下不顾江山安危，却任由王沈等人胡作非为，长此以往，恐国将不国，自取灭亡。故，恳请陛下将王沈等人罢免，依法治罪，以安抚人心。"奏表到了刘聪手中，他却看也不看一眼，转手就交给王沈等人，不以为然地说："一群庸物，不过乱嚼舌头！"

几天后，王沈等人非但安然无恙，反而被封为列侯。诏令一下，满朝哗然。太宰刘易等人再次上奏，刘聪仍旧充耳不闻。刘易忧愤成疾，不久病逝。大臣们看到刘易的下场，心中备感凄凉。陈元达在送别刘易后悲痛欲绝，泪流满面地说："刘易一死，犹如房屋抽去大梁，国家将亡矣。陛下如此昏庸，不听忠言，我为何还要苟且偷生？"他回到家中后，悬梁自尽。

刘易、陈元达死后，刘聪更加肆无忌惮。麟嘉三年，刘聪患病，诏令太宰刘景、大司马刘骥、太傅朱纪、太保呼延晏并录尚书事，封范隆为尚书令、仪同三司，靳准为大司空，共同辅政。同年七月，刘聪驾崩。

注释：

①陈元达（生卒年不详）：十六国时期汉国刘渊的重臣，历任黄门郎、廷尉、左司隶校尉、御史大夫、仪同三司等职。

隐帝刘粲

刘粲档案

生卒年	？—318年	在位时间	318年7月到9月
父亲	昭武帝刘聪	谥号	隐皇帝
母亲	呼延氏	庙号	无
后妃	靳皇后、靳贵妃等	曾用年号	汉昌

刘粲，字士光，昭武帝刘聪长子，十六国时期汉国第四位皇帝。

光兴元年，刘粲被封为河内王，后又迁升为晋王、丞相，全面主持朝政。

麟嘉三年，刘聪驾崩，刘粲继位，改元汉昌。同年，刘粲被靳准①杀害，谥号隐皇帝。

陷害叔父　争夺皇位

刘粲是昭武帝刘聪的长子，按理刘聪当了皇帝，皇位继承人理所当然是刘粲，但是刘聪的皇位却来得有些意外。在光文帝刘渊去世后，太子刘和继位，但刘和昏庸无能，而刘聪作为刘渊第四子，不但才华出众，而且颇有政绩，刘和因此非常忌恨刘聪，后来听信大臣谗言，想以谋反之名发兵杀死刘聪，不料反被刘聪所杀。而刘聪是刘渊庶出之子，没有资格继承皇位，所以刘和死后，继承皇位的是应该是皇后所生的嫡子刘乂。但刘乂知道自己功劳没有刘聪大，于是一再推让，最后，刘聪登上了皇位。刘聪继位后，自感对不起刘乂，于是封刘乂为皇太弟，打算以后把帝位还给刘乂，这样一来，刘粲也就失去了皇位继承人的资格。不过，刘聪对刘粲还是非常看重的，升任他为晋王、丞相，让他主持国政。尤其是在位后期，刘聪只顾在后宫荒淫享乐，把朝廷政务全都交给刘粲和宠信的宦官处理。

刘粲一心想要当皇帝，于是挖空心思地陷害刘乂。麟嘉二年（317年）三月，刘粲让人诱骗刘乂说京城有变，皇上要他整装待发。刘乂信以为真，急忙集合军队，全副武装。刘粲见刘乂中计，急忙派靳准、王沈向刘聪禀报，诬陷刘乂起兵造反。刘聪不问青红皂白，马上派御林军包围东宫，将刘乂及其手下抓捕归案。刘粲对刘乂的手下严刑逼供，借此让刘聪将刘乂贬为北海王，不久又将其杀害，然后如愿以偿地坐上了皇太子之位。麟嘉三年，刘聪驾崩，刘粲继位。

残暴昏庸　百日而亡

刘粲继位后，朝政大权都掌握在刘聪的岳父、中护军靳准手中。靳准为人阴险狡诈、心狠手辣，他劝说刘粲杀掉与他作对的王公大臣。刘粲考虑到自己根基不稳，仍然需要这些宗室王公和大臣们的扶持，所以没有同意。靳准见计谋没有得逞，又利用国丈的特殊身份，挑拨自己的两个女儿（一个是刘聪的皇后，一个是贵妃）说："现在诸公都有意废黜当今天子，改立济南王刘骥为皇帝，如果他们得逞，我们就会被诛灭三族。你们快去劝劝陛下，先下手为强，后下手遭殃。"他的女儿们闻言大惊，随即在刘粲面前大进谗言。刘粲终于被说服了，下令处死刘骥、刘景等5位大臣。

但靳准显然有着更高的目标，麟嘉三年九月，他带领兵丁闯入皇宫，杀死刘粲，自立为大将军、汉天王，向晋朝称臣。

注释：

①靳准（？—319年）：十六国时汉赵外戚权臣，女为刘聪的皇后。曾任中护军。刘粲继位后，任大将军，录尚书事，总领军政大权。不久发动政变，杀死刘粲，自领大将军、汉天王，称臣于晋朝。后为部下所杀。

昭文帝刘曜

刘曜档案

生卒年	？—329年	在位时间	318—329年
父亲	不详	谥号	昭文帝
母亲	胡太后	庙号	襄宗
后妃	羊皇后	曾用年号	光初

刘曜，刘渊养子，十六国时期汉国第五位皇帝，也是最后一位皇帝。

光兴二年，刘曜奉命率军攻打西晋都城洛阳，城破，晋怀帝司马炽"乘羊车、肉袒、舆榇（chèn）出东门降"，史称"永嘉之祸"。麟嘉元年，刘曜率兵攻打长安，并切断长安粮道，迫使晋愍帝司马邺在粮食断绝的情况下投降，西晋灭亡。隐帝刘粲被杀后，他诛杀靳准一族，改国号为赵，迁都长安，史称前赵。

刘曜在位期间，任用汉人士族，重视教育，设立太学、小学。同时，他又制定残酷的法律治理天下，激起了各族人民的反抗。

光初十一年（328年），刘曜率兵攻打洛阳，因骄傲轻敌，战败被俘，次年被后赵的石勒所杀，谥号昭文帝，庙号襄宗。

少年英才　养子登基

刘曜年幼丧父，被堂伯父光文帝刘渊收养。他年幼聪慧，气度非凡，8岁时随刘渊到西山打猎，途中遇到大雨，雷电交加。众人急忙跑到树下避雨，只见天空划过一道炫目的闪电，接着便是震耳欲聋的惊雷声，大家都吓得趴在了地上，而刘曜却神情自若地站在那里，似乎什么事情也没有发生。刘渊认为刘曜临危不惧，有王者之风，从此对他更加器重，逢人就说："这是我们家的千里驹。"

刘曜喜爱读书，对军事类的书籍更是爱不释手。他的文章和书法也都是一流水平。他身高九尺三寸，膂力过人，射箭竟能将一寸厚的铁皮穿透，被人们称为"神射手"。除了箭法过人，他还英勇善战、极富谋略。

西晋永兴元年，刘渊建立汉国，封刘曜为建威将军，带兵攻下了泫氏、屯留、中都，为前汉国的发展奠定了基础。

刘聪继位后，刘曜和刘粲带兵攻入洛川，打败西晋军队，攻陷西晋百余处台垒，包围了洛阳。永嘉五年，刘曜和石勒、王弥一起进攻洛阳，城破后，他们纵火烧毁洛阳坊市，杀死诸王及百官以下3万多人，俘获晋怀帝、羊皇后，并得到传国玉玺。战后，刘曜被封为车骑大将军、中山王，继续带领将士南征北战。

麟嘉三年，刘聪驾崩，太子刘粲继位，刘曜负责镇守长安。不久，大司空靳准发动政变，杀死刘粲，自立为大将军、汉天王。

消息传到长安，刘曜忙领兵进军平阳，讨伐靳准。行至赤壁（今山西河津西北的赤石川），他在太保呼延晏和太傅朱纪的拥立下，即皇帝位，改元光初。

残暴任性　内乱频起

靳准被杀后，刘曜迁都长安，改国号为赵。汉国大将石勒听说刘曜连国号都改了，气得暴跳如雷，破口大骂。刘曜授石勒为太宰，领大将军，加殊礼，封石勒为赵王领河内24郡，想以此稳住石勒。但石勒毫不领情，与刘曜分庭抗礼。

太兴二年（319年）十一月，石勒于襄国即赵王位，正式建立后赵，称赵王元年。

除了石勒之外，反对刘曜即位的人还有很多，比如晋朝南阳王司马保自称晋王，起兵反叛。刘曜派兵前去镇压，双方僵持20多天，不分胜负。情急之下，刘曜亲自上阵，终于平定了叛乱。

光初三年（320年）六月，刘曜手下大将解虎、长水校尉尹车有意联合巴氐[①]酋长句徐、库彭发动叛乱，夺取大赵政权。结果消息走漏，刘曜下令处死解虎、尹车，并将库彭、句徐等人囚禁，也准备杀掉。光禄大夫游子远[②]苦口婆心地劝道："如今天下大乱，陛下切不可滥杀无辜，应适可而止。"刘曜大怒，以包庇罪将游子远打入大牢，又杀掉句徐、库彭等人，方才解恨。

刘曜的残暴之举，引起了巴氐人的强烈不满。在众人的推举下，巴氐人句渠知登基称帝，为大秦王，建元平赵，并得到了氐、羌、羯等少数民族30多万人的积极响应，关中重新陷入动荡之中。游子远虽然人在狱中，但仍然惦记着国家大事，又托人向刘曜上书。刘曜十分恼怒，将他的奏表撕得粉碎，并下令将游子远从监狱里提出来斩首示众。大臣刘雅、郭汜、朱纪、呼延晏等人闻讯赶来，跪倒在刘曜面前，说道："陛下，游子远身在监狱，仍然不忘朝政，而不顾个人安危，敢于劝谏，此乃大忠之臣！如果陛下非要杀掉游子远，微臣也只有随他而去，赵国的子民也将舍陛下而去。"刘曜听了如梦方醒，于是改变主意，释放了游子远。

随后，刘曜决定御驾亲征，平定句渠知之乱。游子远又一次进谏，希望刘曜能够大赦天下，以换取民心，这样叛乱者就会主动归降。这一次，刘曜听从了游子远的建议，宣布大赦天下，并封游子远为车骑大将军，平定叛乱。游子远率军来到雍城、安定，叛乱者果然纷纷前来归附，西部重新安定下来。

温柔难抵　宠信后宫

刘曜虽然心狠手辣、反复无常，但对皇后羊献容却非常好，可谓百依百顺。

羊献容本来是晋惠帝司马衷的皇后，貌美如花，于光兴二年被刘曜、王弥、石勒在攻打洛阳时俘获。刘曜将她带回宫中，封为妃子。光初二年（319年）四月迁都长安后，刘曜将羊献容立为皇后。羊皇后为刘曜生下了刘熙、刘袭、刘阐三个儿子，其中，长子刘熙被立为太子。

羊皇后十分聪慧，而且伶牙俐齿，善于随机应变。坊间流传，有一次饮酒时，刘曜突然心血来潮，问羊皇后："朕与司马衷相比，孰优孰劣？"羊皇后不假思索地回答道："司马衷乃亡国之君，而陛下为开国之君，两者怎可相提并论？司马衷连自己的皇后和儿子都保不住，自己也被俘虏，没有资格当皇帝。当初我在晋朝时就对他十分反感，以为天下的男人都一样。自从遇到陛下之后，才知道天底下还有这么优秀的男人。"一席话说得刘曜心花怒放，从此对羊皇后更加宠爱，甚至让她参与朝政。

后来羊皇后病逝，刘曜非常悲痛，追封她为献文皇后。

醉酒落马　被俘身死

当初靳准叛乱的时候，刘曜不得已封石勒为赵王，但他对石勒非常猜忌，所以对授予石勒的官位、封爵及礼遇都迟迟不予落实。石勒为此十分生气，此后，他们之间经常发生战争。

光初八年（325年）五月，中山王刘岳奉刘曜之命，率兵攻打石勒的孟津、石梁两个军事重镇。石勒的侄子石虎领4万精兵迎战，结果刘岳不敌。刘曜得到消息后，亲率大军支援刘岳，不料在夜间遭到石虎袭击，部队溃散，刘曜狼狈地回到长安。而刘岳也被石虎先俘后杀。这次惨败令刘曜元气大伤，回到长安后，他郁郁寡欢，不久便积郁成疾，卧床不起。

光初十一年七月，石虎经过休养，在蒲阪对赵军发起猛烈进攻。刘曜大病初愈，又一次御驾亲征，亲率精锐支援蒲阪，在高侯原之战中将石虎打得丢盔卸甲，狼狈而逃。

击败石虎后，刘曜又整天沉湎于酒色之中，完全没有意识到危机正一步步地逼近。同年十一月，后赵国君石勒率领大军悄悄渡过黄河，以迅雷不及掩耳之势猛扑过来。刘曜急忙带人增兵洛西，阻击石勒。但是，他嗜酒如命，每次出战必饮酒数斗。这次也不例外，在一连喝下数斗酒后，他跨上战马，欲与石勒交战，不料战马刚冲出战营便被绊倒，再也站不起来。刘曜无奈，又喝一斗酒，另换了一匹小马，骑上去和石勒交战。石勒兵分数路夹击刘曜，刘曜的军队突然溃逃，刘曜也迷迷糊糊地跟着向后退，结果战马陷入泥泞之中无法自拔，将他摔在地上。石勒军队随后追来，俘虏了他，将他押到后赵都城襄国软禁起来。

石勒逼着刘曜给他的儿子刘熙写信，劝其马上投降。刘曜假装答应，却在信中叮嘱儿子说："一切以江山社稷为重，不必挂念为父。"石勒看到信的内容，气得暴跳如雷，下令将刘曜杀了。

注释：

①巴氏：古族名。东汉末自巴西宕渠迁汉中杨车坂，号杨车巴。魏武帝时又迁略阳北，称巴氏。晋初灾荒，大量流入四川，建立成汉，为十六国之一。成汉盛时，辖今四川、重庆及云南、贵州北部。后渐与当地汉族融合。

②游子远（？—329年）：十六国时前赵大臣，拜光禄大夫，迁车骑大将军，平定氐羌叛乱。屡立功勋，官至大司徒、录尚书事。

十六国·成汉

武帝李雄

李雄档案

生卒年	274—334 年	在位时间	304—334 年
父亲	李特	谥号	武皇帝
母亲	罗氏	庙号	太宗
后妃	任皇后、冉氏	曾用年号	建兴、晏平、玉衡

李雄,巴氏族人,是巴氏族首领李特第三子,十六国时期成汉的开国皇帝。

李特在四川起兵时,李雄被封为前将军。晋太安二年,李特战死,秦文王李流收拾残兵败将接管其部,自称大将军、大都督、益州牧。李雄带兵攻打晋朝建平太守孙阜,当时孙阜正在等候李流投降,毫无防备,李雄大获全胜。

后来,李流病死,李雄接管大权,并于西晋永安元年在成都称王,改元建兴,两年后称帝,国号大成,改元晏平。

玉衡二十四年(334 年),李雄驾崩,终年 61 岁,谥号武皇帝,庙号太宗,葬于安都陵。

一战成名　建功立业

　　李雄的出生颇具传奇色彩。据说他的母亲罗氏梦见两道彩虹从门口升向天空，其中一道从中间断开，而后生下李荡。后来又一次，罗氏出去打水，一阵困意上来，躺在路边睡着了，梦见一条大蛇绕在自己的身上，于是就有了身孕，14个月后生下李雄。因此，罗氏常说这两个儿子如果有先死的，活着的必定大富大贵，最终李荡死在了李雄前面。

　　李雄身材魁梧，容貌俊美，年少时以刚烈气概闻名，常常奔走于乡里，深受人们的尊重。有个道士叫刘化，他经常对人说："关陇一带的士人都将往南去，李家儿子中只有仲俊（李雄）仪表非凡，早晚要为人主。"

　　后来，李特在四川率流民起义，自立为王，任命李雄为前将军。晋太安二年，李特被益州刺史罗尚杀死，其弟李流准备投降晋军。李特的另一个弟弟李骧和李雄一起劝说李流，但李流根本不听，执意投降。为了阻止李流投降，李骧和李雄决定对晋军发起突然袭击。李雄率部分兵马突袭晋军建平太守孙阜，结果大获全胜。李流自愧不如，遂将军事大权交给李雄。

　　这年九月，李流病逝，李雄遂自称大都督、大将军、益州牧，都郫城。罗尚派兵攻打李雄，但被李雄打败。李雄派叔父李骧攻打犍为，切断罗尚的运粮道路，使罗尚的军队粮食短缺，加上李军攻势凶猛，罗尚心中恐慌，于是留下牙门将①罗特固守，自己连夜逃走了。罗尚前脚刚走，罗特后脚便打开城门迎李雄进城。李雄乘胜追击，攻克成都。李雄听说西山的范长生②居住在山崖洞穴里，求道养志，想要拥立他为帝。范长生执意推辞，李雄更不敢称制，无论大小事情均由李国、李离兄弟决断。李国等人也因此事奉李雄更加恭谨。

　　304年，在众将的强烈要求下，李雄自称成都王，大赦境内罪犯，改元建兴，废除晋朝法律，约法七章。任命叔父李骧为太傅，兄长李始为太保，折冲将军李离为太尉，建威将军李云为司徒，翊军将军李璜为司空，材官李国为太宰，其余人各委以不同官职。

范长生听说李雄称王的消息后，特意从西山乘素车来到成都，李雄亲自在门前迎接，拜他为丞相，尊称为范贤。建兴三年（306年），在范长生的一再劝进下，李雄即皇帝位，再次赦免境内罪犯，改元晏平，国号大成（成汉）。李雄加授范长生为天地太师，封西山侯，特许其部下不参与军事征伐，租税也全部归其私有。

李雄建国之初，法纪礼仪欠缺，将士们仗着功劳和皇恩，各自争夺班次位置。尚书令阎式上书说："治理国家制定法纪，应以遵循旧制度为好。依汉、晋旧例，朝中太尉、大司马执掌兵权；太傅、太保属于文职，讲论道义；司徒、司空则负责掌管五教九土的事情。秦代曾设置丞相，统掌各类政务。汉武末期，破例让大将军统掌政务。如今国家基业初建，百事欠缺，诸公大将的班列位次也各不相同，为了防止出现官制混乱的现象，应尽快建立制度来作为楷模法式。"李雄听了点头称是，于是命阎式负责制定相关制度。

征战四方　威名远扬

晏平五年（310年），李雄派李国、李云等率兵2万挺进汉中，将梁州刺史张殷赶到长安。随后，李国等人又攻陷南郑，将汉中人全部迁到蜀地。在此之前，南方连年遭遇饥荒、瘟疫，有数十万人丧命。李雄希望招降南夷校尉李毅，但遭到拒绝，李雄便诱使建宁夷人去征讨李毅。双方交战期间，李毅病逝，城池被攻陷，城内3000多名将士被杀，上千妇女被押送到成都。

当时李离占据梓潼，不幸被部将罗羕、张金苟等杀死，献梓潼归降罗尚。罗尚派部将向奋在安汉的宜福屯兵，准备随时向李雄发起进攻。李雄初战失败。与此同时，镇守巴西郡的李国被部下文硕杀害，之后文硕献巴西郡，投降了罗尚。李雄急忙率众撤退，派部将张宝突袭梓潼，并成功拿下。这时罗尚去世，巴西郡陷入混乱之中，李骧趁机攻打涪城。311年正月，李骧率兵攻陷涪城，擒获梓潼太守谯登，之后又成功诛灭文硕。李雄非常高兴,赦免境内罪犯,改元玉衡。

玉衡四年(314年),成汉相继得到汉嘉、涪陵二城。李雄诏令天下,凡投降依附者,均宽免徭役赋税。玉衡五年(315年),李雄立任氏为皇后。不久,巴氏王杨难敌兄弟被前赵刘曜打败,逃奔葭萌,派儿子来成汉做人质,请求支援。同时,陇西的统帅陈安也前来归附。

李雄派李骧征伐越巂(xī)郡,郡守李钊不敌,出城投降。李骧随后又率兵攻打宁州刺史王逊,王逊部将姚岳率兵迎战,将李骧打败。这时恰遇连日大雨,李骧不得不撤回,当人马到达泸水的时候,由于争着渡河,死伤不少。李钊到了成都后,李雄对他委以要职,让他掌管朝廷的仪式、丧期的礼节。

杨难敌同样受到安北将军李稚的优待,被放回武都。但杨难敌好了伤疤忘了疼,目无法纪,恣意妄为,李稚上奏请求讨伐杨难敌。李雄派中领军李琀(hán)和将军乐次、费他、李乾等从白水桥进攻下辩,征东将军李寿、督统李琀的弟弟李玝(wǔ)攻打阴平。杨难敌急忙派军迎战,李琀一路推进,直入武街。杨难敌切断其后路,四面围攻,杀敌数千,并俘虏了李琀、李稚。李琀、李稚都是李雄的兄长李荡之子,李雄为此深深自责。

立侄为嗣　平定纷乱

李雄一共有10多个儿子,但却没有一个令他满意,所以他有意立兄长李荡之子李班为太子。大臣们都认为应立嫡长子为太子,李雄说:"当初我起兵只是为了生存,并没有想过要当皇帝。适逢天下大乱,生灵涂炭,晋室流离,举兵起义,只为救苍生于水火之中,而全赖众卿推举,方建得这份基业,功劳本应归于先帝。以礼兄长是嫡亲血统,本应继承大统,但不幸长兄命丧战场,我才得以继位。李班性情仁厚孝顺,好学素有所成,将来必成大器,最适宜执掌江山。"李骧和司徒王达继续劝道:"自古以来,帝王册立嫡子为太子,是为了防止篡位夺权之事发生,陛下不可不听。吴王正是因为舍其子而立其弟,以至于发生专诸行刺的大祸；宋宣公不立与夷而立宋穆公，终于导致宋督事变，恳请陛下深思！"但李雄听不进去，执意要立李班为太子。李骧退下后，流着泪说："祸乱从此开始了！"

前凉文王张骏一心归顺晋朝，于是派使者送给李雄一封信，劝他也去掉皇帝尊号，向晋朝称臣。李雄回信说："我本来就没打算做皇帝，只是被士大夫们推举，勉强应承罢了。其实我心里和你一样，想成为对晋室有大功的臣子，或是守御边藩的将领，扫除乱氛尘埃，也好使皇帝的天下安康太平。然而，晋室衰微颓败，恩德声誉扫地。今天收到你的来信，感慨无限，知道你想要按照古时候楚汉的旧事，尊奉楚义帝，在下深表佩服！"张骏得到这样的回复，以为找到了知己，不断派使者来往。后来巴郡告急，说有东面来的军队。李雄说："我曾忧虑石勒飞扬跋扈，侵犯威逼琅邪，为此耿耿于怀。但其竟然能够举兵，使人感到欣然。"

为了在中原地区立足，李雄频繁派遣使者向晋朝朝贡，想与晋朝分割天下。张骏统领秦、梁二州，曾派傅颖向成汉借道，以便前往建康向晋朝报送表章，但遭到李雄拒绝。张骏无奈，又派治中从事张淳以向成汉称藩的条件借道。李雄很高兴地问张淳："贵主英名盖世，又兵强马壮，扼守险要地势，为何不称帝？"张淳答道："我主之先祖世代忠良，不能为天下雪耻，救苍生于水火，寝食难安，枕戈待旦。有意凭借琅邪王来中兴江东，虽远隔万里仍然不忘朝廷，欲成就齐桓公、晋文公之伟业，又怎么能够自取天下呢！"李雄听后深表惭愧，说："我的先祖先父也是晋朝臣民，避难到此，被拥戴，才有今日。琅邪王如果能在中原使大晋中兴，我定率众人助他一臂之力。"张淳回去后，向建康报送了表章，受到了晋成帝司马衍的赞扬。

李骧去世后，他的儿子李寿被任命为大将军、西夷校尉。玉衡二十年（330年）十月，李寿派征南将军费黑等进攻巴东，巴东太守杨谦退守建平。李寿又派费黑侵扰建平，晋朝巴东监军毋丘奥退守宜都。

玉衡二十一年（331年）七月，李寿进攻阴平、武都，迫使氐王杨难敌投降。玉衡二十三年（333年），李寿奉命进攻朱（shū）提，任命费黑、仰攀为先锋，另派镇南将军任回征伐越嶲郡木落，用以分散宁州的援兵。宁州刺史尹奉投降，南中地区尽归成汉所有。李雄大喜过望，诏令赦免境内罪犯，派李班讨伐平定宁州的夷人，并任命李班为抚军。

玉衡二十四年，李雄患病，他的儿子们因为厌恶或对他有所不满，都不闻不问。只有李班感其恩，日夜侍奉在侧，直至他驾崩。

注释：

①牙门将：古代有一种防御工事"牙门"，负责在牙门里统领士兵指挥作战的将领被称为牙门将。牙门将通常要相当勇武，以上阵搏战。后来演变成类似于主将帐下的偏将、副将的职位。

②范长生（？—318年）：出身豪族，西晋时成都一带天师道首领，五胡十六国时成汉的丞相，封为"四时八节天地太师"。在他"休养生息，薄赋兴教"的劝导下，成汉政权一度昌盛。

哀帝李班

李班档案

生卒年	288—334 年	在位时间	334 年
父亲	李荡	谥号	哀皇帝
母亲	不详	庙号	无
后妃	不详	曾用年号	玉衡

李班,字世文,成汉武帝李雄之侄,李雄之兄李荡第四子,十六国时期成汉第二位皇帝。

李班因深得李雄信任,被立为太子。玉衡二十四年,李雄驾崩,李班继位。

李班在位不到半年,便被李雄之子李越所杀,终年 47 岁,谥号哀皇帝。

为叔喜爱　得继皇位

李雄的皇后任氏未能生下子嗣,其他妃嫔倒是先后生了 10 多个儿子,但李雄都不喜欢,而看重兄长李荡之子李班。

李班谦虚谨慎,而且非常孝顺,时常陪伴在李雄左右,为其出谋划策。李雄在位期间,豪强兼并土地的情况非常严重,很多农民没有土地，社会矛盾非常突出。针对这一现象，李班多次向李雄建议平均分配土地。渐渐地，李雄对这个侄子开始另眼相看，有意立他为太子。尽管大臣们极力反对，但李雄力排众议，坚持立李班为太子。

玉衡二十四年六月二十五日，李雄驾崩，李班顺利继位。

心慈手软　惨遭弑杀

李班凭着一颗孝心和才智登上了皇位，然而，谁也没有想到，他在皇帝的宝座上还没有坐热，便死于非命。

当时，为了办理李雄的丧事，李班将朝政大权交给堂叔建宁王李寿等人。当时，李雄的儿子李越对李班继位一事十分不满，他从镇守之地江阳回京为父奔丧，与兄弟李期密谋，打算借机除掉李班，夺回皇位。李班的弟弟李玝看出了端倪，遂提醒兄长多加小心。但李班为人忠厚，认为当孝义为先，在李雄的丧事没有办好之前将李越赶出京城不合情理。所以，他对弟弟的提醒不以为意，反而对李越、李期坦诚相待，还将自己的弟弟李玝派去镇守涪城。

玉衡二十四年十月的一天晚上，李班正跪伏于灵堂中伤心痛哭，李越冷不防从后面冲过来，挥剑将他刺死。

幽公李期

李期档案

生卒年	313—338 年	在位时间	334—338 年
父亲	成汉武帝李雄	谥号	幽公
母亲	任氏	庙号	无
后妃	不详	曾用年号	玉恒

李期，字世运，成汉武帝李雄第四子，十六国时期成汉第三位皇帝。

玉衡二十四年，李雄驾崩，其侄子李班继位。同年，李雄之子李越将李班杀死，之后李期登基称帝，后改元玉恒。

李期在位期间，宠信和重用毫无治国之才的尚书令景骞、尚书姚华和田褒，使得成汉国力急剧衰退。

玉恒四年（338年），汉王李寿发动叛乱，将李期废为邛都县公，幽禁别宫。不久，李期自缢而死，终年26岁，谥号幽公。

弑君夺位　任用庸才

李期少年时聪明好学，文采出众，而且性格豪爽，乐善好施，虚心招纳人才。后来，李期被封为建威将军。李雄为了考查儿子们的才能，特命他们利用自己的恩德信义招贤纳士，李期的兄弟们招纳不过百十人，而他却一下子招来了千余人。而且他向朝廷推荐的人才，多半被录用，当时有很多朝臣是出自李期门下。

李雄驾崩后，他的侄子李班继位，这让李雄的儿子李越、李期十分不满。他们趁回京奔丧的机会，合谋将李班杀死。本来朝中很多大臣想拥立李越为帝，但李期多才多艺，而且是由任皇后抚养长大，李越便主动让位。就这样，李期即皇帝位，改元玉恒，封李越为建宁王。

李期虽然有才，但却头脑简单，缺乏治理国家的才智。他简单地认为当上皇帝就可以高枕无忧了，于是懒于理政，冷落大臣，只重用尚书令景骞、尚书姚华和田褒。田褒是个庸才，曾劝说李雄立李期为太子，李期不忘旧恩，才对他委以重任。成汉的江山托付给这几个庸人，结果可想而知。而李期又狂妄自大，残暴固执，搞得朝廷上下乌烟瘴气，人心惶惶。

兵变被废　自缢身亡

因为汉王李寿很有才能，李期对他十分猜忌，多次和属下密谋要除掉他。李寿也唯恐李期杀掉自己，便暗中和长史罗恒、解思明联合，准备攻取成都。不料消息走漏，李期得知后，多次派许涪前往涪城观察李寿的动向，并设计害死了李寿的弟弟李攸。李寿既惊又怒，于玉恒四年率领1万多名精兵进攻成都。李寿的儿子李势正好担任成都翊军校尉，见父亲带兵到来，便打开城门迎接。

此时李期正在后宫作乐，得报后急忙派人前去慰问。但李寿并不领情，逼着李期杀死建宁王李越及景骞、姚华、许涪、田褒等人。之后，李期被废为邛都县公，软禁在别宫。同年，李期不堪侮辱，自缢身亡。

昭文帝李寿

李寿档案

生卒年	300—343 年	在位时间	338—343 年
父亲	李骧	谥号	昭文皇帝
母亲	昝氏	庙号	中宗
后妃	阎皇后、李氏	曾用年号	汉兴

李寿,字武考,巴氐族首领李特之弟李骧的儿子,十六国时期成汉第四位皇帝。

李寿聪敏好学,谈吐不凡,年纪轻轻便受到李雄的重用,拜前将军、督巴西郡军事、征东将军。在父亲李骧病逝后,李寿升任大将军、大都督、侍中,封爵扶风公,录尚书事。后因征讨宁州、平定各郡有功,封建宁王。李雄临终之前,特意委托李寿辅佐朝政。

玉衡二十四年,哀帝李班被杀,李期登基为帝,封李寿为汉王。玉恒四年,李寿发动政变,率兵攻克成都,废掉李期,自立为帝,改国号"成"为"汉",改元汉兴。

汉兴六年(343年),李寿驾崩,终年44岁,谥号昭文皇帝,庙号中宗,葬于安昌陵。

权高被忌　弑杀君王

李寿从小聪敏好学，气度不凡，甚得堂兄李雄器重。因征伐宁州有功，封建宁王。玉衡二十四年，李寿应召入朝辅政。同年六月，李雄去世，李班继位，任命李寿为录尚书事，与司徒何点、尚书令王瑰一起决断朝政大事。

后来，李期和李越弑杀李班，篡位称帝，改封李寿为汉王。李始居心不良，想游说李寿一起发兵攻打李期，李寿没有答应。李始恼羞成怒，便跑到李期那里诬告李寿意图谋反。李期因为还想利用李寿的势力讨伐已经投降东晋的李玝，所以没有追究此事，但他也对李寿产生了很深的防备和猜忌心理。李寿深感形势对自己不利，常常借口边境形势紧张而拒绝进京。由于李期、李越兄弟兵强马壮，李寿担心危及自己性命，多次邀请龚壮作为自己的谋士。龚壮虽然没有答应，却多次会见李寿。

当时，岷山出现了山崩的现象，江水枯竭，李寿认为此乃不祥之兆，问龚壮应该怎么办。龚壮因为李期的祖父李特曾杀死自己的父亲和叔叔，眼下正是借李寿之手报仇的大好机会，于是劝李寿说："阁下应该抓住这一时机，开创一番属于自己的基业，做一方诸侯，声名可以超过齐桓公、晋文公，流芳百世。"李寿闻言大喜，于是找来长史罗恒、解思明商议攻取成都，然后再向东晋称臣。

玉恒四年，李寿带领兵将杀向成都，其子李势打开城门迎接。李寿进城后，在宫门口安营扎寨，纵容手下在城内肆意抢夺，之后，废李期为邛都县公。

求巫称帝　刚愎自用

废掉李期后，李寿的下一步就是登基称帝。但是，在究竟该称王还是称帝的问题上，大臣们出现了意见分歧。罗恒、解思明等人劝李寿称成都王，向东晋称臣；任调、蔡兴等则主张称帝。李寿一时拿不定主意，便请来一位巫师替他占卜。巫师占卜之后，告诉他可以当数年皇帝。大臣任调马上附和道："只要能当一天皇帝就已经够了，更何况能当数年呢？"解思明则反对说："当数年皇帝与当百年诸侯，哪一个更划算呢？"此时，李寿已经做出了决定，他说："即使是早上当了皇帝，晚上死去也值了！"

同年，李寿即皇帝位，改国号"成"为"汉"，改元汉兴。李寿任命董皎为相国，以罗恒、马当为股肱大臣，以李奕、任调、李闳为朝廷骨干，以解思明为谋主；又以安车①束帛②聘龚壮为太师；同时册立阎氏为皇后，长子李势为太子。为了杜绝后患，李寿还杀掉了李期的所有子嗣。

汉兴元年（338年）七月，有人告发广汉太守李乾和朝中大臣密谋造反，想要废掉李寿。李寿诏令大臣和他的儿子李广在殿中对天发誓，永不背叛，之后调李乾为汉嘉太守。据说当天晚上电闪雷鸣，暴雨倾盆而下，端门被击坏。李寿非常惊慌，以为自己得罪了上天，于是下令群臣不必忌讳，放心进谏忠言。八月，成汉国内闹起了饥荒，又阴雨连绵，疫病流行，李寿再次诏令群臣尽言朝政得失。

李寿刚刚称帝的时候，处处以李雄为榜样，勤政爱民。可惜好景不长，为了满足私欲，他开始大兴土木，广招美女，致使百姓怨声载道。左仆射蔡兴和右仆射李嶷好言相劝，李寿非但不听，反而将他们处死。

汉兴六年（343年），李寿驾崩。

注释：

①安车：古代可以坐乘的小车。古车立乘，此为坐乘，故称安车。供年老的高级官员及贵妇人乘用。高官告老还乡或征召有众望的人，往往赐乘安车。安车多用一马，礼尊者则用四马。

②束帛：捆为一束的五匹帛。古代用为聘问、馈赠的礼物。

文帝李势

李势档案

生卒年	？—361 年	在位时间	343—347 年
父亲	昭文帝李寿	谥号	无
母亲	李氏	庙号	无
后妃	李氏	曾用年号	太和、嘉宁

李势，字子仁，成汉昭文帝李寿长子，十六国时期成汉第五位皇帝，也是最后一位皇帝。

汉兴六年，李寿驾崩，李势继位，次年改元太和。

李势在位期间，骄奢淫逸，不理朝政，残害大臣，刑罚苛刻。嘉宁二年（347 年），东晋大司马桓温率军讨伐李势，李势兵败投降，被贬为归义侯，连同亲族 10 多人被押往建康，成汉灭亡。

东晋升平五年，李势在建康去世。

相貌奇特　性格残暴

李势是李寿与小妾李氏所生的长子。说起来，李势的长相有些奇特，成年后身高七尺九寸，腰粗十四围，喜欢上下晃动头部。幽公李期在位时，因喜欢李势的奇异相貌，封他为翊军将军。汉兴元年，李寿继位，立李势为太子。汉兴六年，李寿驾崩，李势继位，改元太和，封夫人李氏为皇后。

太和元年（344年）秋，太史令韩皓上表说："火星在心宿，是因为不修缮宗庙而受的谴责。"李势急忙诏令群臣商议此事。相国董蛟、侍中王嘏（gǔ）说："先祖李特、先帝李雄奠定了国家大业，献皇帝李骧、文皇帝李寿延续国家政权，这些都是至亲关系，不可疏远，更不可不祀。"李势接受建议，下令以汉王的称谓祭祀李特和李雄。

因为李势一直没有子嗣，他的弟弟汉王李广请求当皇太弟，以便将来继承皇位，但李势不同意。大臣马当、解思明为朝廷着想，劝李势道："陛下兄弟本来就不多，如果再得罪一个，恐怕陛下会更加孤弱危险，对朝廷不利。"李势怀疑他们是受李广的指使来跟自己说这种话，遂下令将他们处死，株连三族。接着，他又派太保李奕带兵攻打涪城，将李广贬为临邛侯。李广绝望之余，拔剑自刎。

然而一波未平一波又起，李广的事情刚刚平息，太保李奕突然又起兵造反，率兵进逼成都。李势亲率大军迎战，击溃了叛军。为了庆祝胜利，他宣布大赦天下，改元嘉宁。

多疑贪色　终致国亡

经历李广、李奕的事件后，李势变得更加多疑，大臣们稍有不慎便可能引来杀身之祸。满朝文武人人自危，唯恐大祸临头。除了多疑，李势还好色成性，无论在哪里见到喜欢的、有姿色的女子，一律充入后宫。他常常深居宫中，沉迷酒色，骄奢淫逸，对公卿大臣的劝谏置之不理，只亲近那些讨好献媚于他的误国之臣。

成汉政权处于风雨飘摇之中，国内社会矛盾日益尖锐，骚乱频发，边境形势严峻。东晋大司马桓温看准时机，于嘉宁二年率领水军逆流而上，一路势如破竹，很快就进抵成都城下。汉军顿时乱了阵脚，李势自知不敌,于夜半时分从东城门落荒而逃。也许是意识到自己逃不过桓温的追捕,李势逃至葭萌后,又派散骑常侍王幼给桓温送去投降书,书信中极尽谦卑。之后,他又让士兵把自己绑住,送到桓温的军营中。桓温将他送到建康,封为归义侯,成汉自此灭亡。

在建康生活了14年后,李势于东晋升平五年病逝。

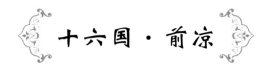

昭王张寔

张寔档案

生卒年	271—320 年	在位时间	317—320 年
父亲	武穆王张轨	谥号	昭王
母亲	不详	庙号	高祖
后妃	贾皇后	曾用年号	建兴

张寔（shí），又名张实，字安逊，安定乌氏人，西汉常山王张耳十八世孙，晋凉州刺史、前凉武穆王张轨之子，十六国时期前凉政权的建立者。

在父亲张轨死后，张寔继任凉州刺史。西晋建兴四年十一月，晋愍帝司马邺被前赵刘曜俘虏，西晋宣告灭亡。次年，张寔建立前凉政权。

建兴八年（320年），张寔被部将杀害，终年50岁，谥号昭公，庙号高祖，葬于宁陵。其孙张祚称帝后追谥他为昭王。

子承父位　镇守一方

张寔的父亲张轨曾任西晋凉州刺史。晋惠帝司马衷在位时，正值"八王之乱"，司马衷应对乏力，张轨乘机割据河西，封长子张寔为元公。张寔聪明好学，能明辨是非，又礼贤下士，年轻时就以秀才的身份被任命为郎中。西晋永嘉初年，张寔坚决辞去骁骑将军的职务，请求回到凉州，得到晋怀帝司马炽的允许，被任命为议郎。

张寔回到姑臧后，因征讨有功，封建武亭侯；不久又封西中郎将，晋爵福禄县侯；西晋建兴元年，又兼领护羌校尉。建兴二年（314 年），因张轨年老多病，已经无法处理大事，张寔被任命为副刺史。五月，张轨病逝，张寔派人向晋愍帝司马邺禀报，很快得到诏令，让他承袭父位，任凉州刺史，都督凉州诸军事，封西平公。

此时，凉州名义上隶属西晋，实际已经是一个独立的王国，因此，张寔名义上是晋朝镇守大臣，实际上却是一国之君。建兴三年（315 年），凉州军士张冰得到了一块刻有"皇帝玺"字样的玉玺，献给了张寔。臣下见了之后都向张寔表示祝贺，暗示他称帝，但张寔没有答应，还把玉玺送到了长安。

乱中称王　忠心不改

建兴四年四月，张寔传达自己的命令：无论官吏还是百姓，有能指出自己过错的，均奖赏布帛、羊、米。贼曹佐①隗瑾说："现在您所处理的政事，全部是由自己决断，很多命令州府的官员都不知道，万一有什么失误，谁也不愿担责，所以只是一味服从。像这样，即使赏赐千金，恐怕也没有人敢说您的过错。不如您稍微少使用一点儿您的智慧，将政事拿到下级官员中去讨论，让他们把自己的想法都说出来，然后择优采用。如此，有益的建议自然会来，又何必赏赐呢？"张寔接受了这个建议，并将隗瑾的官阶提升了三级，赐帛 40 匹；同时派督护王该送诸郡贡物，向京都长安献上名马、地方珍奇、经史图书。

同年八月，刘曜进逼长安，张寔派将军王该率军救援京城，被晋愍帝封为都督陕西诸军事。因不敌刘曜，晋愍帝决定出城投降，临出城之前，他给张寔下了一道密旨，说："如今国难当头，京城倾覆陷落，皇室不保，先帝在贼朝中去世，朕漂泊于宛、许，又回到旧都。群臣因朝廷无主，归服于朕，朕得以以幼小之身居于王公之上。朕自登上帝位，至今已有四年，不能剪除巨寇以拯救江山，致使黎民百姓频遭苦难，乃朕之过也。羯贼刘渊违背天意，僭称帝号，祸害先帝，肆意残杀藩王，此等仇恨耻辱，不敢相忘，枕戈待旦。自去年九月以来，刘曜乘虚深入侵犯，劫持羌胡为质，攻陷北地。麴允统率军队抵御，全军大败，贼军已兵临京城之下，弓箭落入宫殿之中。胡崧等虽然奔赴国难，但又被重重包围，现在外无援兵内无粮草，为免生灵涂炭，只好愧对祖宗。卿世代忠厚坚贞，功勋卓著于西夏，四海仰望，是朕最后的希望。现进升卿为大都督、凉州牧、侍中、司空，秉承帝旨见机行事。琅邪王司马睿乃皇室一脉，远在江南。现在朝廷流亡，国家危急，朕已诏告王，及时代理帝位。卿当全力辅之，共度国难，则宗庙或可依赖。朕明天即降，所以连夜召见公卿，交代今后之事，秘密派遣黄门郎史淑、侍御史王冲持诏拜授。临出降寄予重命，希望公奋勉之！"张寔看了诏书，谦让不受。

建兴五年（317 年）正月，张寔得知刘曜强迫晋愍帝迁徙，大哭不止，随即派太府司马韩璞、灭寇将军田齐、抚戎将军张阆、前锋督护阴预，率步骑兵 1 万进攻刘曜；讨虏将军陈安、故太守贾骞、陇西太守吴绍，各率郡兵作为先锋部队。同时，他又写信给南阳王司马保，说已经派遣韩璞等人击讨贼军，一切听从司马保的指挥。韩璞很快来到南安驻扎，但后路却被诸羌兵截断。双方相持百余日，韩璞粮草弓矢断绝，于是把驾车的牛杀了犒劳士卒，然后向敌人发起冲锋，恰巧张阆率金城军赶来救援，对敌军形成前后夹击之势，终于打败敌军，斩首数千人。同年，张寔在凉州建立割据政权，史称前凉，但他仍沿用西晋建兴年号，以表示对晋朝的忠心。

建兴六年（318 年）三月，焦崧、陈安侵袭陇右，在东方与刘曜相持，雍、秦之地陷入战火之中，生灵涂炭。焦崧、陈安攻克陇右之后，又进逼上邽（guī），南阳王司马保派使者向张寔求援。张寔急忙命金城太守窦涛为轻车将军，率领威远将军宋毅以及步骑兵2万前去解救。军队进驻新阳时，传来了晋愍帝驾崩的消息，于是全军穿孝，致哀三日。

这时，南阳王司马保有意称帝，破羌都尉张诜（shēn）对张寔说："南阳王背信祖宗，意欲称帝，然而他心术不正，无德无才，难当大任。只有晋王司马睿德才兼备，心怀天下，又受先帝所托，可救民于水火，我等应及时上表称颂圣德，劝其登基，然后传檄天下，如此南阳王还没有聚集起来的党徒便会不驱自散。"张寔认为张诜言之有理，于是向天下发送檄文拥立晋王司马睿为帝，并派人奉表章到江南，劝司马睿称帝。建兴六年三月，司马睿在建邺即皇帝位，改元建武，但张寔没有使用司马睿的建武年号，仍称建兴。

建兴七年（319年）正月，南阳王司马保自称晋王，建立年号，设置并任命百官，封张寔为征西大将军、仪同三司，增食邑3000户。不久，司马保的部将陈安叛变，氐、羌纷纷响应。司马保无奈，只得离开上邽，迁往祁山。张寔派部将韩璞率5000名步骑兵前去救援，将陈安赶到了绵诸，然后接司马保回到上邽。不久，司马保又被陈安击败，再次向张寔求援。张寔又派兵击退陈安。

之后，在刘曜的逼迫下，司马保迁到了桑城，有意投奔张寔。张寔认为司马保是皇室宗族，颇有声望，如果到了河西，将威胁自己的地位，于是假装同意，派部将阴监前去迎接，暗中却准备将司马保囚禁起来。事有凑巧，司马保在这时去世了，张寔收编了他的大部分人马，实力更加壮大。

近侍反叛　被刺身亡

张寔的性格具有两面性，一方面独断专行，另一方面又善于接受别人的意见。为了维护自己的统治，他曾下令让人们坦率指出自己的过错，并对批评者给予奖励。正因为如此开明的政策，加上比"八王之乱"时更加安全稳定的社会环境,所以在他执政期间,凉州社会稳定,百姓安居乐业,收容了大批逃难者。

  当时,有个京兆人叫刘弘,在前凉境内的天梯第五山布道,在山洞中燃灯悬镜发出光亮,以旁门左道来迷惑百姓。受迷惑而入道的竟有1000多人,连张寔的近侍也偷偷入了道。张寔的部将阎沙、牙门将赵卬都是刘弘的老乡,建兴八年(320年),刘弘蛊惑他们说:"上天赐予我玉玺,我应当在凉州称王。"阎沙和赵卬对刘弘的话深信不疑,于是秘密联络张寔的10多个近侍,准备杀掉张寔,拥立刘弘为王。不料风声走漏,被张寔的弟弟张茂探知,急忙通知张寔。张寔非常吃惊,下令抓捕刘弘并杀了他,接着又派牙门将史初带人抓捕阎沙、赵卬。然而史初刚走,阎沙等人便怀揣利剑闯了进来,不等张寔反抗,便一剑刺死了他。

注释:

  ①贼曹佐:官名。西晋末凉州张寔置。掌管缉拿盗贼。

成王张茂

张茂档案

生卒年	277—324 年	在位时间	320—324 年
父亲	武穆王张轨	谥号	成王
母亲	不详	庙号	太宗
后妃	贾皇后	曾用年号	建兴

张茂，字成逊，晋安定乌氏人，前凉武穆王张轨之子，昭公张寔胞弟，十六国时期前凉第二位君主。

西晋建兴二年，张茂被封为平西将军、秦州刺史。建兴八年，张寔被部下杀害，因张寔之子张骏年幼，张茂继位。建兴十二年（324 年），张茂去世，终年 48 岁，谥号成王，庙号太宗。

生性恬静　勉强上位

张茂勤奋好学，性情高雅恬静，志向和节操清虚高远，善于虚心纳谏，处事精明果断，在决断大事时很有魄力和手腕。

西晋建兴元年，南阳王司马保征召张茂担任从事中郎，又举荐他担任散骑侍郎、中垒将军，但张茂对权力并不热衷，所以没有去就任。第二年，西晋朝廷又征召张茂入朝担任侍中，张茂以父亲张轨年老体衰、自己不能远离为由坚决推辞。没过多长时间，西晋朝廷又委任张茂为平西将军、秦州刺史。

建兴六年，张茂之兄张寔建立了前凉政权。建兴八年，张寔被部下阎沙、赵卬等人杀害，按照传统礼制，应该是由张寔的儿子张骏继位。但左司马阴元等人认为张骏年幼，无法执政，于是推举张茂为大都督、太尉、凉州牧。张茂极力推辞，最后实在没有办法，也只接受了使持节[1]、平西将军和凉州牧的职位，改元永元，但对晋仍自称凉州牧，并且保留晋室年号，以示对晋朝的忠心。

治国有方　功过并存

张茂继位后，诛杀阎沙、赵卬及其党羽数百人，为兄长张寔报了仇；又下令大赦天下，任命张寔之子张骏为抚军将军、武威太守，封西平公。

当时，张寔的妻弟贾摹是凉州大姓，势力非常强大，民间流传着一句话："手莫头，图凉州。"张茂认为民谣中所指的就是贾摹会威胁前凉的统治地位，于是设计将贾摹杀害。此举震慑了当地的豪门大族，张茂也借此树立起了威望。

在处理国事上，张茂也很有方略，前凉在他的治理下实力日趋强大，但他性情恬淡，对君王之位和权力毫不热衷，屡次提出要传位给侄子张骏，然后自己归隐。大臣们则一再以太子年幼为由极力劝阻，张茂只好继续执政。

正所谓人无完人，张茂有个最大的毛病就是爱讲排场。有一次，他决定建造一座灵均台。灵均台规模庞大，仅台基就高达9仞[2]。为了赶工期，他还下令民工不分昼夜地干，很多民工劳累过度，昏死过去。武威人阎曾看到这种情况，很同情那些劳累的民工，想要劝阻张茂，但又怕惹来杀身之祸。他思来想去，决定铤而走险，于夜半时分来到张茂的府邸，故意弄散自己的头发，如同一个游魂，一边拍打张茂家的大门一边说："张茂大兴土木，违反民意。张茂的父亲特意派我来，奉劝张茂快快停工。"姑臧令辛岩知道这件事后，上奏请求将阎曾杀掉。张茂却说："我也确实让百姓受了劳累，既然他说是先父派来不让我劳民伤财的，那就是为我好，不能杀他。"随后下令停止工程建设，并对阎曾予以奖励。

建兴九年（321年）十二月，张茂派将军韩璞率领部众攻取陇西、南安地区，设置秦州。次年，刘曜大举进攻前凉属地，参军马岌劝说张茂亲自征讨刘曜，长史氾祎却怒斥马岌道："亡国之人又想干涉扰乱国家大事，应该把马岌斩首，以安抚百姓之心。"马岌针锋相对地回应道："我看你真是读书人中的糟粕，只会检举批评别人，其实不过是目光短浅的庸才，根本考虑不到国家的长远之计。现在大敌当前，不劳远方之师，远远近近的人心都关注着本州，这种形势决定了我们不可不出战。再说，我们也实在应该拿出信勇的明证，不能辜负了秦陇之人对我们的期望。"张茂觉得马岌言之有理，于是率兵驻扎于石头城；又任命参军陈珍为平虏护军，招募征发氐羌之地的士卒，最终击退刘曜，收复了南安。战后，张茂嘉赏陈珍，拜他为折冲将军。

夺取陇西之后，前凉的版图进一步扩大，张茂愈发觉得应该将没有建成的灵均台续建起来，但是又担心再次动工会引起人们的反对，对不住父亲的在天之灵。他冥思苦想，终于想到了一个借口："灵均台遭受风吹雨淋，于心不忍，更有损国威，应该将它建起来。"建兴十一年（323年），他不顾众臣反对，下令复工。在建设灵均台的同时，他又下令在国都姑臧修建一座城池。别驾吴绍认为此举劳民伤财，多次上奏请求停止建设。这年年底，灵均台和姑臧城终于在一片怨声中竣工，但前凉的国力也为之大大削弱。

建兴十二年（324年），刘曜率兵进攻前凉，张茂无力抵抗，只好向前赵投降。刘曜封他为太师、凉王。同年五月，张茂病逝。临终之前，他紧紧地拉着张骏的手，流泪叮嘱张骏继位之后定要勤政为民，做一个好皇帝。张茂死后，刘曜赠他"太宰"之名，并谥为成烈王。后来威公张祚继位，追谥他为成王，庙号太宗。

注释：

①使持节：武官名。魏晋南北朝时，掌地方军政的官常加使持节称号，赋以诛杀中级以下官吏之权。

②仞：古代长度单位，1仞合1.6—1.8米。

文王张骏

张骏档案

生卒年	307—346 年	在位时间	324—346 年
父亲	昭王张寔	谥号	文王
母亲	不详	庙号	世祖
后妃	严皇后、王氏、马氏	曾用年号	建兴（一说太元）

张骏，字公庭，西汉常山王张耳十九世孙，前凉昭王张寔之子，成王张茂之侄，十六国时期前凉第三位君主。

建兴十二年，成王张茂病逝，张骏在前凉都城武威继位。

张骏执政期间，对外积极用兵，扩大版图，攻占河南、陇西诸地。

建兴三十四年（346年），张骏去世，终年40岁，谥号文公，晋穆帝赠谥忠成公，葬于大陵。其子张祚继位后，追谥他为文王，庙号世祖。

聪慧奇伟　心向东晋

张骏从小长得相貌奇特、身材魁伟，聪明伶俐，10岁就能写文章。西晋建兴四年，年仅10岁的张骏被西晋王朝册封为霸城侯。

昭公张寔被杀时，张骏才14岁，无法理政，大臣们便拥立他的叔叔张茂当了凉州牧。建兴十二年五月，张茂病逝，张骏继位。这时，原西晋愍帝时期的特派大臣史淑以晋朝的名义，封张骏为凉州牧、西平公；前赵国君刘曜则以汉室正统的名义，封张骏为凉王。张骏认为大晋才是正统，但晋室已经南迁，无法取得联系，于是，他勉强接受了刘曜的加封，并派人到前赵去答谢。

张骏表面上依附前赵，内心却一直希望能为晋朝尽忠，为此，他想方设法与晋朝联系。经过分析，他认为从四川到东晋最为方便，于是就给占据四川的大成国君李雄写信，劝他放弃皇帝的称号，一起向东晋称臣，并接连派了几批代表到大成去联络示好。然而，李雄对他的请求置之不理。建兴二十一年（333年）年底，张骏见说服李雄无望，只好屈尊，以向李雄称臣为条件，派使臣借道前往建康。李雄表面上答应，暗中却盘算着谋害前凉使臣张淳。幸好张淳早有防备，慷慨陈词。李雄理屈词穷，只好放张淳过去，前凉得以和东晋建立了联系。

勤政为民　励精图治

张骏勤政为民，知人善任，在他执政期间，前凉国富民强，百姓安居乐业，就像是纷飞战火中的一个世外桃源，因此得到了大家的一致拥护。与此同时，张骏还积极对外用兵，扩大前凉的版图。他继位不久就派兵收复前凉黄河以南的失地。建兴二十三年（335年），张骏派大将杨宣出征龟兹、鄯善。结果，大兵还未到达，对方就已举手投降，表示愿意向前凉称臣进贡。西域一些弱小的国家看到这种情况，不等前凉前来征讨，亦主动派人向前凉示好，就这样，张骏尽收西域三十六国，把它们纳入前凉版图。这让张骏非常得意，下令在姑臧城南建造了五座宫殿，以显示自己的威风和阔气。这五座宫殿分别是宜阳青殿、朱阳赤殿、政刑白殿、玄武黑殿和谦光殿。谦光殿位于中央，其余四殿分别坐落在谦光殿的四周。殿内分别用青、红、白、黑四色装饰。一年四季，张骏轮流到各殿中居住。

张骏非常重视文化礼教。他继位之初，为了与远在江南的东晋王朝取得联系，不惜向大成称臣，并借此机会凿通了一条南山松蕃小道。这是一条由嘉陵江上游进入蜀地，再改入长江，最后直达建康的"水上文化之路"，在当时影响深远，对江南文化与河西文化、西域文化的交融产生了重要而积极的作用。另外，张骏还很重视儒学的传播和教育，他本人创作的诗文作品有很多，流传下来8卷，但在隋末已渐缺失。

建兴三十三年（345年），张骏自称大都督、大将军、假凉王，并仿照东晋设置祭酒、郎中、大夫、舍人等官职。次年五月，张骏驾崩。

桓王张重华

张重华档案

生卒年	327—353 年	在位时间	346—353 年
父亲	文王张骏	谥号	桓王
母亲	马氏	庙号	世宗
后妃	裴皇后、郭夫人	曾用年号	建兴

张重华,字泰临(一说太林),晋安定乌氏人,前凉文王张骏次子,十六国时期前凉第四位君主。

建兴三十四年(346年),文王张骏去世,张重华继位,自称使持节、大都督、太尉、护羌校尉、凉州牧、西平公、假凉王,仍奉晋愍帝年号。

建兴四十一年(353年),张重华病逝,终年27岁,谥号昭公,后改谥桓公,晋穆帝赐谥号为敬烈,葬于显陵。前凉威王张祚继位后,追谥他为桓王,庙号世宗。

少年继位　志向远大

张重华性格温和,为人宽厚,做事沉稳坚毅,但不善言辞。他继位后,体察民生疾苦,下令减轻赋税,减少皇帝专用土地,又派使者到后赵修复关系，想要有一番作为。只可惜他生不逢时，遇到了一个野心勃勃的后赵皇帝石虎，屡次袭击前凉，弄得前凉人心惶惶。张重华为此忧心忡忡，向大臣们寻求应对良策。凉州司马张耽说："国家兴亡在于兵，而兵之强弱在于将。现在朝中领兵之将大多是由官员推荐自己的亲人担任，只会纸上谈兵，而无作战能力。如今强敌就在身边，诸将不敢应战，畏缩不前，国家怎能不遭受欺凌？以臣之见，主簿谢艾文武双全，善于用兵，不如委以重任，必将御敌于千里之外。"张重华遂将谢艾召到殿上，询问御敌策略。谢艾侃侃而谈，对答如流，之后对张重华说："只求陛下给我七千人马，定不负厚望。"张重华闻言十分高兴，当即封谢艾为中坚将军，命其带兵抗敌。

谢艾不负张重华厚望，很快就将后赵军打得丢盔卸甲，狼狈而逃。捷报传到京都，张重华心情豁然开朗，加封谢艾为福禄伯。石虎战败后心中不服，次年又统兵数万，气势汹汹地杀了过来，结果又一次被谢艾打败。

接连两次获胜，解除了边境的危机，张重华不禁得意忘形，开始做起了当皇帝的千秋大梦。

建兴三十五年（347年），后赵麻秋率兵向前凉枹（bāo）罕发起进攻，晋阳太守郎坦主张放弃外城，撤回内城防守，但遭到武城太守张悛的反对，认为放弃外城必将动摇人心。宁戎校尉张瓘听从张悛的意见，率兵在外城抵御。麻秋命令大军将城团团围住，用云梯雹车攻城，并挖了上百条地道，全都通到城内。城内将士拼死抵抗，杀伤后赵军将士数万人。石虎又派部将刘浑等率步骑兵2万前来增援。这时，郎坦因为自己的建议未被采纳，心生怨恨，让军士李嘉秘密与麻秋联络，将敌军千余人引上城西北角。张瓘派宋修、张弘、辛挹（yì）、郭普前去抵挡，经过一番激战，终于将敌军打退。之后，张瓘杀了李嘉示众，并烧毁后赵军的攻城器械。麻秋见不能取胜，只好退守大夏。

张重华命谢艾为使持节、军师将军，率步骑兵3万追击，麻秋亦率3万人马抗击。谢艾乘坐轻便小马车，头戴白色便帽，一边前进一边击鼓。麻秋看见后怒气冲冲地说："谢艾这样穿戴，是看不起我！"他命令黑槊龙骧军3000人杀向谢艾。谢艾部众惊慌失措，左战帅李伟劝谢艾骑马快跑，谢艾却镇定自若，下车坐在胡床上指挥战斗。后赵军见谢艾如此淡定，以为有伏兵，畏惧不敢向前。张瑁趁机抄到后赵军后面，击退麻秋。谢艾乘胜追击，斩杀麻秋部将杜勋、汲鱼及士卒 1.3 万人，麻秋单骑逃奔大夏。战后，张重华论功行赏，任命谢艾为太府左长史，进封福禄县伯，食邑 5000 户，赐帛 8000 匹。

同年五月，麻秋率众 12 万，进兵屯于河内，派王擢①侵占晋兴、广武，越过洪池岭，直逼曲柳、姑臧。张重华打算御驾亲征，但被谢艾劝阻。别驾从事索遐也劝道："贼军势盛，逐渐逼近京都地区。陛下是国家根本，不可妄动。左长史谢艾文武兼备，是国家重臣，可担当征伐大任，陛下可放心托付。"张重华便以谢艾为使持节、都督征讨诸军事、行卫将军，以索遐为军正将军，率步骑兵 2 万前去迎战。后来，军队进驻神鸟，王擢与凉军前锋交战大败，逃回河南。谢艾乘胜追击，"还讨叛虏斯骨贞万余落破之"，斩首千余人，俘虏 2800 人，夺得牛羊 10 万余头。

壮志未酬　英年早逝

张重华称王后，滋生了骄傲、懈怠的情绪，疏于朝政，整日沉湎于享乐之中。司直②索遐进谏道："先王勤俭，国库丰实。而陛下继位之初，即遇后赵入侵，正是有了这些积蓄，才能打败强寇。陛下如此挥霍无度，令国库空乏，假如敌寇再次入侵，还能拿什么赏赐官兵，让他们冲锋陷阵呢？"又说："汉光武帝日理万机，凡事从不拖延，所以能兴汉室。而陛下不理朝政，官员的奏折拖延数月，仍不见批复。如此上传下达之路堵塞，冤假错案不明，非明君所为，请陛下慎行！"张重华听了有所悔悟，还写了嘉赏的回文答谢索遐。

待国富民强之后，张重华又一次得意忘形，想要扩充自己的势力范围。建兴四十一年二月，他派大将张弘、宗悠、王擢带兵进攻前秦，结果被前秦打得大败而归，而且张弘、宗悠也不幸战死，王擢带着残兵败将丢弃秦州，逃回姑臧；上邽也被前秦占领。张重华气得暴跳如雷，于同年五月再次派王擢统率 2 万精兵进攻上邽，以报前仇。这次因为得到了秦州一些郡县的支持，王擢大获全胜，收复了上邽。

这次胜利让张重华兴奋得头脑发热，认为前秦不堪一击，遂上书晋穆帝要求讨伐前秦。但还没有等到晋朝回信，他便身染重病，卧床不起。临终之前，他立年仅 10 岁的儿子张曜灵为太子，之后便溘然长逝。

注释：

①王擢（？—355 年）：匈奴屠各人，十六国时期后赵将领。352 年 11 月，被苻雄击败后转投前凉。

②司直：汉武帝元狩五年时置丞相司直，省称司直，秩比二千石。协助丞相检举不法，职任甚重。后魏至唐沿置，属廷尉或大理寺。

哀公张曜灵

张曜灵档案

生卒年	344—355 年	在位时间	353 年十一月到十二月
父亲	桓王张重华	谥号	哀公
母亲	郭夫人	庙号	无
后妃	无	曾用年号	无

张曜灵，又名张耀灵、张灵曜，字元舒，晋安定乌氏人，前凉桓王张重华之子，十六国时期前凉第五位君主。

建兴四十一年十月，张重华患病，将张曜灵立为太子。十一月，张重华去世，张曜灵继位，自称大司马、西平公，但仅一个月即被辅政大臣张祚废除。之后，张祚自立为帝。

建兴四十三年（355 年），张曜灵被张祚派人杀害，终年 12 岁，谥号哀公。

辅臣篡位　不幸被杀

张重华在位期间勤政为民，励精图治，使前凉国库充实，经济稳定，百姓富足，疆域也有所扩大。可惜壮志未酬，年纪轻轻就身染重病，卧床不起，于是将年仅 10 岁的儿子张曜灵立为太子。当时，都尉常据觉察到张重华同父异母之兄张祚有不臣之心，劝张重华把张祚逐出京城，但张重华不仅不听，反而托孤于张祚，任命张祚为辅政大臣。这时，因受谗言被贬为酒泉太守的谢艾，也上书请求把张祚赶出姑臧，同时将自己调回姑臧，张重华便下手令调谢艾为卫将军，监中外诸军事，辅佐朝政。然而手令被张祚扣押，没有公布。建兴四十一年，张重华驾崩，张曜灵继位。

由于张曜灵年幼无法理政，朝政大权掌握在张祚手中。张祚专横跋扈，他一边和张重华时期的重臣赵长、尉缉等人勾结，阴谋篡位；一边和张重华的生母、张曜灵的祖母马氏私通。在张祚甜言蜜语的哄骗下，马氏下令废黜张曜灵，改由张祚继位。张曜灵被降封为凉宁侯（一作宁凉侯），并被幽禁起来。

建兴四十三年八月，张曜灵被动地卷入复辟政变之中，被张祚的部下杨秋胡杀害。

威王张祚

张祚档案

生卒年	？—355 年	在位时间	354—355 年
父亲	文王张骏	谥号	威王
母亲	不详	庙号	无
后妃	辛皇后	曾用年号	和平

张祚,字太伯,晋安定乌氏人,前凉文王张骏之子,十六国时期前凉第六位君主。

张祚在位期间,滥杀无辜,荒淫无道,激起极大民愤。建兴四十三年,张祚被杀。其弟张天锡继位后,追谥他为威王,葬于愍陵。

淫乱宫闱　篡权夺位

张祚是前凉文王张骏的庶长子,桓王张重华同父异母的哥哥。张骏去世后,张重华因为是嫡子得以继位。张祚为此十分恼恨。建兴四十一年十月,张重华突发重病,将儿子张曜灵立为太子。这件本来顺理成章的事情,引起了张祚的极大不满。不过,他城府颇深,表面唯唯诺诺,暗中则与大臣赵长、尉缉勾结,密谋篡权夺位。

当时有大臣识破了张祚的野心,上书劝说张重华把张祚赶出姑臧,但张重华却不以为然,还任命张祚为顾命大臣。张曜灵继位后,因为年幼无知,赵长、尉缉等人便假传圣旨,封张祚为都督中外诸军事、抚军将军。之后,赵长等人又对张重华的母亲马氏说:"现在朝政紊乱,内忧外患不断,而新王年幼无知,不能理政,应当找一位年长者出来主持局面,张祚最合适不过了。"张祚和张重华本是同父异母的兄弟,而马氏生性风流,与张祚有私情,且他们对篡位之事也计议已久。所以,马氏很爽快地答应废掉张曜灵,立张祚为凉州牧。建兴四十二年(354年),张祚自称凉王,改元和平,采用皇帝礼乐。

众叛亲离　自取灭亡

张祚深知自己的王位得来并不光彩,因此很担心有人对自己说三道四,更担心有人寻机夺走他的王位。为了杜绝隐患,他对朝中大臣大开杀戒,先是除掉了谢艾,之后看到河州刺史张瓘实力强大,便让张掖太守索孚到河州取代张瓘。张瓘非常大度地交出了自己的绶印,并遵从张祚之命离开枹罕,带兵去讨伐反对前凉的胡人。

然而,张祚的目的是要置张瓘于死地。张瓘刚离开枹罕不久,张祚便派易揣等人率1.3万人马去袭击张瓘。张掖人王鸾得知消息后,急忙找到张祚,劝说道:"这1万多人马出去以后,肯定是回不来的,凉国危矣,请陛下收回成命!"但张祚拒不接受建议,王鸾见此,当着文武百官的面历数张祚三大罪状。张祚恼羞成怒,命人将王鸾推出去斩首。

张瓘听说张祚派兵来袭,立即杀掉索孚,并通报各州,宣布废掉张祚,拥立张曜灵为王。接着,他掉转马头,将易揣打得狼狈而逃。

和平二年(355年)八月,大臣宋修与张祚发生矛盾,其弟宋混、宋澄便率领1万多人加入张瓘的队伍,起兵讨伐张祚。尽管已经到了众叛亲离的境地,张祚仍然不思悔改,反而变本加厉,将满腔怒火发泄到无辜的张曜灵身上,他下令将张曜灵杀死,然后埋进沙坑。不久,宋混率领大军攻到姑臧城下。张祚狗急跳墙,派人去抓张瓘居住在姑臧城的儿子张嵩和弟弟张琚,但他晚了一步,张嵩叔侄已经提前找来几百人,将姑臧城门打开，迎接宋混的军队入城。张祚的部将赵长、张璹（shú）也临阵叛变，请出马太后，拥立张曜灵的弟弟张玄靓为王，然后打开宫门，迎接宋混的人马入宫。宋混的军队听说立了新王，齐声高呼万岁。张祚误以为赵长等人平定了叛乱，遂走出宫门，结果发现是宋混的人马，急忙拔出剑命手下士兵抵抗，但众人纷纷逃散。张祚随即被杀。

冲王张玄靓

张玄靓档案

生卒年	349—363 年	在位时间	355—363 年
父亲	桓王张重华	谥号	冲王
母亲	郭夫人	庙号	无
后妃	无	曾用年号	太始、升平

张玄靓，又名张玄靖，字元安，前凉桓王张重华之子，前凉哀公张曜灵之弟，十六国时期前凉第七位君主。

建兴四十二年，张玄靓被封为凉武侯。和平二年（355 年），张祚被杀后，张玄靓继位，自称大都督、大将军、校尉、凉州牧、西平公。

升平三年（363 年），张玄靓被叔叔张天锡杀害，年仅 15 岁，谥号冲王，葬于平陵。

形同傀儡　突遇叛乱

建兴四十一年，张重华去世后，张玄靓的兄长张曜灵继位，但第二年便被伯父张祚废黜。张祚篡位自立，封张玄靓为凉武侯。

和平二年八月，河州刺史张瓘联合骁骑将军宋混、宋澄兄弟率兵攻入姑臧，杀死张祚，拥立张玄靓为凉王。张瓘被任命为卫将军，领兵 1

万，行使大将军职事，都督中外诸军事，又被封为尚书令、凉州牧。宋混则被封为尚书仆射、辅国将军。

张玄靓继位不久，陇西人李俨占据陇右起兵叛乱。手握大权的张瓘急忙派大将牛霸前去征讨李俨。军队刚刚出发，又传来了西平人卫绲举兵反叛的消息，张瓘又派弟弟张琚前去镇压卫绲。不久，牛霸在陇西被李俨打败。西平豪族回旋来到酒泉，劝说太守马基支持卫绲。张瓘忙令司马张姚、王国率兵攻打马基，并将其杀死，卫绲失去后援，最终兵败。

张瓘掌握朝政大权，以自身的爱憎作为赏罚的标准，引起了大臣们的不满。郎中殷郇（xún）为此向张瓘进行劝说，张瓘听了勃然大怒，说："老虎出生3天就知道吃肉，我该怎么做还用你来指点吗？"殷郇好心规劝却碰了壁，生气地拂袖而去。宋混为人正直，性格刚烈，被张瓘视为最大的威胁，欲除之而后快。

太始五年（359年）九月，张瓘准备对宋混动手，并打算废掉张玄靓，自立为凉王。而宋混早已料到张瓘会对自己下手，于是先下手为强，将张瓘派来的人打败。张瓘知道大事不妙，和弟弟张琚自杀身亡，之后全族尽被宋混诛杀。

性情柔弱　为叔所杀

张瓘被杀时，张玄靓已经11岁了，多少有了些明辨是非的能力，他见宋混忠勇可嘉，便任命其为都督中外诸军事、车骑大将军、假节，辅佐朝政。为了避免树大招风，宋混建议张玄靓放弃王的称号，沿用凉州牧旧称。张玄靓同意了。

两年后，宋混身染重病，无法上朝。张玄靓和马太后亲自到宋混家中探望，看到宋混病情严重，张玄靓十分伤心，哭着说道："万一将军不幸，留下我们孤儿寡母该如何是好？我有意请将军的儿子林宗代替将军管理朝政，不知将军意下如何？"宋混气息微弱，说道："犬子年幼，不能胜任。如果您不嫌弃我们宋家，就让我的弟弟宋澄接替我的位置，他比我更有才能。"不久，宋混病逝。张玄靓封宋澄为领军将军，全权负责处理朝政大事。不料右司马张邕起兵叛乱，杀掉宋澄，并诛杀了宋氏一族。张玄靓非常愤恨，但苦于手中没有兵权，只好封张邕为中护军，准许他和自己的叔叔张天锡一同辅政。

张邕小人得志，在朝中拉帮结派，排除异己，滥施刑罚，随意杀戮，姑臧百姓都十分痛恨他。张天锡与亲信郭增、刘肃密谋，决定伺机除掉张邕，他们趁和张邕一起入朝的机会，发动政变，刺杀张邕。张邕侥幸逃脱后，率300名披甲士兵返回，攻打宫门未遂，自刎身亡。随后，张天锡将张邕的家族及同党全部诛杀。张玄靓任命张天锡为使持节、冠军大将军、都督中外诸军事，辅佐朝政。

由于张玄靓性格软弱，年龄又小，朝中事务全由张天锡专断。升平七年，马太后去世，张玄靓立庶母郭氏为太妃。郭太妃不满张天锡专擅朝政，与大臣张钦密谋要除掉他，不料消息泄露，张钦等人反而被张天锡诛杀。张玄靓非常清楚张天锡的为人，为了保命，他主动提出让位于张天锡。张天锡假意拒绝，暗中却派右将军刘肃深夜率兵闯入王宫，杀死张玄靓，对外则宣称张玄靓是暴病身亡，然后自己取而代之。

悼公张天锡

张天锡档案

生卒年	338—398 年	在位时间	363—376 年
父亲	文王张骏	谥号	悼公
母亲	刘美人	庙号	无
后妃	阎皇后、薛宫人等	曾用年号	升平（东晋穆帝年号）

张天锡，小名独活，字纯嘏，前凉文王张骏少子，冲王张玄靓的叔父，十六国时期前凉第八位君主。

前凉冲王升平三年八月，张天锡杀死张玄靓，自立为王。

张天锡在位期间，沉迷酒色，不理国事，朝政大权由将军刘肃、梁景等人掌握，致使前凉政权最终走进覆灭的深渊。

升平二十年（376年），前秦国主苻坚派兵攻破凉州，张天锡投降，被押往长安，贬为北部尚书，封归义侯。东晋太元八年，张天锡随苻坚南下攻晋，淝水之战大败后，他乘机逃至建康，投降了东晋。

东晋隆安二年，张天锡病逝，终年61岁，谥号悼公。

少年有为　成功掌权

建兴四十一年，威王张祚废张曜灵而自立，张天锡被封为长宁王。

张祚被杀后，张天锡的侄子张玄靓继位。东晋升平五年（361年）九月，辅政大臣宋澄被右司马张邕杀害，张天锡被任命为中领军，与张邕一起辅政。因为张天锡年龄还小，朝政大权实际上掌握在张邕手中。张天锡对张邕独揽大权十分不满，便与亲信刘肃等密谋诛杀张邕，夺取政权。

同年十一月，张天锡和张邕一起上朝，身后跟着刘肃和赵白驹两人。行至半路时，刘肃突然拔出佩刀向张邕砍去，然而大刀落空。赵白驹见状，也拔出腰刀向张邕刺去，仍然没有刺中。张邕大惊失色，狼狈逃跑，随后率领300名披甲士兵气势汹汹地攻打宫门。张天锡镇定自若，大声地对张邕的部众说："张邕狼子野心，杀了忠良宋澄及其全家，不思悔改，又要加害圣上。你们都是前凉的忠诚臣下，千万不要受了他的蛊惑，替他卖命。我现在只杀张邕一人，不会涉及无辜，你们走吧。"张邕的部众早就对他有所不满，听了张天锡的话，一哄而散。张邕知道自己罪责难逃，只好拔剑自刎。之后，张天锡自封冠军大将军、都督中外诸军事，从此大权在握。

升平七年八月，马太后去世，张玄靓尊庶母郭氏为太妃。郭氏因张天锡专政，与大臣张钦密谋杀死他，事败，张钦等被杀死。张玄靓对张天锡十分畏惧，打算把王位禅让给他。张天锡表面上拒绝，暗中却派刘肃带人深夜进宫杀掉张玄靓，继而自称使持节、大都督、大将军、凉州牧、西平公。这一年，张天锡26岁。

退兵无策　兵败被俘

张天锡篡位之后疏于朝政，整天沉湎于酒色之中，频繁举行宴会，浑浑噩噩地做了10年的凉州牧、西平公。升平十一年（367年），羌人廉岐自封益州刺史，背叛苻坚，率领4000户投靠李俨。张天锡亲率大军征讨，任命别驾杨遹（yù）为监前锋军事、前将军，进攻金城郡；晋兴相常据为使持节、征东将军，向左南发起攻击；游击将军张统从白土出兵；张天锡则亲率3万人马进入仓松，对李俨发起进攻。李俨不敌，只得坚守不出，派儿子李纯向苻坚求援。苻坚派大将王猛前去支援，张天锡大败，撤兵而回。同年，他立儿子张大怀为世子。

升平二十年七月，苻坚派大将苟苌等率13万大军进攻前凉，张天锡急忙召集群臣商议应对之策。中录事席仂（lè）建议说："请将将军的儿子送到秦国做人质，然后再送上大批财物，秦军得到了这些，自然就会退兵，到时我们再慢慢想办法。"但大臣们听了都一致表示反对，说："我们世世代代忠于晋朝，一旦委身事秦，将使祖宗蒙羞。何况河西天险，百年没有灾难，举全国之力与之对抗，再派人去西域求助，也不会输于秦军。"张天锡见群臣情绪激昂，也不由得受到感染，慷慨激昂地说："我决心已定，有胆敢动摇军心者，格杀勿论。"

后来，苻坚亲率大军向前凉发起猛烈进攻，多次打败前凉军队。张天锡亲自带兵迎战，但他刚出城门，城内就发生了叛乱。他急忙掉头，但还没有进城，秦军已追至身后。张天锡见大势已去，只好下马投降，之后被送到秦国，贬为北部尚书，封归义侯。

投降东晋　晚景凄凉

东晋太元八年，前秦国主苻坚亲率大军攻打东晋，张天锡被封为征南司马随军作战，结果，秦军在淝水被东晋军队打败。张天锡乘乱逃到建康，先后被封为西平公、金紫光禄大夫、右仆射。尽管身居要职，但他毕竟是个降将，在东晋朝廷中并没有多高的地位，而且屡受嘲弄。张天锡对此敢怒而不敢言，整天闷闷不乐，茶饭不思，以至于骨瘦如柴，一副病恹恹的样子。到了晚年，张天锡一贫如洗，过着食不果腹的日子。

东晋隆安元年，会稽王世子司马元显对张天锡产生怜悯之心，封他为庐江太守。桓玄专权时，又封张天锡为护羌校尉、凉州刺史。当然，这些也只是虚职而已。东晋隆安二年，张天锡在建康病逝。

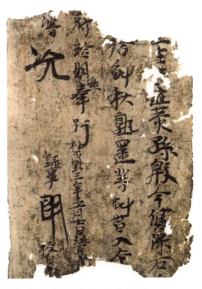

北凉仓曹贷粮文书残纸 ↑

1966年新疆吐鲁番阿斯塔那59号墓出土,现藏于新疆维吾尔自治区博物馆。书写时间为北凉神玺三年(399年)。内容是赵恭、孙殷贷粮至秋熟还的契约,上面有簿、录事的签名。

炳灵寺石窟第169窟南壁西秦立佛 →

炳灵寺石窟位于甘肃临夏永靖县西南35千米处的积石山大寺沟西侧的崖壁上。169窟距地面约60米,窟内现存佛龛24个,此为第22龛立佛。

李柏文书 →

李柏是前凉时西域长史,文书为李柏于328年给焉耆王等写信而留下的草稿。1909年2月,文书为日本人橘瑞超盗取于新疆罗布泊楼兰遗址。共有二纸,此为其一。

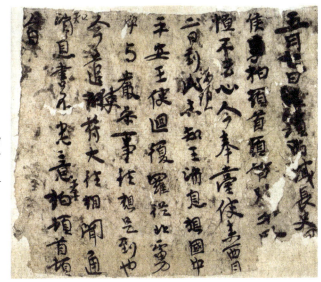

锁谏图 ↓

此图旧传为唐阎立本作,现存为元、明摹本,现藏于美国弗利尔美术馆。此图画十六国汉的廷尉陈元达,向皇帝刘聪冒死进谏的情景。被铁链锁于大树者为陈元达。

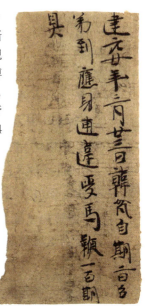

前秦韩龛自期残纸→

1959年吐鲁番阿斯塔那305号墓出土，现藏新疆维吾尔自治区博物馆。墨书，3列29字，书写时间为前秦宣昭帝苻坚建元二十年（384年）。

后赵"石安韩丑"砖↓

1954年陕西省西安市出土。"石安"即今陕西咸阳，石勒曾改咸阳为石安县。"韩丑"是造砖人的名字。

后赵铜佛像↑

后赵太祖石虎建武四年（338年）造像，是现存最早的有明确纪年可考的中国佛教造像。

广武将军碑（拓片局部）↓

前秦建元四年（368年）刻，字体在篆隶之间，刻石现存陕西西安碑林博物馆。图为明拓本（局部）。

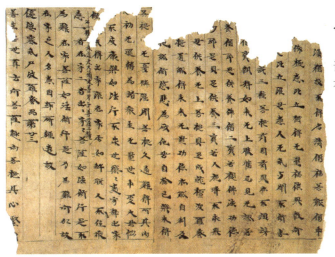

←北凉优婆塞戒经残片

现藏于国家博物馆。罗振玉考证书于北凉时期,书体近汉代章草,有浓厚隶意。

大夏真兴钱→

赫连勃勃于大夏真兴年间(419-424年)铸。"大夏"为国号,"真兴"为年号,国号、年号合璧。

北凉高善穆塔→

1969年甘肃酒泉市出土,现藏甘肃省博物馆。塔上所刻内容是《增一阿含经·结禁果》中的一段,纪年为承玄(沮渠蒙逊年号)元年(428年)。

王猛扪虱图↓

出自《前代君臣故事图》,明代佚名画家绘,纸本水墨,现藏美国弗利尔美术馆。图绘六则前代君臣之间的故事,此为第三幅王猛见桓温,扪虱而谈。

←统万城遗址

俗称白城子，十六国时期大夏的都城，位于陕西省靖边县最北端的白城则村，距县城50千米。

前凉王念卖驼券残纸→

1965年吐鲁番阿斯塔那39号墓出土，现藏新疆维吾尔自治区博物馆。书写时间为前凉升平十一年（367年）。

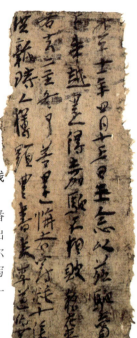

←前凉王宗上太守启

1964年新疆吐鲁番哈拉和卓3号墓出土，新疆维吾尔自治区博物馆藏。这是前凉建兴三十六年（348年）王宗写给高昌太守的文书残片。

北魏奴童俑→

1965年洛阳老城盘龙冢村北魏元邵（孝文帝之孙）墓出土。我国古代称黑肤的人为昆仑，此为昆仑奴童俑，造型真实，构思奇特。

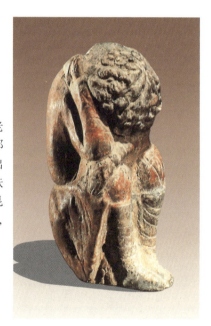

←网纹玻璃杯

1948年河北景县北魏封氏墓群出土，现藏国家博物馆。封氏墓群为北魏至隋代门阀封氏家族墓。该杯体为淡绿色，杯壁很薄，经化验分析考证，可能是罗马帝国时期遗物。

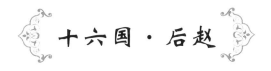

十六国·后赵

高祖石勒

石勒档案

生卒年	274—333 年	在位时间	319—333 年
父亲	石周曷朱	谥号	明皇帝
母亲	王氏	庙号	高祖
后妃	刘皇后、程氏	曾用年号	太和、建平

石勒，字世龙，小字匐（fú）勒，羯族，上党武乡人，部落小帅石周曷朱之子，十六国时期后赵的开国皇帝。

西晋"八王之乱"时，石勒曾被掠为奴隶，后起兵反晋，先后追随牧帅汲桑、公师藩，后来又归附前赵刘渊，被封为辅汉将军、平晋王，再迁安东大将军，封赵公。到刘曜时，他被封为大司空、大将军。

东晋大兴二年十一月，石勒称赵王，定都襄国。

石勒在位期间，实行多项措施，有力地推动了后赵文化和经济的发展；同时他还积极进行对外扩张，吞并关中、消灭前赵、北征代国，使后赵成为当时北方最强的国家。

建平四年（333 年），石勒驾崩，终年 60 岁，谥号明皇帝，庙号高祖，虚葬于高平陵。

英勇少年　备受磨难

石勒是匈奴别部羌渠的后代,他的祖父耶(邪)奕于、父亲石周曷朱(又名乞翼加)都当过部落的小统领。所以,石勒的童年生活相当富足,日子过得无忧无虑。后来家道中落,石勒14岁时为了养家糊口,只好跟着几个老乡来到洛阳做一些小买卖。据说有一次,石勒到洛阳做生意时,倚靠着上东门高声长啸,尚书仆射王衍恰好经过,听到石勒的长啸之声,惊奇不已,对身边的人说:"这个胡人的孩子声音听起来太奇怪了,此人将来恐怕会扰乱天下。"于是派人去抓石勒,但石勒已经离开了。

由于出身游牧民族,石勒从小就会骑马射箭,孔武有力,加上后来外出经商,锻炼出了过人的胆量和智慧。石勒的父亲石周曷朱生性鲁莽,脾气暴躁,经常打骂部下,引起了大家的不满。石周曷朱也知道自己的缺点,想要缓解与下属之间的矛盾,于是就经常让石勒来管理部落。石勒利用自己的智慧,将部落的事务处理得井井有条,受到了大家的尊敬。

后来,一场饥荒降临到石勒所在的部落,庄稼颗粒无收,无数百姓和牲畜被饿死,剩下的人为了活命,不得不背井离乡、四处流浪。为了谋生,石勒也从雁门来到阳曲投奔故友宁驱,结果被北泽都尉刘监发现,想要把他卖为奴隶,多亏宁驱把他藏了起来,他才逃过一劫。后来,石勒又偷偷跑了出来,打算去投奔都尉李川,途中遇到了故交郭敬。郭敬收留了他,还用贩货所得接济他。这时,有人向东瀛公司马腾提议将这些胡人抓住卖到山东,换些银钱来解决军队的给养问题。司马腾认为这个主意不错,当即命令将军郭阳、张隆带领兵丁将他们抓住,套上枷锁,送往冀州。石勒也未能幸免。张隆搜遍石勒全身,结果未见分文,他十分生气,便经常打骂石勒。石勒在肉体上饱受折磨、精神上受尽屈辱,每天忍饥挨饿,有一次还昏倒在路上。郭敬知道以后,便向族兄郭阳和侄儿郭时求情,希望他们能关照一下石勒。郭阳答应每天给石勒多加一些口粮。这样，石勒才得以活着走到冀州。

到了冀州，石勒被告知自己已经被卖给山东茌平人师欢。从此，石勒随时听候师欢差遣，放牛牧马，下田劳作。幸好师欢是个心地善良的财主，并没有虐待石勒，还让他吃饱穿暖，过上了稳定的生活。有一次，石勒跟同伴说自己干活时经常听到鼓角之声，同伴又将石勒的话告诉师欢。师欢甚是惊奇，认为石勒异于常人，遂免除了他的奴隶身份。

崭露头角　初立根基

师欢的家靠近牧马场，与魏郡的牧人首领汲桑经常来往。石勒看准机会，凭借善于相马的本领投靠了汲桑。很快，他便将王阳、夔（kuí）安、支雄、冀保、吴豫、刘膺、桃豹、逯明8人召集到自己门下，并发动了骑兵起义。后来，石勒又得到了郭敖、刘征、刘宝、张噎（yì）仆、呼延莫、郭黑略、张越、孔豚、赵鹿、支屈六10员大将，与前述8人加在一起，号称"十八骑"。石勒经常带领十八骑掠夺茌平牧场东面的赤龙、骒（lù）骥等马苑里的马匹，又骑着马到远处掠夺珍宝、丝绸等，然后把这些物品献给汲桑，以此与汲桑交好。

"八王之乱"时，成都王司马颖在汤阴击溃朝廷军队，挟持晋惠帝司马衷来到邺城。晋安北将军、幽州刺史王浚以司马颖欺君罔上为由，派鲜卑军队攻打司马颖。司马颖惊慌失措，挟持着晋惠帝来到洛阳，但却受到张方的控制，被迫迁都长安。这时，关东地区纷纷起兵讨伐司马颖。河间王司王颙见状，也有意废除司马颖。

西晋永兴二年，司马颖的故将公师藩举起反晋大旗，石勒率领十八骑投奔公师藩，被任命为前队督。在一次战斗中，公师藩被濮阳太守苟晞杀死。石勒率领牧民冲击附近郡县的监狱，砸开大牢，将一些年轻力壮的犯人释放出来，编入自己的队伍。之后，他又四处召集因不堪官府高压统治而逃进山林的流民，拉起了一支属于自己的军队。

西晋永嘉元年，汲桑自称大将军，打着司马颖的旗号，征讨东海王司马越和东瀛公司马腾。石勒作战勇猛，多次取胜，被封为扫虏将军、忠明亭侯。不久，汲桑又命石勒为先锋，向邺城发起进攻，杀死司马腾及守军万余人，抢掠一番而去。接着，汲桑、石勒又在乐陵进攻幽州刺史石鲜，并将其杀死。乞活将军田禋（yīn）率兵救援，被石勒打败。之后，石勒又和苟晞在平原、阳平一带相持，双方交战30多次，互有胜负。西晋朝廷得知消息，派东海王司马越驻扎官渡，支援苟晞，终于将石勒打败。苟晞乘胜追击，连破汲桑8个营寨，歼灭万余人。汲桑、石勒纠集残兵败将准备投奔汉王刘渊，路上又遇到冀州刺史谯国、丁绍，一场激战随即展开，汲桑、石勒不敌，汲桑逃往马牧，石勒逃往乐平。不久，汲桑在乐陵被杀，石勒投奔胡部大①张䚷（bèi）督、冯莫突。同年十月，石勒又随同张䚷督投奔刘渊，被封为辅汉将军、平晋王。

为了扩充自己的势力，刘渊有意将乌桓人伏利度招到自己门下，但却遭到拒绝。石勒知道后主动请命去降伏伏利度。他假装与刘渊闹了矛盾，投奔到伏利度麾下。伏利度信以为真，高兴地与石勒结为八拜之交，然后命令石勒带兵攻打其他部落。石勒很懂得收买人心，很快就将伏利度的将士拉拢到自己身边。之后，石勒借赴宴之机将伏利度抓住，并带着伏利度的旧部回到刘渊身边。刘渊大喜过望，提拔石勒为督山东征讨诸军事。石勒得势后，越发兵强马壮。

实力壮大　建立政权

西晋永嘉二年正月，石勒率军先后攻陷魏郡、汲郡、顿丘、邺城、赵郡、中丘，势力进一步壮大。石勒因功被封为安东大将军，开府置左右长史、司马、人马从事中郎等僚属。之后，石勒又进攻巨鹿、常山二郡，杀死守将，攻克冀州郡县堡垒百余座，人马达10万之多。石勒把其中有名望的人物集中在一起，建立君子营，以汉人张宾为谋士；设立军功曹，以刁膺、张敬为股肱，以夔安、孔苌等为爪牙，支雄、呼延莫、王阳、桃豹、逯明、吴豫为将帅。随后，石勒派张斯到并州北山诸郡，说服胡人归服，胡人早已听说石勒的威名，纷纷表示归顺。接着，石勒又进军中山、博陵、高阳诸地,大获全胜,投降者数万。十月,刘聪派刘粲、刘曜、王弥等率4万大军进攻西晋都城洛阳,命石勒率领2万骑兵与刘粲等人会师,在渑池打败了晋军。刘粲进至轩辕,石勒进至成皋关,将陈留太守王赞包围于仓垣,并打败了他。

西晋永嘉三年十一月,石勒转攻信都,将冀州刺史王斌杀死。西晋朝廷诏令车骑将军王堪、北中郎将裴宪率兵讨伐石勒。石勒带兵返回迎击,巧遇魏郡太守刘矩献出本郡,投降石勒。石勒到达黎阳,向王堪、裴宪二部发起攻击。裴宪丢下军队,自己逃往淮南,王堪则退守仓垣。

西晋永嘉四年,刘渊驾崩,刘聪称帝,加封石勒为征东大将军。石勒渡过黄河,攻克白马;王弥带领3万人与石勒会师,一同进攻徐州、豫州、兖州。二月,石勒向鄄城发起突然袭击,杀兖州刺史袁孚;随后又攻克仓垣,杀死王堪;接着北渡黄河,攻打冀州各郡,使9万多百姓前来归附。七月,刘聪、始安王刘曜、石勒和安北大将军赵国,在怀县围攻河内太守裴整,晋朝派征虏将军宋抽救援怀县,结果被石勒与平北大将军王桑杀死。

雍州流人王如、侯脱、严嶷等在江淮一带起兵,石勒率兵讨伐,王如等人率1万人马迎战失败,所有人都被俘虏。之后,石勒进至南阳,屯兵于宛北山。王如派人送上许多珍宝、车马,表示愿意与之结为兄弟,石勒高兴地答应了。但是,王如与侯脱一向不和,便劝说石勒进攻侯脱。石勒下令三军于夜半起程,天亮即兵临宛城,经过多日激战,终于攻破宛城。严嶷得知后急忙前去救援,但等他赶到时,宛城已破,于是他也投降了石勒。石勒杀了侯脱,将严嶷的部众尽收麾下,兵力更加强大。

拿下宛城后,石勒又南攻襄阳,攻陷江(指襄江)西堡垒30余座,留刁膺守襄阳,自己则率3万精兵去征讨王如。他看到王如实力强大,又退居襄城。王如派弟弟王璃率2.5万名骑兵,以犒军为名进行突袭,不料被石勒识破,反被消灭。之后,石勒屯兵江西,大有雄踞江汉之气势。张宾劝石勒北还,石勒没有同意,封张宾为参军都尉,领记室,职位次于司马,专门居中总理事务。

西晋永嘉五年正月,石勒再次图谋占据江汉地区,张宾又一次劝阻。恰逢军中饥乏，又流行疾疫，将士损失大半，石勒便放弃江汉，渡过沔水，攻占江夏。

西晋永嘉五年二月，石勒攻克新蔡，在南顿杀死新蔡王司马确。朗陵公何袭、广陵公陈眕（xì）、上党太守羊综、广平太守邵肇等惊慌失措，率众投降石勒。紧接着石勒又攻克许昌，杀死平东将军王康。

三月，司马越在率领行台及20多万晋军讨伐石勒时死于项县，随后，王衍及襄阳王司马范率领大部队护送其灵柩归葬东海国。石勒率轻骑在苦县宁平城追上了王衍大军，并击败王衍所派的将军钱端，包围了晋兵。混乱之中，晋兵互相践踏，伤亡惨重。石勒杀害了包括王衍在内的随行官员和西晋宗室，并下令焚烧司马越的灵柩，说："此人乱天下，吾为天下报之，故烧其骨以告天地。"不久，石勒又在洧（wěi）仓追上司马越世子司马毗由洛阳东归的部众，将司马毗等人杀害。晋朝大将何伦等人到达洧仓时，恰巧与石勒遭遇，战败，东海王司马越长子以及宗室48个亲王全部被石勒俘获。

五月，汉主刘聪派前军大将军呼延晏率领2.7万名将士向洛阳进军，大军到达河南时与晋军遭遇，经过多次激战，共歼灭晋军3万多人。始安王刘曜、叛军首领王弥、石勒也带兵与呼延晏会合。六月十二日，刘曜杀死晋朝太子司马诠、吴孝王司马晏、竟陵王司马茂、右仆射曹馥、尚书闾丘冲、河南尹刘默等，以及士人、百姓3万多人；还挖开晋皇帝的陵墓，并将宫庙、官府付之一炬。石勒带兵到许昌驻扎，于八月在阳夏对王赞发起进攻，将其抓获；之后又袭击蒙城，抓住苟晞和豫章王司马端。战后，汉主刘聪任命石勒为幽州牧。

王弥与石勒面和心不和，右光禄大夫刘暾趁机劝王弥征召曹嶷的军队攻打石勒。王弥便修书一封，让刘暾去找曹嶷，同时邀请石勒一起到青州会合。没想到刘暾到东阿时被石勒的骑兵抓获，石勒看信后大怒，处决了刘暾，然后赶往青州。十月，石勒在己吾县宴请王弥，乘机将王弥杀死，然后兼并其部众。事后，石勒上表刘聪指称王弥反叛。刘聪勃然大怒，派使者责备石勒"擅自残害朝廷重要辅佐官员，目无尊上"，但为了拉拢石勒，又加封他为镇东大将军，督并、幽二州诸军事，兼并州刺史等职。

石勒的实力越来越强大,不断带兵攻掠豫州各郡,到江边后回师,驻扎在葛陂。早年他被人掳走卖掉后,和母亲王氏失去了联系。刘琨找到他的母亲后,和石勒之侄石虎一起送回,希望石勒能归顺自己。石勒非常感激,回送刘琨名马、珍宝等物,以厚礼招待刘琨的使者,但没有答应归顺。

　　西晋永嘉六年(312年)二月,石勒将兵马驻扎在葛陂,征召大量民工建造战船,准备对建邺发起进攻。之后阴雨连绵长达三个月之久,大雨冲毁了道路和石勒的军营,冲走了军粮,还带来了一场瘟疫,士兵损失过半。与此同时,西晋琅邪王司马睿调江南大军来到寿春,命令镇东长史纪瞻统率各路大军对石勒发起攻击。石勒召集手下商讨对策,右长史刁膺主张先与晋军讲和,以作权宜之计,他日再寻良机。中坚将军夔安则认为应该先将部队拉到高地躲避大雨,再谋后路。石勒听了非常生气,说道:"将军怎么如此胆小?"他又问身边的谋士张宾,张宾说:"恕我直言,去年我们在这里停留就是一个错误,而今大雨无休无止,我们更应尽早离开。邺城西接平阳,又有山河作为天然屏障,我们应该向北去,渡过河北,之后即可得天下。现在晋军之所以防守寿春,是为了阻拦我们南下。一旦我们撤退,他们必定庆幸,而不会追击。为今之计,应当佯装向寿春行进,以迷惑敌人,留下一部分人马将辎重尽快向外转移出去,再掉头向北,即可万无一失。"石勒闻言连称妙计,提拔张宾为右长史,尊称为右侯。

　　随后,石勒率军从葛陂出发,派石虎带领2000名骑兵开往寿春。石虎在途中遇到晋朝的运输船,结果被纪瞻打败。之后,纪瞻追上石勒的军队,石勒严阵以待,纪瞻看到石勒兵强马壮,不敢强攻,遂退到了寿春。

　　石勒从葛陂向北行进,所经之处百姓都坚壁清野,将士们忍饥挨饿,粮草极度匮乏。几经辗转终于到达邺城,石勒又向张宾征求意见,张宾说:"现在天下大乱,战火遍地,人心不稳。我们这样东奔西跑,终归不是长久之计。俗话说,得地者昌,而失地者亡。黄河之北的邯郸、襄国都是赵国的故地,只要我们能占据其一,立为国都,等站稳了脚跟,再派兵四面出击,扩大地盘,即可成就霸业。"石勒点头表示赞同。

渡过黄河后，石勒的部将们想攻打三台，张宾则提出占据襄国，并麻痹王浚、刘琨及刘聪。果然，刘聪不仅没有丝毫戒备，还命石勒都督冀、幽、并、营四州诸军事，牧冀州，封他为上党公。

同年十二月，石勒用计击败辽西公段疾陆眷，然后采取怀柔策略争取了段氏鲜卑，使段氏一心归降自己，削弱了王浚的势力。随后，石勒又腾出手来攻打信都，杀死了冀州刺史王象，王浚任命邵举为冀州刺史，防守信都。

西晋建兴元年三月，汉廷尉陈元达看出石勒野心颇大，提醒汉主刘聪提防石勒，但刘聪却不以为意。四月，石勒派石虎攻打邺城，邺城守将刘演逃奔廪丘，三台的流民全部归顺了石勒。拿下邺城后，石勒又在上白攻打李恽，将其杀死。

王浚派散骑常侍枣嵩督领各军驻扎于易水，然后派人去召段疾陆眷，共同攻打石勒。然而，段疾陆眷已成惊弓之鸟，不敢再与石勒交战。王浚一气之下，以重金贿赂拓跋猗卢，并向慕容廆②（wěi）等人传发檄文，要共同讨伐段疾陆眷。

同年五月，石勒派孔苌攻打定陵，吓得青州刺史薄盛带领人马投降石勒，崤山以东各个郡县相继被石勒占取。汉主刘聪封石勒为侍中、征东大将军。不久，乌桓人也叛离王浚，暗中归附石勒。王浚的司马、范阳守将游统，也派使者暗自依附石勒。石勒却杀了他的使者并送给王浚，从而获得了王浚的信任。

经过充分的准备，石勒见时机已经成熟，决定向王浚发起进攻。西晋建兴二年三月，石勒的军队到达易水，活捉王浚，历数其罪，然而将他斩首示众，王浚麾下数万精兵也尽数被杀。石勒返回襄国后，将王浚的首级送给刘聪，刘聪非常高兴，以四官十二郡封石勒，石勒坚辞，仅受两郡。

西晋建兴三年九月，刘聪封石勒为陕东伯，可以自行征战讨伐，任命刺史、将军、郡守县令，分封列侯，每年集中上报一次。

西晋建兴四年四月，石勒派石虎到廪丘攻打刘演，幽州刺史段匹䃅派弟弟段文鸯支援。石虎攻克廪丘后，刘演逃到段文鸯军中，他的弟弟刘启则被石虎抓获。十一月，石勒在坫（diàn）城围攻乐平太守韩据，司空长史李弘率并州向石勒投降。

东晋大兴元年，刘聪病逝，其子刘粲继位，石勒和刘曜同为顾命大臣，负责辅佐朝政。两个月后，外戚靳准杀死刘粲，篡位夺权。同年十月，刘曜起兵讨伐靳准，并于途中称帝。十二月，刘曜诛杀靳准，定都长安，改国号为赵（前赵），封石勒为大司空、大将军。

东晋大兴二年二月，刘曜受下属蛊惑，杀了石勒的左长史王修。石勒气得破口大骂，说刘曜过河拆桥，忘恩负义，要想指望他给自己封王，不过是白日做梦，不如自己称帝算了，遂下令修建宫殿，封官分职。同年十一月，石勒宣布登基，自称赵王，定都襄国，建立后赵政权。从此，石勒穿朝服出行，使用君王仪仗。

治国有方　一代明君

石勒深知，作为外来民族，要想在别人的地盘站稳脚跟并不容易，况且自己还是中原人所瞧不起的胡人羯族。为了稳固自己的地位，他下令将胡人改为国人。之后，他又想办法讨好当地人民，给每位孤寡老人送3石谷子，对出名的孝子和努力耕作的农民赏赐数量不等的布匹，对所有百姓一律减租，这一系列惠民政策大得人心。对于常年跟随自己南征北战的将士，他也大加赏赐。

为了得到中原地主的支持，石勒委托张宾制定门阀士族③的等级，仿照晋朝制度定五品，后又增加到九品。东晋大兴三年（320年），石勒诏令公卿及州郡每年推举秀才、孝廉、贤良、直言、武勇各1名，以充实各级官府。

石勒还非常重视文化教育，在襄国四门增置了宣文、宣教、崇儒、崇训等10多所小学。历史上的小学教育正是在他当政时正式确立的。石勒还亲自到襄国的大、小学考试诸生的经义，对成绩优异者给予奖赏。石勒任命牙门将王波为记室参案，典定九流，最早确立秀才、孝廉试经制度。他还"命郡国立学官，每郡置博士祭酒两人，弟子一百五十人，三考修成，显升台府"。

自东晋大兴二年称王之后，石勒便公然与前赵决裂。东晋太宁三年，石勒派侄子石虎进攻前赵石梁、并州，俘获前赵1万多名士兵，全部坑杀。刘曜得到消息后，气得生了一场大病。太和元年（328年）七月，石虎又一次率领4万人马进攻前赵的河东之地，不料却在高侯原被刘曜打败。十一月，石勒亲率大军再次出击，俘获刘曜，押回襄国后又将其杀掉。

太和三年（330年）二月，石勒自称大赵王，将儿子们全部封王，又对大臣们论功行赏、封官加爵。同年九月，石勒称帝，改元建平，册立刘氏为皇后，同时规定了昭仪、夫人、贵嫔、贵人、三英、九华、淑媛、淑仪、容华、美人的等级和人数。

建平二年（331年）夏，石勒打算建都邺城。廷尉续咸上书劝谏，希望石勒能够节俭治国，不要大兴土木、劳民伤财。石勒非但不听，反而下令将续咸关进监狱，准备杀掉他。中书令徐光劝阻道："续咸所言，听与不听只在大王，又何必为此动怒，非要杀他呢？"石勒意识到了自己的错误，但又不愿承认，便委婉地说："平民家中富足，都想盖房建屋，而我身为一国之君，为何不能为自己建一座宫殿？不过，为了表示对他敢于直言的嘉奖，这座宫殿可以暂时停工，等待以后再建。"不久天降大雨，从山上冲下来许多木料，石勒非常高兴，对大臣们说："这是上苍有意惠顾赵国，赐予木料，算不上劳民伤财。"随即下令重新开工建设宫殿。

建平三年（332年）春节过后，高丽派使者过来联络，石勒设宴款待。席间，石勒询问大臣徐光："以爱卿之见，朕可与前代哪一位帝王相比？"徐光沉思片刻，回答说："陛下英明，高于汉高皇帝刘邦。"石勒笑着摇摇头，说："人贵有自知之明，我怎敢与高皇帝相提并论，假如遇见他，我当向他称臣。大丈夫做事当光明磊落，不能像曹孟德、司马仲达那样阴险卑鄙，以欺负孤儿寡母来夺取天下，否则必遭后人耻笑。"

建平四年（333年）六月，石勒重病，卧床不起。石虎有意篡权夺位，便假传诏令，不许太子石弘前来探望。七月，石勒的病情突然加重，遂口授遗嘱："朕归天之后，三天即葬，其间不许禁止婚嫁、祭祀、饮酒、食肉等事项；征镇牧守不准回京吊唁；送葬从简，坟内不准放置陪葬金宝器玩。"

石勒驾崩当夜，石虎偷偷把他埋到山谷深处，十来天后才对外公布。

注释：

①部大：魏晋时匈奴、鲜卑、羌等少数民族首领的称号。其主帅称"大"，一部之长称"部大"。

②慕容廆（269—333年）：十六国时期辽东地方政权首领，前燕政权建立者慕容皝之父。西晋末年招徕流亡晋人，任用汉族士人裴嶷等，建官立制，设郡统流民，为前燕建立奠定了基础。接受晋平州牧、辽东郡公官爵。

③门阀士族：指在社会上具有特殊地位、由官僚士大夫所组成的政治集团，萌生于两汉，形成发展于魏晋，衰弱于南北朝。

闵帝石弘

石弘档案

生卒年	314—334 年	在位时间	333—334 年
父亲	高祖石勒	谥号	海阳王
母亲	程氏	庙号	无
后妃	贾皇后	曾用年号	延熙

石弘，字大雅，后赵明帝石勒次子，十六国时期后赵第二位皇帝。建平四年，石勒驾崩，石弘继位，时年20岁，改元延熙。

石弘在位期间，丞相石虎把持朝纲，为所欲为，根本不将石弘放在眼里。

延熙元年（334年）十月，石弘禅位于石虎，不久被废为海阳王，同年为石虎所杀，终年21岁，谥号海阳王。

被迫继位　成为傀儡

石勒称王，建立后赵时，世子石兴已死，于是立次子石弘为世子。石弘很有孝心，而且为人谦恭，深受石勒喜爱。石勒对其寄予厚望，特意请来当时最有名的老师来培养他。其中，杜嘏教授他经书，续咸教授他集赋法律，刘征、任播授其兵法，王阳传授其剑术。

石弘气质儒雅，喜爱吟诗作赋，结交的也都是文人学士。石勒对此颇为担忧，对大臣徐光说："大雅和悦安静，不像将门之后，将来何以治下天？"徐光安慰道："当初汉高皇帝马上夺天下，而汉文帝却以清静无为治天下，请陛下放心，太子将来肯定会和文帝一样以仁义而治天下的。"石勒听了转忧为喜。大臣程遐却说："石虎为人凶险狡诈，对皇室构成很大的威胁，应该尽早除掉。"但石勒以太子文弱，必须有一个强有力的辅臣相助为由，继续重用石虎，对程遐的忠告置之不理。

建平四年，石勒忽然身患重病，生命垂危。石虎早有篡权之心，一看时机来临，便假传圣旨，不让石弘进宫探望，以达到对石勒的控制。几天后石勒驾崩，石虎于当晚匆匆将他埋葬，然后下令逮捕程遐、徐光，交廷尉审理，并让自己的儿子石邃带兵进入皇宫，把守各个重要位置。安排好了这一切，石虎才宣布石勒驾崩的消息，同时宣布由石弘继位。

石弘自幼文弱，胆小怕事，他战战兢兢地表示要将皇位禅让给石虎。石虎怕难以服众，假惺惺地说："国君去世，太子继位，此乃天经地义之事，何必谦让！"石弘依然坚决辞让，石虎呵斥道："你不当皇帝怎么会知道自己不能胜任，如果不能胜任，自然会有人来替你！"石弘再不敢言语，只好宣布继位，改元延熙，文武百官都进位一等。

大臣程遐、徐光已经被石虎杀死，石弘便任命石虎为丞相、魏王、大单于，加九锡，以魏郡等13郡为食邑，统领百官。石虎还装模作样地推辞了一番，随后又立自己的妻子郑氏为魏王后，儿子石邃为魏太子，加封使持节、侍中、大都督中外诸军事、大将军、录尚书事；石宣为使持节、车骑大将军、冀州刺史，封河间王；石韬任前锋将军、司隶校尉，封乐安王；石遵为齐王，石鉴为代王，石苞为乐平王；改封太原王石斌为章武王。

在石虎的安排下，石勒在位时期的文武旧臣都补任左右丞相闲职，而石虎的府僚及亲信则任职于台省和宫禁要害部门。之后，石虎又将太子宫改名为崇训宫，让石勒的妻子刘氏以下的眷属全都搬到那里居住。他还将宫中漂亮的女子和石勒生前的车马、珍宝全都拉到魏王府，供自己享乐。石弘身为皇帝，其实是一个空架子，石虎成功地将大权揽到了自己手中。

太后被杀　内乱频起

石虎把持朝政，引起了刘太后的担心，于是私下与心腹石堪商议应对之策。石堪忧心忡忡地说："先帝的旧臣全部受到排挤，我已经没有能力指挥调动京城的任何兵力了，眼下要想与石虎抗衡，只能先拿下兖州，占据廪丘，联合南阳王石恢，再向各地方官和驻军将军宣布太后懿旨，让他们各自率领义兵共同征讨逆贼，如此天下归心，石虎可除。"刘太后认为此计可行，便让石堪立即起程。

石堪带着刘太后的密令，悄悄出了京城。他带领少数精锐骑兵对兖州发起突然袭击，可惜时机选择不佳，偷袭失败了。石堪被迫向南逃往谯城，结果在城父被石虎派来的人抓住，送到襄国，受酷刑而死。石虎得知石堪所为都是受刘太后指使，一怒之下将刘太后杀害，另尊奉石弘的生母程氏为皇太后。

刘太后被杀的消息传出后，朝野震惊，镇守关中的河东王石生及镇守洛阳的石朗昭告天下，宣布起兵讨伐石虎。石虎亲率步卒、骑兵共7万人前去迎敌，留下石遂守卫襄国。经过一番激烈的战斗，金墉失陷，石朗被杀。紧接着，石虎任命石挺为前锋大都督，对长安发起进攻。石生以将军郭权率领鲜卑涉瑰的2万部众为前锋，自己统率大军紧随其后，在蒲阪扎营。郭权与石挺在潼关展开激战，石挺战败被杀，丞相左长史刘隗也战死。石虎惊慌失措，急忙向渑池撤退。眼看硬战不可取胜，石虎决定采用离间计，以重金收买石生手下的鲜卑将领郭权，让他对石生发起突然袭击。石生猝不及防，被郭权打得大败，单枪匹马逃往长安。郭权趁机收降3000名士卒，与越骑校尉石广在渭北相持。

石生逃回长安后，担心石虎会追过来，便命大将蒋英镇守长安，自己则逃到鸡头山上躲藏起来。石虎听说石生逃跑的消息，率兵再次攻打长安，10多天后，长安城破，蒋英等人被杀。不久，石生也被部将杀死。石虎分别派将领驻屯汧（qiān）县，又把雍州、秦州的汉人与胡人共10余万户迁徙到关东，之后返回襄国。

无奈禅位　被杀身亡

石虎回到襄国后，为了炫耀自己的功劳，特意下令大赦天下，营建魏台，仿效当年曹魏辅汉旧事。之后，他又任命石生旧部郭权为镇西将军、秦州刺史。郭权拥兵自重，不听从朝廷的指挥，联合京兆、新平、扶风、冯翊、北地等地首领打出反赵的口号，谋取自立。

消息传来后，石虎立即派镇西将军石广前去讨伐郭权，但失败了。石虎又派六子石斌及郭敖等率领步骑兵4万前去支援，大军刚在华阴驻扎，郭权就被上邽的豪族杀害。石虎下令把秦州的3万余户迁往青、并二州诸郡。此时，长安人陈良夫逃往黑羌，引来北羌四角王薄句大等骚扰北地、冯翊，与石斌形成对峙状态。石虎急忙派石韬等率领骑兵前去支援，与石斌形成两相夹击之势，终于打败敌人，薄句大逃往马兰山。郭敖刚愎自用，孤军深入追击逃亡的敌军，结果被羌人打败，伤亡惨重。石虎得知兵败的消息后勃然大怒，想要派人去杀死郭敖。石弘爱惜郭敖是一员虎将，忙劝阻石虎，结果却被石虎下令囚禁起来。

经过这一系列事件，石弘心灰意冷，不愿再任由石虎摆布，决定禅位。延熙元年，石弘亲自带着玉玺印绶来到石虎面前，向他禅让帝位。石虎冷着脸说："谁来当帝王，大家心中自有公论，你又何必多此一举！"石弘返回宫中，站在母亲面前，哭泣道："恐怕父亲真的不会再有后代存世了！"

有个尚书看出了石虎的心思，趁机向石虎劝进。此举正合石虎之意，他马上表示："石弘无能，不可担大任，早应该废掉了！"不久，石虎派丞相郭殷持节入宫，废石弘为海阳王。

石弘早已料到会有这一天，他从容地走出宫门，转身对送行的群臣说："石弘无能，不能胜任先帝之大业，愧对天下，以至于落得今天下场，此乃天命，没什么可遗憾的！"百官闻言无不唏嘘落泪，宫人皆痛哭失声。

同年，石虎把石弘及程太后、石恢囚禁在崇训宫，不久又将他们全部杀死。

太祖石虎

石虎档案

生卒年	295—349 年	在位时间	334—349 年
父亲	石寇觅	谥号	武皇帝
母亲	不详	庙号	太祖
后妃	郑皇后、杜皇后、刘皇后等	曾用年号	建武、太宁

石虎，字季龙，羯族，后赵明帝石勒之侄，十六国时期后赵第三位皇帝。

石勒称帝后，封石虎为中山王、太尉、尚书令；石勒驾崩，石弘继位，封石虎为丞相、魏王、大单于，加九锡，划分魏郡等13郡为石虎的封国，总领朝廷政务。次年，石虎废黜石弘为海阳王，自立为王。太宁元年（349年），石虎正式称帝。

石虎在位期间，荒淫奢侈，凶狠残暴，滥杀无辜，甚至对自己的儿子也不例外，其残忍程度令人发指，对待大臣、百姓更是杀人不眨眼。

349年，石虎病逝，终年55岁，谥号武皇帝，庙号太祖，葬于显原陵。

性情凶暴　嗜血擅杀

石虎还很小的时候，父亲便因闹饥荒而死，之后他跟随叔父石勒一起生活（一说石虎是石勒的堂弟）。据说石虎7岁时，有一位相师见到他，称奇道："此人貌奇有壮骨，未来必定贵不可言。"但在11岁那年，石虎却莫名其妙地失踪了，一直到西晋永嘉五年，刘琨才意外地将石勒的母亲连同石虎一起送回石勒身边。这时石虎已经长成了一个身材魁梧、彪悍野蛮的青年，石勒本来对他寄予厚望，但不久就失望地发现这个侄子在失踪的这段时间里染上了太多的毛病。石虎经常拿着弹弓乱射，士兵们纷纷跑到石勒面前告状。石勒感到十分头痛，跟母亲商量说："我看这孩子实在顽劣，将来必定祸患无穷，不如现在除掉他。"石勒的母亲却说："牛犊经常撞破车辆，调教好了就是一头好牛。石虎也是这样，你暂且容忍他吧。"石勒是个孝子，听了母亲的话，将石虎留在身边。

石虎长到18岁后，稍稍明白了一些事理，懂得了如何折节事人。他身高七尺五寸，身手矫健，精于骑马射箭，英勇善战，每次出征总是冲在最前面，所向披靡，令敌人闻风丧胆。石勒心中暗暗称赞石虎是块打仗的料，对他越来越喜爱，后来将他提拔为征虏将军。

石勒曾为石虎聘征北将军郭荣的妹妹为妻，但石虎却对优僮郑樱桃十分宠爱。郑樱桃为人轻佻淫妒，经常在石虎面前诋毁郭氏，甚至当着石虎的面讥笑嘲讽郭氏。有一次，郭氏忍无可忍，与郑樱桃发生了争执，没想到石虎偏袒郑樱桃，一顿拳脚打死了郭氏。后来，石虎又娶了清河崔氏为继室，因郑樱桃从中挑拨，石虎竟用箭射死了崔氏。

南征北战　居功自傲

西晋永嘉六年二月，石勒带兵从葛陂出发，准备攻打建邺。石虎受命率领 2000 名骑兵开往寿春，途中遇到晋朝的运输船，其部将兵士争先攻取，结果打了败仗。十二月，石虎奉石勒之命与段疾陆眷在渚阳结盟，拜为兄弟。西晋建兴元年四月，石虎奉命攻打邺城，城破后，守将刘演逃奔廪丘，三台的流民全部归附了石勒，石勒任命桃豹为魏郡太守进行管理。不久，石勒又让石虎代替桃豹镇守邺城。西晋建兴四年四月，石虎奉命到廪丘攻打刘演，幽州刺史段匹磾派弟弟段文鸯支援刘演，但廪丘很快被石虎攻破，刘演投奔段文鸯，其弟刘启则被石虎抓获。

东晋建武元年六月，东晋大将祖逖进驻谯城，石虎奉命围困谯城，王含又派桓宣率军救援祖逖，石虎遂撤退。六月十八日，晋元帝司马睿命琅邪王司马裒率精锐士卒 3 万，听从祖逖调遣进行北伐，但不久又将司马裒召回建康。

东晋大兴元年十一月，石虎率领幽州、冀州的军队与石勒会合，向平阳发起进攻，多次打败靳明。靳明派人向汉主刘曜求助，刘曜派刘雅、刘策前去救援，靳明带着平阳士民 1.5 万人逃奔汉国，结果全家老幼都被刘曜杀死。次年四月，祖逖进攻陈川，石虎奉石勒之命率兵 5 万救援，双方在浚仪交战，祖逖不敌，退军驻屯梁国。石勒又派桃豹率兵到达蓬关，祖逖退守淮南。之后，石虎将陈川部众 5000 户迁徙到襄国，留石豹镇守陈川故城。十一月，石虎被封为单于元辅、都督禁卫各种军务，不久又担任骠骑将军、侍中、开府，赐爵中山公。

东晋大兴三年二月，段匹磾与邵续联手打败段末柸后，又与弟弟段文鸯一起进攻段末柸的弟弟驻守的蓟城。石勒知道邵续①势单力薄，便派石虎率兵围攻厌次，邵续亲自率军出击石虎，结果中计被俘。八月，石虎率步骑兵 4 万攻打徐龛②，徐龛自知不敌，把妻儿送到后赵，表示愿意投降，石勒应允。接着，石虎又准备攻击卞城的蔡豹，蔡豹退守到下邳，被徐龛击败。石虎率领军队在封丘修建城堡，将 300 家士族迁徙安置在襄国的崇仁里，并设置了公族大夫来管理他们。

东晋大兴四年，石虎进攻驻守厌次城的东晋幽州刺史段匹磾，孔苌攻克了幽州辖属的多座城池。段匹磾、段文鸯兄弟等被石虎打败并杀死。同年，徐龛再次脱离石勒，据泰山城自守，同时向东晋递降表。石勒大怒，于永昌元年二月派石虎统率精兵4万讨伐徐龛，徐龛拒不出战，石虎在城外筑围墙与之相持。至七月，泰山城破，徐龛被石虎抓获，送往襄国，之后被石勒塞进袋中，从百尺高楼上扔下摔死。石勒还让被徐龛杀害的王伏都等人的妻子儿女割下徐龛身上的肉吃掉，坑杀降卒3000人。

后来，石虎率领步骑兵4万攻击安东将军曹嶷，曹嶷出城投降，被送到襄国处死，部众3万人也被坑杀。石虎原本想把曹嶷的部众尽数屠杀，青州刺史刘征劝道："将军让我留下，为的是统治百姓。如今百姓都被你杀死，我留在这里还有何用，不如现在回去。"石虎这才留下700多人，配属给刘征，让他镇守广固城。

东晋太宁三年，石虎率领步骑兵4万入成皋关，在洛水以西与刘岳交战，刘岳被流箭射中，退守石梁。石虎设置壕沟和栅栏，把石梁四面围住，断绝外援。刘岳的士卒饥饿难耐，不得不杀掉战马充饥。刘曜亲自领兵救援刘岳，遭到石虎的迎击。刘曜的前军将军刘黑趁机进攻驻守八特阪的石聪，大获全胜。同年六月，石虎终于攻破石梁，擒获刘岳及其将佐80多人和氐、羌士众3000多人，都押送到襄国，并坑杀刘岳士兵9000人。石虎随后又攻取王腾驻守的并州，将王腾及其部众7000多人全部坑杀。至此，司州、豫州、徐州、兖州地区全部归入后赵，与东晋以淮水为界。

东晋咸和元年十月，石勒接受程遐的建议，营建邺城宫室，让王世子石弘负责镇守，配备禁兵万人，车骑将军所统领的54营也全部留下，并让骠骑将军兼门臣祭酒③王阳负责统领六夷，辅佐石弘。石虎自认功高劳苦，不愿意离开邺城。等到修筑三台，石勒强迫石虎离开，石虎因此怨恨程遐。同年，石虎攻打代王拓跋纥那，双方在句注山展开大战，拓跋纥那战败，迁都至大宁。

太和元年七月，石虎率4万人马从轵（zhǐ）关④西进，攻击前赵的河东之地，一路上得到50多个县的响应。石虎遂向蒲阪进发。刘曜派河间王刘述调遣氐族、羌族士众屯驻于秦州，防备张骏和杨难敌偷袭，他自己则亲率水陆各军精锐救援蒲阪，从卫关北渡黄河。石虎看到敌人实力强大，遂引军撤退。刘曜穷追不舍，于八月在高侯原追上石虎，双方发生激战，石虎大败逃奔朝歌，石瞻战死，刘曜缴获军资无数。十一月，石勒令石虎进军占据石门，自己率步兵骑兵4万赶赴金墉，从大堨渡过黄河。十二月五日，石虎率兵从城北向西，进攻前赵中军，石堪、石聪等各率精锐骑兵从城西向北进攻前赵的前锋。这一战，石勒大获全胜，斩敌5万多人，之后班师回京，封石虎之子为征东将军。

太和二年（329年）八月，前赵南阳王刘胤率数万兵马由上邽奔赴长安，陇东、武都、安定、新平、北地、扶风、始平各郡纷纷响应。刘胤屯军于仲桥（一说为仲桥城），向石生发起攻击，石勒忙派石虎率2万骑兵前去支援。九月，石虎在义渠大败前赵军队，刘胤逃往上邽。石虎乘胜追击，杀敌无数；后又攻破上邽，擒获前赵太子刘熙、南阳王刘胤及其将军、郡王、公卿、校尉以下3000多人，全部杀死，又把前赵文武官员、关东流民、秦州和雍州的大族9000多人迁徙到襄国，在洛阳坑杀五郡的屠各部5000多人。之后，石虎又进攻河西羌族的集木且羌，大获全胜，俘虏数万人，秦州、陇西全部平定。氐族王蒲洪、羌族首领姚弋仲⑤将氐族和羌族的15万村落居民迁徙到司州和冀州。

篡位自立　喜怒无常

太和三年，石勒称帝，石虎被封为中山王、尚书令。随着官位越来越高，石虎的野心也越来越大，期望着石勒传位给自己。然而，石勒却立儿子石弘为大单于，统领胡部，石虎为此十分不满，对儿子石邃说："当初我追随陛下左右，南擒刘岳，北走索头，东平齐鲁，西定秦雍，立下汗马功劳。大单于之位应当传给我，而陛下私心太重，竟然传给一个软弱无能的孩子，实在让人心中不服。将来有一天，我一定要将属于我的东西夺回来。"

建平四年，石勒驾崩，石弘继位，石虎逼迫石弘抓捕并杀死右光禄大夫程遐、中书令徐光。石弘畏惧石虎的威势，想让位于石虎，但石虎拒不答应。后来，石弘封石虎为丞相、魏王、大单于，赐加九锡，划魏郡等13郡为石虎的封国，让他总领朝廷政务。

延熙元年十一月，石虎废石弘为海阳王，自称赵王，改元建武，立儿子石邃为世子。不久，为斩草除根，石虎又将石弘及其母亲程氏、秦王石宏、南阳王石恢等人全部杀掉。

建武二年（336年），石虎大兴土木，在襄国建造太武殿，在邺城建东、西两宫，仅用一个月的时间就全部竣工。其中，太武殿基高二丈八尺，东西长75步，柱、梁、壁全部使用金银玉珠。同年，石虎又在显阳殿后面加盖灵风台九殿，然后派人到民间挑选了一万多名美女分配到各宫中，供自己享乐。

当上赵王后，石虎喜怒无常的本性暴露无遗。他醉心于寻欢作乐，不理朝政，将军政大事全部交给世子石邃处理。石邃有时会向石虎汇报自己处理不了的事情，请他定夺。石虎总是不耐烦地呵斥道："这点小事，为什么还要问我，自己看着办！"但有时因为石邃没有告诉他，他又非常愤怒，说："这么大的事情为什么不让我知道，你竟敢自作主张，实在是胆大妄为！"这让石邃感到无所适从。

石邃秉性阴鸷，凶狠残暴，嗜酒好色，与石虎的性情非常相似。后来，石邃实在忍受不了父亲的打骂，起了反叛之心，对侍从们说要杀掉石虎。侍从们听了吓得跪在地上，浑身发抖，不敢吱声。石邃见无人响应，也不敢贸然行事，于是就称病不上朝，暗中却带着500多名侍从到亲信李颜家去饮酒。当时石虎非常宠爱石邃的两个弟弟——河间公石宣和乐安公石韬，石邃对他们十分忌恨。饮酒时，石邃趁着酒劲对李颜等人说："我今天要去杀河间公，有胆敢不听从者，定当斩首。"走到半道上，众人都吓得逃散了。李颜跪地叩头苦劝，石邃这才醉醺醺地返回。

石虎听说石邃患病，想去探视，僧人佛图澄却拦住他，劝他不要去。石虎不禁起了疑心，便派一个信任的女尚书以探病为由前往石邃处，不料石邃却把她杀了。石虎愤怒至极，将石邃囚禁起来。一段时间后，石虎火气渐消，将石邃放了出来，石邃也不谢恩，转身就走。石虎大怒，喝令其站住。石邃仿佛没有听到，扬长而去。石虎怒不可遏，当即宣布将石邃废为庶人，并于当天夜里将石邃及其妻女共26人全部处死。

穷兵黩武　荒淫无道

建武四年（338年）正月，石虎调派3万兵力攻打辽西鲜卑，之后又攻打前燕，但都失败而归。两年后，不甘心的他再次出兵，下令司、冀、青、徐、幽、并、雍七州百姓，凡家中有5个男丁者必须抽3人当兵，有4个男丁者要出2人，由此组成了一支50万人的大军。同时动用1万艘战船将1100万斛谷子运到乐安城，之后又在全国强征4万多匹战马。同年九月，他在高阳检阅部队，准备发兵。关键时刻，传来了一个不利的消息，前燕国王亲率大军袭击了蓟城。石虎立即取消出兵的命令。前方的消息不断传来，先是前燕军队攻克武遂津⑥，后进入高阳，将后赵军备物资付之一炬，还抢走了3万多户百姓。石虎大怒，决定进行反击。

建武八年（342年），石虎又下令青、冀、幽三州百姓，凡每户家中有3个男丁的必须出2人，有5个男丁的必须出3人，做好出征的准备。另外又征用50多万人制造武器、17万人制造战船。结果，这些人中有三成死于非命，或入虎狼之口，或被水淹死，一时民怨沸腾。为了防止有人偷工减料，石虎还经常化装成百姓到工地私访。当时青州民间流传说济南平陵城北有一只石虎夜间自己移到城南的善石沟。石虎知道后兴奋地说："这是上天在为我指明道路，让我从西北向东南迁移。"遂决定出征江南，下令每5个将士中，必须有1人家中供应战车1辆、牛2头、米15斛、绢10匹，违者处斩。老百姓为了活命，不惜卖田卖地、卖妻卖女，但仍有很多人不堪重负，选择自杀。然而，一切准备就绪后，石虎并没有动用大部队，仅数次派小股兵力出征，均以失败告终。

石虎酷爱打猎，经常早出晚归，但是到了晚年，因为身体越来越差，他跨不上马背了。为了满足自己的爱好，他别出心裁，命人制造了1000辆辕长三丈、高一丈八尺的猎车。同时造格兽车40乘，车上加建2层楼，令犯人在车里与猛兽格斗。石虎有个很大的猎场，西起灵昌津，东到阳都，有专门的御史看管，若有人胆敢伤害里面的禽兽，将以大辟极刑治罪。御史也狐假虎威，欺压百姓，看到谁家有漂亮的女人和牛马就据为己有，如有不从，便以伤害禽兽罪论处，将其全家杀死。因此惨死的百姓达100多户，海岱、河济（黄河与济水的并称）一带的百姓深受其害。

石虎的后宫妃嫔多达3万余人，但是他仍然不满足，又于建武十一年（345年）增设女官，专门负责搜罗民间美女。地方官吏乘机逢迎巴结，看到漂亮的女人，无论婚否，均强行送入宫中。金紫光禄大夫逯明实在忍无可忍，上书劝谏，石虎非但不听，反而将他处死。

建武十三年（347年）八月，石虎受和尚吴进的蛊惑，说胡人要走下坡路，晋人将要复兴。若想改变国运，必须让晋人做苦力，压制他们。于是，石虎命令尚书张群征来男女16万人、10万辆车，大兴土木，在邺北建造华林苑和几十里长的苑墙。大臣赵揽、石璞等人以天文错乱、民不聊生为由，多次上书劝谏，石虎却口出狂言："哪怕城苑早上建成，晚上倒塌，我也在所不惜！"果然，在修建的过程中，遇上暴雨，城苑倒塌，以致好几万人丢了性命。

自相残杀　晚年凄凉

石虎杀掉太子石邃后，立次子石宣为天王皇太子，石宣之母杜氏为天王皇后。

石虎让太子石宣与乐安公石韬轮流审阅尚书奏事、定夺生杀之事和任免官吏，不必向他启奏。司徒申钟劝谏石虎，任免官吏、决定刑罚是国家的重大决策，不应委托他人，应该自己决断。太子虽为皇储，但也不应干涉政治，而且两个人轮流执政，互相分权，必会祸从中来。但石虎对申钟的忠谏完全不予理会，仍然让石宣、石韬轮流辅政。

石宣出入持天子旌旗，前呼后拥，非常气派。建武十三年九月，石虎让石宣前往名山大川为自己祈福。他看着石宣率领18万大军浩浩荡荡走出金明门，高兴地对身边的人说："看我儿子的架势，除非天崩地裂，再没有什么值得忧虑的事情了。我只须抱子弄孙、欢度晚年就行了。"

不过，石宣性格暴虐傲慢，即便在石虎面前也常有倨傲之色，这让石虎渐渐有些后悔没有立石韬为太子。石宣与石韬虽是同母兄弟，但因为石虎偏爱石韬，石宣便忌恨在心。

石宣手下有个宦官平时对石韬不满，于是经常在石宣面前诋毁石韬。恰逢石韬要在太尉府中建一座大殿，准备用9丈长的殿梁，这明显超过了亲王的宫殿礼制，是大逆不道之罪。石宣得知消息后十分愤怒，派人杀了工匠，并把梁截去一段。石韬毫不示弱，马上又换成了长10丈的新梁。石宣知道后更是怒火攻心，对心腹杨柸、牟成说："石韬也太不把我放在眼里了，胆敢如此跟我作对，你们若是能杀掉他，我继位后马上把他的封地分封给你们。不过，你们杀石韬时千万别露出破绽，只要他一死，陛下一定会去临丧，到时我们再见机行事，如此天下很快就成为我们的了！"杨柸等人当即表示同意。

这天晚上，石韬宴饮之后在佛寺精舍中过夜。石宣的几个亲信杨柸、牟成、赵生等人悄悄翻墙而入，杀死了石韬。第二天早晨上朝时，石宣向石虎禀报了石韬的死讯。石虎一听当即昏死过去，醒来后他打算亲自临丧，经大臣们一再劝阻才不得不派石宣去。石宣带领1000多名兵士前去临丧，他命人掀去盖在石韬身上的被子，几乎是用欣赏的目光细细观看石韬惨不忍睹的尸体，看完后兴奋地大笑了一通，接着扬长而去。

石虎很快查明了石韬之死的真相，他又气又恨，立即派人把石宣及其亲信抓起来，经过审讯，又得知石宣还想要杀害自己，伺机夺权。他又惊又怒，命人扒光石宣的衣服反捆起来，用铁环穿透他的下巴，像牲畜一样锁在铁柱上；又让人在石宣跟前放一个大木槽，把剩饭倒进槽里，让石宣像牲畜一样去舔食。石虎还命人拿鞭子日夜抽打石宣，甚至亲自到跟前指使手下折磨石宣，并拿来杀害石韬的刀箭，逼着石宣用舌头舔舐上面的血迹，而后残忍地杀死了他。

石宣死后，太尉张举建议石虎在另外两个儿子石斌和石遵中挑选一个立为太子，但石虎在爱妃刘氏和戎昭将军张豺的鼓动下，最终选中了刘氏所生的儿子石世。建武十四年（348年）十月，石虎立年仅9岁的小儿子石世为太子。他伤感地对大臣们说："朕欲以纯灰三斛洗吾腹，此腹秽恶，何故屡生凶子，年二十余便欲杀父。今石世方 10 岁（以虚岁计），当他 20 岁时，朕已老了。"

太宁元年正月，石虎称帝，改元太宁。石虎本想通过称帝、改元来为自己冲喜，带来好运，可惜事与愿违，他的荒淫残暴、劳民伤财激起了很大的民愤。就在石虎称帝不久，卫戍官兵在梁犊的领导下发动起义。义军一路向邺城进发，得到了老百姓的热烈拥护和响应，很快发展到 10 多万人，直接威胁着石虎的统治地位。石虎调派全国兵力，经过多次战斗，终于将义军镇压下去。

同年四月，石虎病重，临终之前下诏由石遵、石斌、张豺辅政。

注释：

①邵续（？—320 年）：晋朝大臣，初为成都王司马颖参军，后属兖州刺史苟晞，升任沁水县令。迁平原乐安太守、右将军、冀州刺史，再升平北将军，掌讨伐职责。

②徐龛（？—322 年）：东晋将领，西晋末年聚集流民数千，被推举为流民帅，在兖州一带劫掠百姓，几年后割据泰山郡，被晋元帝司马睿封为泰山太守，后反复不定，经常在东晋与后赵之间摇摆，自称安北将军、兖州刺史。

③门臣祭酒：官名。十六国后赵石勒时置，专理胡人辞讼。

④轵关：古关隘，战国时置关，位于河南济源城西 22 公里处的封门口村东，关当轵道之险，因曰轵关，为太行八陉第一陉。是古轵道上的咽喉，为历代军事险要之地。

⑤姚弋仲（280—352 年）：十六国前期人物，南安羌族酋长，后秦开国君主姚苌之父。永嘉之乱后率部东迁，自领雍州刺史、扶风郡公，投靠前赵刘曜，授平西将军，封平襄郡公。投靠后赵，屡次建言立功，拜冠军大将军，斩杀高力督梁犊，封西平郡公。率军讨伐冉闵叛乱，任右丞相，封亲赵王。遣使向东晋投降，拜使持节、六夷大都督、大单于、车骑大将军、都督江淮诸军事、开府仪同三司，封高陵郡公。

⑥武遂津：西晋、北魏时期易水流经武遂县一段的俗称。

少帝石世

石世档案

生卒年	339—349 年	在位时间	349 年四月至五月
父亲	太祖石虎	谥号	无
母亲	刘氏	庙号	无
后妃	无	曾用年号	太宁

石世，字符安，后赵武帝石虎之子，十六国时期后赵第四位君主。石世曾被封为齐公，建武十三年又被立为太子，时年10岁。

太宁元年，石虎驾崩，石世继位，但朝政大权掌握在刘太后及张豺手中。彭城王石遵得知父亲石虎的死讯后，起兵反叛，率兵攻打邺城，杀死张豺。数日后，石遵自立为帝，降封石世为谯王，刘氏为太妃。石世在位才33天，便与刘氏一起被石遵杀害，年仅11岁。

年幼继位 遗留后患

太和二年，后赵和前赵发生战争，前赵被打败，宣告灭亡。后赵戎昭将军张豺在攻克上邽时，虏获前赵昭文帝刘曜12岁的小女儿安定公主刘氏，刘氏长得十分貌美，被张豺献给石虎当了小妾，深得石虎的宠爱。建武五年（339年），刘氏有了身孕，不久生下儿子石世。石世出生后，被石虎封为齐公。

建武十四年，石虎年迈，张豺考虑到自己和刘氏的关系，为了以后能够成为辅政大臣，掌管朝政，便想让石虎立石世为继承人。他劝石虎说："大王曾经两次册立太子，都因他们的母亲出身低贱，导致朝廷祸乱不断。如今应该选择母贵子孝者立为太子。"石虎也认为张豺言之有理。有一次，石虎召集群臣在东堂商议，说出了自己的想法，太尉张举、司空李农①马上联合公卿大臣们上书，请求立石世为太子。但是，大司农曹莫却不肯签名，石虎派张豺去询问原因，曹莫说："太子肩负治理天下之重任，宜立年长者，齐公年幼，难以当此大任，故不敢苟同。"张豺将曹莫的话转告石虎，石虎说："曹莫确实是一片忠心，但却没有领会朕的用意。可派张举、李农二人去解释清楚。"之后，他正式确立石世为太子，以刘氏为皇后，任命太常條（tiāo）攸为太傅、光禄勋杜嘏为少傅，让他们二人负责教导石世。

太宁元年四月二十三日，石虎驾崩，石世在其灵前继位，尊奉刘氏为皇太后，任命张豺为丞相。张豺担心招来杀身之祸，坚辞不受，请求任命彭城王石遵、义阳王石鉴为左右丞相，这样可以起到安抚人心的作用。刘氏听从了他的建议。朝中老臣看到一个11岁的娃娃继位，都感到非常绝望，纷纷外逃。

石世同父异母之兄石遵本来要回自己的封地，行至河内时，他听人禀报说父亲驾崩，心中不胜悲伤。后经姚弋仲、苻洪等人劝说，他决定起兵，以讨伐张豺的名义向邺城进军。张豺先是撤回包围上白城的军队进行抵抗，结果被打败，只得出城投降，后被石遵杀死。

无奈禅位　难逃厄运

石遵进入邺城后，并没有马上废掉石世，而是接受刘太后的邀请，留下来辅助小皇帝。

石遵、石鉴等人在帮助石虎攻打前赵的战斗中立过功，而且他们在石虎去世前已经被封为诸侯王，手中握有重兵，又有自己的势力范围，加上石世的其他几个兄长，都觊觎皇位已久，一个个蠢蠢欲动。而今要听命于一个11岁的小孩，他们心中自然不服。石遵因为实力强大，先后排挤掉了石鉴等人，得以独掌朝政大权，之后他在朝中排除异己，为将来登基做好准备。

有一天，一个正直的大臣看到石遵对皇帝没有丝毫尊重之意，当场对石遵破口大骂。石遵恼羞成怒，下令将这个官员打入大牢。石世和刘太后都敢怒不敢言。其他官员目睹这一场景后，也明白了石遵的居心。后来，石遵将反抗他的官员全部杀掉，并到处安插心腹。刘太后看出了石遵的野心，但也无可奈何，只好让石世禅位于他。

石遵称帝后，大赦天下，释放了所有关在大牢中的囚犯。随后，他将石世、刘太后等人关入大牢，不久又将他们全部杀死。

注释：

①李农（？—350年）：十六国时后赵将领、重臣。石虎亲信大臣，任抚军将军，后迁司空。太宁元年梁犊起义，任大都督、行大将军事，统步骑十万征讨，战败。石鉴篡位后，与冉闵共掌后赵军政大权，排除异己。

成帝石遵

石遵档案

生卒年	？—349 年	在位时间	349 年五月至十一月
父亲	太祖石虎	谥号	成帝
母亲	郑皇后	庙号	无
后妃	张皇后	曾用年号	太宁

石遵，字大祗，后赵武帝石虎第九子，石世同父异母兄，十六国时期后赵第五位皇帝。

海阳王石弘在位期间，石遵曾被封为齐王。石虎继位后，石遵被封为彭城王。太宁元年，石虎驾崩，石世继位，封石遵为左丞相。同年，石遵起兵叛乱，废杀石世，自立为帝。

同年年底，石遵被杀，在位 183 天，谥号成帝。

幼弟继位　受诏辅政

海阳王石弘继位后，石遵的父亲中山王石虎掌控了朝政大权，被任命为丞相、魏王、大单于，总领朝廷政事。石虎掌了权，对自己的儿子大加封赏，石遵被封为齐王。

延熙元年，石虎废黜石弘，自立为居摄赵天王。建武三年（337

年），石虎自称大赵天王，石遵反而被降为彭城公。

在众人眼中，彭城公石遵善于礼乐教化，燕公石斌则善于军事统治，他们二人在众兄弟中最可能成为皇位继承人。然而，在戎昭将军张豺和爱妃刘氏的怂恿下，石虎决定立石世为太子。就这样，石遵与太子之位失之交臂。

太宁元年正月，石虎称帝，石遵被封为彭城王。同年四月，石虎病情加重，以石遵为大将军镇守关右（函谷关或潼关以西地区），石斌为丞相、录尚书事，张豺为镇卫大将军、领军将军、吏部尚书，共同辅佐朝政。

刘氏担心石斌辅政将来会谋害石世，便与张豺密谋，想要杀掉石斌以绝后患。当时石斌正在襄国，张豺派人对他说："陛下的病已经有所减轻，公子如果外出打猎，不必急着回来，可以稍作停留。"石斌生性嗜酒好猎，对来人的话深信不疑，于是四处打猎，开怀纵饮，几日不归。刘氏见石斌上当，便又假传石虎的命令，说石斌全无忠孝之心，免去了他的官职，并派张豺之弟张雄率领龙腾卫士 500 人将石斌囚禁起来。

四月十九日，石遵奉召从幽州来到邺城，刘氏又假传圣旨，不让他进宫探视石虎，只给他备了 3 万宫中的亲兵，让他返回驻地。石遵不得已，痛哭而去。当天，石虎的病情略有好转，问左右石遵为什么没有进来，得知他已经离开，心里感到非常遗憾。

在左右的搀扶下，石虎来到太武殿西阁，负责宫中护卫的 200 多位龙腾中郎前来拜见，请求让燕王石斌入宫负责警卫，掌管兵马；还有人请求立石斌为太子。此时，石虎还不知道石斌已经遭到废黜，问道："燕王不在宫中吗？还不快把他叫来！"左右官吏谎称燕王因酒致病，不能入宫。石虎便让人用辇车将石斌接来，说要把玺印绶带交付给他，但却没有人去接。不久，石虎感到眩晕，被搀扶进了内室。之后，张豺指使弟弟张雄假传石虎之命将石斌杀死。四月二十二日，刘氏假传石虎的命令，封张豺为太保、都督中外诸军、录尚书事。

太宁元年四月，石虎去世，太子石世继位，尊刘氏为皇太后，任命张豺为丞相。因张豺主动辞让，石遵和石鉴被任命为左右丞相。

拥兵自重　废弟夺位

石遵带领3万人马行至河内时,得知父亲石虎驾崩的消息,在李城又碰巧遇到姚弋仲、苻洪,以及征虏将军冉闵、武卫将军王鸾等人讨伐梁犊归来。姚弋仲、苻洪等人得知张豺和刘太后把持朝纲后,愤愤不平地对石遵说:"殿下年长且德才兼备,当立为太子。先帝也有此意,只是因为晚年体弱多病,才被张豺所迷惑。如今女主当朝,奸臣独揽朝政,黑白颠倒,民心不服,何不趁京师守卫力量空虚之际,声讨张豺的罪行,如此必得天下响应,万众归心。"石遵听了连连点头,于是掉头直奔邺城。洛州刺史刘国得知消息,率领洛阳的部众前来与他会合。讨伐檄文传到邺城后,张豺十分害怕,急忙命令包围上白城的军队迅速返回。

太宁元年五月,石遵率9万余人马驻扎于汤阴,以冉闵为前锋,浩浩荡荡地向邺城开来。张豺急忙派人迎战,但邺城德高望重的老人和羯族士兵都说:"彭城王前来奔丧,我们理应出城迎接,不可为张豺卖命!"于是纷纷出城,就连张豺的堂弟、镇军大将军张离也率领龙腾卫士2000人冲破关卡,准备迎接石遵。刘太后知道后十分恐慌,忙召张豺进宫,边哭边说:"先帝尸骨未寒,又天下大乱,宗室自相残杀,如今皇帝年幼,只能依靠将军您了,不知将军可有退兵良策?如果不行,就给石遵加封显赫的官位对其进行安抚,不知可否?"张豺早已被吓得六神无主,不知道该怎样回答,只得满口称是。于是,刘太后发下懿旨,任命石遵为丞相,兼领大司马、大都督、督中外诸军事、录尚书事,并给予他持黄钺、加九锡等特殊权力和礼遇,又增加10个郡作为他的食邑。

石遵抵达安阳亭时,张豺强作镇定,率领文武大臣出来迎接,却被石遵捉拿。五月十五日,石遵身穿铠甲,耀武扬威地从凤阳门进入邺城。次日,石遵下令将张豺斩首,诛灭三族。接着,石遵又假称刘太后的命令说:"皇帝年幼,之所以继位,实乃先帝受了张豺的蛊惑所致。

然而国家大业至关重要，不是一个小儿所能承担的，应当以石遵为继位人。"随后，石遵在太武前殿即皇帝位，尊母亲郑氏为皇太后，立妃张氏为皇后，立燕王石斌之子石衍为太子；又封义阳王石鉴为侍中、太傅，沛王石冲为太保，乐平王石苞为大司马，汝阴王石琨为大将军，武兴公冉闵为都督中外诸军事、辅国大将军、录尚书事，辅佐朝政。

石遵又降封石世为谯王，食邑1万户，不以对待臣子的礼仪对待他，后又将他杀死；另废黜刘太后为太妃，不久又将她杀死。

兄弟相残　内忧外患

镇守蓟城的沛王石冲得知石遵杀了石世，自立为帝，对自己的属下说："石世奉诏继位，现在被石遵废黜并杀掉，实乃罪大恶极。本王要替天行道，斩杀石遵，方解心头之恨！"他命令宁北将军沭坚镇守幽州，自己则亲率5万士兵自蓟城南下，讨伐石遵。

石冲大军所到之处，受到民众的热烈拥护，等到抵达常山，兵众已达10多万人。来到苑乡时，石冲看到了石遵实行大赦的诏书，不禁后悔自己的莽撞，于是对部将们说："石世、石遵都是我的弟弟，死去的已无法复生，我们不可以再互相残杀，还是回去吧。"然而，他手下的将领陈暹却坚持说："彭城王石遵杀君夺位，自立为帝，罪大恶极！既然主君有意返回，末将将继续南进，等到平定京师，擒获彭城王，再来恭迎您的大驾不迟。"石冲沉思片刻，又改变主意，下令继续前进。石遵得知石冲起兵的消息，忙派王擢去劝说石冲，让他返回驻地，不要兄弟反目，结果遭到石冲拒绝。石遵无奈之下，只好派冉闵和李农率领精锐士卒10万人讨伐石冲。双方在平棘交战，石冲大败被擒，后被赐死，其部众3万多人被活埋。

当时大将苻洪镇守关中，冉闵妒忌他的才能，便对石遵进言说："苻洪镇守关中，乃先帝之意，但此人不可靠，日久生变，恐怕秦州、雍州之地就不再归赵国所有。如今陛下登位，自然应当改变谋略。"石遵听从冉闵的建议，罢免了苻洪的都督官职，其余官职待遇不变。苻洪被解除兵权后，愤愤不平，回到枋头后便向东晋投诚。

继苻洪之后，扬州刺史王浃也向东晋献出淮南之地。东晋西中郎将陈逵又进兵占据寿春，征北将军褚裒率军讨伐石遵。石遵任命李农为南讨大都督，率2万骑兵前去迎敌。两军在下邳相遇，褚裒战败，退守广陵。陈逵得知褚裒战败，惊慌失措，忙将寿春积聚的财物全部烧毁，毁城撤离。

镇守长安的乐平王石苞也想起兵攻打邺城，左长史石光、司马曹曜等人强烈反对，但石苞一意孤行，还杀了石光等100多人。石苞生性贪婪，有勇无谋，雍州豪门之士料到他必定一事无成，于是就将他要攻打邺城的消息通知东晋梁州刺史司马勋。司马勋以治中刘焕为先锋，率军攻打长安，斩杀京兆太守刘秀离，又攻克贺城，一路上得到了三辅地区豪杰的热烈响应。此时，司马勋共有30多座营垒，将士5万多人。石苞只得放弃攻打邺城的打算，派部将麻秋、姚国等统领士兵抵抗司马勋。这时，石遵派车骑将军王朗率领2万精锐骑兵，以讨伐司马勋为由，顺势将石苞劫持到邺城。司马勋害怕王朗的精锐骑兵，不敢继续前进，便放弃悬钩，攻克宛城，杀死后赵南阳太守袁景后返回梁州。

欲杀冉闵　反被其杀

石遵早先从李城起兵时，为了激励冉闵的斗志，曾以太子之位相许，但他后来却立石衍为太子，这让冉闵感到十分失望。冉闵以功高自居，为了安抚手下将领，奏请石遵让他们全都出任殿中员外将军，封爵关外侯。石遵对冉闵的奏请不置可否，反而对众将领题记姓名，品评善恶，加以贬抑。中书令孟准、左卫将军王鸾看穿了冉闵的企图，劝石遵逐渐剥夺冉闵的兵权。冉闵知道后心中更是不满。孟准等人也劝说石遵应该把冉闵杀掉，以杜绝后患。

太宁元年十一月，石遵召义阳王石鉴、乐平王石苞、汝阴王石琨、淮南王石昭等人进宫，在郑太后面前商议如何除掉冉闵。郑太后却强烈表示反对，认为李城起兵之所以能够成功，多亏了冉闵，冉闵现在只是有些居功自傲，怎能轻言杀掉。其间，石鉴借故外出，派宦官杨环将此事通知冉闵。冉闵闻讯，派将军苏彦、周成率领披甲士兵3000人到南台的如意观去捉拿石遵。当士兵们来到石遵住处时，石遵正在下棋，他问周成："造反的是谁？"周成说："义阳王石鉴应当立为继承人。"石遵说："我尚且如此，石鉴又能怎么样！"周成等人不愿多说，在琨华殿杀了石遵。之后，郑太后、张皇后、太子石衍、孟准、王鸾以及上光禄大夫张斐等人，也未能幸免于难。

哀帝石鉴

石鉴档案

生卒年	？—350 年	在位时间	349—350 年
父亲	太祖石虎	谥号	仁武皇帝
母亲	不详	庙号	无
后妃	不详	曾用年号	太宁、青龙

石鉴，字大郎，后赵武帝石虎第三子，成帝石遵、谯王石世同父异母兄，十六国时期后赵第六位皇帝。

石鉴初封代王，后又降封为义阳公。太宁元年正月受封义阳王，十一月被冉闵拥立为帝。

青龙元年（350年），冉闵将国号改为卫，改石氏为李氏，改元青龙。同年闰二月，石鉴被冉闵杀害，在位103天，谥号仁武皇帝。

借刀杀人　夺位登基

海阳王石弘继位后，中山王石虎总领朝廷大小政务，将几个儿子全部封王，石鉴被封为代王。延熙元年，石虎废黜石弘，自立赵王。建武三年正月，石虎自称大赵天王，石鉴顺次被降为义阳公。建武五年，石虎任命夔安为大都督，石鉴、冉闵、李农等人随同，率5万人马攻打东晋的荆州和扬州的北部边境，另派2万骑兵进攻邾城，歼灭东晋多员大将，取得了重大的胜利。

太宁元年正月，石虎称帝，石鉴被封为义阳王。四月二十三日，石虎驾崩，太子石世继位，在位仅33天便为彭城王石遵所废。石遵自立为帝，石鉴被任命为侍中、太傅。

石遵在李城起兵时曾许诺事成之后立冉闵为太子，但石遵后来自食前言，立石衍为太子，封冉闵为都督。冉闵因此十分不满，他自认为功高盖世，想要专擅朝政，但石遵又不听他摆布。冉闵便以安抚手下将领为名，奏请石遵让他的部将全都出任殿中员外将军，封爵关外侯。石遵对冉闵的要求高度警惕，不但拒绝封赏，反而对这些将领题记姓名，品评善恶，加以抑制。冉闵的部将遭遇如此不公，都十分愤怒，纷纷鼓动冉闵造反。而大臣们也劝石遵尽快剥夺冉闵的兵权，以免夜长梦多。冉闵知道后心中更加气愤。石遵在众臣的劝说下，渐渐起了杀意，但由于石鉴通风报信，他还未来得及行动，便被冉闵反杀。

同年十一月，石鉴在冉闵的拥立下继位，任命冉闵为大将军，封他为武德王；司空李农为大司马，统管尚书职事；郎闿①（kǎi）为司空；秦州刺史刘群为尚书左仆射；侍中卢谌②为中书监。

诛闵失败　反被囚禁

石鉴称帝后，心里并不踏实，他知道冉闵绝不是安分守己之人，便想趁早除掉他。太宁元年十二月，石鉴派石苞、中书令李松、殿中将军张才等人趁夜潜入琨华殿，暗杀冉闵和李农，不料暗杀失败，反而引起宫中混乱。石鉴害怕冉闵怪罪自己，急忙将责任撇得一干二净，假装不知道这件事，在西中华门将李松、张才、石苞杀掉灭口。

当时镇守襄国的新兴王石祗（dī）也有灭掉冉闵之心，遂与姚弋仲、苻洪等人联合，四处传递檄文，讨伐冉闵、李农二人。冉闵、李农也不甘示弱，任命汝阴王石琨为大都督，率领7万步骑兵前去迎战。

龙骧将军孙伏都、刘铢等人也暗中集结3000名羯族士兵，埋伏在胡人居住的区域，只等冉闵出现便杀了他。当时石鉴正在中台，孙伏都带人挟持了石鉴。石鉴得知孙伏都等人是要除掉冉闵、李农，大喜过望，说："你来得正好，护驾有功，朕站在这里为你助战，看到反贼当全力杀之。"但孙伏都很快被冉闵和李农打败，驻兵于凤阳门。冉闵、李农带着数千士卒摧毁金明门，攻入宫内。石鉴又一次推卸责任，亲自迎接冉闵、李农二人，对他们说："孙伏都谋反，你们一定要处置他！"

冉闵、李农当即向孙伏都发起进攻，从凤阳门杀到琨华殿，一时横尸遍地、血流成河。杀死孙伏都后，冉闵又发布命令，凡六夷敢动用兵器者，杀无赦。胡人知道大祸临头，有的破城，有的越墙，纷纷逃命。冉闵派尚书王简、少府王郁率领数千士卒将石鉴囚禁在御龙观，不许与外界接触，连食物都是悬吊着给他吃。

求救未成　终遭屠戮

石鉴被囚禁起来后，冉闵成了后赵朝廷的发号施令者。为了彻底消灭石氏，太宁二年（350年）正月，他借口谶文中有"继赵李"的字样，下令改国号为卫，改石氏为李氏，改元青龙，实行大赦。

冉闵这一举动遭到了很多人的反对，太宰赵鹿、太尉张举、中军张春、光禄大夫石岳、抚军将军石宁、武卫将军张季，以及诸公侯、卿、校、龙腾等共1万余人离开都城，前往襄国投奔石祗。汝阴王石琨占据冀州，抚军将军张沈屯兵滏口，统卫军张贺度据守石渎，建义将军段勤据守黎阳，宁南将军杨群驻兵桑壁，刘国据守阳城，段龛据守陈留，姚弋仲据守滠头，苻洪据守枋头，各自拥兵数万。另有王朗、麻秋从长安投奔洛阳，麻秋中途变节，听从冉闵之命，杀掉王朗部1000余名胡人。王朗侥幸逃脱，也跑到襄国。麻秋则率众投奔苻洪。

汝阴王石琨联合张举、王朗等人，率领7万人马进攻邺城。冉闵亲自带领千余骑兵在城北抵抗，他身先士卒，手执两刃矛，在敌阵中横冲直撞，如入无人之境，斩敌3000余人。石琨等人战败，不得已回到冀州。随后，冉闵又与李农率领3万骑兵讨伐张贺度。

同年闰二月，石鉴买通宦官秘密送信给张沈等人，告知他们邺城空虚的消息，让他们快来救驾，不料宦官竟将此事报告冉闵、李农。冉闵、李农不敢大意，急忙赶回邺城，将石鉴废黜并杀死，又杀害石虎孙辈 38 人，诛灭石氏家族。

注释：

①郎闿（？—352 年）：后赵大臣，石虎在位时封光禄大夫；石鉴继位，封司空。支持冉闵代赵自立为魏帝后，加封特进，后来冉闵穷兵黩武，执意与前燕决战，他不愿受亡国之辱，饮药自尽。

②卢谌（285—351 年）：东晋文学家，好老庄之学，初任太尉掾。永嘉之乱后，投奔并州刺史刘琨，途中为汉赵刘粲所掳。辗转来到并州，为司空主簿。后至辽西，归石虎，历任中书侍郎、国子祭酒，迁侍中、中书监等职。永宁元年（350 年），冉闵诛灭后赵，建立冉魏，以为中书监，遇害于襄国。

庄帝石祗

石祗档案

生卒年	？—351 年	在位时间	350—351 年
父亲	太祖石虎	谥号	无
母亲	不详	庙号	无
后妃	不详	曾用年号	永宁

石祗，后赵武帝石虎之子，成帝石遵、谯王石世同父异母兄，十六国时期后赵末代皇帝。

永宁元年（350 年），冉闵杀掉石鉴，自称皇帝，建国号大魏，史称冉魏。同一时间，石祗也在襄国称帝，建元永宁。

次年七月，石祗驾崩，后赵灭亡。

征讨冉闵　兵败亡国

石祗早有诛杀冉闵之心，他与姚弋仲、苻洪等联合发布檄文，征讨冉闵、李农。冉闵也不甘示弱，封石琨为大都督，与太尉张举、侍中呼延盛率步骑兵 7 万迎战石祗等。

石祗听说兄长石鉴被害，冉闵称帝，怒不可遏，也在襄国宣布称帝，号令六夷州郡拥兵者共同讨伐冉闵。冉闵派使者对东晋朝廷说：

"叛逆的胡人扰乱中原,如今已消灭他们。若能共同征伐,可以派遣军队前来。"但东晋朝廷没有理会他。很快,冉闵与李农也产生了矛盾,冉闵诛杀了李农及其3个儿子,同时被杀的还有尚书令王谟、侍中王衍、中常侍严震、赵升等人。

石祗继位后,封石琨为相国,命他领兵10万讨伐邺城,进据邯郸;同时又派刘国自繁阳出发,支援石琨。然而,石琨在邯郸被冉闵打败,刘国知道后撤回繁阳。随后,苻健从枋头入关,张贺度、段勤与刘国、靳豚会于昌城,对邺城发起进攻。冉闵派尚书左仆射刘群为行台都督,命其手下大将王泰、崔通、周成等率步骑兵12万在黄城宿营;冉闵亲统精锐8万作为后援。双方在苍亭激战,张贺度等人不敌,损失惨重。

永宁元年十一月,冉闵率步骑兵10万进攻襄国,任命其子太原王冉胤为大单于、骠骑大将军,又把1000名归降的胡人分配给他。光禄大夫韦謏(xiǎo)劝阻冉闵不要草率行事,结果被冉闵杀掉。冉闵围攻襄国100多天,石祗惊恐不已,急忙去掉皇帝称号,改称赵王,并派人向慕容儁、姚弋仲求援。

很快,石琨自冀州增援石祗,姚弋仲派儿子姚襄领兵2.8万至滆头,慕容儁遣将军悦绾①领兵3万至龙城,三方兵力超过10万人。冉闵分别派部将胡睦和孙威阻击姚襄、石琨,但都失利,全军覆没,胡睦、孙威单骑逃回。石琨等率兵气势汹汹地奔襄国而来,冉闵也率领所有人马出战。姚襄、悦绾、石琨等呈三面夹击之势,石祗又从冉闵的后方出击,冉闵不敌,最终大败。冉闵化装逃回襄国行宫,然后带领十余骑逃奔邺城。冉闵之子冉胤及左仆射刘琦被杀。司空石璞、尚书令徐机、车骑将军胡睦、侍中李琳、中书监卢谌、少府王郁及尚书刘钦、刘休等战死者达10余万人。

冉闵逃走后,石祗一直提心吊胆,唯恐他再次反扑,于是派刘显率兵7万攻打邺城。此时,人们都以为冉闵已死,邺城人心惶惶。射声校尉张艾劝冉闵走出皇宫,以安定人心,冉闵照做了,流言也随之消失。很快,刘显兵临明光宫,距离邺城23里,冉闵果断率兵出战,将刘显打败,并一直追到阳平,斩首3万余。

刘显主动派使者去见冉闵,请求以杀石祗等人来保命。冉闵应允,刘显遂潜回襄国，刺杀石祗和太宰赵鹿等10多个文武大臣，并把石祗的人头送到邺城，交给冉闵。冉闵下令在大路口焚烧了石祗的首级。后赵宣告灭亡。

注释：

①悦绾（？—368年）：十六国时期前燕贤臣、将领，历仕慕容皝、慕容儁、慕容𬀩三朝，初为榼卢城大人，后历官御难将军、广信县公、前军将军、尚书右仆射、并州刺史、安西将军、护匈奴中郎将。后还朝，晋升尚书左仆射。

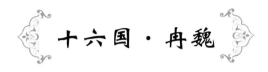

武悼天王冉闵

冉闵档案

生卒年	322—352 年	在位时间	350—352 年
父亲	冉瞻	谥号	武悼天王
母亲	王氏	庙号	无
后妃	董皇后、仇氏等	曾用年号	永兴

冉闵,字永曾,小字棘奴,魏郡内黄人,十六国时期冉魏的皇帝。后赵永宁元年(350年),冉闵称帝,建国号大魏,史称冉魏。冉魏永兴三年(352年),冉闵与前燕皇帝慕容儁交战,被斩于遏陉山,终年31岁,谥号武悼天王。

一朝掌权 残杀无辜

冉闵本是后赵太祖石虎的养孙,因此又叫石闵。冉闵的父亲冉瞻12岁时被石虎收养,封为左积射将军、西华侯。冉闵小时候聪明伶俐,反应敏捷,做事果断,深得石虎喜爱,视如亲孙。冉闵长大后武艺精湛,智勇双全,跟随石虎南征北战,立功无数,在军中树立了很高的威望,先后担任过建节将军、北中郎将、游击将军等职,封修成侯。

后赵太宁元年,石虎驾崩,太子石世继位,刘太后临朝听政,张豺主政。冉闵等人听说张豺和刘太后掌权,一个个气愤难平,于是怂恿石遵起兵讨贼。石遵也正想当皇帝,就听从他们的建议,从李城发兵,并让冉闵任先锋官,带兵向邺城进发。为了拉拢冉闵,石遵还许诺事成之后封他为太子。在太子之位的诱惑下,冉闵成功杀掉张豺,捉拿石世。然而事成之后,石遵却反悔了,立石衍为太子,而且受中书令孟准、左卫将军王鸾的蛊惑,居然想要杀掉冉闵。冉闵大怒,立即带兵反击,杀死石遵、郑太后、太子石衍、孟准、王鸾等人,然后拥立石鉴为帝,自封大将军。

石鉴继位不久,又授意石苞、李松等人去暗杀冉闵。冉闵奋起抵抗,打退石苞等人,之后又带兵反击,杀死中领军石成、侍中石启、前河东太守石晖。龙骧将军孙伏都领3000人马前来支援,结果被冉闵打得龟缩在凤阳门内。冉闵又率领士兵砸毁金明门,攻入皇宫,捉拿石鉴,把他囚禁在御龙观;之后又杀死了孙伏都。

为了试探人心,冉闵昭告天下说:"今有孙伏都等人阴谋叛乱,已经被我消灭。自今日起,有愿意跟着我治理天下者留下,不愿意者各奔东西。"后赵人听到消息后,星夜兼程回到邺城。而城里的胡、羯等少数民族则扶老携幼走出城去。冉闵知道这些胡人不愿接受自己的统治,下令凡杀一个胡人者,文官可以升三级,武官一律封为牙门将。眨眼间,邺城的大街小巷血流成河,一天之内几万人头落地。冉闵亲自带兵走上街头,只要看到胡、羯等少数民族,无论男女,全部杀死。据统计,有20多万人死于这场灾难。冉闵还将石虎的38个孙辈全部处死。

石鉴被杀当天,司徒申钟联合48名朝臣向冉闵递交了一份奏书,请求冉闵称帝。冉闵虚伪地说:"这里原本是晋朝的国土,我们也都是晋朝臣子,如今晋朝依然存在,我们只能分割州郡,称牧、守、公、侯,无论如何也不敢称帝。"尚书胡奎早已看透冉闵的心思,进一步劝道:"陛下德高望重,理当称帝。晋室早已去了江南,鞭长莫及,何必管那么多!"这话正中冉闵下怀,遂登基称帝,改国号为大魏,改元永兴。

二虎相争　胜者为王

冉闵称帝两个月后，即后赵永宁元年三月，新兴王石祗也在襄国登基称帝。两个政权相互对峙，虎视眈眈，伺机而动。同年四月，石祗率先派汝阳王石琨率兵讨伐冉闵，结果被冉闵打得大败而归。半年后，冉闵率领军队攻打石祗，将襄国紧紧包围起来。次年三月，姚弋仲、石琨率军支援石祗，冉闵则派胡奎、孙威迎战，但被姚弋仲、石琨打败。冉闵遂亲自上阵，但部队刚出发不久，便遭到姚弋仲的儿子姚襄、石琨、悦绾的伏击。冉闵的儿子冉胤以及左仆射刘琦被杀，还有十几万官兵死于非命。冉闵带着10多名骑兵逃回邺城。

石祗乘胜追击，派部下刘显率领7万精兵浩浩荡荡地向邺城挺进，到达距城池仅23里的明光宫。冉闵召卫将军王泰商量对策，但王泰借口身上有伤没有去见冉闵。冉闵强忍怒火，放下架子来到王泰府中，王泰坐在床上，反复强调自己伤势严重，对目前的形势无能为力。冉闵气呼呼地回到家中，跺着脚骂道："巴奴王泰，你以为没有你我还打不了仗了，等我打完这一仗，消灭了刘显，再回过头来找你算账！"他当即传令官兵迎战，并成功打败刘显，回城后他马上杀掉了王泰。

刘显吃了败仗，又派人联络冉闵，表示愿意投降，请求戴罪立功，冉闵应允。不久，刘显将石祗等人的首级送到邺城。冉闵大喜过望，当即封刘显为冀州牧、大单于。但仅过了两个月，刘显又与冉闵翻脸，带兵攻打邺城，但再次失利，溃逃至襄国。

经过一段时间的休整，冉魏永兴三年二月，刘显率兵攻打常山。冉闵被刘显的反复无常激怒，让太子冉智留守邺城，自己亲率8000名骑兵营救常山，结果大获全胜。冉闵乘机攻陷襄国，将刘显及其分封的文武大臣100多人全部杀掉，又将襄国百姓全部迁到邺城，一把火将襄国烧成了灰烬。

兵败被俘　大义凛然

冉闵刚刚回到邺城，前燕国君慕容儁已经带兵攻取幽、蓟两州，又派大将慕容恪率兵进攻冀州。冉闵当然不会把国土拱手相让，决定带兵迎战。大将军董闰、车骑将军张温仔细分析形势后，认为草率出兵必吃败仗，于是劝冉闵说："鲜卑人正士气高涨，锋芒毕现，我们现在不是他们的对手。况且敌众我寡，优劣十分明显，不如避其锋芒，暂时委屈，蓄精养锐，等敌人士气低落之时再出兵交战，如此胜算更大。"冉闵却认为他们是在灭自己威风，长他人志气，怒道："我正要用这些人马踏平幽州，砍掉慕容儁的脑袋，现在慕容恪刚好来送死，而我们望风而逃，天下人岂不耻笑我胆小如鼠？"说完传令出兵。司徒刘茂见冉闵刚愎自用，悲愤地说："如此草率出兵，明明就是送命，与其死在战场，还不如死在家中！"说完拔剑自刎。

然而，刘茂的死并没有唤醒冉闵，他依然下令出战。刚开始，冉魏接连打了几次胜仗，之后慕容恪改变策略，将冉魏之兵团团包围。冉闵亲自率兵冲锋陷阵，挥舞大刀，终于冲出包围圈，但是因为劳累过度，战马猝死，他从马背上跌落，被慕容恪俘虏。

冉闵被押到了蓟城，慕容儁辱骂他说："畜生不如的东西，有什么资格称帝！"冉闵不怯不惧，回敬道："天下大乱，连你们都想称帝，何况我乃中原英雄，为何不能称帝？"慕容儁气得暴跳如雷，挥起手中的马鞭连抽冉闵300多鞭，随后命人将他送到龙城关押起来。冉魏永兴三年五月，冉闵在遏陉山被杀。

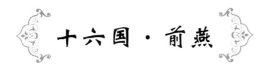

十六国·前燕

文明帝慕容皝

慕容皝档案

生卒年	297—348年	在位时间	337—348年
父亲	慕容廆	谥号	文明皇帝
母亲	段氏	庙号	太祖
后妃	段皇后、兰贵妃等	曾用年号	燕元

慕容皝，字元真，小字万年，昌黎棘城人，鲜卑族，西晋辽东公慕容廆第三子，十六国时期前燕的开国君主。

东晋咸和八年（333年），慕容皝承袭父位，任平北将军，统领辽东。东晋咸康三年（337年），慕容皝自称燕王，建立前燕，时年41岁。

慕容皝"雄毅多权略"，崇尚汉族文化。他在位期间，平定内乱，东征西讨，先后打败宇文部、段部及后赵，北征高丽，威名远扬，为日后前燕入主中原打下了坚实的基础。他还注重发展农业，重视教育，为经济和文化的发展做出了突出贡献。

东晋永和四年（348年），慕容皝去世，终年52岁，谥号文明皇帝，庙号太祖，葬于龙平陵。

承袭父位　猜忌多疑

慕容皝的父亲慕容廆是昌黎棘城人，鲜卑族，曾在辽东建立割据政权，晋朝时被封为平州牧、辽东郡公。

慕容皝成年后，身高七尺八寸，体态雄健俊伟。他性格刚毅，通晓天文历法，崇尚经学又头脑灵活，精通权谋之术。慕容廆任辽东郡公时，立慕容皝为世子。建武初年，慕容皝任冠军将军、左贤王，封望平侯，在征战过程中屡立战功。晋明帝太宁末年，他又被授任平北将军，进封朝鲜公。东晋咸和八年，慕容廆病逝，慕容皝继位，兼任并州刺史。

慕容皝生性多疑，总担心有人觊觎自己的位置。他的几个兄弟中，建威将军慕容翰骁勇善战、雄武有力，征虏将军慕容仁、广武将军慕容昭也都智勇双全，深得慕容廆的器重。慕容皝对他们心怀嫉恨，不仅没有重用他们，反而对他们一再猜忌和打压。慕容翰无奈之下，只得投奔鲜卑段辽①。事情发生后，慕容皝将一腔怒火全部撒到两个弟弟身上，先是找借口杀掉了慕容昭，之后又派人监视慕容仁的一举一动。不久，他又派弟弟慕容幼、慕容雅及司马佟寿等人到平郭袭击慕容仁，但行动失败，两个弟弟被俘，司马佟寿也投降了。这样一来，整个辽东地区就变成了慕容仁的势力范围，慕容仁自称车骑将军、平州刺史、辽东公。段辽及鲜卑众多部落也都在背后支持慕容仁。

东晋咸康二年正月，慕容皝亲率大军经海路300里到达平郭城下，准备发起进攻。慕容仁也不甘示弱，将所有兵力集中到城西北，做好迎敌准备，没想到军中出了一个叛徒，跑去投奔了慕容皝。慕容皝抓住这个难得的机会，趁慕容仁军营混乱之际杀了进去，活捉慕容仁并逼其自尽，胜利而归。

巧施妙计　打败石虎

东晋咸康三年十月，慕容皝见时机已经成熟，便自称燕王，封段氏为王后，立慕容儁为太子，并以封奕为相国。之后，他又派宋回出使后赵，向石虎俯首称臣，希望石虎能援助自己消灭段辽。石虎白白得到一个附属国，自然愿意。次年三月，石虎兑现诺言，派兵攻击段辽。段辽不敌，逃往密云山。然而慕容皝并没有按照约定派兵与后赵军会合，而是带着部队抢掠了段辽不可胜数的畜产和5000户居民回到棘城。石虎发现上当后，非常恼怒，又掉头攻打慕容皝，一路上势如破竹，吓得前燕36座城池的官吏纷纷打开城门投降。棘城官员见后赵军来势凶猛，心中十分胆怯，纷纷劝说慕容皝投降。慕容皝怒斥道："大丈夫有志夺取天下，怎会做投降之事！"遂命令儿子慕容恪率领一部分人马，于黎明时对后赵军队发动突然袭击。后赵军队正在睡梦中，猝不及防，被打得丢盔卸甲，狼狈而逃。慕容恪乘胜追击，杀死后赵将士3万多人。东晋咸康六年，慕容皝重整人马，亲率大军袭击后赵，攻破武遂津，直入高阳。

颇有政绩　功成身死

东晋咸康七年，慕容皝将都城迁到龙城，再次率兵4万征讨高丽，大获全胜，并占领了高丽王居住的丸都。次年二月，慕容皝再次出兵，征讨鲜卑的宇文逸豆归[②]部，将宇文逸豆归打到漠北，使其葬身沙漠之中。慕容皝赶到宇文部都城紫蒙川，见有大量牲畜和财物，便让人连赶带拉，随同5000多户居民一同回到昌黎。

慕容皝的庶兄慕容翰以前因为遭到慕容皝忌恨而逃到段辽，段辽被击败后，慕容翰又投奔宇文逸豆归。他认为自己威名凤振，恐难以保全，便佯狂恣酒，披发歌呼。过了一段时间，他的身体稍有康复，闲来无事，又开始练习骑马射箭，熟悉山川地理。慕容皝认为慕容翰对宇文部的地形应该很熟悉，想利用他来消灭宇文逸豆归，于是一改之前的忌妒和仇恨，派人助其逃回，并对他委以重任。慕容翰也不负厚望，很快带兵消灭了宇文逸豆归。慕容皝达到目的后，对慕容翰的态度急转直下，后来又有人诬陷慕容翰时，他便顺水推舟，杀了慕容翰。

在接连几次的战斗中，慕容皝虽然取得了重大胜利，但也消耗了大量资源，使得国家财政捉襟见肘。为了增加收入，慕容皝采取了一些积极的惠农政策。东晋永和元年，他把皇家苑囿租给平民百姓，原准备按二八分成，即政府得八，农民得二。但是，记室参军封裕觉得不妥，上书劝慕容皝无偿将土地分配给无地或少地的农民。如果得到土地的农民一无所有，国家还应该再补贴一头耕牛。如果是家里人口多，想多种土地，则国家可以无条件让其使用耕牛，收获按四六分成，即国家得六，农民得四。慕容皝采纳了封裕的建议。

在重视农业的同时，慕容皝也注重兴办教育，他下令在旧宫设立学校，招收1000多名学生。为了提高学生的学习积极性，他还亲自到学校里为学生讲课，并对他们进行考核，成绩优秀者提拔为近侍，不合格的则予以裁减。经过几年的努力，燕国的实力得到了显著增强。

东晋永和四年，慕容皝突然身患重病，临终前他叮嘱儿子慕容儁："现在中原分裂，群雄割据，如果想要统一，必须依靠贤能之士。慕容恪智勇双全，可以委以重任；阳骛③品行端正，忠于朝廷，可以托以大事。"不久，慕容皝驾崩。

注释：

①段辽（？—339年）：亦作段护辽，十六国时段部鲜卑首领，段日陆眷之孙。东晋太宁三年十一月，以徙都罪攻杀段牙，继为幽州刺史、大单于。咸和六年（331年）受晋封为骠骑将军。屡与前燕、后赵争战。

②宇文逸豆归：一作宇文归，十六国时鲜卑宇文部末代首领，北周太祖宇文泰五世祖。初为宇文氏别部大人，驱逐部落首领宇文乞得归后，自立为主。

③阳骛（？—369年）：十六国时前燕重臣，历仕四朝，德高望重。慕容廆时授平州别驾。慕容皝时官至司隶校尉，随军征伐四方，出谋划策。慕容儁时拜尚书令、司空、辅义将军。慕容暐继位后，迁太尉。

景昭帝慕容儁

慕容儁档案

生卒年	319—360 年	在位时间	348—360 年
父亲	文明帝慕容皝	谥号	景昭皇帝
母亲	段氏	庙号	烈祖
后妃	可足浑皇后、段氏等	曾用年号	元玺、光寿

慕容儁，字宣英，鲜卑名贺赖跋，昌黎棘城人，鲜卑族，前燕文明帝慕容皝次子，十六国时期前燕第二位君主。

东晋咸康七年，慕容儁被东晋朝廷封为假节、安北将军、东夷校尉、左贤王、燕王世子。东晋永和四年，前燕政权建立者慕容皝病逝，慕容儁继位，名义上仍然是东晋的燕王。东晋永和八年（352 年），慕容儁脱离东晋，正式称帝。

慕容儁在位期间，消灭了冉魏，统领中原，移都邺城，前燕在他的治理下进入鼎盛时期，与南方的东晋和关中的前秦形成三足鼎立之势。晚年，慕容儁打算出兵消灭东晋，但因国内百姓强烈反对，被迫放弃。

光寿四年（360 年）正月，慕容儁驾崩于龙城宫中应福神殿，终年 42 岁，谥号景昭皇帝，庙号烈祖，葬于龙陵。

承袭父位 雄心勃勃

慕容儁是慕容皝次子,因为他的哥哥早夭,他的出生让慕容皝夫妇走出丧子的阴影。慕容儁的祖父慕容廆在世时,经常对人说:"我平时积累这么多的福德仁义,我的子孙辈中一定有人能够拥有中原。"慕容儁出生时,慕容廆看到他后又断言:"这个孩子骨相异于常人,将来继承我家族事业的必定是他了。"慕容儁长大后,身高八尺二寸,身材魁梧,体态雄健,又博古通今,文武兼备,曾率兵攻打鲜卑段辽,大获全胜。

东晋咸康七年,慕容皝被东晋朝廷封为燕王,慕容儁也被封为燕王世子,兼任假节、安北将军、东夷校尉、左贤王。东晋永和四年,慕容皝病逝,慕容儁正式继位。

慕容儁而立之年继位,雄心勃勃,发誓要干出一番惊天动地的事业,恰逢此时后赵国内部互相残杀,给了他可乘之机。东晋永和六年二月,慕容儁亲率大军,并让慕容霸、慕容评各领一支人马,向后赵发起进攻。镇守棘城的后赵征东将军邓恒闻讯惊慌失措,一把火烧了仓库,带领士兵仓皇而逃。三月,慕容儁大军不费吹灰之力便占领了棘城。稍作停留后,慕容儁让慕容评留守棘城,自己则率领大军向鲁口追击。然而,当慕容儁到达清梁时,邓恒手下大将鹿勃已经提前带领几千人埋伏好,并于夜半时分发起突袭。慕容儁措手不及,对大将慕舆根说:"敌军有备而来,我们不可匆忙迎战,应当暂避一时。"慕舆根却自信满满,挥剑冲出营帐。慕容儁跟着走了出去,站在一片高地上,只见下面人影晃动,喊杀声一片,心里七上八下,唯恐慕舆根战败。天近拂晓,慕舆根成功打败鹿勃,慕容儁这才长出了一口气。之后,慕容儁再也不敢往前走,心有余悸地回了龙城。

活捉冉闵　登基称帝

后赵陷入内战,冉闵杀死后赵皇帝石鉴,在邺城自立为帝,建立魏国,随即带兵攻打石祗的襄国,但围困了3个多月仍无法攻克。石祗为了活命,派人向前燕求助。慕容儁派御将悦绾带领3万人马前去支援。然而悦绾刚走,冉闵便派人出使前燕,想与慕容儁拉近关系。慕容儁痛恨他杀害很多胡人,没有理会他,并派慕容恪、慕容彪攻取了冉魏的中山、常山。第二年又俘虏冉闵,将他送到龙城关押。元玺元年(352年)五月,冉闵在龙城被杀。之后,慕容儁又派广威将军慕容评率兵攻取了邺城。

这年十一月,慕容儁登基称帝,建元元玺,册立可足浑氏为皇后,儿子慕容晔为太子。当时东晋使者来到前燕,慕容儁高傲地对使者说:"回去告诉你们的天子,我现在也是皇帝,和他平起平坐了。"

出兵未遂　临终托孤

慕容儁称帝后,东晋兰陵太守孙黑、济北太守高柱、建兴太守高瓫(pén)先后投降前燕;高丽王钊也派使者向前燕示好。一时间,前燕的影响力大增。

元玺五年(356年),太子慕容晔去世,慕容儁在第二年立三子慕容𬀩为太子,在境内实行大赦,改元光寿。

后赵灭亡后,原来石虎手下的大将李历、张平、高昌、上党太守冯鸯也都率兵前来投降,但他们暗中又与东晋、前秦有往来。慕容儁知道后,决定逐一讨伐。

光寿二年(358年),慕容儁分别派司徒慕容评讨伐张平、领军将军慕舆根进攻冯鸯、司空阳骛进击高昌、抚军将军慕容臧攻打李历。李历、高昌等人自知不敌,纷纷弃城逃跑,留下的兵马粮草尽归前燕所有。

在战略上取得几次重大的胜利后，慕容儁的野心急剧膨胀，企图消灭东晋与前秦。光寿三年（359年）十月，慕容儁下令全国重新核查人口，规定每户只许留一丁，其余全部参军，想要凑够150万大军，准备进攻洛阳。在大臣们的劝谏下，他减少了征兵的人数，下令各地征集的兵员在第二年年底到邺城整装待命，准备发兵洛阳。

遗憾的是，大军还没有出发，慕容儁便身染重病，他叫来弟弟慕容恪，叮嘱道："我已病入膏肓，但秦、晋还没有消灭，太子又年幼，怎能放下心来？等我死后，由你继位，一定要尽力为之。"慕容恪闻言十分惶恐，推辞道："太子虽小，却是真正的继承人，臣弟怎敢僭越？"慕容儁生气地说："你我是手足兄弟，为何还要如此推脱？"慕容恪又说："若陛下认为我能担当天下大任，为何就不能相信我会当好一个辅政大臣，辅助幼主呢？"慕容儁听了点头说："如此也好，如果你能像周公那样辅政，我也就没有什么可担心的了。"

幽帝慕容暐

慕容暐档案

生卒年	350—384 年	在位时间	360—370 年
父亲	景昭帝慕容儁	谥号	幽皇帝
母亲	可足浑皇后	庙号	无
后妃	可足浑氏等	曾用年号	建熙

慕容暐，字景茂，鲜卑族，昌黎棘城人，前燕景昭帝慕容儁第三子，十六国时期前燕最后一位皇帝。

慕容暐初封中山王，元玺六年（357 年）被立为太子。光寿四年（360 年），慕容儁驾崩，慕容暐继位，时年 11 岁，改元建熙。

慕容暐继位初期，由其叔父慕容恪摄政，国家基本保持稳定。慕容恪去世后，慕容评掌权，国力逐渐衰弱。建熙十一年（370 年），前秦出兵攻打前燕，慕容暐被俘，被封为新兴郡侯。

前秦建元二十年（384 年），慕容暐被苻坚杀害，终年 35 岁。他的叔父慕容德建立南燕时，追谥他为幽皇帝。

幼年继位 心怀私怨

在慕容暐之前，继承皇位的本来是他的长兄慕容晔，但慕容晔在元玺五年不幸病逝，于是，年仅 7 岁的慕容暐被立为皇太子。

光寿四年，慕容儁身患重病，自知不久于人世，考虑到太子慕容暐年幼，便想让自己的弟弟慕容恪继承皇位，但慕容恪极力拒绝，只答应尽力辅佐慕容暐处理朝政大事。慕容儁驾崩后，朝中大臣也主张立慕容恪为帝。慕容恪再次推辞道："国家已经确立了皇位继承人，我是绝不会当皇帝的，因为这完全违背了我的志节。"

慕容暐继位后，改元建熙，立母亲可足浑氏为皇太后，任命慕容恪为太宰、慕容评为太傅、慕舆根为太师。朝中文武大臣论功行赏，封官加爵，唯有李绩例外，原位不动。慕容儁临终前曾特意叮嘱慕容恪说："李绩为人清廉方正，忠诚坦荡，能够担当大任，一定要好好待他。"所以，慕容恪劝慕容暐说："李绩是个忠臣，能力又强，应该同样予以封赏。"慕容暐却冷冷一笑道："年少时李绩曾让朕难堪，朕永远不会忘记，朝中所有事你都可以做主，唯独这件事必须由朕做主。"慕容恪听了只好作罢。

明辨是非　用人得当

慕容暐继位时年仅 11 岁，无力管理国家，所以朝政大权全部落在慕容恪一人身上。太师慕舆根曾经跟随慕容儁南征北战，出谋划策，立下汗马功劳，如今却屈居慕容恪之下，他心中愤愤不平，图谋发动政变。但是，他并不打算自己动手，而想借刀杀人。他先找到慕容恪，怂恿他杀掉干预朝政的皇太后可足浑氏，然后再废掉慕容暐，自己当皇帝。但慕容恪忠心耿耿，接受慕容儁重托，自然不会同意。慕舆根讨了个没趣，又去找皇太后可足浑氏，说慕容恪和慕容评图谋不轨，正在暗中笼络人心，准备夺权。可足浑氏信以为真，想要杀掉慕容恪和慕容评。但是，慕容暐却阻拦道："他们都是父亲信任的大臣，又是我们的至亲，不可能叛变。慕舆根搬弄是非，居心不良，才是真正的叛乱者。"可足浑氏觉得儿子的话有几分道理，便将此事搁置下来。

慕舆根等了好久，仍然看不到慕容暐有任何杀掉慕容恪的迹象，心有不甘，又劝慕容暐将国都从邺城迁回龙城。慕容暐将其提议告知慕容恪，慕容恪察觉到了慕舆根的野心，建议慕容暐立即杀掉慕舆根。慕容暐听从建议，派侍中皇甫真、护军傅颜逮捕慕舆根，并处死了他。

慕容暐在位期间，宁东将军慕容忠攻克荥阳；镇南将军慕容尘进攻长平；太傅慕容评攻克许昌、悬瓠、陈郡，将汝南诸郡1万多户迁徙到幽、冀二州；太宰司马悦希等人攻打洛阳，攻克了黄河以南的诸多地方；慕容恪攻克金墉等，接连攻克南方诸郡，取得了不少战绩。

轻敌致败　奸臣误国

建熙八年（367年），慕容恪身患重病，临终前他担心慕容暐无力控制朝政，便把慕容暐的哥哥乐安王慕容臧召来，叮嘱他等自己去世后，让吴王慕容垂接替自己的位置。之后慕容恪还不放心，又对慕容评同样嘱咐了一番。

然而，慕容评生性多疑，加上慕容垂在朝中威望很高，他早就对慕容垂很不服气，因而没有履行自己对慕容恪的承诺——让慕容垂接替慕容恪的位置，而是把权力交给了慕容暐的弟弟慕容冲。同年十二月，另一位辅政大臣阳骛也去世了。这样一来，慕容评就成了唯一在世的辅政大臣，以太傅的身份主持朝政。

慕容儁在位时期，王公大臣都有属于自己的荫户①，可以免缴一切税赋，这也使国家的税收大大减少。慕容暐继位后，尚书左仆射悦绾提议取消这些荫户。慕容暐正愁国库空虚，当即表示同意，命令悦绾负责清查荫户。悦绾带病执行命令，没用多长时间就查出20多万荫户，大大增加了国家的财政收入，但同时也触动了很多王公大臣的切身利益。不久，悦绾便死于暗杀。

建熙十年（369年），东晋大将桓温率领大军向前燕发起进攻，一路势如破竹，很快便进抵枋头。慕容暐见敌人来势凶猛，心中胆怯，想逃往和龙。吴王慕容垂安慰他说："陛下不用惊慌，待我领兵先去抵挡一下，如果获胜，我们再接再厉；如果失败，再退不迟。"慕容暐便封慕容垂为南讨大都督，与范阳王慕容德一起抗击晋军。双方几番激战下来，晋军死伤惨重，桓温下令烧毁战船，扔掉辎重，狼狈逃窜。

这次慕容垂立下大功，更为慕容评所忌恨，他对慕容垂为将士们申报的功绩置之不理，两人在朝堂上多次发生争执。太后可足浑氏也不喜欢慕容垂，遂与慕容评密谋杀掉慕容垂。慕容垂为了保命，只得转投前秦苻坚。

前燕黄门侍郎梁琛曾经出使过前秦，知道前秦的实力和野心，他警告慕容𬀩说："将来秦必是我大燕劲敌，万万不可掉以轻心。"但慕容𬀩却不以为意地说："区区弹丸之地，何足惧也！"同年十二月，前秦国王苻坚便派大将王猛、梁成率领3万精兵向前燕进发，直取洛阳。

建熙十一年七月，前秦将领王猛、杨安又攻打壶关、晋阳。慕容𬀩惊慌失措，命令慕容评率领大军前去迎战。但是，前燕军队毫无斗志，溃不成军，壶关、晋阳很快失守。慕容评吓得躲在潞川，再也不敢前进。

大敌当前，慕容评竟然别出心裁地霸占山林泉水，对外出售，大发横财。燕军将士对他恨之入骨，军心涣散。这时，王猛乘机袭击了慕容评的军营，并烧掉了燕军的粮草辎重。慕容𬀩站在邺城城头，看着熊熊燃烧的大火，心如刀绞，派侍中兰伊去找慕容评，责备他道："你身为高祖之子、朝廷重臣，当以国家社稷为重，一心一意率领将士抵御外敌，不应只顾贪恋财物。但你不思抵抗，一旦城破国亡，纵有财宝如山又有何用？现在你必须把所有东西拿出来与将士们分享，激励大家的斗志。"慕容评迫于压力，勉强迎战，结果全军覆灭，他只身逃回邺城。前秦军队长驱直入，包围了邺城。

同年十一月，前秦军队攻破邺城，慕容𬀩狼狈而逃，途中被苻坚手下将领巨武抓获。巨武掏出绳索，要捆住慕容𬀩。慕容𬀩强作镇定地说："朕乃一国之君，贵为天子，谁敢绑我？"巨武冷笑道："本将军奉命捉贼，何来天子，绑了！"说完喝令左右将慕容𬀩及其随同大臣全部绑起来，连同4万户鲜卑居民一起押往长安。

慕容𬀩到长安后，被封为尚书、新兴侯，后又被苻坚任命为平南将军、别部都督，随同进攻东晋。结果，淝水一战苻坚大败而归，慕容𬀩又一次回到长安。第二年,他秘密联合长安城内的1000多名鲜卑人发动兵变,准备杀死苻坚,不料消息泄露,反被苻坚杀死。

注释:

①荫户:指中国封建社会中官僚、贵族、地主、豪绅依仗特权和势力控制的一部分户口。东汉时的奴客、僮客,魏晋时的佃客,唐中叶以后的庄客,都属荫户。

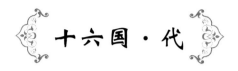

代王拓跋什翼犍

拓跋什翼犍档案

生卒年	320—377 年	在位时间	338—377 年
父亲	平文帝拓跋郁律	谥号	昭成皇帝
母亲	王氏	庙号	高祖
后妃	慕容氏	曾用年号	建国

拓跋什翼犍，鲜卑族，拓跋郁律次子，拓跋翳（yì）槐之弟，十六国时期代国唯一的皇帝。

代国建国元年（338 年），拓跋翳槐去世，拓跋什翼犍继位，改元建国，仿照汉制设置百官，封燕凤[①]为长史、许谦为郎中令，并着手建立法制，使百姓安居乐业。

建国三年（340 年），拓跋什翼犍迁都云中郡盛乐宫。建国二十八年（365 年），匈奴铁弗部[②]左贤王刘卫辰背叛代国，归附前秦，拓跋什翼犍率兵讨伐。建国三十七年（374 年），拓跋什翼犍第二次讨伐刘卫辰，刘卫辰兵败南逃。建国三十九年（376 年），苻坚出动 20 万大军，与大将张蚝等分路进犯代国以援救刘卫辰，直逼代国南境。

同年十二月，拓跋什翼犍被自己的儿子拓跋寔君所杀害，终年 58

岁，代国灭亡。其孙拓跋珪复国建立北魏后，追谥他为昭成皇帝，庙号高祖。

大难不死　后为君王

拓跋什翼犍出身代北的游牧之家。东晋大兴四年，拓跋部族发生内乱，部落首领拓跋郁律被杀，他的妻子急中生智，将正抱在怀中的二儿子藏在裤中，并暗暗祷告说："孩子，如果想要活命，千万不要出声。"果然，这孩子一声都没有哭，顺利躲过一劫。这个孩子就是拓跋什翼犍。

东晋咸和四年，拓跋什翼犍之兄拓跋翳槐被推举为部落首领。为了改善与后赵的关系，拓跋什翼犍被送到后赵当人质，开始住在襄国，后来又被迁往后赵新郡邺城。

拓跋什翼犍在邺城一住就是10年，东晋咸康四年十月，拓跋翳槐身染重病，临终留下遗言："一定要立拓跋什翼犍为首领，否则，部落将发生大乱。"不久，拓跋翳槐病逝。但是，拓跋什翼犍远在千里之外的邺城，根本不可能回来继位，而部落又不能一日无主，必须尽快选出一位首领。当时留在代北的还有拓跋翳槐的两个兄弟——老三拓跋屈和老四拓跋孤。按说应由老三继承酋长的位置，但是，拓跋屈虽然英武，为人却有些阴险狡诈，不如拓跋孤宽厚仁慈。为了部落的前途着想，大家决定杀掉拓跋屈，让拓跋孤来当部落首领。但拓跋孤坚决拒绝道："二哥年长，理应由他来继位，我不可以越级。"之后，他亲自前往邺城，表示自己可以留下来当人质，让拓跋什翼犍回去继位。后赵武帝石虎为他们的兄弟感情所感动，破例让他们兄弟二人一起回到代北。

同年十一月，拓跋什翼犍继任代王，改元建国，又将领土的一半划给拓跋孤管理，作为对他的报答。这一年，拓跋什翼犍19岁。

封官建制　建国定都

代国建国三年，拓跋什翼犍选择将经济相对发达的云中郡盛乐宫定为都城，第二年又在南面 8 里处修建盛乐新城，正式定为国都。从此，代国有了固定的文化和政治中心，逐渐强大起来。

长期在后赵生活的经历，使拓跋什翼犍对汉族的制度、文化非常熟悉，因此，他继位以后仿照汉族采取了一系列推进封建文化的措施。他先后找了汉族士人燕凤、许谦作为自己的谋臣，并设置百官，让汉族士人担任重要职务，管理族内之事。同时制定了赎罪、婚姻、大逆、私斗和保护公私财物的诸多条例。比如条例规定，凡偷盗公共财物者，必须以 5 倍偿还；偷盗个人财物者，当以 10 倍偿还。

为了壮大国家的实力，拓跋什翼犍对外进行了多次大规模的掠夺征战。建国二十六年（363 年），他率兵征伐高车③，俘虏对方 1 万多人、马牛羊百余万头；次年，又一次征讨没歌，得到马牛羊数百万头。战后，他将得来的战利品对大臣们论功行赏，使部落内部出现了严重的贫富不均现象，有人家徒四壁，有人却成了拥有大群牛马羊、富可敌国的王公贵族。

由于拓跋什翼犍一系列的举措顺应了历史发展潮流，拓跋部快速进入封建社会，他受到了部族内部的拥护。在他的统治下，代国政权相对稳定，人口迅速增长，很快达到几十万人，成为活跃在大漠南北的一支强大力量。

力量薄弱　难敌前秦

在拓跋部快速发展的时候，氐族的前秦和慕容部已经成为中原地区的两只猛虎，各自雄霸一方，另外还有一个不容小觑的前燕。拓跋部落与前燕虽然发生过矛盾，但总体还算友好。而拓跋什翼犍与前秦的关系则非常冷淡,来往甚少。当时前秦正处于鼎盛时期,在消灭前燕后,又将目标对准了代国。为了弄清代国的虚实,苻坚先派牛恬为使者到代国走了一趟。建国三十六年(373年)夏,拓跋什翼犍也派燕凤回访,受到苻坚的亲自接见。席间,苻坚问了许多问题,燕凤对答如流,不卑不亢,虚虚实实,真真假假,搞得苻坚一头雾水,因此不敢小觑代国,也不敢轻易发兵。燕凤告辞回国时,苻坚还亲自相送,赐予很多礼品,以示友好。

此后不久,苻坚攻打东晋,夺取了汉中、益州、南中等地,消灭了前凉。这样一来,北方只剩下一个代国,再次成为苻坚想要吞并的目标。

建国二十八年,匈奴左贤王刘卫辰背叛代国,归附前秦,拓跋什翼犍率兵东渡黄河去讨伐他。此后,拓跋什翼犍又分别于建国三十年、建国三十七年征讨刘卫辰,刘卫辰屡屡败逃。建国三十八年(375年),刘卫辰向苻坚求援。

建国三十九年十月,苻坚召集兵马,以匈奴刘卫辰部受到代国攻击而向前秦请求支援为借口,派幽州刺史苻洛统率10万精兵,后将军俱难及大将邓羌④、张蚝、郭庆等率20万大军,分别向代国发起进攻。拓跋什翼犍正卧病在床,无法带兵出征,于是派大将刘库仁前去迎敌,结果被前秦打败。拓跋什翼犍只好带领部下向阴山之北仓皇逃跑,途中又遇到高车族的抢劫,无法放牧,只得又回到大漠之南,等前秦军队撤退后,才于十二月返回云中。

这个时候,代国内部在继承人问题上出现了矛盾,拓跋什翼犍的嫡长子拓跋寔与次子拓跋翰均已去世,而拓跋什翼犍最喜欢的孙子拓跋珪年仅6岁。慕容妃所生的6个儿子和庶子已经长大成人,但却不受拓跋什翼犍待见,继承人的问题也因此拖延不决。而拓跋什翼犍的弟弟拓跋孤去世后,他的儿子拓跋斤因为失去了治理半个国家的特权,心中十分不满。当时,因为前秦兵还留在君子津(今黄河上游与中游分界线以下),距离云中仅200多里,为了防止他们偷袭,慕容妃的儿子们每天晚上都要带兵巡逻。于是,拓跋斤乘机挑唆拓跋什翼犍的庶长子拓跋寔君说:"代王要立慕容妃的儿子为王,准备将你杀掉,所以,近来慕容妃诸子每夜都带领兵丁围着代王的帐篷转悠，就是在寻找下手的机会。"拓跋寔君信以为真，于是抢先下手，杀死了慕容妃的儿子们，连父亲拓跋什翼犍也没有放过。

消息传出后，代国国内一片混乱，前秦将领李柔、张蚝乘势率兵进攻代国。苻坚将拓跋寔君和拓跋斤二人押解到长安，车裂处死。至此，代国灭亡。

注释：

①燕凤（？—428年）：北魏开国功臣，立国二十一功臣之一。博综经史，明习阴阳谶纬。先后辅佐代王拓跋什翼犍、拓跋寔以及道武帝拓跋珪、明元帝拓跋嗣、太武帝拓跋焘五代君主。历任吏部郎、给事黄门侍郎、行台尚书，赐爵平舒侯，加镇远将军。

②铁弗部：匈奴的一支。是匈奴人和乌桓人、鲜卑人的后裔，又称杂胡。十六国时期铁弗部首领赫连勃勃在河套地区建立夏政权，史称胡夏。胡夏被北魏所灭，铁弗部有些融入了汉族，还有些融入了其他民族。

③高车：古族名。汉称"丁零"，后音变为"敕勒""铁勒""狄历"等。因其"车轮高大，辐数至多"而得名。原始居地在今贝加尔湖一带，每当雄踞漠北草原的匈奴和鲜卑先后迁走或衰弱之机，便入主草原。

④邓羌：十六国时期前秦名将、军事家，有勇有谋，苻坚评价他有廉颇、李牧之才，后世称他为"万人敌"。一生战功赫赫，斩姚襄，擒张蚝，平定国内叛乱。历任征虏将军、安定太守、镇军将军、并州刺史等职。

惠武帝苻洪

苻洪档案

生卒年	285—350 年	在位时间	350 年
父亲	蒲怀归	谥号	惠武皇帝
母亲	不详	庙号	太祖
后妃	姜氏	曾用年号	无

苻洪，字广世，本名蒲洪，略阳临渭人，氐族，部落小帅蒲怀归之子，十六国时期前秦的奠基者。

苻洪心地善良，谋略过人，机敏善变，威武勇猛，擅长骑射，先后归附前赵、后赵。后赵发生内乱时，他乘机拉拢一班人马，自立盟主，图霸中原，后不幸被叛将麻秋毒杀，终年66岁。其子苻健继承遗志，登基称帝，追谥他为惠武皇帝，庙号太祖。

忍辱负重　蓄势待发

苻洪的祖先世代为部落酋长，在家庭的影响下，他自小便练就了一身骑马射箭的好本领。同时，他性格豪爽，且长于权变，谋略过人，威武勇猛，深受人们的尊敬和爱戴。西晋永嘉年间，全国一片混乱，各路诸侯纷纷称王称霸。西晋永嘉四年，前赵王刘聪派使者任命苻洪为平远将军，苻洪没有接受，而是自称护氐校尉、秦州刺史、略阳公。他看准永嘉之乱的时机，也想干一番大事业，于是以重金笼络了一大批贤能人才，并联合同族蒲光、蒲突等人，患难与共。不久，苻洪被拥立为盟主。

苻洪虽然当了盟主，但真正掌权的是比他更有实力的蒲光、蒲突。刘曜在长安称帝，建立前赵后，苻洪受蒲光等人逼迫，不得已投靠刘曜，被封为率义侯。后来，刘曜被后赵石勒所杀，苻洪带着自己的旧部跑到了陇山（又名六盘山，位于宁夏南部）。

然而，苻洪在陇山还没有站稳脚跟，便被后赵石虎盯上了。东晋咸和三年，石虎集结大军准备攻打苻洪，苻洪深知自己与石虎实力悬殊，根本没有还手之力，只得主动向石虎投降。石虎上表举荐苻洪为冠军将军，让他管理西部事务。

东晋咸和八年八月，后赵明帝石勒去世，石虎拥立石勒的儿子石弘继位，自封为丞相、魏王，把持朝政。苻洪不久后自称雍州刺史，投靠前凉君主张骏。石虎派兵讨伐苻洪，苻洪率2万户再次向石虎投降，被任命为光烈将军、护氐校尉。

苻洪到达长安后，向石虎建议说："关中豪杰很多，又有氐、羌等少数民族，如果让他们长期留在原住地，时间久了，恐生祸乱。不如将他们都迁到关东去，那里人烟稀少，刚好可以得到充实。"石虎觉得这个主意不错，便说："那里都是你的属民，这事由你出面最好。"苻洪自然求之不得。很快，石虎将秦、雍等地的士兵以及羌、氐等少数民族10余万户迁到关东，苻洪则被任命为龙骧将军、流民都督（一作流人都督），负责管理新迁的居民。

东晋咸康四年五月，苻洪因功被封为使持节、都督六夷诸军、冠军大将军、西平郡公。石虎的养子冉闵认为苻洪能力出众，又拥有数万强兵，对后赵是个严重的威胁，劝石虎秘密除掉苻洪。但石虎想利用苻洪为自己攻城略地，所以给予苻洪更为优厚的待遇。

东晋永和五年，石虎登基称帝。苻洪被任命为车骑大将军，开府仪同三司，都督雍、秦州诸军事，雍州刺史，晋封略阳郡公。这年四月，石虎驾崩，其子石世继位。仅仅过了一个月，石虎第九子石遵便废黜并杀害石世，篡位称帝。冉闵又对他说："苻洪心机颇重，善于收买人心，况且那里大多是他的族人，如果让他长期镇守关东，天长日久，恐会生变。"石遵听后，立即撤掉了苻洪的都督职务。

苻洪心中不服，于东晋永和六年投靠东晋。晋穆帝司马聃封他为征北大将军、冀州刺史、广川郡公。

壮志未酬　中毒身亡

没过多长时间，苻洪的手下劝他称王。苻洪也正有此意，于是脱离东晋，自称大将军、大单于、三秦王。

有一天，苻洪和博士胡文闲聊说："以我现在的实力，率 10 万精兵，占据有利地形，可以轻而易举地消灭冉闵、慕容儁、姚襄父子。我取天下，要比汉高皇帝刘邦得天下还容易。"胡文点头称是。

这次谈话过后，苻洪开始筹备消灭冉闵、慕容儁等的军事行动，然而，军师麻秋平时对他多有不满，乘一次酒宴之机对其下毒。苻洪不幸中毒，临死前他对儿子们说："你们几个都没有夺取中原的能力，当务之急是立即占据关中。"说完气绝身亡。

景明帝苻健

苻健档案

生卒年	317—355 年	在位时间	351—355 年
父亲	惠武皇帝苻洪	谥号	景明皇帝
母亲	姜氏	庙号	世宗
后妃	强皇后、韩昭仪	曾用年号	皇始

苻健，又名苻罴，字建业（又作世建），氐族，略阳临渭人，苻洪第三子。

东晋永和六年，苻洪去世，苻健继位，统领部众成功入关，定都长安。次年，自称天王，建立前秦，年号皇始。皇始二年（352 年），苻健在太极前殿即皇帝位。

苻健在位期间，多次用兵，征服反抗前秦的关内势力，后又打败北伐的晋军。

皇始五年（355 年），苻健驾崩，终年 39 岁，谥号景明皇帝，庙号世宗（后改为高祖），葬于原陵。

巧施计谋　轻取长安

苻健是氐族首领苻洪第三子，生母为姜氏。据说，姜氏当初梦见一头大熊而怀孕，后来生下一个儿子，即苻健。苻健很小的时候就喜欢看父亲骑马射箭，苻洪也早早地教他练习武艺，到青年时，苻健已经成为一个骑马射箭的高手。同时，苻健勇猛果敢，善于察言观色，不仅苻洪夫妇喜欢他，就连一向高傲的石虎父子也对他喜爱有加。

东晋永和六年，苻洪被害身亡。苻健去掉秦王称号，再次向东晋称臣，接受东晋所封的征西大将军、都督关中诸军事、雍州刺史等官爵。

尽管向东晋称臣，苻健仍时刻牢记父亲的遗言，伺机占据关中。当时后赵大将杜洪镇守长安，要想夺取关中，必须过的第一关便是杜洪。为了麻痹对手，苻健让工匠将宫室重新修整一番，并让老百姓努力耕田，给人一种安于现状的感觉。杜洪果然上当，认为苻健无意西去，渐渐放松了警惕。

苻健见时机成熟，便率领大军悄悄出发，来到孟津。在渡过黄河之前，苻健命令弟弟苻雄和侄子苻菁分别从潼关和轵关进攻。他拉着苻菁的手，语重心长地说："这一仗至关重要，你从轵关进入河东，只准胜不许败。一旦失败，则全军覆没，我们叔侄也只有黄泉相见了。"苻菁说："叔叔尽管放心，我尽力就是。"然后头也不回地过了浮桥。苻健则亲率大军随苻雄之后渡过黄河，并焚烧浮桥，意在死战。杜洪派征虏将军张先率1.3万人马迎战，双方在潼关北面大战，张先被打得狼狈而逃。苻健长驱直入，轻而易举地攻占了长安，赶跑了杜洪。

登基称帝　病重而逝

占据关中后，以军师、将军贾玄硕为首的大臣们，联名上奏苻健，请求他恢复大单于、秦王的称号。但是，苻健没有同意，反而将他们狠狠地训斥了一顿。冷静下来后，他心里很后悔对大臣们的粗鲁，也不愿错过大好时机，于是派人找到贾玄硕等人，暗示他们再一次上表。贾玄硕一点就通，马上把那些大臣重新聚合起来，将原来的奏表重抄一份，再次送到苻健手中。东晋永和七年，苻健自称天王、大单于，国号大秦，年号皇始。到第二年，他嫌"王"的称呼太低，于是改称为

"帝"，并在太极前殿举行了隆重的皇帝登基仪式。

这一年，东晋梁州刺史司马勋讨伐前秦，苻健率兵在五丈原击退了司马勋。司马勋败归汉中后，雍州刺史杜洪被部将张琚所杀。不久，苻健率领2万人马攻灭张琚，又派苻雄、苻菁率兵攻占关东，援助后赵豫州刺史张遇，打败东晋将领谢尚，虏获张遇及其部众返回长安，授张遇为司空、豫州刺史，镇守许昌。后张遇谋反事败，雍州孔特等人也举兵反抗前秦，但最终都被苻健派兵平定。

皇始三年（353年）九月，苻雄派苻菁攻占了上洛郡，在丰阳县设立荆州，以吸引南方的铜、弓竿、漆蜡等奇货，并开放边境市场，招引远方商贩，从而使国家用度充足，财货盈积。

皇始四年（354年），东晋桓温北伐，亲率主力军自武关直取长安，另派梁州刺史司马勋进攻陇西。苻健派太子苻苌率苻雄、苻菁等领兵5万迎战。桓温初战告捷，进至长安东南附近的灞上，苻健率弱兵6000人固守长安小城，同时派3万精锐抵御桓温。长安附近郡县大多数投降了桓温。苻健另派苻雄率领7000名骑兵，在白鹿原击败桓温的军队，又在子午谷打败司马勋。由于苻健比桓温先一步收取熟麦，坚壁清野，导致桓温的军队严重缺粮，不得不退兵，苻健乘势追击，大败晋军。而太子苻苌在追击桓温时受了伤，同年不幸伤重而逝。

苻健在位期间，勤于政事，多次召见公卿谈论治国之道。他崇尚儒学，减免租税，缓和了关中汉胡之间的矛盾，使政权渐趋稳固。而且他一改后赵时苛刻奢侈之风，改以薄赋节俭，深得老百姓的赞许和拥戴。

皇始五年（355年），苻健立淮南王苻生为太子，任命司空、平昌王苻菁为太尉，尚书令王堕继任司空，司隶校尉梁楞继任尚书令。

同年，苻健突然身染重病，卧床不起。这时，一直鞍前马后追随苻健的苻菁产生了篡权的想法，遂带领一班兵士气势汹汹地闯进东宫，想要杀死太子苻生。当时苻生正在东掖门内侍候苻健，苻菁找遍整个东宫，却不见苻生的影子。他以为苻健已死，又带兵向东掖门进攻。苻健躺在病榻上，听到外面一片混乱之声，预感要发生大事，勉强挣扎着起了床，登上端门，指挥禁军抵抗。那些受到苻菁煽动的士兵看到皇帝的身影，顿时吓得四散逃跑，只剩下苻菁一人，不得不束手就擒。

苻健一怒之下，下令处死苻菁，不久驾崩。

厉王苻生

苻生档案

生卒年	335—357 年	在位时间	355—357 年
父亲	景明帝苻健	谥号	厉王
母亲	强皇后	庙号	无
后妃	梁皇后	曾用年号	寿光

苻生，字长生，略阳临渭人，氐族，前秦景明帝苻健第三子。

苻生自幼独眼，却又桀骜不驯，曾经口出狂言惹怒祖父苻洪，苻洪命苻健杀了苻生，因苻雄极力劝阻才逃过一劫。苻生虽然残疾，但却力大无穷，且精于骑射，武艺超群。

皇始五年，苻生被立为太子。同年六月，苻健驾崩，苻生继位，改元寿光。

苻生在位期间，暴虐至极，杀人无数，甚至连顾命大臣也无一幸免，致使朝臣人人自危。后来，苻生欲杀兄弟苻坚，反被苻坚先发制人杀死，终年 23 岁，谥号厉王。

天生怪才　即位称帝

苻生先天残疾，又暴戾顽劣，祖父苻洪很不喜欢他。据说，苻生为孩童时，苻洪曾当着他的面嘲弄他，故意问侍者道："我听说盲人只能一只眼流泪，是不是真的？"侍者回答说确实是这样。苻生被当面揭短，不由得恼羞成怒，当即拿出佩刀刺向自己的身体，鲜血顿时流了出来。这时，他愤怒地说："这难道不算是另一只眼睛流的眼泪吗？"苻洪见状非常惊骇，拿起鞭子使劲抽打苻生。苻生却说："我连用刀扎身子都不怕，还会怕鞭子抽打吗？"苻洪恐吓他说："你再这样下去，不知悔改，我就把你贬为奴隶。"苻生仍然与祖父斗嘴说："那岂不是跟石勒一样了？"苻洪听了更为惊骇，忙赤着脚走上前去捂住苻生的嘴，然后对苻生的父亲苻健说："这孩子性情暴戾，必须尽早除掉他，否则，等他长大后必定会祸害家人。"苻健便想杀掉苻生，但苻健的弟弟苻雄却极力劝阻道："这孩子还年幼不懂事，等他长大后自然会慢慢学好，何必要杀了自己的亲骨肉呢！"苻生这才逃过了一场杀身之祸。

苻生长大后，身材雄健威猛，力大无穷，而且好斗嗜杀，能赤手空拳与猛兽搏斗，无论骑马射箭还是搏击刺杀，都无人能比。

东晋永和七年（前秦皇始元年，351年），苻健自称天王、大单于，建立前秦政权。苻生被封为淮南王。

皇始四年，东晋桓温攻打前秦时，苻生单枪匹马冲入敌阵，先后斩将夺旗10多次，令晋军闻风丧胆。太子苻苌因为在桓温入关时不幸中了流矢，不久伤重去世。当时民间流传着一句谶语："三羊五眼。"苻健认为这个谶语会应验在苻生身上，于是在皇始五年立苻生为太子。

同年六月，苻健身患重病，苻健的侄子平昌王苻菁阴谋篡权自立，带兵闯进东宫想要杀死苻生。苻生当时正在苻健宫中侍疾，苻菁以为苻健已死，遂带兵进攻东掖门，并以太子暴虐、不堪为君为由煽惑军心。苻健勉强抱病出宫，登上端门，指挥禁军抵抗。苻菁部众见皇帝还活着，吓得丢下兵器四散奔逃，苻菁被杀。

之后苻健病情加剧，临终前任命大司马、武都王苻安为都督中外诸军事，太师鱼遵、丞相雷弱儿、太傅毛贵、司空王堕、尚书令梁楞、尚书左仆射梁安、尚书右仆射段纯及吏部尚书辛牢8人为顾命大臣，辅佐朝政。考虑到苻生为人凶暴又嗜酒，苻健担心他不能保全家业，使大臣有机可乘，便叮嘱苻生说："六夷酋长将帅以及掌权的大臣，如果不听从你的命令，就应该逐渐把他们除掉。"

苻健去世当天，苻生继位，改元寿光，尊生母强氏为皇太后，立梁氏为皇后。大臣们进谏说："先帝刚晏驾，不应当日改元。"苻生闻言大怒，斥退群臣后，令嬖臣追查。最后查出主议此事的是尚书右仆射段纯，于是下令将段纯处死。

杀人取乐　心理变态

继位后的苻生可以说是杀人成性。大将强怀在与桓温作战时牺牲，他的儿子强延还没来得及受封，苻健就驾崩了。强怀之妻樊氏在苻生出游时，身穿孝服跪在道路旁边，为儿子请封，但苻生不仅没有答应，还把樊氏怒骂了一顿。樊氏不肯放弃，仍跪在地上哭着为儿子请封，苻生大怒，当即用箭将樊氏射死。

苻生每次上朝，身上总带着斧子、锤子、钢锯、凿子，且弓箭拉紧，佩剑出鞘，看哪位大臣稍不顺眼，就会顺手抄起身边的家伙杀掉对方。如果有哪位大臣胆敢劝谏，苻生便瞪圆眼睛，大喝一声："包庇罪犯，与之同罪，杀！"如果哪位大臣想要升官发财，绞尽脑汁地奉承几句，他非但不予以嘉奖，反而呵斥道："企图迷惑皇上，让朕变成昏君，杀！"就连他的妻妾也天天活在恐惧之中，稍有过错就会被杀掉，然后扔进渭水之中。

苻生曾征调三辅百姓在农忙时修建渭桥。金紫光禄大夫程肱劝谏说："现在正是农忙季节，修桥恐有害农时，不应在此时劳民。"苻生闻言大怒，立即将程肱斩首。没过多久，有树木被大风连根拔起，路上的行人也被大风刮倒在地。宫中传出谣言说有盗贼侵入，宫中之人吓得连白天也紧闭宫门。没过几天，苻生就把传播谣言的人挖心剖胃。

左光禄大夫强平是强太后的亲兄弟、苻生的亲舅舅，他对苻生的滥杀行为实在看不过眼，便进殿劝谏苻生，但还没等他把话说完，苻生便下令用凿子凿穿他的头顶。卫将军、广平王苻黄眉，前将军、新兴王苻飞，建节将军邓羌等人当时都在场，急忙叩头劝谏，但苻生根本听不进去，催促左右行刑，强平被凿得头颅迸裂，当场毙命。而劝谏的大臣也受到了处罚，其中，苻黄眉被贬为左冯翊，苻飞被贬为右扶风，邓羌被降为咸阳太守。后来，苻黄眉作战立了大功，苻生不仅不封赏，反而经常当众侮辱他。苻黄眉忍无可忍，图谋杀苻生自立，事败被诛杀。强太后也因兄弟强平之死，忧郁成疾，绝食而亡。

据说有一次，苻生与爱妾登楼远望，恰巧素有美男子之称的尚书仆射贾玄石在楼下，苻生的爱妾就指着贾玄石，向苻生打听贾玄石的官职姓名。苻生心生妒意，回过头来问道："你不会是看上此人了吧？"说完解下腰间佩剑交给卫士，令他取来贾玄石的首级。不一会儿，卫士就到楼下割取了贾玄石的首级，上楼复命。苻生将贾玄石的头递到爱妾手中，说道："你喜欢他，朕就把他送给你吧。"其妾惊悔交加，慌忙匍匐在地上请罪。

苻生曾梦见大鱼食蒲，以为不祥，又听到长安有歌谣说："东海有鱼化为龙，男便为王女为公，问在何所洛门东。"当时苻生的堂弟、东海王苻坚就住在洛门东，这些民谣其实是指向苻坚的。但苻生却怀疑到了广宁公鱼遵身上，于是下令杀死鱼遵，鱼遵的7个儿子和10个孙子也全部被处死。

更骇人听闻的是，苻生喜欢活剥牛羊驴马的皮，看它们被剥皮之后在宫殿里奔跑。他还经常让人从监狱里提出犯人到宫中，剥掉脸皮，强迫他们跳舞，和群臣一边喝酒一边欣赏。面对血淋淋的场景，大臣们都不忍直视，而苻生却一边看一边大笑，其心理扭曲程度可见一斑。

痴迷酒色　草菅人命

苻生不但为人残暴，而且嗜酒如命，每天都喝得酩酊大醉。寿光二年（356年），苻生在太极殿大摆酒宴，命令尚书令辛牢负责斟酒。席间，他忽然站起身来，斥责辛牢道："为何斟酒这么不尽职，还有这么多人都坐着？"还没等辛劳弄明白他的意思，他便拉弓搭箭，把辛牢射死了。大臣们见状，一个个吓得面无血色，急忙将酒一饮而尽，直喝得大家瘫倒在地，苻生才算满意。

苻生的暴行激起了众人极大的愤怒，中书监胡文、中书令王鱼想了一个主意，委婉地劝谏苻生说："臣夜观天象，发现近来频出客星，以此推测，三年之内，国家必定灾难降临。倘若陛下能够修德，不再滥杀无辜，体恤民情，则灾难可除矣。"他们本来是一番好意，苻生却误以为大臣对皇位有非分之想，就说："无妨，朕君临天下，足以应对灾难。至于那些大臣，不过是受遗命辅政的太傅毛贵、尚书令梁楞、左仆射梁安几个人罢了，现在把他们杀了就行了。"胡文和王鱼以为苻生只是随口说说而已，并没有在意。几天后，苻生竟手持利刃来到中宫，梁皇后慌忙起身相迎，但她还没有开口说话，苻生就一刀将她刺死。随后，苻生又传谕拘捕了毛贵、梁楞、梁安等人，不加审问，就把他们斩首。就这样，梁皇后和三位朝廷重臣稀里糊涂地做了冤死鬼。苻生还下令杀死丞相雷弱儿一家30多口。

眼见苻生以莫须有的罪名几乎将宗室、朝臣及其家族一半诛杀，文武百官整天生活在惊恐之中，真正品尝到了伴君如伴虎的滋味。为了保命，大臣们纷纷托病辞官还乡。

人心尽失　死于宫变

寿光三年（357年）六月，太史令康权上奏说天有异象，恐怕会有臣下犯上谋逆。苻生听了，怒骂康权编造妖言，立即命人杀死了康权。

苻生的堂弟、东海王苻坚智勇双全，胸有大志，而且广交当世豪杰，在朝野有着很高的威望。御史大夫梁平老等人见苻生残暴失德，便劝苻坚及其兄长苻法篡位。苻坚不敢贸然行动，暗中进行着兵变的准备工作。

这年六月的一个深夜，苻生临睡前突然对侍寝的宫女说："苻法和苻坚兄弟实在不可靠，明天朕就除掉他们。"这个宫女早就对苻生深恶痛绝，期盼苻坚兄弟能够杀掉苻生，为民除害。等苻生熟睡以后，她悄悄溜出皇宫，到苻法家中告密。苻法听后大吃一惊，急忙叫醒苻坚商量此事。他们当机立断，决定提前动手。苻法带领几百名大力士潜入云龙门，苻坚则率领300多名兵士紧随其后。卫兵们也对苻生恨之入骨，主动打开宫门，加入苻坚的队伍。

苻生在睡梦中被士兵们的喧闹声吵醒，迷迷糊糊地问道："外面何事喧哗？"卫兵回答说："不过一些小蟊贼而已。"苻生又问："见了朕为何不磕头下拜？"跟随苻坚而来的士兵们都忍不住偷笑起来。苻生大怒，喝道："笑什么笑，再不下拜，明天一律斩首！"

苻坚命人把苻生从卧榻上拖下，拉到另一个房间关了起来，废其为越王。他本打算将帝位让给苻法，但苻法以自己是庶出为由，坚辞不受。在群臣的劝进下，苻坚正式即位，并自降号为天王，称"大秦天王"，改元永兴。

苻生被幽禁起来后，仍然每天饮酒作乐。苻坚即位后派人逼苻生自尽。苻生临死前饮酒数斗，醉得不省人事，被使者勒死。

宣昭帝苻坚

苻坚档案

生卒年	公元338—385年	在位时间	公元357—385年
父亲	东海王苻雄	谥号	宣昭皇帝
母亲	苟氏	庙号	世祖
后妃	苟皇后、张夫人、慕容氏等	曾用年号	永兴、甘露、建元

苻坚，小名坚头，字永固，又字文玉，氐族，略阳临渭人，前秦奠基者苻洪之孙，景明帝苻健之侄，东海王苻雄之子。

父亲苻雄去世后，苻坚承袭东海王，又被授封为龙骧将军。因苻生残暴失德，嗜杀成性，寿光三年，苻坚与庶兄苻法发动政变，废杀苻生。苻坚即位后，自称"大秦天王"，改元永兴。

苻坚在位前期，励精图治，重用汉人王猛，推行一系列政策，与民休息，鼓励农业生产，强国富民。之后，他多次出兵征伐，消灭多个独立政权，成功统一北方，并攻占了东晋的蜀地，与东晋形成南北对峙的局面。建元十九年（383年），苻坚不顾众臣劝阻，执意出兵伐晋，结果在淝水战败，前秦从此由盛转衰，国家陷入混乱之中，各民族纷纷叛变独立。

建元二十一年（385年），苻坚被羌人姚苌杀害，终年48岁，谥号宣昭皇帝，庙号世祖。

年少受宠　拨乱反正

苻坚天生具有贵相，据说他刚出生时，后背上写有"草付臣又土王咸阳"几个字，"草付"合起来就是"苻"字，"臣又土"则是"坚"字，于是，他的祖父苻洪为他取名苻坚。苻坚从小聪慧过人，深得苻洪喜爱，凡出行必把他带在身边。苻坚不但对长辈尊敬，对同伴也很友善，身边的人都很喜欢他。苻坚还非常善于模仿，七八岁时便将苻洪走路的姿势、说话的声音、接见大臣时的神态，以及批阅公文时的认真学得惟妙惟肖。苻洪见了非常高兴，对大臣们说："我这位孙子聪明绝顶，将来肯定大有出息。"

东晋永和二年，刚满9岁的苻坚突然向苻洪提出一个奇怪的请求，想要学习文化。苻洪听了甚是奇怪，说："我们是马背上的民族，从来讲究骑马射箭，喝酒吃肉，你为什么突然想起学习文化来了？"苻坚回答说："治理天下，不会读书写字怎么能行。"苻洪闻言大喜，立即请来一位老师教苻坚读书识字。苻坚认真学习，进步神速。

苻洪死后，苻坚的伯父苻健继位，于次年称天王，建立了前秦，后来又称帝。皇始四年，因父亲苻雄去世，苻坚承袭父爵为东海王，又被封为龙骧将军。次年，苻健病逝，传位于苻生。苻生是天下少有的暴君，杀人如麻。大臣们一个个噤若寒蝉，要么辞职还乡，要么暗中依附苻坚兄弟寻求庇护。苻坚和王猛、吕婆楼、强汪、梁平老、权翼等人暗中商议，准备杀掉苻生，自立为帝。

苻生也听到了一些风声，对苻坚起了警觉之心。寿光三年六月的一天夜里，苻坚、苻法兄弟得到宫女报信，说苻生第二天要杀他们，决定马上行动，遂兵分两路冲入苻生的宫殿，将他幽禁起来，废黜为越王。

随后，苻坚继位，自降号为"大秦天王"，改元永兴。尊母亲苟氏为皇太后，封妻子苟氏为皇后，立儿子苻宏为太子。后又派人杀了废帝苻生。

知人善用　强国安邦

苻坚即位后，制定了一套强国兴邦的计划，并将这一重任寄托在汉人王猛身上。

王猛自幼家贫，少年时便跟着别人去贩卖簸箕，生活十分艰辛。但是，他很有志气，爱书如命，熟背很多儒家的书籍及兵法，不仅开阔了视野，而且为他日后的发展奠定了基础。东晋大将桓温入关后，听说王猛很有才智，便召见他，许以高官厚禄。王猛听从老师的劝告，坚辞不受。

不久，苻坚也听说了王猛的大名，急忙派人去请。王猛看出苻坚是个干大事之人，只有跟着他才能施展自己的才华，两人一见如故，谈得非常投机。王猛对天下时局的分析，令苻坚心服口服。苻坚即位后，封王猛为中书侍郎。当时前秦国内有个地方名叫始平，豪强横行霸道，十分嚣张。苻生在位时对此视若无睹。苻坚即位后决定对始平进行整治，他认为王猛是最合适的人选，遂任命王猛为始平令，即刻赴任。

王猛上任后，命人用鞭子打死了一个作恶多端、引发民愤的官吏。始平是官匪勾结之地，豪强们对此非常愤怒，于是联名上书说王猛索贿受贿、滥用私刑、草菅人命。执法官受了豪强们的贿赂，不问青红皂白便将王猛抓了起来，关进监狱。

苻坚得知消息后大吃一惊，亲自到监狱里去探望王猛，并且不无责备地说："做官之人，应当把仁义放在首位，你刚刚上任就大开杀戒，难怪会引起民愤，以后还是收敛一点吧。"王猛却说："陛下有所不知，臣听说，对于安定的国家应该用礼来治理，而对于混乱的国家则必须依靠严格的法律。陛下正是看到臣奉公守法，才对臣委以重任。而臣既然受命于陛下，必当竭尽全力，剪除豪强，还民以公道。现在臣才杀了一个贪官，陛下就出面阻止，而那里还有不可胜数的豪强，让我怎么处置呢？如果陛下责怪臣办事不力，不能铲除贪官污吏，那么杀了我也不觉冤枉。可是，如果陛下说我残酷，那就是对我天大的冤枉了。"苻坚听了暗暗称赞,对随从说:"王猛是夷吾、子产一般的人物,刚直不阿。"随即命人将王猛放了,让他重返始平任官。这以后,王猛更将消灭豪强当成自己最大的任务。

有个豪强名叫樊世,仗着自己出身氏族显贵,飞扬跋扈,蛮横无理,一点也不把王猛放在眼里。他当着众人的面羞辱王猛说:"我们与先帝共同振兴前秦大业,辛苦耕耘。而你不过是一介书生,竟敢操纵国家大权,难道要我们去耕田种地来养活你吗?"王猛不卑不亢地回敬道:"让你种地算是优待了,依我之见,你只配去当屠夫。"樊世受此侮辱,非常气怒,对王猛破口大骂。王猛将此事告知苻坚,苻坚见樊世如此狂妄,当即下令把他斩首,以示警诫。

甘露元年(359年)八月,王猛决定惩治最为嚣张的豪强强德。强德是苻健皇后强氏的弟弟,他仗着自己皇亲国戚的身份,恣意妄为,引起了很大的民愤。有一天,王猛出行时恰巧看见强德在大街上欺负人,便停下车子,命令随从将强德捆绑起来,也不向苻坚请示,直接将他斩首示众,尸体扔到大街上任人践踏。之后,王猛趁热打铁,与中书丞邓羌在几十天内接连惩治了20多个豪强贵戚,起到了杀鸡儆猴的效果。那些平时蛮横惯了的豪强贵戚、不法分子看到连昔日红极一时的国舅爷都难逃法网,都变得老实起来,不敢再胡作非为,社会风气大为好转。苻坚非常高兴,颇有感触地说:"正是因为有了王猛,我才知道了天下有法的好处。"

随着社会风气越来越好,苻坚渐渐意识到应该以礼治国,于是开始制定各种条例,以奖励那些辛勤劳作的农民和尊老爱幼的孝子。他还大力提倡办学,积极培养人才。甘露四年(362年),苻坚诏令天下,让学识丰富的大儒到太学为学子讲课授业,他自己也经常抽空到太学给学子们授课,对学习优秀的学子予以重用,对学习差的学子则加以勉励。

在苻坚的治理下,前秦出现了兴盛的局面,起到了很好的连锁反应。匈奴左贤王卫辰、乌桓独孤、鲜卑没奕于先后投奔而来。苻坚对卫辰大加赏赐。但是,云中护军贾雍十分痛恨匈奴人,居然命令司马徐斌带领一队人马袭击卫辰。苻坚非常恼怒,让人将贾雍传进宫中,想要治他的罪。贾雍知道自己闯了大祸,急忙下跪磕头求情。苻坚顿生怜悯之心，命人将贾雍扶起，责备道："邦国前来投奔，这是好事，希望你能以国家大事为重，不计个人私利。否则，因为一点小事而怀恨在心，执意报仇，他们会怎样看待我！这样必会引起他们的怨恨，对国家极为不利。既然事情已经发生，造成的恶劣影响必须想办法挽回。解铃还须系铃人，你亲自跑一趟，将抢来的财物如数归还，并向卫辰赔礼道歉。"贾雍回到云中后，即以犯人的身份穿上白服，去向卫辰赔礼道歉，并取得了卫辰的原谅。

建元五年（369年），东晋大将桓温率领大军向前燕发起进攻。当桓温大军到达枋头时，前燕国君慕容暐自知不是桓温的对手，急忙派散骑侍郎乐嵩向前秦求助，表示愿意将虎牢以西的地盘划给前秦。苻坚召集大臣们商议此事，大臣们众说纷纭，有人建议不予理会，因为过去桓温出兵关中时，前燕却坐视不理；如今前燕面临危局，也是咎由自取。况且前燕一向自视甚高，不愿向前秦俯首称臣，前秦又何必多管闲事，不如坐山观虎斗。但王猛却力排众议，说道："前燕根本不是桓温的对手，此战必败。如果桓温占据山东，再进兵洛阳，出击渚、渑，将直接威胁到我们。依我之见，不如与前燕联合，击败桓温。等到桓温退兵，前燕的国力也消耗殆尽，那时我们再乘机消灭前燕，岂不更好？"苻坚非常赞同王猛的主张，于是派将军苟池、洛州刺史邓羌率领2万人马驰援前燕，击退了桓温。之后又按照王猛的计策，轻而易举地消灭了前燕，扩大了前秦的版图。

善于用兵　统一北方

苻坚上任之初，因为苻生暴政的影响，国力严重衰退，以至于被四方邻国鄙视。前凉国君张天锡派人通知苻坚两国断交，羌族人敛岐也带领略阳4000多户居民去投奔反复无常的陇西人李俨。苻坚心中明白，如果再不采取措施，前秦将消亡在自己手中。经过反复考虑，他决定对外发兵，以行威慑。经过充分准备，他派王猛、姜衡、姚苌等大将领兵征讨敛岐。敛岐手下的士兵大多是姚苌之父姚弋仲的旧部，见到姚苌到来，纷纷放下武器举手投降。于是，前秦不费吹灰之力就夺取了略阳。不久，又有张天锡派常据、张统率兵攻打李俨。李俨惧怕，急忙退到枹罕，并派人向前秦求救。苻坚早就痛恨张天锡，正想要讨伐他，遂派杨安、王抚统领2万骑兵，协助王猛，驰援李俨。王猛、杨安在枹罕城东打败常据，接着又在城下和张天锡展开了一场拉锯战。双方僵持数日，不分胜负。王猛担心时间久了对自己不利，于是心生一计，写信给张天锡："本人奉命援救李俨，与君交兵，实属无奈。倘若战争持续下去，势必两败俱伤。不如阁下撤兵，待我活捉李俨，我们各奔东西，岂不更好？"张天锡看后信以为真，对将士们说："我本次发兵的目的就是讨伐叛乱，并不想树敌太多，不能再与前秦发生战争。既然李俨有前秦处置，我们反而更省心了。"遂下令退兵。李俨被王猛带回长安后，受到苻坚的厚待，被封为归安侯。

这件事也使苻坚意识到张天锡目光短浅、害怕前秦，且易于控制。于是，他让王猛再给张天锡写信，威胁道："想当初凉国也算是兵强马壮，还曾分别向刘曜、石勒称臣，而现在的凉国，国力大不如从前，严重衰退，根本没有独立的资本。况且现在大秦国力强盛，远远超过前赵、后赵，你应该擦亮眼睛，认清形势，向我大秦俯首称臣。我大秦已经扫平关东，下一步将兵发河右（泛指黄河以西的地区），纵使你以举国之力，也难以阻挡。识时务者为俊杰，希望你能考虑清楚，尽快做出决断。如果一味执迷不悟，祖宗好不容易建立的基业恐将毁于你手。到那时，悔之晚矣！"此外，前秦还俘虏了凉国将领阴据及其部众5000余人，张天锡本来就忌惮前秦的势力，收到这封信后更加恐慌，也来不及和大臣们商量，便派人到前秦俯首称臣。就这样，苻坚不费吹灰之力就降伏了张天锡。

半年后，苻坚派李辩镇守枹罕，将凉州的政权所在地迁到金城。直到这时，张天锡才如梦初醒，明白了前秦兼并前凉的真正用意。他心中十分不服，便派从事中郎韩博给东晋大司马桓温写了一封信，表示愿意与东晋重修旧好，建立同盟关系，以寻求东晋的庇护。不料事情败露，苻坚恼怒万分。

建元十二年（376年），苻坚召集武卫将军苟苌、左将军毛盛、中书令梁熙、步兵校尉姚苌，对他们说："张天锡小人之心，不识好歹，明里向我大秦称臣，暗中却勾结东晋，实在让人无法容忍。今派诸位统领兵马到西河，再派尚书郎阎负、梁殊将张天锡诱到长安，如果他不愿来，你们可以果断出击。"

阎负、梁殊奉命到达姑臧时，张天锡心知大事不妙，急忙召集文武百官商议对策。禁中录事主张将张天锡之子送到长安当人质，待前秦撤兵后再慢慢想办法。但是，这一主张遭到其他大臣的一致反对，他们力主和前秦一战。张天锡也被大臣们激昂的情绪所感染，大喝道："胆敢再有言降者，立斩！"为了表示抗战的决心，他还将前秦使者阎负吊到军门上，命令士兵用箭将他射死。王统、李辩、梁熙等前秦将领听到这一消息，非常愤怒，立刻向姑臧发起进攻。结果，前凉军队不堪一击，死的死，逃的逃，投降、自杀的不计其数。张天锡无奈，只得出城投降。至此，凉国郡县全部归前秦所有。

消灭前凉后，苻坚的下一个目标便是拓跋部。鲜卑族拓跋部从沙漠以北迁到盛乐以后，于西晋建兴三年建立代国，占据了今内蒙古中部和山西北端的广大地区。此时，前燕、前凉均被消灭，为了将来兼并中原，一统天下，苻坚决定先消灭代国，派幽州刺史苻洛领兵10万向代国发起进攻。代国国力薄弱，双方刚刚交战，拓跋什翼犍便全线溃败，先后逃往弱水、阴山。这样一来，整个中国的北方，基本上都在苻坚的控制之下了。

讨伐东晋　淝水惨败

自统一北方后，苻坚渐渐变得骄傲自大，目空一切。建元十一年（375年），苻坚最倚重的谋臣王猛去世，临终前他劝苻坚不要对东晋有所图谋。然而，随着前秦的实力越来越强，苻坚渐渐把王猛的忠告抛诸脑后。

建元十八年（382年）十月，苻坚召集文武大臣，对他们说："我已经登基20多年了，经过多年的努力，平定了四方，只有东南一隅还在别人的控制之下。现在我们手中掌握着97万大军，兵强马壮，粮草丰足，朕有意御驾亲征，讨伐东晋，你们以为如何？"

苻坚话音刚落，秘书监朱肜便恭维说："陛下御驾亲征，执行天意，必定士气高涨，所向披靡，所到之处万众归心，就连东晋皇帝也会乖乖投降，否则，恐怕只有逃到江海里死掉了。"苻坚哈哈大笑道："这正是朕想要的结果。"但是，尚书左仆射权翼却反对出兵，他说："东晋虽然衰弱，但国君还不至于昏聩，也没有到罪大恶极的地步，君臣和睦，上下一心，朝中有谢安、桓冲等众多江南豪杰辅助。依臣之见，现在还不到对东晋用兵的时机。"由于参加讨论的大臣们意见不统一，大家争论了好久也没有得出一个结果。

苻坚自己也拿不定主意，只好宣布退朝，并让弟弟苻融留下来。他对苻融说："自古以来，朝中大事只要一两个人决定即可，大臣们吵吵嚷嚷只会扰乱人心。依你之见，该不该出兵？"苻融其实也不赞成出兵，所以刚才讨论时一直沉默不语，现在见苻坚询问自己的意见，他便直言不讳地说："以目前的形势，出兵有三大困难：第一，从天象来看，天意不顺；第二，东晋没有对我们出兵，我们蓄意挑起事端，师出无名，会失去人心；第三，我军连年征战，伤亡惨重，国力衰退，将士们已经厌烦了打仗，一旦出兵，民心向背可知。众臣劝陛下不要出兵，都是出于一片忠心，希望陛下能够采纳他们的意见……"苻坚听着苻融的话，脸色也变得越来越难看，他气呼呼地说："我只当那些大臣鼠目寸光，想不到你也是如此，实在让我失望至极。我虽然算不上雄才大略，但也绝对不是无能之人，讨伐一个行将灭亡的东晋，岂有失败之理？"

除了苻融以外，苻坚的宠妃张夫人，以及苻坚最喜爱的小儿子中山公苻诜，也力劝苻坚不要出兵，但是苻坚主意已决。

当时朝中唯一同意苻坚出兵的，是从前燕投奔而来的将军慕容垂。他对苻坚说："自古以来，弱并于强，小并于大，这是很自然的事情，没有什么可以违背这个规律。陛下威名千里，又有百万雄师，满朝良将，小小一个盘踞江南的东晋又能算得了什么？古人说得好，参谋者越多，主意就越不好拿定。像这种大事，有陛下一人就足够了，何必还要征求大臣们的意见呢。想当初晋武帝平吴，依靠的不过是张华、杜预等三两个大臣罢了。如果听从朝中众臣的意见,又怎能统一天下?"苻坚听了非常高兴,不住地点头,最后说道:"满朝之中,只有爱卿最知我心!"为此,他特意赏赐慕容垂500匹帛。

经过将近一年的准备,苻坚亲自率领步兵60万、骑兵27万,浩浩荡荡开往长安。由于兵马太多,队伍拉得太长,行动非常缓慢,当苻坚的先头部队到达项城时,凉州的兵马才走到咸阳,幽、冀两州的军队则刚刚到达彭城。

大将军苻融率兵攻取寿阳后,又向硖石进发。通过对战俘的审讯,苻融得知防守硖石的胡彬军粮短缺、士气低落,马上将这个重要情报告知苻坚。苻坚遂起了速胜之心,认为硖石乃至东晋唾手可得,于是仅率8000名轻骑星夜兼程赶往寿阳。

到达寿阳后,苻坚派尚书朱序联络东晋守军,劝他们赶快投降。朱序本是东晋大将,不得已投降了苻坚,内心对东晋仍有感情。他见到晋军主帅谢石、谢玄后,献计说:"如果等到苻坚的百万大军全部到达,想要取胜难上加难,不如趁他们后续部队还没有到达,主动出击。只要打败了苻坚的先锋部队,挫了他的锐气,秦军士气便会一落千丈,到时就可以将他们一举歼灭。"谢石本来还对苻坚的百万大军心生怯意,听了朱序的话,他顿时信心倍增,下令水陆两军相继进发,与前秦军队隔淝水对峙。

苻坚在苻融的带领下,登上寿阳城楼向晋军眺望,远远看到东晋军队阵容整齐,心中暗暗吃惊,双眼也不觉模糊起来,将八公山的草木也都当成了东晋的士兵。他回头对苻融说:"真想不到东晋还有这么多的精兵!"他把队伍拉到淝水岸边,做好随时出击的准备。东晋将领谢玄隔岸看到秦军壁垒森严,知道按正常的打法很难取胜,便使了一计,派人对苻坚说:"贵军远道而来,志在必得,宜速战速决。既然我们都想打胜仗,那么就请你的部队后退一步,让我的部队过了淝水,再决一雌雄,岂不更好?"

前秦将领都不愿让晋军渡过淝水,劝苻坚道:"敌寡我众,应当堵住他们,绝不能让他们渡过淝水。"苻坚却认为不妨先撤军,等东晋军队刚刚渡过淝水立足未稳之际,马上进行反击,必能取胜,于是下令部队后撤。然而，出乎他意料的是，部队一撤退就陷入混乱之中，一发不可收拾。朱序趁机在后面高喊："晋军攻过来了，秦军败了，大家快快逃命去吧！"将士们信以为真，四下奔走逃命，任凭苻坚、苻融喊破了嗓子也没有用。

东晋军队抓住这一有利时机，迅速渡过淝水，向秦军发起猛烈攻击。苻融飞身上马，努力阻止部队后撤，不料战马跌倒，将他摔了下来，被追上来的晋军杀死。秦军看到主将已死，更加慌乱，一个个如惊弓之鸟，抱头鼠窜。在逃跑的过程中，秦军自相践踏，尸横遍野，折损兵力十之七八。苻坚也身中流矢，单骑逃到了淮北。至此，这场声势浩大的征战以失败而告终。

一意孤行　下场可悲

苻坚逃到淮北时饥饿难忍，有平民主动送给他一盆水泡饭和一只小猪肘子。他狼吞虎咽地吃完后，才想起问送饭者的姓名，但对方却不肯说。为了表示感谢，苻坚赏赐给他财物，也遭到了拒绝。那人还不冷不热地说："陛下放着安稳的日子不过，为什么非要兴兵打仗呢？现在到了这种地步，又能怨得了谁？我乃陛下子民，陛下又是臣民的父母，天下哪有儿子孝敬父亲还要求回报的？"说完转身走了。

这时，前秦的各路人马都已溃败，唯有慕容垂率领的3万人马没有损失。苻坚听说后，在淮北休息了几天，便带着1000多名骑兵找到慕容垂。慕容垂的儿子慕容宝和弟弟慕容德都劝慕容垂趁机杀掉苻坚，但慕容垂认为时机未到，仍然把手下的军队交给苻坚统领。

从淮北返回长安的路上，慕容垂一直在寻找脱离苻坚的机会。队伍走到渑池时，他已经有了一个完整的计划，于是对苻坚说："北部有许多地方将领听说我们出师不利，都蠢蠢欲动，请陛下容许我去安抚他们，并顺便瞻仰一下祖父的陵庙。"苻坚已经被淝水之战搞得焦头烂额，也没有心思多想，便答应了慕容垂的要求。随行的权翼则劝道："慕容垂是个野心家，当初之所以投靠大秦，完全是为了躲避灾难。这种人就像是天上的夜鹰，饿了就想找个主人吃饭，可等饭吃饱了，又想反咬一口，其用心之险恶，难以预料。陛下应该及时将他关进笼子里，不能轻易放飞。"苻坚说："爱卿所言极是，但是覆水难收，我已经答应他了，又怎好食言呢？"权翼听了气愤难耐，说道："陛下不听劝阻，不顾江山，只讲信用，慕容垂这一走，肯定不会回来了，关东从此不会太平了！"苻坚仍然听不进去，让将军李蛮、闵亮、尹固送慕容垂离开了渑池。事情的发展果然如权翼所料，慕容垂走后便再也没有回来，很快与前秦分道扬镳，建立了后燕政权。

建元二十年（384年）四月，原前燕国君慕容暐的弟弟慕容泓听说慕容垂自立为王，便拉了几千鲜卑人举兵反对苻坚。苻坚再次轻敌，派将军强永带兵前去平叛，但却被慕容泓打败。直到这时，苻坚才品尝到了被背叛的苦果，心中悲伤至极，十分内疚地对权翼说："都怪我不听你的劝阻，致使鲜卑到了如此猖狂的地步。"说着，他长叹一声，又问道："我现在已经不想和慕容垂争关东了，但是对慕容泓，我们又该如何？"

经过商议，苻坚派儿子苻睿率领5万人马前往华阴讨伐慕容泓。然而，苻睿自以为是、麻痹轻敌，而且不听从随军将领姚苌的劝告，结果也被慕容泓打败，殒命沙场。姚苌觉得自己对于这次失败有着不可推卸的责任，无颜面见苻坚，便派参军赵都去求情道歉。苻坚因为儿子身亡，正窝了一肚子火，看到赵都后气不打一处来，当即命人将赵都推出去斩首。消息传到姚苌耳中，他惊怒之下，决定与苻坚分道扬镳。

一波未平一波又起，苻坚还没有从丧子的悲痛中走出来，慕容泓的兵力又迅速发展壮大，达到10多万人。他派人给苻坚送来一封信，说："秦国无道，灭了我的国家，现在你的军队在淝水大败，也算是老天爷有眼了。现在慕容垂已经夺取关东，希望你有自知之明，赶快把燕国的皇帝、宗室、功臣给我送来。"苻坚看信后气得暴跳如雷，却又无可奈何。

不久，慕容泓集结兵力，向长安进发，准备攻打苻坚，不料在路上被下属高盖等人杀害。之后，高盖等人拥立慕容泓的弟弟慕容冲为皇太弟。前燕灭亡时，慕容冲尚年少，与慕容泓以及鲜卑慕容部落的民众一起被迁往关中。慕容冲长相俊美，苻坚见到他后，将他及其姐姐清河公主一起收入后宫伺候自己。后来在王猛的极力劝谏下，苻坚才把慕容冲外放到大州当刺史。慕容泓起兵后，慕容冲也跟着起兵响应。现在慕容泓被杀，慕容冲便率领大军继续进逼长安。

苻坚站在长安城头，远远看见慕容冲大军浩浩荡荡，旌旗招展，心里非常害怕。但他仍极力掩饰内心的恐惧，指着慕容冲大骂道："尔等一群乌合之众，只配放牛牧羊，偏偏要来送死！"慕容冲站在城楼下，回骂道："乌合之众又怎么了？今天定拿你狗头一雪前耻。"苻坚见慕容冲口气强硬，忙派人给慕容冲送去一件锦袍，向他示好。但慕容冲要的可不是锦袍，而是苻坚的皇位。苻坚气得咬牙切齿，却又追悔莫及，顿足道："当初如果听了王猛、苻融的话，怎会落到今天这个地步！"

建元二十一年一月，慕容冲向长安城发起进攻，但被苻坚打败。苻坚将慕容冲追赶至阿房城，众将力劝他乘胜追击，攻入阿房城内。苻坚却害怕中了埋伏，下令撤回长安，只留下儿子苻晖和慕容冲交战。而苻晖根本不是慕容冲的对手，多次战败，被打得丢盔卸甲。

就在这时，长安城内传出谣言："坚入五将山长得。"苻坚本来很讨厌这类歌谣，但是，接二连三的失败又使他不得不信，他对太子苻宏说："苍天有意给我指出一条明路，要我到五将山暂避一时，长安城就交给你来看守。"然而，他带领张夫人和一个儿子、两个女儿刚刚进入五将山，便被姚苌包围。随从士兵见形势不妙，纷纷四散逃命。苻坚预感到自己在劫难逃，反而镇定下来。过了一会儿，姚苌的部下吴忠赶过来，将苻坚等人押送到新城，关在一座寺庙里。

姚苌向苻坚索要玉玺，苻坚双目圆睁，破口大骂道："你个不知天高地厚的东西，竟然也妄想称帝，真是青天白日做千秋大梦。玉玺已经送给了东晋，有本事向他们要去！"姚苌听了也不生气，依然劝苻坚将帝位让给自己，仍然遭到拒绝。姚苌忍无可忍，命人将苻坚杀死。

哀平帝苻丕

苻丕档案

生卒年	354—386年	在位时间	385—386年
父亲	宣昭帝苻坚	谥号	哀平皇帝
母亲	不详	庙号	无
后妃	杨皇后	曾用年号	太安

苻丕,字永叔(又作永叙),氐族,略阳临渭人,前秦宣昭帝苻坚庶长子。

苻坚称天王后,苻丕被封为长乐公,后任雍州刺史、使持节、征东将军、都督关东诸军事、征东大将军、冀州牧,镇守邺城。

建元二十一年,苻坚被杀后,苻丕继位,大赦境内,改元太安,设置百官。

太安二年(386年),苻丕因猜忌苻纂,率几千骑兵南奔东垣,被东晋扬威将军冯该击杀,终年33岁,谥号哀平皇帝。

继位晋阳 逃亡遇害

苻丕自幼聪明伶俐,而且勤奋好学,博览经史。苻坚经常与他谈论用兵之道,并让邓羌教授他兵法。苻丕的文韬武略虽然不及叔父苻融,但他统领军队时善于收服人心，将士们都甘心为他效力。建元四年（368年），雍州刺史苻武起兵叛乱，苻坚平定叛乱之后，任命苻丕为雍州刺史。建元七年（371年），苻丕被任命为持使节、征东将军。建元十四年（378年），苻坚命苻丕与武卫将军苟苌、尚书慕容暐等率领7万人马进攻东晋的襄阳，两年后，苻丕等人终于攻下襄阳。建元十六年（380年），苻丕被任命为都督关东诸军事、征东大将军、冀州牧，镇守邺城。

建元二十一年，苻坚被姚苌围捕，押往新城，关进一座寺庙，不久被杀。此时太子苻宏因为长安无法防守，想到不久就会被攻破，于是放弃长安，投奔东晋。幽州刺史王永等人得知消息，急忙率兵赶赴晋阳，拥立苻丕继承帝位，改元太安。

大臣们本来因为苻坚之死而深感绝望，现在有了一位新的皇帝，他们心里终于安定下来。就连已经投降慕容垂的苻定、苻绍、苻谟、苻亮，也先后回来向苻丕请罪。国难当头，正是用人之际，苻丕不计前嫌，对他们重新封官加爵，加以重用。苻坚的尚书令、魏昌公苻纂也率领人马从关中前来投奔苻丕，被任命为太尉，晋封东海王。

太安二年（386年）六月，苻丕任命王永为左丞相，苻纂为大司马，张蚝为太尉，王腾为骠骑大将军、仪同三司，徐义为司空，苻冲为车骑大将军、尚书令、仪同三司，俱石子①为卫大将军、尚书左仆射。同时将檄文传至各州郡，讨伐姚苌、慕容垂，天水姜延、冯翊寇明、河东王昭、新平张晏、京兆杜敏、扶风马朗等各率数万人马响应。苻丕十分高兴，将他们一一封为将军、郡守、列侯。

七月，枹罕氏族部落因河州刺史卫平年老，将卫平废黜，并推举苻登为使持节、都督陇右诸军事、抚军大将军、雍河二州牧、略阳公。随后，苻登率领5万人马，攻克了南安。苻丕便任命苻登为征西大将军、开府仪同三司、南安王。

八月，苻丕率领4万人马进据平阳。西燕慕容永担心难以自保，只得派使者请求苻丕借路东归，到河北与慕容垂会合。苻丕拒绝了慕容永的请求，派左丞相王永及苻纂、俱石子攻打慕容永，双方在襄陵交战。结果，前秦军被打败，王永和俱石子战死。

苻丕守不住老巢，又因为大司马苻纂手握重兵，他担心自己被苻纂杀害，于是带领几千骑兵仓皇而逃，在前往东垣途中遭到东晋扬威将军冯该的袭击，不幸丧命。

注释：

①俱石子（?—386年）：前秦并州刺史俱难之弟，十六国时前秦将领，苻坚在位末期为右将军，后来逃到邺城投奔苻丕。苻丕继位，封卫大将军、尚书右仆射，封濮阳公。

高帝苻登

苻登档案

生卒年	343—394 年	在位时间	386—394 年
父亲	建节将军苻敞	谥号	高皇帝
母亲	不详	庙号	太宗
后妃	毛皇后、李皇后等	曾用年号	太初

苻登，字文高，前秦宣昭帝苻坚的族孙，建节将军苻敞之子。

苻登曾经被封为长史，后任殿上将军、羽林监、扬武将军、长安令等职。太安二年七月，枹罕的氐族部落因河州刺史卫平年老，推举苻登为使持节、都督陇右诸军事、抚军大将军及雍河二州牧，略阳公。

同年，哀平帝苻丕被东晋扬威将军冯该击败并斩杀，苻登被大臣们拥立继位，大赦境内犯人，改元太初。

苻登继位后，与后秦多次发生战争。太初九年（394年），苻登被后秦军击溃，独自逃奔雍城，后又奔往平凉，纠集残余兵马进入马毛山，不久又与姚兴在山南交战，不幸战败被杀，终年52岁，谥号高皇帝，庙号太宗。

征战有功　族孙继位

苻登的父亲苻敞在苻健执政时，任太尉、司马、陇东太守、建节将军，后来死于暴君苻生之手。苻登自幼性情粗暴，一身豪侠之气，平素不拘小节。寿光三年，苻坚、苻法兄弟发动兵变，废黜并杀死了苻生。

苻坚登位以后，苻登的兄长苻同成继任凉州刺史。而苻登因为性格的缘故，苻坚一开始并不怎么看好他。毛兴镇守上邽时，苻登被任命为长史。成年后，苻登渐渐改变了粗暴蛮横、不拘小节的性格，变得谦恭谨慎，而且发奋学习，读了很多书。苻坚看到了他的改变，任命他为殿上将军，之后又迁升羽林监、扬武将军、长安令。后来苻登因为犯了事，被黜任为狄道长。

淝水之战后关中大乱，苻登离开本县，到上邽投奔河州刺史毛兴，被封为司马。他器量非凡，经常为毛兴出谋划策，并且好用奇计，毛兴对他言听计从。

苻登之兄苻同成谙于世故，办事老练，听说苻登经常干预政事，便告诫他说："不在其位不谋其政，此乃做官的根本道理，而你这样爱出风头，总要显示自己的聪明，会引起别人的嫉妒。依我之见，你不如暂时沉默，等重掌政权之后，即可随心所欲。"苻登听从建议，从此低调做人，闭门在家学文习武，各方面素质得到了很大提高。

建元二十年，羌族首领姚苌背叛苻坚，公开与苻坚对抗。身处上邽的毛兴也受到影响，多次遭到姚苌的弟弟姚硕德的攻击。后来，毛兴患病，临死之前对苻同成说道："你我二人与羌人经过多次战斗，都没有取胜。看来我死以后，这事只能依靠你的弟弟苻登了。"不久，毛兴病逝，苻登接替了他的位置，成为上邽的首领。

太安二年七月七日，氐人咇青在家中宴请一批氐族首领，商议废除年老多病的河州刺史卫平。卫平被迫下台后，苻登被推举为都督陇右诸军事、抚军大将军、雍河二州牧、略阳公。新官上任三把火，为了显示自己的能力，苻登率领5万人马一举攻下了南安城。苻丕知道后非常高兴，任命苻登为征西将军、南安王。

随后，苻登又率兵攻打姚硕德。当时因为旱灾，闹饥荒，很多人被饿死。苻登每次带兵作战，都会在战前鼓励将士们："你们早上出去打仗，晚上就能吃到肉了，根本不用担心什么饥荒！"在他的鼓励下，将士们都奋勇杀敌，然后把杀死的敌人煮熟吃，称为"吃熟食"。姚苌听到消息后，派人对姚硕德说："如果你再不撤兵，手下将士必定会被苻登吃尽。"姚硕德急忙带兵逃回姚苌那里。同年十月，苻丕在逃亡途中被东晋大将冯该杀死。前秦群龙无主，苻登在众将的推举下登基，自称皇帝，改元太初。

攻打姚苌　难分胜负

太安二年十二月，苻登亲率军队征讨后秦姚苌，并在战车上树立苻坚的牌位，派300名武贲勇士护卫，每次出征或作战之前，苻登都会跪在苻坚的牌位前痛哭祷告一番。将士们看见后无不为之动容，纷纷在铠甲兵器上刻上"死休"二字，表达誓死作战的决心。

此前，中垒将军徐嵩、屯骑校尉胡空在长安即将被攻陷时，为求自保，各率部众投降了姚苌。苻坚被姚苌杀死后，徐嵩等人以王者之礼安葬了苻坚。苻登登基出兵后，徐嵩等人又率部投降苻登。苻登任命徐嵩为镇军将军、雍州刺史，胡空为辅国将军、京兆尹。

太初二年（387年）正月，苻登立毛氏为皇后。同时，拜苻纂为使持节、侍中、都督中外诸军事、太师，领大司马，晋封鲁王；苻纂的弟弟苻师奴为抚军大将军、并州牧、朔方公。苻纂因为不满苻登自立为帝，没有拥立苻丕之子渤海王苻懿继位，所以不愿意接受苻登的任命，后来在长史王旅的劝谏下才接受了任命。苻登的声势迅速壮大，貳县的卢水胡彭沛谷、屠各[①]董成、张龙世、新平羌雷恶地等人也纷纷起兵响应，很快便聚集了10多万人马。苻纂派弟弟苻师奴进攻上郡羌首领金大黑、金洛生，斩杀5800多人，大获全胜。

之后，苻登的军队又与姚苌之军多次交战，各有胜负。其间，苻师奴劝苻纂自立为帝,苻纂没有答应,苻师奴恼怒之下杀了苻纂,自立为秦公。

太初四年(389年),姚苌因连连战败,派中军将军姚崇袭击大界,苻登率军截击,在安丘大败姚崇,俘虏斩杀2.5万人。不久,姚苌率3万骑兵夜袭攻陷了大界营,杀了苻登的毛皇后及其儿子苻弁、苻尚,擒获名将数十人,驱逐掳掠男女5万余人后离去。此后两年,双方仍然战争不断。

太初七年(392年)二月,姚苌身患重病。苻登于七月发兵攻打后秦,但到了八月,姚苌的病情又有所好转,亲率人马抵御苻登,苻登不敌,慌忙退兵回到雍城。

太初八年(393年),苻登任命窦冲②为右丞相,不料窦冲很快起兵反叛,自称秦王。苻登率兵讨伐窦冲,窦冲向姚苌求援,姚苌派太子姚兴援救窦冲,双方联合起来对抗苻登。

轻敌冒进　兵败而亡

太初九年正月,姚苌病逝,其子姚兴掌权。苻登很鄙视姚兴,对将士们说:"姚兴不过是一个乳臭未干的小子,看我如何收拾他!"

苻登下诏大赦天下,留弟弟苻广镇守雍州、太子苻崇镇守胡空堡,自己则亲率大军东征姚兴。同年二月,苻登攻克了屠各姚奴、帛蒲两个堡垒(在胡空堡之东),然后从甘泉向关中进攻。四月,苻登率大军抵达废桥,此时,姚兴的部将尹纬已早早占领了桥头,严阵以待。姚兴也率兵在后面追击苻登。在前后夹击之下,苻登的大军极度缺水,十之二三的士兵渴死。姚兴见状,于夜间发起突然袭击,苻登的军队惨败,将士们四散溃逃,苻登也乘夜仓皇逃窜,向雍城而去。到了雍城,他才知道太子苻崇和弟弟苻广均已弃城而逃,只得又一路逃往平凉。到了平凉,他害怕姚兴追过来,又带领兵士逃进马毛山。

这年七月,苻登派儿子苻宗向西秦乞伏乾归求援,并将妹妹许配乞伏乾归为妻。乞伏乾归这才答应伸出援助之手,派一支军队带着粮草前往马毛山。苻登听说救兵到来，急忙下山迎接。不料姚兴已经从长安追到泾阳，在马毛山南麓成功抓获苻登。不久，苻登被姚兴杀死。

注释：

①屠各：亦称休屠、休屠各，俗称屠各胡。东汉至西晋时匈奴的一支。杂居西北沿北诸郡。以并州屠各为最著。十六国时建立汉（后称前赵）的刘渊即出自此部。

②窦冲：十六国时前秦名将，初任前秦左将军。建元十六年，随同步兵校尉吕光一起平定苻洛叛乱。之后多次率军攻打西燕，数次击败慕容冲，大胜而归，拜大司马、雍州牧，领左丞相。

宣文帝苻崇

苻崇档案

生卒年	？—394年	在位时间	394年六月至十月
父亲	高帝苻登	谥号	无
母亲	佚名	庙号	无
后妃	不详	曾用年号	延初

苻崇，氐族，略阳临渭人，前秦高帝苻登长子，十六国时期前秦最后一位皇帝。

太初九年六月，因苻登东征后秦战死，苻崇继位，改元延初。

同年十月，苻崇战败被杀，在位仅4个月。

仓促继位 身死国灭

太初二年（387年），苻崇被封为尚书左仆射，封东平王，次年被立为皇太子。

太初九年，苻登东征后秦，苻崇奉命守卫胡空堡。同年四月，苻登在与后秦姚兴的战斗中全军覆没，只身逃回雍城，准备东山再起。然而，苻崇得到兵败的消息，已经弃城而逃。苻登无家可归，只得逃往平凉，集合残余兵马进入马毛山。后秦姚兴率领军队追击过来，双方在马毛山南部展开激战，苻登战败被杀。

苻崇逃奔到湟中，听到父皇被杀的消息，匆忙继位，改元延初。同年十月，苻崇被西秦主乞伏乾归率兵围堵，无奈之下，只好投奔陇西王杨定①。杨定收留他后，带着2万人马和他一起征讨乞伏乾归。乞伏乾归派凉州牧乞伏轲弹（殚）、立义将军越质诘归等人率领3万骑兵迎敌。双方展开激战，结果，杨定和苻崇均被杀，前秦灭亡。

注释：

①杨定（？—394年）：十六国时期后仇池国的建立者。东晋咸安元年，前仇池国为前秦所灭，他降苻坚，成为苻坚的女婿，拜尚书、领军将军。后据秦州之地，自称秦州牧、陇西王，复建仇池国，史称后仇池国。

武昭帝姚苌

姚苌档案

生卒年	330—394 年	在位时间	384—394 年
父亲	姚弋仲	谥号	武昭皇帝
母亲	不详	庙号	太祖
后妃	虵皇后、孙妃等	曾用年号	白雀、建初

姚苌，字景茂，南安赤亭人，羌族，首领姚弋仲第二十四子，十六国时期后秦的开国皇帝。

前秦寿光三年五月，姚苌之兄姚襄与前秦交战，兵败被杀，姚苌率部投降前秦。苻坚即位后封姚苌为扬武将军。前秦建元十九年，苻坚在淝水之战中失利。不久，姚苌脱离前秦，在关中羌人的拥戴下宣布独立，自称大单于、万年秦王，建年号白雀。此后，经过多次交战，姚苌终于擒杀苻坚，并乘西燕东返的时机进驻长安，登基称帝，改元建初，国号大秦。

前秦宗室苻登在关中氐族残余力量的支持下即位，继续与姚苌作战。姚苌屡屡战败，不过最后终于打败苻登，扭转了战局。

后秦建初八年（393 年）十二月①，姚苌驾崩，谥号武昭皇帝，庙号太祖,葬于原陵。

畏罪脱逃　自立为王

姚苌出生于一个世代羌族首领家庭,他的父亲姚弋仲曾自称护西羌校尉、雍州刺史、扶风公,先后归降后赵、东晋,并受封官位。姚弋仲去世后,姚苌之兄姚襄自称大将军、大单于,因反叛东晋,被东晋征西大将军桓温打败。之后,姚襄又试图谋取关中,发兵攻打前秦,兵败后被苻坚所杀。

姚苌自幼聪慧,善于随机应变,性情豁达,任性率真而毫不做作,不拘小节。姚苌曾经跟随兄长姚襄南征北战,姚襄被杀后,姚苌率本部人马投奔苻坚。姚苌因能力出众,很快受到苻坚的重用。苻坚即位后,姚苌先后被封为扬武将军,左卫将军,陇东、汲郡、河东、武都、武威、巴西、扶风太守,宁、幽、兖三州刺史,为苻坚打江山立下了汗马功劳。

前秦建元十九年,苻坚举全国之力兴兵伐晋,临行前他对姚苌说:"朕曾经是龙骧将军,凭此职位建功立业,逐步到了现在的位置,所以这个官职我从来不封给别人。现在我把这个职位给你,由你负责益州、梁州的军事,希望你一定尽心尽力,好自为之。"姚苌受宠若惊,准备大干一场,不料淝水一战,苻坚大败而归,前秦从此开始走下坡路。后来,慕容泓又背叛苻坚,苻坚派儿子苻睿前去征讨,并任命姚苌为司马,协助苻睿,结果出师不利,苻睿战死沙场。姚苌心中愧疚,无颜面对苻坚,派长史赵都代自己向苻坚请罪。苻坚怒火攻心,竟然杀掉赵都。

姚苌得知赵都的死讯,认为苻坚肯定不会放过自己,为了保命,他逃到了渭北,后来又到马牧。西州豪族尹纬、尹详、庞演等人为了自身利益,游说羌族5万多户百姓归附姚苌,共推姚苌为盟主。

前秦建元二十年,姚苌自称大将军、大单于、万年秦王,建元白雀,并封尹详和庞演为左、右长史,姚晃和尹纬为左、右司马。之后,姚苌大量招兵买马，静观时局变化。

巧取长安　登基称帝

前秦建元二十年十月，西燕慕容冲围攻长安。姚苌看准时机，便召集众臣商议出兵之事。大臣们都认为应当先夺取长安，建立根据地，稳住阵脚，然后再伺机而动。姚苌则认为西燕不会在关中停留太久，应当把军队暂时拉到岭北，只要前秦灭亡，西燕自然就会撤兵。到时再攻取长安，则不费吹灰之力。他拿定主意后，将儿子姚崇送到慕容冲大营作为人质，并亲自屯兵北地，厉兵积粟，以观时变，后攻克新平，夺取岭北诸城。

前秦建元二十一年，苻坚与西燕交战失利，被迫逃往五将山。姚苌得知消息后，派大将吴忠包围五将山，俘虏了苻坚，并向苻坚索取玉玺，但遭到苻坚严词拒绝。之后他又强逼苻坚禅让帝位，苻坚破口大骂，他恼怒万分，遂下令将苻坚杀死。

苻坚死后，西燕前脚刚撤离长安，姚苌后脚便进驻长安。前秦太安二年，姚苌登基称帝，改元建初，国号大秦，史称后秦。

棋逢敌手　遗憾离世

苻坚被姚苌杀害后，苻坚的庶长子苻丕即位，继续领兵讨伐姚苌和西燕。前秦宗室苻登在关中氐族残余势力的推举下，也率兵与姚苌对抗。前秦太安二年十月，苻丕兵败被杀，苻登得到消息后马上即位称帝，不久发兵征讨姚苌，并在军中立起苻坚的牌位，每次出征作战之前，他都会在苻坚的牌位前哭泣祷告，以此激励士气。这一招也确实有效，前秦将士个个作战勇猛，士气远比姚苌的军队旺盛，姚苌及其弟姚硕德所率人马屡屡被苻登击败。

后秦建初四年（389年），苻登将辎重留在大界，然后亲率轻骑万余进攻后秦，后秦屡战屡败。姚苌派儿子姚崇偷袭大界，苻登觉察后，将计就计设兵拦截，姚崇战败，后秦军被俘虏及斩杀2.5万人。同年七月，苻登又乘胜攻克后秦的平凉，向安定进发。姚苌的手下建议与苻登决战，但姚苌决定智取，他让尚书令姚旻留守安定，然后亲率3万人马于深夜突袭苻登在大界的营地，俘虏苻登手下几十名大将和5万多名士兵，并杀死苻登的皇后毛氏及其儿子苻弁、苻尚。

后秦建初七年（392年）七月，姚苌身患重病，苻登乘机发兵攻打后秦，进逼安定。到了八月，姚苌病情有所好转，亲自带兵抵抗，并借苻登出营迎战之机，另派部将姚熙隆进攻苻登的营寨，苻登不敌撤退。姚苌连夜率军追击苻登，苻登败退雍城。

后秦建初八年五月，前秦右丞相窦冲反叛，自称秦王，苻登到野人堡征讨窦冲。窦冲向姚苌求援，姚苌便派太子姚兴攻打胡空堡为窦冲解围，苻登果然从野人堡撤兵。随后，姚兴又率兵突袭苻登大本营平凉城，大获全胜，苻登从此丧失了元气。

同年十月，姚苌病情加重，回到长安；十二月，他预感到自己时日无多，于是将太尉姚旻、尚书左仆射尹纬、右仆射姚晃、将军姚大目、尚书狄伯支叫到禁中，托付后事。同时又嘱咐儿子姚兴说："今后无论是谁进献谗言，想要诋毁这几位大臣，千万不要听信。另外，对待手足兄弟一定要讲情义，对待大臣要讲礼仪，与人交往要讲信用，对待百姓要讲仁义。做到了这四点，则可以稳坐江山，否则难以长久。"姚兴点头答应下来。姚晃又向姚苌询问消灭苻登的方法，姚苌说："这一大业很快就能成功，以姚兴的才智，消灭苻登毫无问题，为什么还要问我呢！"

姚苌死后，姚兴秘不发丧，直到皇初元年（394年）五月才公布其死讯。

注释：

①建初八年十二月已进入公历394年。

文桓帝姚兴

姚兴档案

生卒年	366—416 年	在位时间	394—416 年
父亲	武昭帝姚苌	谥号	文桓皇帝
母亲	蚍皇后	庙号	高祖
后妃	张皇后、齐皇后等	曾用年号	皇初、弘始

姚兴,字子略,羌族,南安赤亭人,武昭帝姚苌长子,十六国时期后秦第二位皇帝。

前秦时期,姚兴在朝中担任苻坚的太子舍人。姚苌建立后秦后,姚兴被立为太子。394 年,姚苌驾崩,当时苻登正攻打后秦。为了稳定军心,姚兴秘不发丧,直到击败苻登后才宣告姚苌去世的消息,并登基为帝,改元皇初。

姚兴在位期间,勤于朝政,从谏如流。经济上,他兴修水利,劝课农桑。文化上,他大力提倡佛教和儒学,广建寺院,组织人员大规模翻译佛经,并兴办学校,宣扬汉族文化。他还以身作则,厉行节俭,严惩贪官污吏,奖励清廉正直的官员,关注民生,减少冤狱的发生。这些举措有力地缓和了阶级矛盾,促进了经济、文化的发展。

后秦弘始十八年(416 年),姚兴驾崩,终年 51 岁,谥号文桓皇帝,庙号高祖,葬于偶陵。

临危继位　拯救乱局

姚苌在兄长姚襄被前秦擒杀后，被迫率众向前秦投降。后来，苻坚发动兵变，废杀前秦厉王苻生，自立为大秦天王，任命姚苌为扬武将军、姚兴为太子舍人。淝水之战后，前秦分崩离析，爆发了内乱。前秦建元二十年，姚苌辅助苻坚之子苻睿讨伐慕容泓，不料战败，苻睿战死沙场。姚苌心怀愧疚，派部将赵都去向苻坚谢罪，没想到苻坚愤怒之下竟杀了赵都。姚苌只得逃往渭北，在关中羌人和西北豪族的支持下，他在渭北马牧正式宣布脱离前秦，建立政权，自称大将军、大单于、万年秦王，建元白雀，史称后秦。

姚兴得知父亲在马牧起兵后，星夜兼程赶到父亲身边，后被立为太子。姚兴为人谦虚，礼贤下士，甚得人心，又足智多谋。姚苌经常亲率军队外出与前秦军队作战，每次征战他都让姚兴镇守长安，管理朝政。姚兴监国理政期间，接触了汉族的一些鸿学大儒，深受儒家学者的影响，对儒学经史典籍非常精通。

后秦建初六年（391年），前秦高皇帝苻登秘密联络后秦长安外围守将苟曜为内应，进逼长安。姚苌识破了苟曜与苻登暗中勾结的图谋。同年十二月，苻登又率军攻打安定，姚苌率部到阴密阻挡敌人。临出发前，他嘱咐姚兴道："苟曜为人奸诈善变，肯定会祸害国家。他若知道我举兵出外征战，必定会前来见你，到时你乘机除掉他。"果然，姚苌出兵之后，苟曜便到长安来求见姚兴，姚兴将其诛杀。

姚苌驾崩后，姚兴考虑到时局不稳，决定先隐瞒父亲去世的消息，直到击败苻登后才对外公开，然后继位称帝，改元皇初。不久，他在马毛山南麓斩杀苻登，遣散了苻登的部众。

姚兴继位后，先后平定了安南将军强熙、镇远将军杨多和上邽姜乳的反叛，降服了晋弘农太守陶仲山、华山太守董迈，更一举攻陷了上洛。

施政清明　颇有作为

姚兴在位前期，谨遵父亲教诲，注重吸收和培养人才，并大力兴办学校，提倡儒学。京兆的杜瑾、冯翊的吉默、始平的周平等人提出了很多治理国家的良策，姚兴提拔他们担任重要职位，让他们有用武之地。天水的姜龛、东平的淳于歧、冯翊的郭高等人是全国有名的博士，被姚兴请到长安讲学。凉州的胡辩迁到洛阳后，吸引了1000多名学生拜在他的门下。为了方便学生们求学，姚兴特意命令把守关口的官兵放宽对学生的检查。为了加强法制建设，姚兴特意在长安开办了一所法制学堂，以培养优秀的执法人才，并且让郡县的官吏到学堂进修，学业完成后才能返回地方复职。

姚兴还大力提倡节俭，并且身体力行。当时，司隶校尉郭抚、扶风太守强超、长安令鱼佩、槐里令彭明、仓部郎中王年等大臣两袖清风、一身正气，姚兴对他们大加褒奖，加官晋爵，增加封邑。姚兴本人在生活中也非常简朴，出行时的车马没有金玉装饰，并下令严禁制造锦绣。在他的影响下，后秦俭朴之风盛行，为国家节约了大量财物。姚兴还非常注重解放劳动力，发展农业生产，下令释放自卖为奴婢的农民，让他们返回家乡耕田种地。

对于宗室亲人，姚兴牢记父亲的遗言，尽量善待他们。他对两位叔父姚绪、姚硕德非常信赖和尊重。姚兴下令全国百姓在为子女取名时，禁止使用"绪"和"硕德"等字，以示对叔父的尊敬。姚兴自己在叔父面前也从不以皇帝自居，而是以侄子的身份对他们嘘寒问暖，虚心向他们请教治国之道，而且他所乘坐的车马以及所穿的衣服，全是叔父们用过的旧物。后来，姚硕德要回自己的封地秦州，姚兴还亲自送行，一直把他送到雍城。

姚兴提倡佛教，不仅广建寺院，而且亲迎鸠摩罗什到长安，组织人员大规模翻译佛经。

姚兴不仅勤于政事，关心民生，兴修水利，严惩贪腐，奖励清廉，有力促进了经济和文化的发展,而且在武功方面也颇有作为。他继位后,先后消灭了前秦、乞伏鲜卑人建立的西秦(后复国)以及吕光建立的后凉,并与北魏、东晋抗衡。后秦弘始元年(399年),姚兴乘东晋发生内乱之际,一再发兵东进,攻陷洛阳,迫使晋军南撤,东晋淮、汉以北地区纷纷投降,后秦的疆域迅速扩大。

姑息养奸　终酿悲剧

姚兴执政后期,因连年征战,国库虚空,朝廷不得不增收杂税,极大地加重了百姓的负担,使得阶级矛盾日益激化,加上众皇子之间内斗不断,争权夺利,政局变得越发的不稳定。

姚兴的长子姚泓性情宽厚、和蔼仁慈,但是才能平庸、体弱多病,所以姚兴不怎么喜欢他。在立姚泓为太子时,姚兴曾犹豫了很长时间。在众多皇子中,姚兴最喜欢的是镇守安定的广平公姚弼。后秦弘始十三年(411年)正月,姚兴将姚弼召回长安,封为尚书令、大将军。凡姚弼所求之事,姚兴无不答应。然而,姚弼并不安分守己,想要争夺太子之位,他千方百计笼络了一批大臣,利用父亲对自己的信任,将亲信尹冲、唐胜提拔到显要位置。右仆射梁喜、侍中任谦等大臣多次上书姚兴,希望对他们加以限制,但是姚兴却置若罔闻,听之任之。

后秦弘始十六年(414年)五月,姚兴得病,卧床不起,太子姚泓日夜侍奉在侧。姚弼认为机会难得,于是集结几千精兵埋伏在家里,准备发动政变。姚兴的另一个儿子姚裕发现后,急忙派人通知掌管兵马的姚懿及另外几位弟兄,让他们马上回到长安,抵抗姚弼。皇子姚洸、姚湛也分别在洛阳、雍城集合兵马,准备向长安进发,平定叛乱。恰在此时,姚兴病愈,他连忙派人通知皇子们不要进京,又命令姚懿撤兵,这才化解了一场危机。事后,刘晃、梁喜再次建议处罚姚弼,但姚兴仍然不愿深究,只是撤掉姚弼的尚书令一职,进行象征性的处罚。

后秦弘始十七年(415年)九月,姚兴病情突然加重,姚弼又集结军队,准备叛乱,并谎称身体不佳,不到长安朝拜。姚兴终于忍无可忍，下令逮捕姚弼的同党唐胜、孙玄。这时，太子姚泓却显示出其仁慈的一面，对父亲说："兄弟之间不能和睦相处，都是我处事不当造成的，为了国家的安定，我情愿接受处罚，以身殉国。如果父皇不愿让我死，那么我现在就辞去太子的职位。"姚兴不听，下令将姚弼关押起来，后来在姚泓的多次请求下才下令赦免姚弼。

后秦弘始十八年正月，姚兴病危，姚弼仍不死心，再次蓄谋发动政变，指使兄弟姚愔布置好兵马，准备随时听用。随后，他又派最小的弟弟姚耕去探听虚实，姚耕在姚兴床前连叫几声，姚兴都没有回应。姚耕误以为父亲已经死去，马上出去对姚愔说："父亲已死，赶快动手。"姚愔随即带领手下进攻端门，殿中上将军敛曼嵬奋力抵抗，姚愔久攻不下，气恼万分，便放火烧端门。姚兴躺在床上，听到外面喊杀声震天，想到可能是姚弼发动兵变，便挣扎着下了床，走到前殿，下令将姚弼赐死。御林军看到姚兴亲自督战，士气高涨，将姚愔杀得丢盔卸甲，狼狈逃窜。

政变平定后第二天，姚兴病发去世。

末帝姚泓

姚泓档案

生卒年	388—417 年	在位时间	416—417 年
父亲	文桓帝姚兴	谥号	无
母亲	刘氏	庙号	无
后妃	不详	曾用年号	永和

姚泓，字元子，羌族，南安赤亭人，文桓帝姚兴长子，十六国时期后秦第三位皇帝，也是最后一位皇帝。

后秦弘始四年（402 年），姚兴被立为太子。后秦弘始十八年姚兴驾崩，姚泓继位，改元永和。

同年，东晋刘裕率军北伐后秦，姚泓无力抵抗，率众投降，后秦宣告灭亡。随后，姚泓被押解到东晋都城建康，在建康闹市中被斩首，终年 30 岁。

仁厚君子　宽大为怀

姚泓性格善良，为人宽厚，但能力平庸，缺乏经世治国的才干，而且体弱多病，所以姚兴在册立太子时考虑了很久，但最终还是立他为太子。每次率兵打仗及外出巡游，姚兴都让姚泓留在京城总管后方事务。

姚泓学问渊博，善于清谈论辩，最喜欢吟诗作赋，和当时的很多文人雅士成了知交好友。其中，尚书王尚、黄门侍郎段章、尚书郎富允文因为精通儒学，被任命为太子侍讲；胡义周、夏侯稚则经常和姚泓在一起交流诗文章法。姚泓非常讲究礼仪，尊重师长。有一次，他得知老师淳于岐生病，便亲自前去探望，在床前施礼下拜。

姚泓在治理国家方面主张礼治，量刑用宽，讲求仁德宽恕。有一次，姚兴去了平凉，姚泓负责留守长安，冯翊人刘厥聚集几千人发动叛乱。姚泓急忙派镇军将军彭白狼率东宫禁卫兵前去平叛，除刘厥被杀外，其余参与者全部被释放。当时部将都劝姚泓应昭告天下，广泛宣扬迅速平定叛乱之事，并将刘厥的首级传示天下，以震慑欲图叛逆的败类，抚慰四方百姓之心。姚泓却说："父皇外出时委托我管理后方事务，指望我能够有效地遏制贼寇叛逆，但都怪我安抚驾驭失当，助长了奸邪小人和贼寇叛逆的气焰。我应当引咎自责，待罪于军中，又怎敢狂妄自大，过分夸大叛军来加重罪责呢？"右仆射韦华听了这些话，对河南太守慕容筑说："皇太子具备谦恭仁惠的美德，这真是社稷之福啊！"

姚兴最宠爱的儿子姚弼原本是雍州刺史，镇守安定。姚兴认为姚弼是理想的继承人，于是将姚弼调入中央，任命他为尚书令、侍中等官职。姚弼依仗父亲的宠爱，在朝廷中广结党羽，企图争夺太子之位。姚泓虽然对姚弼的意图看得很清楚，但从来没有向姚弼表露出任何不满，仍然像以前那样厚待他。姚泓的叔祖姚绍经常为姚弼夺太子之位出谋划策，姚泓也同样不放在心上，仍然倾心与其结交，以宗亲之礼待他。姚泓继位以后，更是放心地把兵权交给姚绍，姚绍因此被感化，从此忠心效力于姚泓。

后秦弘始十七年九月，姚兴病重，姚弼看准时机，企图发动政变。姚兴大怒，派人将姚弼及其同党唐胜、孙玄抓了起来，要杀掉他们。但是，姚泓却主动替他们求情，姚兴为他的善良所感动，答应放过姚弼，但必须杀掉唐胜、孙玄二人。姚泓又一次恳切相劝，最终三人都被赦免。

后秦弘始十八年二月，姚兴病情进一步加重，自知将不久于人世，便下令让太子姚泓监国。这时，姚弼又纠集党羽发动政变，企图杀掉姚泓并劫持姚兴。姚兴大怒，下令逮捕姚弼并将其处死。在平定叛乱的第二天，姚兴驾崩。为稳定局势，姚泓秘不发丧。南阳公姚愔、大将军尹元等人密谋发动叛乱，姚泓将他们一网打尽，全部诛杀；然后又命令齐公姚恢诛杀安定太守吕超。彻底平定内乱之后，姚泓这才为姚兴发丧，并继位称帝，大赦天下，改元永和。

生不逢时　回天无力

姚泓心地善良，可惜生不逢时，在位期间祸乱频发，先是羌族首领党容起兵叛乱，紧接着氐王杨盛兴兵来犯，进攻后秦的祁山，直逼秦州。姚泓闻讯，忙派人前去迎敌。这时，夏主赫连勃勃又率兵攻打后秦的上邽、阴密、安定、雍城，一路势如破竹，直逼郿城。姚泓费尽周折才勉强将他们打跑，还没来得及喘上一口气，东晋刘裕又率领大军气势汹汹而来，很快就攻下漆丘、项城、仓垣、颖口，到达成皋。当时，征南将军姚洸镇守洛阳，见敌人来势凶猛，急忙向长安求救。姚泓深知洛阳位置极其重要，万不可失，急派越骑校尉阎生率领3000名骑兵前去增援；同时派姚益男率领1万骑兵驻守洛阳，派胞弟东征将军姚懿驻军陕津，驰援姚洸。但姚洸的军队内部出了叛徒，致使晋军长驱直入，最终攻克洛阳。

后秦永和二年（417年）正月，姚泓胞弟姚懿起兵叛乱，并自称皇帝。姚泓派姚绍等人前去平叛，姚懿战败被囚。紧接着，齐公姚恢又自称大都督，带领3.8万户镇民从北雍州向长安进发，起兵反叛。姚泓大怒，决定御驾亲征，亲率轻骑奔赴前线灵台迎敌，将姚恢斩杀。但是，在看到亲人尸体那一刻，姚泓又悲从中来，号啕大哭，痛不欲生。

为了表达自己的哀思，姚泓下令厚葬姚恢，为他举行隆重的葬礼。就在这时，东晋大军已经攻取蒲阪。姚泓虽然派兵抵抗，但却无济于事，刘裕的军队一路势如破竹，进逼长安。姚泓亲率大军抵抗，并向北魏求援，最后走投无路，只得率领妻子儿女向刘裕投降，之后被押解到建康斩杀。后秦就此灭亡。

←魏孝文帝吊比干文碑（拓片）

原碑在河南汲县（今卫辉市），全称《孝文皇帝吊殷比干墓文》，北魏太和十八年（494年）刻，楷书，传崔浩书。原石久佚，今存为宋代翻刻。

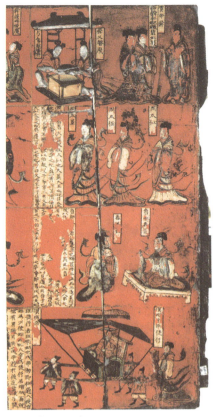

列女古贤图 ↑

北魏屏风漆画，山西大同石家寨北魏司马金龙墓出土，山西省博物馆及大同市博物馆分藏。内容主要是表现帝王、将相、列女、孝子，以及高人逸士的故事。

元桢墓志（拓片）↓

魏孝文帝太和二十年（496年），1926年出土于洛阳城北高沟村东南，后经于右任先生收藏并移存西安碑林至今。元桢（446－496年），拓跋晃第十一子，孝文帝元宏之从祖。

北朝石佛头 ↑

西安碑林博物馆藏。雕刻工艺精细，线条流畅。佛头圆形云发，两耳垂肩，面目丰颐，安详自若。

嘎仙洞 ↑

嘎仙洞是天然山洞，位于内蒙古呼伦贝尔市鄂伦春自治旗阿里河镇西北大兴安岭北段东端，是鲜卑族的发祥地，为全国重点文物保护单位。

北魏陶笼冠女俑 ↓

1948年河北省景县封氏墓群出土，现藏国家博物馆。此女俑身材修长，头戴纱制笼冠，穿大袖上衣，下着长裙，是汉装侍从妇女形象。

陶镇墓兽 ↑

1965年河南洛阳老城东北盘龙冢村元邵墓出土，现藏于洛阳博物馆。该镇墓兽为人首兽身，呈蹲坐状，头生独角，面目狰狞。元邵为北魏孝文帝之孙，清河王元怿之子，东魏孝静皇帝元善见的叔叔。

元引墓志（拓片） ↑

北魏正光四年（523年）刻，1925年出土于洛阳北姚凹村东南岭，现存西安碑林博物馆。元引，拓跋遵（拓跋珪堂兄）后人，官拜龙骧将军。

"传祚无穷"瓦当↑

山西省大同市出土。大同在398-493年是北魏首都，称"平城"，这块瓦当可能是当时宫殿或太庙所用。

北魏张玄墓志铭（拓片）↓

全称《魏故南阳太守张玄墓志》，刻于北魏普泰元年（531年），出土地无考，原石已佚。现今流传的《张玄墓志铭》是清道光年间何绍基得剪裱旧拓孤本。

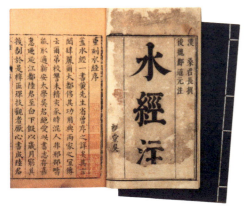

←《水经注》书影

古代地理名著，郦道元编撰。郦道元（469-527年），北魏官员、地理学家。孝明帝元诩孝昌三年（527年）死于雍州刺史萧宝夤叛乱。

龙门石窟西山石窟↓

龙门石窟位于河南洛阳市，始开建于北魏孝文帝年间，盛于唐，终于清末。它由西山石窟、东山石窟、香山寺和白园（白居易墓所在地）四个景点组成。图为从东山石窟拍摄的西山石窟群。

元遥妻梁氏墓志↑

元遥（467-517年），北魏景穆帝拓跋晃之孙，为孝文帝元宏器重。元遥与其妻墓志分别刻于熙平二年（517年）、神龟元年（519年）。1919年出土于洛阳城北后海资村南凹古墓。现存西安碑林博物馆墓志廊。

龙门石窟古阳洞↑

北魏孝文帝为祖母冯太后营建的功德窟，是北魏皇室贵族发愿造像最集中的地方。洞内碑刻题记近千品，著名的《龙门二十品》有十九品出于此洞。

宾阳洞↑

原名灵岩寺，由宾阳中洞、宾阳北洞、宾阳南洞三个洞窟组成。始凿于北魏景明元年（500年），是北魏宣武帝为孝文帝、文昭皇后主持开凿的皇家石窟。图为宾阳中洞主佛释迦牟尼，面相清秀，温和可亲。

始平公造像记→

由孟达撰文，朱义章书写，位于龙门石窟古阳洞北壁，刊刻于北魏太和二十二年（498年），文与格栏均阳刻凸起，是魏碑书法方笔的典型代表。图为《始平公造像记》拓片。

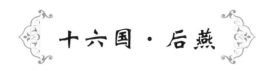

十六国·后燕

成武帝慕容垂

慕容垂档案

生卒年	326—396 年	在位时间	384—396 年
父亲	前燕文明帝慕容皝	谥号	成武皇帝
母亲	兰氏	庙号	世祖
后妃	段皇后等	曾用年号	燕元、建兴

慕容垂,字道明,原名慕容霸,字道业(又说字叔仁),鲜卑名阿六敦,鲜卑族,昌黎棘城人,前燕文明帝慕容皝第五子,十六国时期后燕的开国皇帝。

前燕时期,慕容垂曾担任骑都尉、征南大将军、荆州牧等职,并受封为吴王。后来因为遭到当政的慕容评排挤,投奔前秦,受到苻坚的赏识和重用,被授为冠军将军。淝水之战后,他护驾北返,途中脱离苻坚,来到邺城。前秦建元二十年,慕容垂起兵反抗前秦,自称燕王,史称后燕。

后燕建兴九年(394 年),慕容垂在台壁之战中取胜,吞并西燕。次年,太子慕容宝在参合陂之战中被北魏打败。慕容垂不甘失败,率军再攻北魏,斩杀拓跋虔,攻克平城,不料凯旋途中重病驾崩,终年 71

岁，谥号成武皇帝，庙号世祖，葬于宣平陵。

勇冠三军　战功赫赫

据说，慕容垂身长七尺七寸，双手过膝，一副帝王之相，深得慕容皝的喜爱。慕容垂14岁时被授封为骑都尉，跟随兄长慕容恪攻打宇文别部，他年龄虽小，但作战十分勇猛。前燕文明帝六年（342年），慕容皝率军攻打高丽，任命慕容垂、慕容翰为前锋，这一年慕容垂年仅17岁，此战攻陷了高丽的都城丸都。前燕文明帝八年（344年），慕容垂又跟随慕容皝攻打宇文逸豆归，因功被封为都乡侯。前燕文明帝九年（345年），慕容垂被任命为平狄将军，驻军徒河，以抵御后赵将领邓恒的入侵。在受到父亲宠爱的同时，慕容垂也引起了世子慕容儁的嫉恨。

前燕文明帝十二年（348年），燕王慕容皝去世，慕容儁继位。次年，后赵国君石虎去世，国内大乱，慕容垂看准时机，建议慕容儁出兵攻打后赵，乘机将其吞并。但慕容儁犹豫不决，慕容垂多次上书晓以利害，加上封奕、慕舆根等人也极力劝说，慕容儁终于同意出兵。攻克幽州后，慕容儁下令将俘虏全部杀死，慕容垂劝阻说："我们刚刚获得大胜，后面的战争也才开始，这个时候千万不可滥杀，应该广施仁政，以安抚为重，也好换取民心。"慕容儁觉得他言之有理，遂下令将俘虏全部放掉。不久，慕容儁又亲率大军征讨邓恒，军队行进到清梁时，后赵将领鹿勃早率领几千人马在夜间前来偷袭，攻到了慕容垂的军帐，慕容垂临危不惧，奋勇杀敌，亲手砍杀十几人，最后在慕舆根等人的配合下，击退了鹿勃早的偷袭。

352年，慕容垂因功被任命为使持节、安东将军、北冀州刺史，镇守常山。

352年四月，慕容儁称帝，建号元玺，史称前燕。慕容垂被封为吴王，镇守信都，并被任命为侍中、右禁将军、录留台事。后来，慕容儁因为嫉妒慕容垂在任上取得的政绩，下诏将他召回朝中。

前燕光寿元年（357年），慕容儁派遣时任抚军将军的慕容垂与中军将军慕容虔、护军将军平熙率8万步骑兵进军塞北,攻打敕勒部。前燕军队大获全胜,俘虏、斩杀10多万人,缴获13万匹马、牛羊无数,由此安定了北部边境。

屡遭嫉恨　出逃前秦

慕容垂的妻子是辽西段部鲜卑①首领段末柸之女,生有慕容令、慕容宝二子。段氏很有才华,但性情刚烈,她和慕容儁的皇后可足浑氏关系很差,可足浑氏对段氏怀恨在心,暗中指使心腹诬告段氏与吴国典书令、辽东人高弼合谋施巫蛊之术诅咒自己。慕容儁本来就对慕容垂心存忌恨,接到举报后打算借机惩治慕容垂,于是下诏将段氏与高弼下狱,对他们进行严刑拷打。然而,段氏和高弼始终不认罪。慕容垂于心不忍,偷偷派人对段氏说:"人都会有一死,与其受这样的酷刑,还不如认罪死个痛快。"段氏长叹道:"我哪里是怕死呀!如果我认了罪,不但辱没祖宗,而且会连累您,我绝不会这样做!"后来段氏死在了狱中,而慕容儁也因抓不到慕容垂的把柄,不得不放过慕容垂,并让他出任平州刺史,镇守辽东。后来,慕容垂又娶了段氏之妹为继室,没想到可足浑氏强行废黜段氏之妹,然后将自己的妹妹嫁给慕容垂,慕容垂因此心怀愤恨,与慕容儁的关系更加恶化。

前燕光寿三年十二月,慕容儁病危,召慕容垂回邺城。次年正月,慕容儁驾崩,太子慕容暐即位,尊可足浑氏为皇太后,任命太原王慕容恪为太宰,总揽朝政;上庸王慕容评为太傅,阳骛为太保,慕舆根为太师,参辅朝政。慕舆根自恃功高,对于慕容恪位居自己之上心怀不满,在慕容恪、慕容评等大臣面前态度十分傲慢。当时大臣们对于太后可足浑氏过多干预朝政有所非议,慕舆根想借机拉慕容恪一起发动政变,逼太后可足浑氏归政,但遭到慕容恪拒绝。慕容恪将此事告诉慕容垂,慕容垂劝他诛杀慕舆根,慕容恪也没有答应。之后,慕舆根密谋政变,欲诛杀慕容恪与慕容评,他们得到消息后,这才下手诛杀了慕舆根。

慕容恪对慕容垂非常信赖,对他的军事才能也很佩服,因此一再提拔重用慕容垂。在平定慕舆根叛乱后，慕容恪任命慕容垂为使持节、征南将军、都督河南诸军事、兖州牧、荆州刺史，镇守梁国的蠡台。前燕建熙六年（365年），慕容垂随慕容恪一起攻克洛阳，慕容恪又任命慕容垂都督荆、扬、洛、徐、兖、豫、雍、益、凉、秦十州诸军事，任征南大将军、荆州牧，配兵1万，镇守鲁阳。不久，慕容恪病重，临终前向慕容暐推荐慕容垂接替自己的职位。但慕容恪病逝之后，慕容暐却让慕容评接替了慕容恪的职位。

前燕建熙十年，东晋大将桓温率兵攻打前燕，到达枋头。慕容暐和太傅慕容评惊慌失措，准备逃往龙城，但慕容垂坚决阻止并主动请战，最终打败桓温，稳定了民心军心。枋头大捷让慕容垂威名远扬，但也招来了太傅慕容评对他的忌恨。慕容垂多次为将士们请功，让朝廷给予封赏，但慕容评都压住不报。慕容垂十分愤怒，多次在朝堂上与慕容评发生争执，慕容评便在慕容暐面前大进谗言，诋毁慕容垂，就连太后可足浑氏也在慕容暐面前说尽慕容垂的坏话，甚至和慕容评一起商讨诛杀慕容垂。慕容恪的儿子慕容楷和慕容垂的舅父兰建听到风声后，急忙向慕容垂通风报信，劝他先下手为强，除掉慕容评和太后可足浑氏。慕容垂却摇摇头，大度地说："骨肉之间自相残杀，必然会给国家带来灾难，万万不可。"并且表示，"如果实在不行，我只有出去暂避，等过了这阵风头再回来。"

慕容垂因为这事整天郁郁寡欢，世子慕容令看出了父亲的心思，便问他是不是因为受到慕容评的猜忌而忧心。慕容垂点点头说："不错，我拼出命打败晋军，本想保全国家，没想到却没有了容身之地。既然你看出了我的心思，依你之见，下一步该怎么办？"慕容令回答说："为了保全自身而又不失大义，不如先暂避龙城，让皇上看到父亲的赤胆忠心。如若不然，我们可以占领肥如以自保，等有了落脚之地再做打算。"慕容垂也认为此计可行。

同年十一月，慕容垂以打猎为借口，从邺城出逃，直奔龙城。到了邯郸，慕容垂的小儿子慕容麟因为一向不受慕容垂喜爱而半路返回邺城，将慕容垂背叛出逃之事通知慕容评。慕容评连忙派慕容强带兵追赶，慕容强到了范阳，遭到慕容令的堵截，只得停止追击。慕容令对慕容垂说:"反正事情已经败露,即便到了龙城也会被逮捕,不如去投奔前秦,或许可以得救。"慕容垂无奈地说:"看来也只有如此了。"

前秦苻坚对慕容垂的大名早有耳闻,现在听说他前来投奔,顿时如获至宝,亲自到郊外迎接。苻坚的谋士王猛则对慕容垂充满戒心,劝苻坚杀了他。不过,苻坚没有采纳王猛的意见,反而封慕容垂为冠军将军、宾都侯。王猛内心十分不满,想要设计除掉慕容垂。慕容垂处处受到排挤,便再次逃跑,但在蓝田被前秦的骑兵抓获,送回苻坚处,而苻坚仍旧厚待他。

前燕建熙十一年,前燕被前秦消灭,慕容暐和满朝文武均被俘获。慕容垂看到那些熟悉的面孔,突然想起自己曾经受到排挤的日子,愤怒之情溢于言表。前郎中令高弼见状,来到慕容垂面前,劝他说:"现在国家虽然灭亡,时局变化,谁也无法预料,如果哪一天宗室再出有志之士,立志复国,说不定我们这些老臣还能有点作用。"慕容垂听了颇有感触,黯然神伤,同时又深为高弼虑事长远而感到佩服。

心想事成 复国称帝

前秦建元十八年,苻坚有意出兵东晋,遭到满朝文武的反对。慕容垂却极力表示赞同,他说:"强兼并弱小,这是自然规律,无人能够阻挡,陛下应该按照规律行事,大臣们的意见可以不予理会。"苻坚听了非常高兴,说道:"看来真正能帮我平定天下的非你莫属!"

次年八月,苻坚命令慕容垂、张蚝等人率领25万人马为前锋。临出发的时候,慕容楷、慕容绍悄悄地对慕容垂说:"苻坚骄傲自大,此去凶多吉少,这正是叔叔恢复燕国的大好时机。"慕容垂经过分析,也认为苻坚必败,心中一阵得意。果然不出所料,淝水之战前秦大败,除了慕容垂本部人马毫发无损之外,其余各路军队都遭到了重创。苻坚也被流矢击中,仓皇逃到淮北,带着1000多名骑兵来到慕容垂的军营中。慕容垂之子慕容宝想借此机会杀了苻坚,慕容垂却不愿乘人之危,他认为苻坚曾对自己有恩，现在应该尽心保护他，也算是对昔日恩情的报答。以后有机会再动手，就不会落人话柄了。慕容垂的弟弟慕容德在一旁插话说："昔日秦朝强大之时，也曾消灭了我们先帝的燕国，现在秦朝没落，我们消灭它，这是报仇雪恨，不是仗义不仗义的事情。"慕容垂依然不同意，说道："曾几何时，我们受到慕容评的排挤，走投无路之下，流落到苻坚门下，得以苟且偷生。对于他的大恩大德，我没齿不忘，如果秦国注定灭亡，我们就应该占据关东，振兴燕国。至于关西，我从来没有想过。"随后，慕容垂决定将自己的兵马交给苻坚，从淮北向长安而去。

走到渑池时，慕容垂对苻坚说："北部的百姓听说您吃了败仗，人心动摇，请允许我先行一步，安抚住他们的心，顺便也去祭拜一下我们的祖坟。"苻坚深为慕容垂的忠心和孝心所感动，也没有多想，便派3000人护送他离开渑池。

慕容垂来到邺城后，到处寻找前燕的旧臣，秘密商议复国之事。事有凑巧，前秦大将丁零、翟斌在洛阳起兵，宣布脱离前秦。镇守邺城的长乐公苻丕听到消息，急忙派慕容垂前去镇压，但他只给了慕容垂2000人马，同时又加派亲信苻飞龙率领1000名将士作为慕容垂的副手，实则是监视慕容垂的行动。慕容垂佯装不知，到了夜晚出发的时候，他故意让慕容宝走在前面，苻飞龙的氐族士兵走在中间，让慕容隆带兵走在后面。途中，慕容垂按照约定的信号，突然擂响战鼓，下令两头夹击，将苻飞龙及其部众全部消灭。

杀了苻飞龙以后，慕容垂与翟斌顺利会师。翟斌劝慕容垂称帝，慕容垂假意推辞道："慕容晖才是我们真正的国君，我哪有资格称帝？"然后又说，"现在洛阳四面受敌，并非我们的立足之地，不如回到邺城再做打算。"遂带领部下向邺城进发，到达荥阳时他又改变主意，自立为帝。

后燕燕元元年（384年）正月，慕容垂率部来到邺城外面。苻丕派侍郎姜让出城劝说慕容垂放弃称帝，继续为秦国效力，并承诺不计前嫌，握手言和。但是，慕容垂已经决定要在邺城重建燕国，于是让姜让带话回去，如果苻丕带着人马赶快离开，可以饶他不死，否则后果自负。同时，他也给苻坚写了一封信，说道："我本来没有什么才能，燕国祸起萧墙，在走投无路之下投奔陛下，受到您的厚待，大恩大德，永生不忘，时刻都在想着怎样报答。去年讨伐东晋失利，我对您仍无二心。为了陛下的安全，我主动北巡。但是，让我想不到的是，长乐公苻丕竟然不允许我祭拜祖坟，还对我妄加猜忌。丁零叛乱，苻丕只给我2000人马，还派苻飞龙暗中监视、刺杀我。所幸我大难不死，到了洛阳，苻晖又不允许我进城，多亏丁零、翟斌等人收留我，并推举我为盟主，之后慕名而来的人络绎不绝，此乃天意，我当受之无愧。何况，邺城本来就是我们燕国的故都，理应完璧归赵。现在我们大军压境，只不过念及昔日恩情，不愿刀兵相见。常言道，识时务者为俊杰，希望陛下能劝苻丕尽快离开邺城，也可保全他的性命。"苻坚收到信后气得暴跳如雷，后悔自己养虎为患，没有听从王猛等人的劝告杀掉慕容垂，但事已至此，他也无可奈何。

由于苻丕迟迟不愿撤兵，慕容垂下令封堵漳河，让河水改道灌入城中。后燕燕元二年（385年）八月，苻丕不得不放弃邺城，西撤到晋阳，慕容垂得以进驻邺城。次年二月，慕容垂在中山正式称帝，改元建兴。

戎马一生　身死征途

后燕建兴元年（386年）八月，西燕主慕容永进占长子，自称皇帝。慕容垂知道后，决定出兵西燕，征伐慕容永。但满朝文武都认为后燕连年用兵，军民已经疲惫不堪，不宜再对外作战。慕容德则支持出兵，他说："慕容永不过是慕容家族中的枝叶，哪里有资格称皇帝，扰乱人心。此贼不除，则民心不服。"慕容垂听后更加坚定了出兵的决心，于是对众臣说："我决心已定，不会动摇。我现已70岁，凭我的智谋，足可以夺取长子，活捉慕容永。"

后燕建兴九年二月，慕容垂出兵征讨西燕。慕容永急忙将所有军粮集中到台壁，准备迎战。慕容垂决定智取，他先在邺城西南逗留了一阵子，制造从太行大道进军长子的假象。慕容永果然上当，急忙调派留守台壁的军队到轵关堵截。慕容垂见对方落入圈套，率领大军从滏口经天井关到达台壁南部。慕容永发现上了当，急忙从太行山调兵迎击慕容垂。慕容垂命令骁骑将军慕容国率1000名骑兵预先埋伏在山谷中，然后设法将慕容永引进已经设好的圈套中。在慕容国的突然袭击下，慕容永的军队被分割包围，伤亡惨重。慕容永狼狈逃回长子，慕容垂乘胜追击，于同年八月攻克长子，斩杀慕容永及其30多名大臣。

　　轻松消灭西燕后，慕容垂有些得意忘形，野心也迅速膨胀起来，把下一个目标定为消灭北魏。散骑常侍高湖坚决反对道："魏国是我们的亲戚，而且两国关系友好，为什么要攻打他们呢？况且，拓跋珪也非等闲之辈，恐怕我们占不到便宜。"但慕容垂已经被胜利冲昏了头脑，根本听不进去，还罢免了高湖的官职。后燕建兴十年（395年）五月，慕容垂派太子慕容宝和慕容农、慕容麟统率大军向北魏进发。他们在黄河岸边与北魏的军队相遇，双方僵持了近一个月，后燕军被拖得疲惫不堪。这时，拓跋珪又派人截获了后燕传送消息的使者，使得慕容垂与慕容宝之间消息断绝。拓跋珪还强迫后燕使者向慕容宝传话说，慕容垂已死，让他赶快回去争夺帝位。慕容宝信以为真。大将慕容嵩听说慕容垂已死，也聚集多人阴谋叛乱。慕容宝遂于夜半时分烧掉战船仓皇撤退，北魏乘机追击，在参合陂打败后燕兵。

　　后燕建兴十一年（396年）三月，慕容垂亲自带领后燕大军秘密离开中山，越过青岭（即广昌岭），经过天门，跋山涉水，再穿过云中，出其不意地攻克平城，俘虏北魏3万多人。

　　这一战虽然取得了重大的胜利，但也成为慕容垂人生中的最后一战。他在离开云中时身体状况已经欠佳，攻陷平城后又匆忙撤退，路过参合陂时，看到之前被北魏杀死的几万后燕官兵累累白骨堆积如山，心中倍加伤感，病情骤然加重，待走到上谷时已是气息奄奄，不久便离开了人世。

太子慕容宝按照他的遗言，秘不发丧，回到京师之后才宣布他的死讯。

注释：

①段部鲜卑：东部鲜卑的一支。大概于东汉中叶由辽东西迁，分布在辽西一带，世袭部落大人。曹魏末晋初势力逐渐强大，至公元 4 世纪初，成为东部鲜卑最强盛的部族之一，管辖范围西接渔阳，东接辽水。

惠愍帝慕容宝

慕容宝档案

生卒年	355—398 年	在位时间	396—398 年
父亲	成武帝慕容垂	谥号	惠愍皇帝
母亲	段氏	庙号	烈宗
后妃	段皇后、孟氏、某氏等	曾用年号	永康

慕容宝,字道祐,小字库勾,后燕成武帝慕容垂第四子,十六国时期后燕第二位皇帝。

前燕建熙九年,慕容宝随慕容垂从前燕逃到前秦,曾任太子洗马、万年令。苻坚发动淝水之战时,慕容宝被任命为陵江将军。慕容垂称帝,建立后燕政权,慕容宝被立为太子。后燕建兴十一年,慕容垂驾崩,慕容宝继位,改元永康。

慕容宝平庸无能,但其长子、长乐王慕容盛却极具谋略。慕容宝南伐时兵败溃逃,幸亏慕容盛全力相救,才没有成为段速骨的俘虏。但是,慕容宝不喜欢这个儿子,所以没有重用他。

后燕永康三年(398 年),慕容宝因舅父兰汗发动政变而被杀,终年 44 岁,谥号惠愍皇帝,庙号烈宗。

随父投秦　自我修炼

慕容宝年少时品行很差，胸无大志，最爱听逢迎巴结的话。15 岁时，因为父亲慕容垂在前燕屡遭权臣慕容评和太后可足浑氏排挤、陷害，他跟随父亲逃离前燕，投奔前秦国主苻坚，被封为太子洗马、万年令。不久，前燕被前秦消灭，慕容宝目睹故国国君慕容暐以及满朝文武被押解到长安的情景，对慕容暐的痛恨顿时变为同情；后来又看到燕国遗老受到苻坚的轻视和侮辱，对苻坚则由感激转变为痛恨，并发誓一定要光复河山。

前秦建元十九年，苻坚率大军讨伐东晋，慕容宝被任命为陵江将军。当苻坚在淝水之战中惨败，逃进慕容垂的军营中时，慕容宝认为报仇的机会来了，于是建议父亲杀死苻坚，但遭到慕容垂拒绝。次年，慕容垂与苻坚分道扬镳，自称燕王，建立后燕，慕容宝也被立为太子。当时，慕容宝的继母段元妃认为慕容宝才能平庸、优柔寡断，不能担当大任，于是劝慕容垂改立辽西王慕容农或高阳王慕容隆为太子，并多次在慕容垂面前数落慕容宝和慕容垂幼子慕容麟的种种不是。慕容宝和慕容麟因此对段元妃怀恨在心。

慕容宝当上太子后，开始崇尚儒学，一段时间后，他不仅变得能说会道，而且写文章的水平也大有长进。与此同时，他还极力讨好慕容垂身边的近臣，在朝廷中赢得了一致好评，就连慕容垂也对他称赞有加。

内忧外患　沉着应对

后燕建兴十一年，慕容垂驾崩，慕容宝继位，改元永康。慕容宝继位后不久，便派赵王慕容麟逼迫继母段元妃自尽。后燕永康二年（397 年），后燕遭到北魏的袭击。负责抵抗北魏的慕容农被打败，逃回中山。

慕容宝召集大臣们商议对策，中山尹苻谟①说："北魏兵强马壮，来势凶猛，志在必得。他们一旦进入中原，便可长驱直入，后果不堪设想。所以，现在我们应该尽快占据险要地形，堵住他们的进路。"中书令眭邃则反对道："北魏军队大都是骑兵，靠掠夺生活，我们大可不必惊慌，只要坚壁清野，让他们找不到粮食，不出两个月，他们粮草殆尽，则自行撤退。"慕容宝也认同眭邃的意见，于是下令修筑城墙，积累粮草，打算与北魏长久对峙。后来听说北魏发生内乱，慕容宝便率领全部军队出城与北魏作战，结果被打得大败，损失惨重。

恰在此时，后燕宗室出现内乱，尚书慕舆皓准备发动政变，先杀掉慕容宝，再拥立慕容麟为帝。慕舆皓的妻兄苏泥将此事密告慕容宝。慕容宝大惊，急忙派慕容隆去逮捕慕舆皓，但慕舆皓听到风声后已经投奔北魏，慕容麟则狗急跳墙，逼迫左卫将军慕容精带兵诛杀慕容宝，但遭到慕容精的拒绝。慕容麟恼羞成怒，杀死了慕容精，又带兵投奔丁零②。慕容宝担心慕容麟袭击慕容会，于是匆忙和慕容策、慕容农带领1万多将士支援慕容会。他们来到慕容会那里，看到一切安然无恙，就将慕容会的兵力交给慕容农和慕容隆掌管，然后回去了。

狠心杀子　后遭毒手

慕容会是慕容宝的次子，长得英俊潇洒，雄健伟岸，器宇不凡，而且很有才能，深得祖父慕容垂的喜爱。慕容垂临终前，遗命慕容宝要立慕容会为太子。但慕容宝最宠爱小儿子慕容策，加上慕容宝的长子慕容盛嫉妒慕容会的才能，与其叔父赵王慕容麟力劝慕容宝立慕容策为太子，所以，慕容宝继位后不久，违背慕容垂的遗命，立慕容策为太子，而将慕容会、慕容盛晋封为王。慕容会因此对父亲心怀不满，如今兵权被夺，他更是怨恨不已。慕容宝对此心知肚明，担心慕容会日后对自己不利，决定杀掉慕容会，以绝后患。他找来慕容农、慕容隆商议此事，慕容农认为不妥。就在慕容宝犹豫不决之际，慕容会的手下因为主将被剥夺兵权，纷纷找到慕容宝说："慕容将军天资聪慧、谋略过人，我们愿意追随他左右，同患难共生死。希望陛下和皇太子暂时留下，我们现在就随同慕容将军去解除魏国对我们的包围，然后再送陛下回京。"

慕容宝见慕容会如此深得人心，心中更加忌惮，又跟慕容农、慕容隆商议要杀掉慕容会。慕容会听到风声后，担心父亲加害自己，遂公开反叛，逃到广都黄榆谷，并派侍御史仇尼归等人分两路偷袭慕容农和慕容隆，结果慕容隆被杀，慕容农则身负重伤，抓获仇尼归后逃进了深山。慕容会见事情败露，只好连夜去见慕容宝，声称自己是因慕容农、慕容隆谋反才派人去除掉他们。慕容宝不露声色，先稳住慕容会，暗中却指使卫军将军慕舆腾在酒宴上刺杀慕容会，但慕舆腾只击伤慕容会的头部，未能将其杀死。在部属的帮助下，慕容会仓皇逃回军营，随即率领部众攻打慕容宝。慕容宝寡不敌众，仓皇中带着几百人马逃到龙城。慕容会又率兵包围龙城，结果战败，为宗室慕容评所杀。

后燕永康三年，慕容宝率军向南进军北魏，但在乙连临时驻扎时，部将段速骨、宋赤眉发动叛乱，杀了司空、乐浪王慕容宙，拥立高阳王慕容崇为帝。慕容宝独自逃到慕容农处，之后与慕容农一起逃回龙城。后来，慕容宝的舅父、尚书兰汗与段速骨暗中勾结攻打龙城，并欺骗杀害了慕容农。慕容宝无奈，只得与慕容盛、慕舆腾等人向南逃去。随后，兰汗拥立太子慕容策继承帝位，并派使者去迎接慕容宝。慕容宝出于戒备心理，拒绝进城，兰汗又派左将军苏超再次去迎接他。慕容宝认为兰汗既是自己的舅父，又是儿子慕蓉盛的岳父，如此亲上加亲的关系，不应该再有顾虑，于是答应随苏超前往龙城。快要进城时，慕容宝的随从余崇觉得气氛不对，提醒慕容宝小心。但慕容宝此时疲惫不堪，只想早点回城休息，对余崇的提醒充耳不闻。他刚刚进入龙城的外邸，便被埋伏在暗处的兵士抓了起来，之后被兰汗的弟弟兰难杀害。

注释：

①苻谟（？—397年）：前秦天王苻坚的从弟，其女苻训英为后燕昭文帝慕容熙的皇后。历任征西将军、幽州牧、中山尹。后被开封公慕容

详杀害。

②丁零：古族名，亦作丁令、丁灵、钉灵。汉时分布于今贝加尔湖以南地区。西汉初为匈奴所破，之后协同乌孙、乌桓、鲜卑等族，配合汉军，击败匈奴，迫其西迁。东汉时部分南迁。两晋南北朝时，在今晋冀境内有定州丁零、中山丁零、北地丁零等，渐与其他民族融合。留在漠北的大部分，称敕勒，后作铁勒。

昭武帝慕容盛

慕容盛档案

生卒年	373—401 年	在位时间	398—401 年
父亲	惠愍帝慕容宝	谥号	昭武皇帝
母亲	丁氏	庙号	中宗
后妃	兰皇后等	曾用年号	建平、长乐

慕容盛，字道运，后燕惠愍帝慕容宝长子，十六国时期后燕第三位皇帝。

慕容垂背叛前秦，建立后燕后，苻坚下令诛杀留在长安的慕容氏，慕容盛侥幸逃脱，投到慕容冲帐下。后燕永康三年，慕容宝被兰难杀害，慕容盛不顾手下劝阻，回龙城为父亲吊丧，先取得了兰汗的信任，被封为侍中。之后，他离间兰汗、兰提、兰难兄弟之间的关系，又派慕容奇在建安聚众讨伐兰汗。后来，慕容盛趁兰汗父子酒醉之时将他们杀死，继位称帝，改元建平。

长乐三年（401年），慕容盛被刺身亡，终年29岁，谥号昭武皇帝，庙号中宗，葬于兴平陵。

巧施妙计　成功复仇

慕容盛聪慧机敏，而且行事沉着务实、智谋过人。他的祖父慕容垂早年因在前燕屡遭排挤陷害，逃亡投奔前秦，受到前秦宣昭帝苻坚的重用，后来慕容垂乘淝水之战后前秦元气大伤，背叛前秦，建立后燕，苻坚一怒之下诛杀留在长安的慕容氏，当时年仅11岁的慕容盛侥幸逃脱后，投奔了堂叔慕容冲。后燕燕元二年，慕容冲称帝，慕容盛见慕容冲性格骄横狂妄，赏罚不明，私下对叔父慕容柔说，慕容冲必定会灭亡。不久，慕容冲果然为段木延所杀，慕容盛只得跟随堂叔祖慕容永逃往长子，但又遭到慕容永的猜忌。为免杀身之祸，慕容盛劝叔父慕容柔、弟弟慕容会往东投奔慕容垂。东奔途中他们遇到了强盗，慕容盛沉着镇定地对强盗说："我堂堂男儿，在水里淹不死，在火中烧不死，你们是想尝试抵挡我的刀锋吗？不妨把你们手中的箭竖在百步之外，我若是能一箭射中，你们最好还是小心自己的性命。若是我射不中，任凭你们怎么处置都行。"于是，强盗就竖起箭，结果慕容盛在百步之外一箭射中目标。强盗们顿时被震慑住了，还拿出钱财为他们送行。慕容盛逃回祖父慕容垂身边，慕容垂向他询问西部的情况，慕容盛在地上画出地图详细地进行讲解。慕容垂很赞赏他的才能，于是封他为长乐公，后来又迁任散骑常侍、左将军。

后燕建兴十一年，慕容垂驾崩，慕容盛的父亲慕容宝继位，慕容盛被封为长乐王，担任征北大将军、司隶校尉、尚书左仆射。

后燕永康三年，慕容宝举兵南伐北魏，慕容盛留守龙城管理后方事务。后燕大将段速骨作乱时，慕容盛急出龙城迎战，几次保卫慕容宝，并多次向慕容宝进献奇谋，但慕容宝却听不进去，结果屡战屡败。他们逃回龙城后，龙城守将兰汗暗中与段速骨勾结攻打龙城，慕容宝、慕容盛等人只得又向南逃去。事后，慕容盛到冀州召集人马。兰汗则在龙城拥立太子慕容策继承帝位，并多次派使者去迎接慕容宝。慕容盛多次劝父亲不能轻信兰汗，更不能回龙城，但慕容宝认为兰汗是自己的舅父，又是慕容盛的岳父，不会对自己有二心，于是不顾劝阻，毫无防备地进入龙城，结果被兰汗所杀。

慕容盛听说父亲遇害，十分悲愤，迅速前往龙城为父亲吊丧，将军张真极力劝阻，但他却说："兰汗生性愚蠢浅薄，没有什么远见，一定会顾及我和他之间的亲戚情分，不忍心杀我。个把月的时间，我就能实现我的志向。"慕容盛抵达龙城后，由于妻子和岳母从中周旋，兰汗果然不忍心杀他，还派儿子兰穆去迎接他，并任命他为侍中、左光禄大夫。

兰汗的兄弟兰提、兰难劝他杀掉慕容盛，但兰汗没有答应。后燕太原王慕容奇是兰汗的外孙，兰汗也放过了他，还任命他为征南将军。慕容奇因此得以进宫见到慕容盛，经过一番筹划，慕容盛一面挑唆兰汗兄弟之间的关系，让他们骨肉相残，结果，兰提、兰难都被兰汗、兰穆父子所杀；一面派慕容奇逃出城外组建队伍。慕容奇暗中招募几千兵士，在建安城起兵反对兰汗。兰汗、兰穆父子怀疑慕容奇与慕容盛相互串通，于是召见慕容盛，准备杀掉他。慕容盛称病没有应召，并派妻子到岳母那里求情，兰汗便暂时放过了他。没过多久，慕容盛纠集心腹，趁夜间兰汗等人喝醉之机杀进宫中，捕杀了兰汗、兰穆父子及其党羽。

同年七月，慕容盛以长乐王的身份行使皇帝权力，大赦国内，改元建平。

多疑猜忌　引火烧身

慕容盛杀掉兰汗父子以后，命令慕容奇停止用兵。但慕容奇听从丁零人严生、乌桓人王龙之的建议，拒绝接受命令，企图依仗军队推翻慕容盛，率领3万多人进至距离龙城仅10里的横沟。慕容盛领兵出城拒敌，慕容奇战败，被逼自杀。

后燕永康三年七月，慕容盛正式称帝，改元长乐；立儿子慕容定为太子，大赦刑罚在斩首以下的罪人。

慕容盛称帝后，派兵平定了幽州刺史慕容豪、尚书左仆射张通、昌黎尹张顺的反叛，将他们全部诛杀；又率领3万人马攻打高丽，攻克新城、南苏地区，瓜分了那里的财产，把当地5000余户人家迁到辽西。后燕长乐三年，慕容盛讨伐库莫奚，虏获了大量人员和财物。

为了更好地治理国家，慕容盛曾在东堂召见百官，详细考核他们的才能，并命令百司每人推举一位文武全才以辅佐朝政。

然而，慕容盛执政过于严厉，经常靠威严的手段驾驭下属，骄暴而缺少人情味，对臣下多疑猜忌。辽西太守李朗（郎）在本郡治理长达10年，很有威望，慕容盛对他颇为猜忌，多次征召他入朝为官，但李朗也看出了慕容盛对自己的怀疑猜忌，所以每次都推辞不就。同时，李朗因为母亲住在龙城，也不敢公然反叛，只是暗中派人联络北魏，让他们入侵后燕，然后派使者去龙城禀报，夸大辽西郡受到侵犯的形势。慕容盛对此心存怀疑，经审问使者，果然证实了他的判断，于是下令杀了李朗的家人，然后派辅国将军李旱率兵讨伐李朗。但李旱刚行进到建安，他又命令李旱率兵返回。

李朗听说家人全部被杀，聚集人马准备抵抗。他听说李旱半路又带兵返回，以为朝廷发生内乱，于是就放松防范，把儿子李养留下守卫令支，自己则前往北平迎接魏军。李旱得知消息后杀了个回马枪，一举攻克令支，又派孟广平率领骑兵追上李朗并杀了他。

后燕长乐三年，左将军慕容国及殿中将军秦舆、段赞等起兵叛乱，慕容盛先下手为强，将他们连同部属500人全部杀掉。秦舆之子秦兴、段赞之子段泰决定复仇，他们潜入宫中，在夜深人静之时大声呼喊，慕容盛以为有人偷袭，急忙穿衣下床到外面迎敌。秦兴、段泰二人见状连忙逃走，慕容盛刚要转身回去，结果被埋伏在暗处的刺客一刀毙命。

昭文帝慕容熙

慕容熙档案

生卒年	385—407年	在位时间	401—407年
父亲	成武皇帝慕容垂	谥号	昭文皇帝
母亲	不详	庙号	高宗
后妃	丁氏、苻训英等	曾用年号	光始、建始

慕容熙，字道文，小字长生，鲜卑族，成武帝慕容垂少子，惠愍帝慕容宝之弟，十六国时期后燕第四位皇帝。

慕容熙曾被封为河间王，兰汗叛乱时又被封为辽东公，慕容盛继位后贬为河间公。后燕长乐三年，慕容盛死于暗杀，大臣们有意立慕容盛之弟慕容元继位，但是慕容盛的母亲丁太后与慕容熙私通，两人合谋杀死了慕容元，然后由慕容熙篡位，改元光始。

后燕建始元年（407年），慕容熙驾崩，终年23岁，在位7年，谥号昭文皇帝，庙号高宗，葬于徽平陵。

一朝登基　忘恩负义

慕容垂老来得子，50多岁才有了慕容熙。后燕建兴八年（393年），慕容熙被封为河间王。后燕永康元年，慕容熙跟随兄长慕容宝来到龙城，被封为司隶校尉。同年慕容垂驾崩，慕容宝继位。次年，慕容宝率兵出征，朝中发生了慕容崇、段速骨叛乱事件，慕容氏的许多宗室亲王被杀，慕容熙因为慕容崇的偏爱而得以幸免。后燕永康三年，兰汗杀死慕容宝并篡位，慕容熙被封为辽东公，承继燕祀。不久，慕容宝的儿子慕容盛为父报仇，杀死兰汗，继承帝位。慕容熙则被降为河间公，拜为都督中外诸军事、骠骑大将军、尚书左仆射、兼中领军。在跟随慕容盛出征高丽、契丹时，他每每身先士卒、勇往直前，慕容盛还夸奖他说："叔父的勇猛丝毫不亚于世祖（慕容垂），只是远虑稍有逊色而已。"

后燕长乐三年，慕容盛去世，指定由太子慕容定继承皇位。考虑到慕容定年龄尚小，无法处理朝政，大臣们经过商议，想让慕容盛之弟慕容元继承帝位。但丁太后与慕容熙有染，想将帝位传给慕容熙，她连夜改写诏书，废掉慕容元，召慕容熙进宫，继承帝位。

慕容熙之所以能当上皇帝，显然要归功于丁太后，慕容熙对她也非常感激。但仅仅过了一年，他便见异思迁，看上了中山尹苻谟的两个貌若天仙的女儿苻娀娥、苻训英，将她们分别立为贵人和贵嫔。丁太后受到冷落后，心中怨恨，便与侄儿商议废掉慕容熙，改立慕容渊①为帝。由于事不机密，慕容熙很快听到了风声，他马上下令将丁太后等人全部处死。

宠爱新贵　百依百顺

后燕光始三年十二月二十日（404年1月18日），慕容熙将苻训英立为皇后。为了讨得苻训英的欢心，他还大兴土木，在龙腾苑建造逍遥宫、甘露殿，开凿曲光海、清凉池，开挖天河渠，将水引入皇宫。时值盛夏，为了赶工期，士兵们冒着酷暑高温，昼夜不停，很多人因不堪重负而活活累死。

后燕光始六年（406年），慕容熙率军进犯契丹，但契丹兵强马壮，无法取胜。慕容熙想要撤兵，但苻训英则坚持进攻，慕容熙便下令丢下辎重，轻装袭击高丽。部队为此绕行3000多里，劳累不堪，伤亡不计其数，好不容易来到木底城②下，经过多次战斗，最后无功而返。

后燕光始七年（407年）三月，慕容熙再次为苻训英建造承华殿，由于规模宏大，需要大量的土木，致使泥土的价格猛涨，和谷物价格一样。典军杜静为此上书劝谏，结果被慕容熙下令处死。

慕容熙对苻氏言听计从，百依百顺。苻氏喜欢游玩，他就陪伴她东游青岭，南游沧海。她在夏天想吃冻鱼，冬天想吃只有二八月才有的地黄，他也一一应允。

苻训英喜爱郊游打猎，慕容熙向北来到白鹿山，向东越过青岭，南到沧海，以致5000多名将士被猛兽咬死或被冻死，老百姓也苦不堪言。这时又发生了高丽侵犯燕国的事情，杀死燕国百姓100多人。慕容熙收到告急文书后，决定攻打辽东，并放出豪言："等到铲平敌寇的那一天，我一定要带着皇后坐着龙辇第一个冲进城去。"此话传到敌人耳中，敌人防守更加严密，以至于后燕将士攻打多次均不能破城。恰逢阴雨连绵，将士们死伤无数，慕容熙只得下令撤兵。

痛失皇后　死于乱军

后燕光始四年（404年）七月，苻娀娥染病，慕容熙命人四处寻医问药。龙城人王荣自称能治好苻娀娥的病，慕容熙急忙将他请进宫中，但病没有治好，苻娀娥还因此送了命。慕容熙悲愤交加，在公车门前将王荣肢解焚死。

后燕光始七年四月，苻训英病逝，慕容熙悲痛欲绝，几度昏厥。他下令为苻训英修建一座豪华的陵墓，名叫徽平陵。他对监工说："陵墓一定要好好地建造，将来有一天，我也要到皇后的墓中与她相伴。"

徽平陵规模庞大，周长达几里，耗资上百万，历时3个月才完工。在为苻训英举行葬礼时，因为灵车太大，无法通过皇宫北门，慕容熙下令将北门毁掉。城中父老见状，摇头叹息说："慕容氏自毁北门，后燕恐将不久矣！"下葬那天，慕容熙光着脚，披头散发地跟在灵车后面，步行20

余里，亲自送到墓地。

在为苻训英举行葬礼的时候，原来受到慕容熙通缉抓捕的要犯冯跋、冯素弗③兄弟趁乱潜回龙城，准备刺杀慕容熙。慕容熙出城后，冯跋胁迫慕容宝的养子高云，调动5000多人关闭龙城所有城门。留守龙城的中黄门赵洛生急忙骑马到墓地报信，慕容熙听了却毫不在意地说："冯跋乃一无名鼠辈，不必大惊小怪，待我回去取他人头过来。"随即披盔戴甲，跨上战马，往龙城疾奔，于傍晚时分到达龙城。此时城门已经关闭，他指挥人马攻打北门，但怎么也打不开，只好暂宿城外。次日一早，高云在冯跋的拥立下登基称王。慕容熙只好退入龙腾苑。几天后，慕容熙被人抓住送给高云，当天即被杀害。

注释：

①慕容渊（?—402年）：后燕尚书左仆射、章武公。慕容宝之子，慕容盛之弟。

②木底城：古地名。高丽的军事重镇，故址在今辽宁新宾满族自治县西40里苏子河北岸木奇镇；有说在吉林伊通县境；或在朝鲜价川县境。

③冯素弗（?—414或415年）：十六国时北燕主冯跋之弟，初为后燕慕容熙侍御郎、小帐下督。与冯跋等杀慕容熙而立高云，为昌黎尹、抚军大将军、司隶校尉，封范阳公。冯跋称天王，拜为侍中、车骑大将军、录尚书事。及平冯万泥之乱，署为大司马，改封辽西公。后为宰辅，颇得人心。

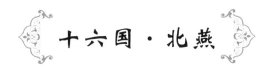

惠懿帝高云

高云档案

生卒年	？—409 年	在位时间	407—409 年
父亲	高拔	谥号	惠懿皇帝
母亲	不详	庙号	景宗
后妃	李皇后等	曾用年号	正始

高云，又名慕容云，字子雨，后燕惠愍帝慕容宝的养子，407年，冯跋杀慕容熙立高云为燕天王，史称北燕。

后燕永康二年，慕容宝之子慕容会起兵反叛，被高云率兵平定，慕容宝因此收高云为养子，赐姓慕容氏，封夕阳公。后燕光始七年，冯跋反叛，杀害昭文帝慕容熙，慕容云被冯跋拥立为帝，改元正始，国号大燕，恢复高姓。

北燕正始三年（409年），高云被刺身亡，谥号惠懿皇帝，庙号景宗。

称王复姓　宠臣刺杀

高云为人精明，沉默寡言，城府极深。早在慕容宝还是太子的时候，高云就因为武功高强而当上了侍御郎，在东宫侍候太子。后来，慕容宝继承帝位，高云也就成了慕容宝的亲信。后燕永康二年，慕容会发动叛乱，高云受慕容宝之命率兵平定叛乱，立下大功，被慕容宝收为义子，封夕阳公，赐姓慕容。

后燕光始七年，昭文帝慕容熙的皇后苻训英去世，慕容熙悲痛欲绝，亲自出城为其送葬。这时，因受到通缉而隐藏于山林的中卫将军冯跋带着一伙人潜入高云家中，准备拥立高云为帝。高云拒绝道："我是先帝养子，蒙受浩荡皇恩，这种事是万万不能干的。"但冯跋并不罢休，劝道："燕国的皇帝一代不如一代，慕容熙荒淫无道，百姓不堪其苦，人人得而诛之。如今正是消灭他们的大好时机，如果不抓住这次机会，你将抱憾终生。"之后胁迫高云进入皇城，宣布登基。

高云当上皇帝后，恢复高姓，称天王，改元正始，国号为大燕，任命冯跋为侍中、都督中外诸军事、征北大将军、开府仪同三司、录尚书事，掌军国大权；同时对将士们大加奖赏，恢复慕容熙的旧僚，立妻子李氏为天王后、儿子高彭为太子。他还下令关闭所有城门，拒绝慕容熙入城。几天后，慕容熙被人抓住，高云将他及其儿子处死。

高云虽然当上了天王，但朝政大权实际上掌握在冯跋兄弟手中。高云深知自己只是冯跋的跳板，冯跋的最终目的是登上帝位。为了防范冯跋兄弟发动政变，长久保住自己的位置，高云以重金招募了一批勇士，然后任用亲信离班和桃仁统领禁卫军，并重重地赏赐他们，连衣食住行都跟自己一样。但离班、桃仁却不知满足，甚至满腹怨言，密谋杀掉高云，发动政变。

北燕正始三年（409）十月的一天，高云正往东堂走，离班、桃仁追了过来，一手拿剑，一手拿纸，说有要事相告。高云不知是计，接过纸来看，离班乘机抽出剑来刺向高云。高云躲开了，转身要跑，又被桃仁刺了一剑，当场毙命。

文成帝冯跋

冯跋档案

生卒年	？—430 年	在位时间	409—430 年
父亲	冯安	谥号	文成皇帝
母亲	张氏	庙号	太祖
后妃	孙皇后、宋皇后等	曾用年号	太平

冯跋，字文起，小字乞直伐，长乐信都人。

惠愍帝慕容宝在位时，冯跋被任命为中卫将军。后来慕容熙继位，而冯跋兄弟曾经得罪过他，所以慕容熙想要诛杀他们，他们只得逃匿深山。后来，他们乘慕容熙为皇后送葬的机会复出山林，发动政变，杀掉慕容熙，拥立高云为帝。因为拥立有功，冯跋被高云封为侍中、征北大将军、录尚书事等职。

北燕正始三年，高云被杀，冯跋平定叛乱，自立为天王，改元太平。

北燕太平二十二年（430 年），冯跋驾崩，谥号文成皇帝，庙号太祖，葬于长谷陵。

诛杀叛将　自立为王

冯跋是被胡化了的汉人,他的父亲冯安曾是西燕的大将军,西燕灭亡后,东徙至龙城,居于长谷。惠愍帝慕容宝时,冯跋署中卫将军;慕容熙继位后,被提升为殿中左监,后又升卫中郎将。慕容熙施政暴虐,滥杀朝臣,而冯跋与弟弟冯素弗早在他继位之前就得罪过他,成为慕容熙诛杀的对象,不得不藏匿于深山之中。尽管隐居山林,冯跋依然不忘政治,时刻关注后燕的动态。他看到后燕赋税繁重,百姓不堪承受,便对弟弟说:"慕容熙昏庸无道,又与我们有仇,我们应该瞅准时机,图谋大事,即便不成,也死而无憾。"后燕光始七年七月,冯跋兄弟趁慕容熙为皇后送葬之际偷偷潜回龙城,关闭城门发动政变,拥立高云为帝,并杀掉慕容熙。冯跋因功被封为侍中、征北大将军、开府仪同三司、武邑公等,执掌军政大权。

北燕正始三年十月,高云被离班、桃仁刺杀后,冯跋派亲信张泰、李桑杀死离班、桃仁,之后在昌黎即天王位,同时立妻子孙氏为皇后、儿子冯永为太子。

知人善任　严于治政

冯跋即位后实施了一系列惠民政策,如废除苛政,官吏不得侵害百姓,并命令司法部门随时监督。朝廷中有一个名叫李训的官员,在慕容熙失败时曾经从后燕国库中偷走数以万计的金银财宝,然后向北燕吏部尚书马弗勤行贿,被提拔为方略令。冯跋知道后,将马弗勤狠狠地揍了一顿,又将李训斩首示众,并查缴其全部家产。从此,北燕行贿受贿之事就很少发生了。

冯跋也很知人善任,即位后提拔重用了德才兼备的郝越、张买成、周刁、温建德、何纂等人。为了培养人才,他还专门建立了一所学校,选拔 2000 石以上的官员子弟入校学习，任命长乐刘轩、营丘张炽、成周翟崇为博士郎中，管理太学。

冯跋深知农业乃立国的根本，因此，他即位后便颁布条例，惩罚懒惰者，奖励勤劳者；规定每个农民必须种植 100 棵桑树、20 棵柘树。此外，他还大力发展农业生产，努力减轻农民负担。为了节省财力物力，他还大力改革殡葬习俗，要求丧事简办。

后宫当政　惊吓致死

冯跋在位时期，北方的柔然部①悄然强盛起来。北燕太平三年（411 年）七月，柔然可汗斛律派使者来到北燕，请求娶乐浪公主为妻，但遭到大臣们的一致反对。大臣们认为如果答应这门亲事，无异于自降身份。但冯跋却认为这是一件好事，说道："我正要在柔然中树立威信，这正是天赐良机。女子嫁夫随夫，纵有千里又能算得了什么呢！"随后将乐浪公主嫁了过去。从此，柔然与北燕结好。

北燕太平二十二年九月，冯跋身患重病，因长子冯永此时已病逝，将次子冯翼立为太子，代管国事；而冯跋之妾宋氏一心想让自己的儿子冯受居为太子，以便把持朝纲。为了达到这一目的，她禁止冯跋的兄弟们及朝中文武重臣进宫探视，凡事只让自己的心腹给事中胡福代为传达。

冯跋之弟冯弘见冯跋奄奄一息，乘机发动政变，带兵闯进冯跋的卧室，夺取帝位，冯跋受惊吓而死。

注释：

①柔然部：古族名。北魏时期称其建立的政权为柔然。公元 4 世纪中期，在今鄂尔浑河和土拉河流域游牧。始祖木骨闾，附属拓跋部，到其子车鹿会时，拥有不少部众和财富，自号柔然。5 世纪后期，与南朝建立联系。后因内部分裂，日渐衰微。西魏废帝元年（552 年）并入突厥。部分属众辗转西迁，移居内地者大都先融合于鲜卑，后逐渐汉化。

昭成帝冯弘

冯弘档案

生卒年	？—437年	在位时间	430—436年
父亲	冯安	谥号	昭成皇帝
母亲	张氏	庙号	无
后妃	慕容皇后、王氏等	曾用年号	太兴

冯弘，字文通，长乐信都人，文成帝冯跋之弟，十六国时期北燕第三位皇帝。

北燕太平二十二年，文成帝冯跋病重，冯弘杀死太子冯翼，自立称帝，改元太兴。

北燕太兴六年（436年），北魏攻打北燕，冯弘不敌，被迫逃往高丽，一年后为高丽王所杀，谥号昭成皇帝。

杀侄自立　亡命高丽

冯跋执政时，冯弘被封为侍中、征东大将军、尚书右仆射，掌管禁卫军。北燕太平二十二年九月，冯跋病危，冯弘发动政变，带兵闯进宫中，致使冯跋受惊吓而死。随后，冯弘登基，自称天王，次年正月改元太兴。

太兴二年（432年）七月，北魏拓跋焘率军征讨北燕，不到两个月的时间，北燕便丢失数郡。散骑常侍刘滋劝冯弘尽快将女儿和大量财物送给拓跋焘，以求平安无事，被冯弘拒绝。

太兴五年（435年）六月，拓跋焘又命乐平王拓跋丕、镇东大将军屈垣率领4万人马再次进犯。冯弘见大军压境，急忙派人秘密向高丽求助，准备到那里暂避。

太兴六年五月，冯弘烧掉皇宫宝殿，带领龙城百姓东迁高丽，被安置于平郭，不久又迁到北丰。冯弘虽然寄人篱下，但仍然以皇帝自居，随意打骂高丽的居民，结果惹恼了对方，将他的儿子冯王仁抓去做人质，并赶走了他的侍从。冯弘非常气怒，决定离开高丽，于是派人与刘宋取得联系。宋文帝刘义隆派人来接冯弘，但遭到高丽拒绝。

北魏太延三年（437年）三月，魏太武帝拓跋焘向高丽索要冯弘，高丽就在北丰将冯弘杀死，北燕宣告灭亡。

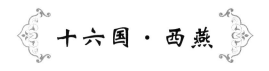

十六国·西燕

烈文帝慕容泓

慕容泓档案

生卒年	？—384年	在位时间	384年四月至六月
父亲	慕容儁	谥号	烈文皇帝
母亲	可足浑氏	庙号	肃宗
后妃	不详	曾用年号	燕兴

慕容泓，鲜卑族人，前燕景昭帝慕容儁之子、幽帝慕容暐之弟，十六国时期西燕的开国皇帝。

慕容儁在位时，慕容泓被封为济北王。前秦建元六年（370年），前秦消灭前燕，慕容泓与兄慕容暐一起投降前秦，被任为北地长史。前秦建元二十年，慕容垂起兵反秦，进攻邺城。慕容泓担心受到株连，为前秦所害，遂逃往关东，收集旧部几千人，在华阳自称都督陕西诸军事、大将军、雍州牧、济北王。四月，慕容泓率军攻克长安，建国号燕，建元燕兴，史称西燕。

这年六月，慕容泓被杀，谥号烈文皇帝，庙号肃宗。

趁乱而起　反叛前秦

前秦建元六年（370 年），前燕被苻坚消灭，慕容泓与兄长慕容晖一起被押到长安，受到苻坚的优待，慕容晖被封为新兴侯，慕容泓被封为北地长史。

前秦建元二十年，慕容泓的叔父慕容垂看准时机，率先扛起了反秦大旗。慕容泓听说慕容垂起兵反秦并攻打邺城的消息后，跑到关东召集数千鲜卑人，然后返回驻地，响应慕容垂的起兵行动。与此同时，慕容晖也暗中让弟弟及同族之人在外起兵响应。前秦国主苻坚派将军强永领兵去攻打慕容泓，结果反被慕容泓击败。慕容泓的军力得到进一步加强，遂自称使持节、大都督陕西诸军事、大将军、雍州牧、济北王，拜慕容垂为丞相、都督陕东诸军事、领大司马、冀州牧、吴王。

苻坚不甘战败，以广平公苻熙镇守蒲阪，并征召雍州牧、巨鹿公苻睿为都督中外诸军事、卫大将军、司隶校尉、录尚书事，以左将军窦冲为长史、龙骧将军姚苌为司马，率领数万精兵，气势汹汹地前去征讨慕容泓。

慕容泓自知不敌，率领兵众逃奔关东。这时，苻睿鲁莽轻敌，不听从姚苌的劝告，率兵追击慕容泓，双方在华泽相遇发生激战，苻睿战败被杀。

建立西燕　死于臣手

当时，慕容泓的弟弟、平阳太守慕容冲也在河东起兵，率领 2 万多人对蒲阪发起猛烈攻击，苻坚派大将窦冲前去迎战。前秦建元二十年四月，双方在黄河东交战，慕容冲战败，损失惨重，带着剩余的 8000 名鲜卑骑兵投奔慕容泓。此时，慕容泓的兵众已达 10 多万，声势浩大，他派使者对苻坚说："前秦行无道之事，将我们的国家给灭了。而今秦军大败，乃苍天有眼，使我大燕即将复兴。吴王慕容垂已经平定关东，劝你赶快准备大驾，把我们的皇帝以及宗室功臣平安地送回来，我也好早一日护卫皇帝返回邺都。从此以后，大燕与前秦以武牢为界，平分天下，互不侵犯，永远作为友好邻邦。巨鹿公苻睿有勇无谋，轻敌冒进，死于乱军之中，是他应得的下场，并非我故意要杀死他。"

苻坚愤怒至极，将慕容暐狠狠地训了一顿，并命令他给慕容垂、慕容泓和慕容冲写信，劝他们早日投降，可免不死。慕容暐假意答应，暗中却派使者对慕容泓说："现在长安接连出现怪异的事情，恐怕是前秦的气数已尽，不能久存了。我已经被囚禁在这里，想要回去是万难之事。你们一定要抓住这个难得的机会，不要顾忌我，努力振兴我们的国家，可以让吴王慕容垂做相国，中山王慕容冲做太宰兼大司马，而你则做大将军兼司徒，秉承我的旨意封爵授官。听到我的死讯后，你就可以即皇帝位。"慕容泓听从了他的意见，率军向长安进发，改元燕兴，建立西燕政权。

然而好景不长，慕容泓的谋臣高盖、宿勤崇等人认为慕容泓的道德威望不如慕容冲，而且执行法律苛刻严峻，于是合谋将慕容泓杀害，改立慕容冲为皇太弟，按照慕容暐的意旨行事，设置百官，制定礼制。

威帝慕容冲

慕容冲档案

生卒年	359—386年	在位时间	384—386年
父亲	慕容儁	谥号	威皇帝
母亲	可足浑氏	庙号	无
后妃	不详	曾用年号	更始

慕容冲，小字凤皇，鲜卑族，前燕景昭帝慕容儁之子，幽帝慕容暐、烈文帝慕容泓之弟，十六国时期西燕第二位皇帝。

前秦建元二十年，慕容冲在河东起兵，被前秦将领窦冲打败后，带领余部投奔慕容泓。接着，慕容泓建立西燕，慕容冲在朝中担任要职。同年六月，慕容泓的谋臣高盖、宿勤崇等杀了慕容泓，拥立慕容冲为皇太弟，代行皇帝权力，自行设置任命官员。次年，慕容冲在阿房城称帝，改元更始。

西燕更始二年（386年），慕容冲被左将军韩延攻杀，终年28岁，谥号威皇帝。

代兄掌权　进占阿房

前秦建元六年，前秦消灭前燕，众多鲜卑慕容部人被迁往关中，其中包括慕容冲、慕容泓兄弟。前秦建元二十年，慕容冲的叔父慕容垂首先率兵脱离前秦，建立后燕。慕容泓听到叔父起兵的消息，也在关中自称济北王。慕容冲此时担任平阳太守，在河东起兵，率领2万大军攻打蒲阪，不料被前秦将领窦冲打败。慕容冲损失惨重，带着剩余的8000人马投奔兄长慕容泓。这时，慕容泓拥兵10万，进军长安，建立西燕政权。但是，他在皇帝的宝座上只坐了两个月，便被谋臣高盖、宿勤崇等合谋杀害。之后，慕容冲被立为皇太弟，秉承慕容暐的意旨行事，自行设置任命官员。慕容冲上任以后，任命高盖为尚书令。后秦姚苌见西燕国力强盛，不敢与之为敌，又派遣儿子姚嵩到西燕当人质，以求和好。

同年七月，苻坚得知慕容冲进攻长安，大军还没到达就撤离了，遂令抚军将军苻方戍守骊山，拜苻晖为使持节、散骑常侍、都督中外诸军事、车骑大将军、司隶校尉、录尚书事，率军数万讨伐慕容冲；又封河间公苻琳为中军大将军，率部支援苻晖。

为了壮大自己的声势，迷惑敌人，慕容冲采取障眼法，命妇人乘牛马充数，举竿子为旗，扬土为尘。西燕大军早晨在郑西进攻苻晖军营，苻晖出兵迎战，被燕军的气势所镇住，战败而回。苻坚又任命尚书姜宇为前将军，与苻琳一起率兵3万，对慕容冲发起第二次进攻，但再次被慕容冲打败，姜宇战死，苻琳身中流箭，慕容冲紧接着进入阿房城，站住了脚跟。

进逼长安　大战前秦

前秦建元二十年九月，慕容冲率军向长安开进，很快兵临城下。苻坚登上城头，但见城外旌旗招展，气势雄壮，叹息道："这是从哪里冒出来的军队，如此强盛！"随后又冲着慕容冲说："鲜卑奴儿，不好好在家中放牧牛羊，为什么来送死！"慕容冲说："我们早已过够了为奴的生活，所以来替代你当主人！"苻坚被他的强大气势镇住，于是派使者送一领锦袍给慕容冲，讨好说："卿远道而来，必定劳苦，现赠送一领锦袍，以示抚慰之心。朕一向待卿不薄，何苦反目成仇，还是快快回去吧。"然而，慕容冲却说："皇太弟有令，苻坚快快出城投降，可饶你一命，否则必碎尸万段！"苻坚听了追悔莫及，说："我不听从王猛、阳平公之言，使得白虏猖狂到这样的地步。"

双方交战几个月，各有胜负。苻坚亲率大军讨伐慕容冲，结果陷入包围，多亏殿中上将军邓迈、左中郎将邓绥、尚书郎邓琼与毛长乐等人蒙上兽皮，扬戈奋勇攻击慕容冲军，才扭转局势。之后，慕容冲派尚书令高盖率军夜袭长安，攻陷南门，但部队进入南城后被前秦左将军窦冲、前禁将军李辩等击败，阵亡1800人，并被前秦军分尸而食。接着，慕容冲又在城西被苻坚打败，退守阿房城。前秦众将请求攻入城内，但苻坚担心被慕容冲俘获，下令收兵。西燕更始元年（385年）正月，慕容冲在阿房城称帝。

苻晖因多次被慕容冲击败，受到苻坚斥责，愤而自杀。关中3000余座城堡的守军推举平远将军冯翊、赵敖为统领，相互结盟，派兵送粮援助苻坚。前秦左将军苟池、右将军俱石子率3000名骑兵，与慕容冲争抢麦子，以求坚壁清野。双方在骊山交战，苟池战败身亡，俱石子则逃奔邺城。苻坚怒气冲天，又派杨定率精锐骑兵2500人征讨慕容冲，俘获1万多名鲜卑人。

五月，慕容冲再次向长安发起攻击，破城而入。苻坚身披铠甲督战，中箭无数。被慕容冲俘虏的三辅人士，暗中派使者告诉苻坚，以放火为信号里应外合，苻坚连忙派700名骑兵去接应。可惜天公不作美，在慕容冲军营中放火的人反而被大风吹来的火烧死，只有极少数人逃了出来。苻坚派杨定在城西攻打慕容冲，也被慕容冲擒获。苻坚惊恐万状，将战事交给苻宏，自己带着中山公苻诜等人率数百骑兵到五将山，向所有的州郡传达消息，集合兵马攻打慕容冲。但苻宏抵挡不住，也带着宗室男女逃出长安，百官俱散。慕容冲顺利占领长安，并纵兵大肆掳掠，死者不计其数。

力战后秦　兵变被杀

慕容冲与苻坚交战时，军力强盛。后秦国主姚苌想要西上，又担心受到慕容冲的阻拦，遂派使者议和，假意交好，并送儿子姚崇到西燕做人质。随后，姚苌进驻北地，练兵聚粮，静待时局变化。西燕更始元年十月，慕容冲派车骑大将军高盖率5万人马进攻后秦，双方在新平以南交战，高盖战败，其部众数千人均投降后秦。

西燕更始二年，因为畏惧后燕武成帝慕容垂的强盛，慕容冲不敢东归，决定留在长安。然而，鲜卑人都渴望回到家乡，左将军韩延利用众人心中的不满，起兵反叛慕容冲，并将其杀死，然后拥立慕容冲的将领段随为西燕王。

文帝慕容瑶

慕容瑶档案

生卒年	？—386年	在位时间	386年三月
父亲	威皇帝慕容冲	谥号	无
母亲	不详	庙号	无
后妃	无	曾用年号	建平

慕容瑶，又名慕容望，威帝慕容冲之子，十六国时期西燕第五位皇帝。

西燕更始二年二月，威帝慕容冲为叛将所杀，国内陷入混乱。慕容瑶被仆射慕容恒拥立为帝，改元建平。三月，慕容瑶便因内部冲突而被杀。

昙花一现　死于内乱

西燕更始二年二月，西燕左将军韩延叛变杀死慕容冲，立部下段随为帝，改元昌平。三月，仆射慕容恒、尚书慕容永将段随推翻杀死，改立宜都王慕容桓之子慕容𫖮为帝（西燕第四位皇帝），改元建明。慕容𫖮称帝后，顺应民意，率领鲜卑男女40多万人离开长安返回故土。然而，大军行进到临晋时，护军将军慕容韬诱杀慕容𫖮。慕容恒大怒，丢下慕容韬回到自己的军营①。

尚书慕容永、武卫将军刁云深为慕容颢感到不平,于是率兵攻打慕容韬,慕容韬惊慌失措,逃到慕容恒的军营。为了对付慕容永,慕容恒立慕容冲之子慕容瑶为帝,改元建平。但是,这一举措引起全军将士不满,纷纷离开慕容瑶投奔慕容永。慕容永实力大增,很快击败慕容恒,杀死慕容瑶,改立慕容泓之子慕容忠为帝。

① 段随与慕容颢事迹不多,故未单独列传。

安帝慕容忠

慕容忠档案

生卒年	？—386年	在位时间	386年三月至六月
父亲	烈文帝慕容泓	谥号	无
母亲	不详	庙号	无
后妃	不详	曾用年号	建武

慕容忠，鲜卑族，烈文帝慕容泓之子，十六国时期西燕第六位皇帝。

西燕更始二年三月，慕容瑶被杀，慕容忠被慕容永拥立为帝，改元建武。同年六月，慕容忠又被慕容永派人杀害。

傀儡皇帝　权臣篡位

西燕更始二年三月，慕容韬杀了慕容颛，随即受到尚书慕容永、武卫将军刁云的攻击，慌忙之中投奔兄长慕容恒。慕容恒不计前嫌，大度地收留了他。为了共同对付慕容永和刁云，慕容恒立慕容冲之子慕容瑶为帝。然而，慕容恒这一举措遭到大家的一致反对，将士们纷纷投奔慕容永，慕容永因此实力大增，很快便将慕容恒打败，俘获慕容瑶并将其杀死。之后，慕容永立慕容泓的儿子慕容忠为帝，改元建武。慕容永被封为太尉，暂任尚书令，封河东公，执掌西燕军政大权。

慕容永执法宽平，有效地缓解了鲜卑内部日益尖锐的矛盾，带领大家继续东进。大队人马行至山西闻喜，听说慕容垂已经称帝，不敢继续前进，于是就地筑城定居下来，名为燕熙城。生活慢慢稳定下来后，慕容永的野心也随之膨胀起来。他指使刁云等人杀死慕容忠，自任使持节、都督中外诸军事、大将军、大单于，以及雍、秦、梁、凉四州牧，录尚书事，河东王，向后燕称藩，成为新的西燕王。

武桓帝慕容永

慕容永档案

生卒年	？—394年	在位时间	386—394年
父亲	不详	谥号	武桓皇帝
母亲	不详	庙号	康宗
后妃	不详	曾用年号	中兴

慕容永，字叔明，昌黎棘城人，鲜卑族，前燕西平公慕容运之孙、文明帝慕容皝的堂侄，十六国时期西燕最后一位皇帝。

西燕更始二年，慕容忠被刁云等人杀害，慕容永被拥立为大都督、大将军、大单于、雍、秦、梁、凉四州牧，河东王，并向后燕称藩。同年，慕容永称帝，改元中兴，建都长子。

西燕中兴九年（394年），慕容永为慕容垂所斩杀，谥号武桓皇帝，庙号康宗。

颠沛流离　长子称帝

前燕建熙十一年，前燕被前秦消灭，前燕皇帝慕容暐及王公以下鲜卑族数万人被迫迁往长安，慕容永也在其中。他们在长安大多数沦为奴婢，过着屈辱的生活。慕容永的日子同样过得十分艰难，与妻子在长安城内以卖靴子为生。

后来，慕容晖的弟弟慕容泓在关中起兵，建立西燕。苻坚盛怒之下将慕容晖杀死。同年，慕容泓也被谋臣高盖、宿勤崇等杀死。西燕更始元年，慕容泓之弟慕容冲称帝，慕容永被任命为小将领。前秦左将军苟池奉命攻打西燕，双方在骊山展开大战，慕容永受命率军迎战，奋力冲杀，斩杀前秦军数千人。但慕容永接着又被秦将杨定击败，上万鲜卑人被俘虏。之后，杨定又打败慕容宪。慕容冲连吃两场败仗，损兵折将，不敢再战，于是采纳慕容永的计策，挖了许多马坎用以防御敌人。慕容永因为作战勇敢，被封为黄门郎。

慕容冲在长安站稳了脚跟，因为害怕后燕皇帝慕容垂，于是产生了在长安永久居住下去的想法。他督促农耕，建筑宫室，做好长久安居的准备。然而，鲜卑人都想东返故土，左将军韩延借机起兵反叛，杀死慕容冲，拥立慕容冲的部将段随为燕王，改元昌平。

西燕更始二年三月，慕容永与慕容恒暗中策划，杀死段随，拥立宜都王慕容桓之子慕容颛为燕王，改元建明。之后，慕容颛封慕容永为武卫将军，率领数十万鲜卑族人，带着乘舆、服装、礼乐器物等，离开长安，返回故土。慕容韬企图自立，于是设计杀死慕容颛，慕容恒一怒之下离开队伍回到自己的营帐。慕容永则与武卫将军刁云率兵讨伐慕容韬，慕容韬战败，仓皇出逃，投奔慕容恒。慕容恒拥立慕容冲之子慕容瑶为帝，但却遭到将士们的反对，大家纷纷投奔到慕容永帐下，慕容永因此实力大增，将慕容瑶捉住并杀掉，然后拥立慕容泓之子慕容忠为帝。慕容永因拥立有功被封为太尉、河东公，守尚书令。当他们来到闻喜时，传来了慕容垂称帝的消息，慕容永惧怕慕容垂，遂就地筑城定居下来。

六月，刁云等人又杀掉慕容忠，拥立慕容永为都督中外诸军事，大将军，大单于，雍、秦、梁、凉四州牧，河东王，向慕容垂称藩。十月，前秦苻丕来到平阳，慕容永担心自己性命不保，就派使者去见苻丕，请求借路回东部，但却遭到拒绝。苻丕率兵讨伐慕容永，不料反被慕容永打败，燕军遂占领长子。慕容永自称皇帝，改元中兴，建都长子。

西燕中兴七年（392年）六月，翟钊①遭到慕容垂的攻击，形势危急，忙派人向慕容永求救。慕容永召集众臣商议对策，尚书郎鲍遵主张静观其变，中书侍郎张腾则主张救援，慕容永没有同意。不久，翟钊被慕容垂打败，投奔慕容永，被封为车骑大将军、东郡王。一年多以后，翟钊图谋杀掉慕容永，自立为帝，不料被慕容永识破计谋，被杀死。

双燕相争　西燕灭亡

西燕中兴九年（394年）二月，慕容垂决定消灭西燕，以清河公慕容会镇守邺城，调动司州、冀州、青州、兖州的兵力，派遣太原王慕容楷从滏口出击、辽西王慕容农从壶关出击，慕容垂自己则从沙庭出发，浩浩荡荡地向西燕挺进。慕容永不敢大意，连忙调兵遣将，分兵严密把守，将粮草物资等聚集在台壁，由征东将军小慕容逸豆归、镇东将军王次多、右将军勒马驹等人负责保卫。

四月，慕容垂大军在邺城西南驻扎，一个多月都没有什么动静。慕容永怀疑慕容垂打算偷袭，于是将几支军队全都调到轵关驻扎，封锁太行路口，只留下了防守台壁的部队。四月二十日，慕容垂率领大军从滏口出兵，进入天井关②。五月初一，后燕军队突然向台壁发起猛烈攻击。慕容永派太尉大慕容逸豆归领兵前去支援，但被后燕将领平归击败。小慕容逸豆归率兵出战，也被后燕慕容农打败，勒马驹被斩首，王次多被俘虏，台壁被团团围住，危在旦夕。慕容永忙调驻守太行的部队去解台壁之围，他本人也统领5万多人的精锐部队出战。驻守潞川的将军刁云、慕容钟等见后燕气势强盛，心中畏惧，便率部投降了后燕，其妻子儿女全部被杀。五月十五日，慕容垂在台壁以南摆开阵势，暗中却派骁骑将军慕容国带领1000多名骑兵埋伏于山涧之下。五月十六日，双方展开决战。战至正酣时，慕容垂佯装不敌败退，慕容永带兵穷追不舍，到达山谷时，慕容国率领骑兵突然杀出，切断其后路，这时后燕各路军队也陆续到达，西燕军大败，损失8000多人，慕容永仓皇逃回长子。西燕晋阳守将听到战败的消息后，心中恐慌，弃城逃走。晋阳落入后燕丹杨王慕容瓒等人之手。

慕容垂没有给慕容永以喘息之机，又将长子包围起来，准备随时发动进攻。慕容永意欲投奔后秦，侍中兰英说："当年石虎讨伐龙都时，慕容觊坚守城池，终于成就了前燕的基础。现在慕容垂已是老朽，哪里还有精力长年累月地攻打我们。我们只需坚守不出，拖垮敌人，敌人自退。"慕容永听从了他的意见。

八月，长子城内粮食短缺，形势危急，慕容永派其子常山公慕容弘等人带着玉玺去向东晋雍州刺史郗恢求救。郗恢向孝武帝司马曜建议说："慕容垂如果吞并慕容永，回过头来就会攻打我们，不如让他们战成犄角之势，我们也好寻找机会将他们同时除掉。"司马曜点头称是，于是下诏调青、兖二州刺史王恭和豫州刺史庾楷去支援慕容永。慕容永因为担心东晋不肯出兵，还派太子慕容亮到东晋充当人质，不料半路被后燕军抓住。慕容永又向北魏告急，拓跋珪派陈留公拓跋虔、将军庾岳统领5万骑兵前去支援。但东晋和北魏援兵还没到，大慕容逸豆归手下将领伐勤等便投降了慕容垂，打开城门把后燕军放了进来。后燕将士进入城内后，杀了慕容永及其文臣武将30多人，俘获了慕容永统辖的地方民众，西燕宣告灭亡。

注释：

①翟钊（？—393）：翟魏天王翟辽之子，十六国时期翟魏政权最后一位皇帝。

②天井关：也叫雄定关。始建于西汉阳朔三年，为晋豫边境雄关，雄踞于山西晋城市境内，太行山最南部，是通往河南焦作的关隘。因关前有三眼深不可测的天井泉而得名。

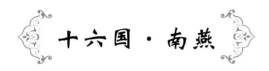

十六国·南燕

献武皇帝慕容德

慕容德档案

生卒年	336—405 年	在位时间	398—405 年
父亲	前燕文明帝慕容皝	谥号	献武皇帝
母亲	公孙氏	庙号	世宗
后妃	段皇后等	曾用年号	燕平、建平

慕容德,字玄明,慕容皝幼子,慕容儁、慕容垂之弟,十六国时期南燕的开国皇帝。

慕容垂建立后燕以后,慕容德被任命为车骑大将军,复封范阳王,居镇护卫,参决政事。后来,慕容垂驾崩,慕容宝继位,提拔慕容德为使持节,都督冀、兖、青、徐、荆、豫六州诸军事及车骑大将军、冀州牧、南蛮校尉,镇守邺城。

后燕永康三年,慕容德率部从邺城迁至滑台,自称燕王,史称南燕。后燕长乐二年(400 年),慕容德正式称帝,改元建平。

南燕建平六年(405 年),慕容德病逝,终年 70 岁,谥号献武皇帝,庙号世宗,葬于东阳陵。

志向远大　重建燕国

慕容德体格健壮、相貌英俊，加上博览群书、有勇有谋，又谦虚谨慎，深受人们尊敬。慕容儁在位时，慕容德被封为梁公，先后担任幽州刺史、左卫将军。后来慕容晥又改封慕容德为范阳王，不久又迁为魏尹，加散骑常侍。

前燕建熙九年，东晋大将桓温率领大军浩浩荡荡而来，在黄墟打败燕军，进抵枋头，震惊了燕都邺城。满朝文武惊慌失措，准备迁都龙城。慕容德、慕容垂力排众议，坚决主张抵抗，并率领将士多次大败东晋军队，迫使桓温退兵襄邑。慕容德于途中提前设伏，慕容垂又穷追不舍，两面夹击，致使桓温损失数万人马。因为这一仗，慕容垂声名远扬，引起太后可足浑氏和太傅慕容评的嫉妒，密谋想要杀死慕容垂。慕容垂听到风声后，急忙投奔苻坚；慕容德也受到牵连，被罢免官职。

慕容垂出走后，太后可足浑氏和太傅慕容评把持大权，纵容官员贪污腐化，致使百姓怨声载道，社会矛盾日益突出。前燕建熙十一年十一月，前燕被苻坚消灭，君臣百姓数万人被迫迁往长安。苻坚主张夷狄和平，各族和睦，所以对前燕君臣分别封官加爵，慕容德被任命为张掖太守。

后来，苻坚又带兵伐晋，结果在淝水战败，狼狈逃到淮北，沿途搜罗千余残兵败将，投奔慕容垂。慕容德劝慕容垂杀掉苻坚，恢复燕室。但慕容垂认为时机未到，没有同意。部队行进到荥阳时，慕容德又一次劝说慕容垂杀掉苻坚，慕容垂仍然没有采纳。

到了渑池，慕容垂终于下决心摆脱苻坚。经过一个月的准备，他于后燕燕元元年正月在荥阳称王，封慕容德为车骑大将军、范阳王，参与政事。此后经过两年多的征讨，慕容垂总算站稳了脚跟。后燕燕元三年二月，慕容垂正式称帝，封慕容德为尚书令，居宰相之位。

这以后，后燕迅速消灭关东势力，并平定割据河南的丁零、翟斌。后燕建兴七年（392年），后燕又将矛头对准西燕。当时西燕国君慕容永拥兵 10 万，粮草充足。大臣们都不同意出兵，在慕容垂犹豫之际，慕容德力排众议，力主对西燕用兵，得到慕容垂的赞许。次年八月，慕容垂攻克西燕国都长子，后燕的势力迅速强大起来。

临危受命　自称皇帝

后燕建兴十年，慕容垂不听慕容德劝阻，执意出征北魏，结果大败而归。次年三月，慕容垂亲自带兵征讨北魏。拓跋珪见敌人来势凶猛，决定避其锋芒，派陈留公拓跋迁镇守平城。慕容垂攻克平城后，归途中路过参合陂，看见去年后燕将士留下的累累白骨，想起往事，不禁悲从中来，口吐鲜血而死。临终前，他嘱咐太子慕容宝："邺城是燕国的故都重地，一定要派范阳王慕容德前去镇守。"

慕容宝继位后，遵从父亲的遗诏，封慕容德为都督冀、兖、青、徐、荆、豫六州诸军事，车骑将军，冀州牧，镇守邺城。

同年七月，拓跋珪称帝，八月便率领 40 万大军讨伐后燕，到十月已经占据山西、河北大部分地区。之后，他又兵分三路，分别进攻后燕都城中山及信都、邺城三个战略要地。北魏东平公拓跋仪率领 5 万人马，负责攻打邺城。慕容德派慕容奇在夜间对北魏军发动偷袭，将北魏军打败，逼其退到新城。

同年十二月，北魏加派辽西公贺赖卢率 2 万骑兵支援拓跋仪。慕容德自知不敌，忙派参军刘藻去长安向后秦求救，但后秦主姚兴不愿施以援手，邺城人心惶惶。慕容德见状，只得亲自上阵，军心一时大振。

恰在此时，北魏军出现内讧，贺赖卢与拓跋仪反目成仇。拓跋仪的部下丁建暗中与慕容德联系，故意在拓跋仪和贺赖卢之间挑拨离间，加深他们之间的矛盾，并将消息报告慕容德。后燕永康二年正月初六，丁建看见贺赖卢军营中有火光晃动，急忙向拓跋仪报告，说贺赖卢火烧军营，欲发动政变。拓跋仪信以为真，慌忙退兵。贺赖卢见主帅退兵，也跟着退兵。丁建趁此机会率领手下投奔南燕，并建议慕容德追击拓跋仪。慕容德听从建议，派慕容镇、慕容青率领骑兵追击，大败北魏军。

此时，后燕另外两座城池却先后传来了坏消息，一月信都失守，三月国都中山失守，燕主慕容宝逃亡龙城。慕容德的部下纷纷劝他称帝，但慕容德认为时机未到，没有同意。不久，有人汇报说慕容宝就在龙城，称帝之事也因此搁置下来。之后，慕容宝又传来圣旨，加封慕容德为丞相，领冀州牧，全权负责处理中原地区事宜。这样一来，慕容德就成了中原地区的王，可以对部下自行封官加爵。

慕容德本来就是元老重臣，又在后燕危亡之际保住了邺城，因此声望益隆；而慕容宝又远在龙城，鞭长莫及，于是，分散各地的慕容氏残余势力纷纷投奔慕容德，就连一度在中山自立为帝的慕容麟被北魏军打败后也投奔到慕容德旗下。慕容德开始暗中为登基称帝做准备，利用各种手段笼络人心，选拔贤能，得到上下的赞誉。

不过，邺城只是取得了一时的胜利，从长远来看仍是孤立无援的一座孤城，加上北魏准备对邺城再次发动攻击，且来势汹汹，慕容德采纳慕容麟的建议，下令撤退至滑台。在众人的拥立下，慕容德在滑台称帝，建国南燕。

慕容德称帝不久，前秦降将苻广起兵叛乱，自称秦王，在乞活堡打败燕将慕容钟，又带走了一些燕国将领，致使慕容德损失惨重。此时南燕城池不过10座，人口不过数万，又夹在晋、魏之间，形势十分危急。为了稳定局面，慕容德让大将慕容和留守滑台，自己亲率大军击败并杀死苻广。这时滑台却传来了一个坏消息，原来，慕容和的谋士李辩趁慕容德出城之际，劝说慕容和造反称帝，被慕容和拒绝。李辩不甘心，居然杀死慕容和，将滑台作为见面礼投降了魏国。燕军的全部家属都在城内，将士们得到消息后万分焦急，准备打回滑台。

就在慕容德准备全力以赴夺回滑台的时候，留守大将慕容云杀死李辩，率领2万多燕军家属冲了出来，与慕容德会合。慕容德召集众将商议下一步的行动计划，有人主张夺回滑台；有人则认为应该放弃滑台，另辟蹊径；还有人建议占据彭城。最后，大家统一意见，决定攻打彭城。

大军进入山东境内，兖州北边各县郡守纷纷归顺，慕容德一一设置官吏，予以安抚，定下军规，任何人不得骚扰百姓，否则严惩不贷。当地百姓见到如此仁义之师，十分高兴，一路夹道欢迎。

占据彭城以后，慕容德又命令慕容钟通知青州诸郡，声讨东晋幽州刺史辟闾浑。辟闾浑急忙带领800余户百姓入守广固。诸郡守接到慕容德的通知，纷纷归降。辟闾浑只好带着妻儿投奔北魏，但走到莒县便被燕将李刚追上杀死。燕军顺利地控制了山东全境，开进广固。慕容德将广固定为国都，并在南郊举行了隆重的登基大典，正式称帝，改元建平，大赦天下。

雄霸一方　壮志难酬

登基之后，慕容德给文武百官重新分配了职务，又派尚书封恺、中书侍郎封逞到各地视察民情，慰问将士，设立了主管教育的学官，选拔公卿以下官僚子弟和二品以下士族子弟200人为太学生，着手培养人才。

南燕建平二年（401年）十月，慕容德在延贤堂大摆宴席。席间，他洋洋得意地说："朕虽然学识浅薄，但也能做到不骄不躁，时刻警惕自己。诸位爱卿认为我可以和古代哪位帝王相比？"青州刺史鞠仲立即奉承道："陛下中兴之圣王，可与少康、光武齐名。"慕容德闻言大喜，当即赏帛千匹。鞠仲推辞不受，慕容德说："卿能与朕开玩笑，朕不可与卿开玩笑吗？卿文过饰非，对答不实，故朕以虚言相赏，何必推辞。"这时，大臣韩范站起身来，一本正经地说："臣闻天子无戏言，忠臣无妄对，今日之论，上下相欺，可谓君臣俱失。"短短几句话，让慕容德清醒过来，无论什么时候都不能忘记自己的身份。于是，他下令赏韩范50匹绢以示奖励。由于慕容德虚心纳谏，国内形势一片大好。

慕容德称帝后，很想念仍然留在长安的母亲和兄长慕容纳，于是派杜弘前去探听消息。杜弘临走前，对慕容德说："臣此去长安，如果见不到太后，便一直往西去张掖，就算拼上一条性命，也要见到太后。只是臣这一走，家中撇下60岁的老父亲，还未享受过一天的荣华富贵。臣恳请陛下能够赏他一个县令官职，也算臣尽了一点孝心。"中书令张华听了生气地说："杜弘还没走就开始和陛下讲条件，此为不忠，应当受到惩罚。"慕容德却说："杜弘自有其用意，不过是想借此宣传儒家孝道，可谓用心良苦。"随后下令任命杜弘的父亲为平原县县令。杜弘来到长安后，找不到慕容德的母亲和兄长，便一直往张掖而去，途中不幸为盗贼所杀。慕容德听到消息后十分伤心，下令厚待杜弘的家人。

为了安定人心，巩固政权，慕容德采取了"务在尊养"的策略，对于跟随而来的河北豪强、依附人口给予长期的免税免役特权，而对当地的豪强和依附人口也维持现状，尽量不触犯他们的利益。不过，这些政策虽然使局势得到了稳定，但隐瞒户口、逃避赋役的现象也越来越严重。尚书韩范上书说："陛下这种务在尊养、贵因循而不扰的政策，只能保证营丘之地的安宁，而无法经营秦越之地。如今，北有魏、南有晋、西有秦，全都虎视眈眈地盯着燕国。我们必须养精蓄锐，保证兵强马壮、粮草丰足，这样才能讨敌雪耻，保有齐鲁大地。现在百姓自魏晋以来，隐瞒户口，或百家合成一户，或千家报一户口，依托城寨村社，公然逃避赋税徭役，作奸舞弊，违法乱纪，十分猖獗。为今之计，应当清查户口，整顿户籍，将隐藏的户口找出，才能扩充兵源，增加收入。"慕容德觉得韩范言之有理，于是派车骑将军慕容镇负责处理此事，共查出隐漏户口5.8万余户。

与南燕蒸蒸日上的形势相反的是，东晋正在走下坡路。桓玄为了篡权，大肆诛杀异己。慕容德了解到东晋的情况，命慕容镇为先锋，慕容钟为大都督，率2.5万步骑兵整装待发。但一件意外之事却使这次出征不得不暂时搁置。原来，慕容德的旧部赵融从长安来到广固，告诉慕容德说他的母亲以及兄长慕容纳已经亡故。慕容德听了悲伤过度，口吐鲜血，重病不起。

司隶校尉慕容达早有篡位之心，见慕容德卧床不起，认为时机已到，遂派牙门将皇璆（qiú）率兵攻打端门，殿中帅侯赤眉里应外合，打开城门迎接叛军入内。中黄门孙进见势不妙，急忙搀扶着慕容德翻墙逃跑，躲进自己家中。段宏等大臣得到消息，立刻带兵把守城门。慕容德召集人马，亲自带人杀入宫中，斩杀侯赤眉。慕容达见政变失败，只得带人投奔北魏。

慕容达叛乱后不久便发生了农民起义，慕容德被这些事情搞得焦头烂额，疲惫不堪，加上他已经年逾七十，身体虚弱，病情也越来越严重。慕容德预感到自己将不久于人世，便开始安排后事。南燕建平六年四月，慕容德的侄子慕容超从长安回到广固，被封为北海王、侍中、骠骑大将军、司隶校尉。同年八月，慕容德病危，因为自己无后，下令立慕容超为太子。当天夜里，慕容德驾崩。

末主慕容超

慕容超档案

生卒年	384—410 年	在位时间	405—410 年
父亲	慕容纳	谥号	无
母亲	段氏	庙号	无
后妃	皇后呼延氏等	曾用年号	太上

慕容超,字祖明,鲜卑族人,南燕献武帝慕容德之侄,北海王慕容纳之子,十六国时期南燕第二位皇帝,也是最后一位皇帝。

慕容超出生于西羌慕容氏一个破落的贵族之家,为了逃避姚兴的杀戮,曾在长安装疯行乞。南燕建平六年,慕容超逃出长安,投奔叔父慕容德,被封为北海王。因为慕容德无后,慕容超被立为太子。南燕建平六年,慕容德驾崩,慕容超继位,时年 22 岁。

慕容超在位期间,昏庸无能,亲信小人,奢侈靡费,荒淫无道,凌虐宗室大臣,导致人心离散;后因掠夺东晋边民,遭到东晋刘裕的攻打。

南燕太上六年(410 年),东晋军攻破广固城,慕容超被俘虏后押送到建康斩首,终年 27 岁,史称末主。

长安归来　继承帝位

前燕时期，慕容超的父亲慕容纳曾被封北海王，前秦灭掉前燕后，慕容纳被苻坚封为广陵太守，后来又被免职，他带着家人搬到张掖，与时任张掖太守的弟弟慕容德及母亲公孙氏住在一起。前秦建元十九年，慕容德随苻坚南下攻打东晋，想到这次分别后不知何日能再相见，前途茫茫无法预料，便将自己随身携带的一把刀留给母亲作为纪念。

淝水一战，苻坚失败，次年慕容垂和慕容德起兵反秦，恢复燕国。新任张掖太守苻昌下令将慕容纳及其儿子全部杀掉，公孙氏因为年龄已大而幸免于难。慕容纳的妻子段氏当时正怀有身孕，按规定是等孩子出生后再行刑，于是被暂押监中。恰巧管理监狱的胡延平是慕容德的老部下，曾经受过慕容德的恩惠，为了报恩，他舍命相助，偷偷带着段氏和公孙氏离开张掖，逃往羌人地区。

后燕燕元元年，段氏生下了慕容超。10年后，公孙氏去世，临终前她将孙子叫到床边，掏出那把金刀递给他，嘱咐道："将来如果有机会，就将此刀交给你的叔叔。"公孙氏死后，慕容超母子在胡延平的带领下来到凉州。后燕光始三年（403年），后秦国主姚兴消灭后凉，将凉州百姓迁往长安，慕容超也跟着来到长安。这时，胡延平病逝，留下一女，与慕容超年龄相当，在段氏的主持下，胡氏和慕容超结为夫妻。

此时，慕容超已经长大成人，有了自己的主意。当时他的叔父慕容德和众多亲属都在山东，为免受到牵连，他装成疯子沿街乞讨。东平公姚绍怀疑他是装疯，于是建议姚兴封他一官半职，试探一下。姚兴便派人将慕容超找来问话，结果慕容超前言不搭后语，姚兴见他不像装疯，就将他打发走了。

慕容德称帝后，心里记挂着母亲和兄长，派人四处寻找，后来得知两人已经亡故，还有一个侄子留在长安，便让济阴人吴辩去接侄子回来。吴辩来到长安，找到老乡宗正谦，让他转达消息。慕容超知道后担心走漏消息，于是狠心撇下妻子老母，改名换姓，和宗正谦一起逃回南燕。

见到慕容德后,慕容超献上当年慕容德留下的金刀,并将祖母生前遗言说了一遍。慕容德悲喜交加,非常激动,又见慕容超生得虎背熊腰,仪表堂堂,颇有几分帝王之相,他正愁膝下无子,没有人继承自己的事业,这下后继有人,心里更是高兴,当即封慕容超为北海王,拜侍中、骠骑大将军、司隶校尉,并精心挑选一些贤能之人做他的幕僚。慕容德还专门在万春门内给慕容超建了一座府邸,以便叔侄二人相见。

不久,慕容德病重,双目紧闭,无法言语。段皇后十分焦急,伏在他耳边大声问道:"现在可以让中书令来写诏书,立慕容超为太子吗?"慕容德睁开眼睛,微微地哼了一声,表示同意后便去世了。次日,慕容超继位,改元太上。

宠信小人　元勋叛乱

慕容超刚刚继位时,深知自己根基不稳,凡事都要依靠宗室元老,于是封慕容钟为都督中外诸军事、录尚书事;慕容法为征南将军,都督徐、兖、扬、南四州诸军事。但是,不久他又将慕容钟打发到青州,任青州牧,命段宏任徐州刺史,提拔自己的亲信公孙五楼为武卫将军、领屯骑校尉,参与军国政事。元老封孚①劝谏道:"慕容钟乃宗室皇族、国家栋梁,段宏为外戚,对皇室忠心耿耿,而且德高望重,理应辅助朝政,让他们外出镇守,而对什么都不懂的公孙五楼委以重任,恐怕大臣们心中不服。"慕容超将这话说给公孙五楼听,公孙五楼因此心生怨恨,大进谗言。由此,元老们和公孙五楼之间矛盾渐生。

慕容钟、段宏被调离京城后,心中愤愤不平,私下发牢骚说:"看来黄犬之皮贴到狐皮大衣上了。"这话传到了公孙五楼耳中,公孙五楼更是对他们恨之入骨。

慕容钟、慕容法、段宏渐渐产生了夺权之心,他们派左仆射封嵩去试探段太后,说:"皇上非太后亲生,恐怕还会发生永康元年那种事情(慕容宝逼杀太后段氏)。"段太后闻言心中恐慌,忙让慕容法尽快想办法，慕容法、慕容钟等人便开始做政变的准备。不料消息走漏，慕容超大怒，召慕容钟进京。慕容钟称病不去，慕容超下令将其亲信，侍中慕容统、右卫将军慕舆根、散骑常侍段封全部处死。征南司马卜珍告发左仆射封嵩与慕容法关系密切，慕容超便下令将他们逮捕，交给廷尉审讯。段太后知道后异常恐惧，主动找到慕容超将叛乱之事和盘托出。慕容超得知封嵩是主谋，对其施以极刑；封嵩之弟、西中郎封融闻讯逃奔北魏。

接着，慕容超派慕容镇攻打青州，慕容昱攻打徐州，慕容凝和韩范攻打兖州。徐州刺史段宏不敌，弃城投奔北魏。这时，中郎将封融又集结大军袭击驻扎在石塞城的南燕大将余郁，南燕举国震惊，人心慌乱。慕容凝想要谋杀韩范，再倒戈攻打广固，但被韩范识破，慕容凝仓皇出逃，投奔兖州。韩范紧追不舍，攻克兖州；慕容凝再次出逃，投奔后秦姚兴。慕容法也投奔北魏。与此同时，慕容镇也攻克了青州，慕容钟逃亡后秦。

叛乱平定后，慕容超认为朝中平安无事，便恣意享乐，不理朝政，而百姓的赋税徭役也越来越重，朝野上下多有不满。仆射韩范、元老封孚多次劝谏，均被驳回。

南燕太上二年（406年）的一天，慕容超问封孚："我可以和哪个皇帝相提并论？"封孚不假思索地回答道："桀纣之主。"慕容超气得脸色铁青。封孚走后，司空鞠仲追上他，劝道："你怎么能那样跟皇上说话，还不快回去向皇上谢罪，请求饶恕。"封孚说："我已年过古稀，早已将生死置之度外，随他去吧。"说完径直走了。第二年，封孚病逝，从此朝中再也没有敢于直言劝谏的大臣了。

公孙五楼兼任侍中、尚书、领右卫将军，把持朝纲，封自己的兄长公孙归为常山公、冠军将军，叔父公孙颁为武卫将军、兴乐公，其余宗族亲戚全在朝中担任要职。他们相互勾结，为非作歹，搞得朝廷一片乌烟瘴气，百官无不畏惧。

刘裕讨伐　南燕覆灭

当南燕迅速衰落之际，东晋的形势却一片大好。刘裕消灭桓玄，巩固了自己在东晋的地位，南燕太上四年（408年），刘裕被提升为扬州刺史、录尚书事，掌握朝中实权。为了进一步提高自己的威望，他决定继续向外用兵，并将矛头对准了南燕。

南燕太上五年（409年）三月，刘裕上表伐燕，得到准许。四月，刘裕自建康出发，经水路到达下邳，然后转陆路进至琅琊，沿途所经险要之地，均筑土城，派士兵守卫，以防南燕断自己后路。

慕容超得到刘裕发兵的消息，急忙召集群臣商议对策。公孙五楼提出了三个对策：上策是守住大岘山，拖延时间，挫伤晋军锐气，然后派2000名骑兵沿海边南下，断绝晋军粮道，再派段晖率兖州将士沿着山坡朝东边攻下来，夹击晋军；中策是下令各地凭险据守，坚壁清野，晋军得不到粮食，不出一个月必然撤退；下策是把晋军放进大岘山，到平地，再出城迎战。慕容超充满自信地说："放晋军过大岘山，再以铁骑践踏之，保证让他们有来无回。"太尉慕容镇极力反对，认为这是自弃险固，但慕容超固执己见，不从劝告。慕容镇气恼地对汉族官员韩范说："陛下刚愎自用，非选下策，真和当年的刘璋一样。看来国家将要灭亡了，我们身为皇室宗亲，必死无疑，倒也罢了，可连累你们这样的中原豪杰，真是太可惜了！"慕容超听说这些话后，以动摇军心为名，将慕容镇抓捕入狱；之后又将莒、梁二城的将士撤回，加固广固城墙，准备迎战。

不久，刘裕大军过大岘山，即将兵临城下，慕容超急忙率领4万铁骑前往临朐。临朐南边有一片平原，便于骑兵展开，而慕容超的部众大多是鲜卑人，擅于骑射。刘裕看透了慕容超的心思，鉴于自己的部队以步卒和水战见长，决定扬长避短，让步兵居中，4000辆战车分为左右两翼，又以轻骑游动策应，稳步向对面推进。当刘裕的部队行至距临朐数里时，慕容超的骑兵从四面八方涌来，双方短兵相接，从早晨一直打到下午，不分胜负。刘裕的谋士胡藩建议说："慕容超倾巢出动，城中必然空虚，不如派一部分人马突袭临朐，必胜无疑。"刘裕听从建议，派胡藩、檀韶、向弥带领一部分将士绕过燕军，突袭临朐。临朐很快沦陷，慕容超只身逃到正在作战的段晖军营。刘裕见胡藩等人得手，遂发起全面进攻。结果，段晖等多名大将战死沙场，慕容超丢下玉玺、辇车逃回广固，紧闭城门，不敢应战。

刘裕追到广固，很快又攻破外城。由于内城坚固，不易攻破，他下令筑土围城，再挖3道壕沟，将广固团团围住。同时下令安抚已经占领的州郡百姓，选用贤能，无论汉人还是鲜卑人均一视同仁，赢得了民众的拥护。老百姓自带干粮、兵器，和晋军一起攻打南燕。刘裕见粮草有了保障，便下令停止漕运，与燕军打起了持久战。

南燕太上六年正月初一早晨，慕容超登上广固南城门楼，朝会群臣，杀马慰劳将士，将文武大臣官升一级，以提振士气。然而外无救兵，内无粮草，将士们早已丧失斗志，人心惶惶。又过了一段时间，城内粮草彻底断绝，将士、百姓都饿得头晕眼花，腿脚浮肿。很多人忍受不住，逃出城去投奔晋军。慕容超见此情景，亲自督战。大臣悦寿劝道："既然守城无望，与其坐以待毙，不如变通。"慕容超仰天长叹道："废兴，命也！我宁愿奋剑而死，也不愿衔璧求生。"

二月初，刘裕再次攻城，悦寿打开城门迎接晋军入城。慕容超带着10余名亲信突围逃跑，结果被晋军捕获，押送到建康斩首示众。

注释：

①封孚（336—406年）：年幼聪敏，有君子之称。后燕惠愍帝时期，官至吏部尚书。南燕献武帝慕容德时任尚书左仆射，外总机事，内参密谋，后迁尚书令。慕容超继位后拜太尉，屡尽匡救。

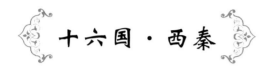

宣烈王乞伏国仁

乞伏国仁档案

生卒年	？—388 年	在位时间	385—388 年
父亲	乞伏司繁	谥号	宣烈王
母亲	不详	庙号	烈祖
后妃	不详	曾用年号	建义

乞伏国仁，陇西人，鲜卑族，鲜卑乞伏部[①]首领乞伏司繁之子，十六国时期西秦的开国皇帝。

前秦时，乞伏国仁先是接替父亲镇守勇士川，之后又被苻坚任命为前将军、先锋骑。东晋太元十年，乞伏国仁脱离前秦，自称大都督、大将军、大单于，兼秦河二州牧，建立西秦，年号建义，建都勇士城，设置武城、武阳、安固等十二郡。

西秦建义四年（388 年）六月，乞伏国仁驾崩，谥号宣烈王，庙号烈祖，葬于夏官营附近。

脱离前秦　趁机称王

乞伏国仁的五世祖乞伏祐邻任第二代可汗时，乞伏部落人口不足5000户。后来，乞伏祐邻率领部落从北方迁到宁夏，吞并鹿结部②，势力迅速强大起来。

东晋咸安元年，乞伏司繁被前秦打败，只好投降苻坚。后来，乞伏司繁跟随苻坚四处征战，屡立战功，被授使持节、都督讨西胡诸军事、镇西将军。东晋太元元年，乞伏司繁去世，乞伏国仁承袭父位，镇守勇士川。

东晋太元八年，苻坚准备征讨东晋，乞伏国仁率军作为先锋。但在出兵之前，乞伏国仁的叔父乞伏步颓突然起兵反秦，乞伏国仁奉命平叛。乞伏步颓听说是侄子前来，急忙摆酒设宴迎接。叔侄二人兵合一处，占据陇西，召集鲜卑各部，招兵买马，很快便发展到十几万人。东晋太元十年八月，乞伏国仁听到苻坚为姚苌所杀的消息，认为时机已到，在这年九月自称大都督、大单于、大将军、领秦河二州牧，改元建义，建立官吏制度，任命大将乙旃（zhān）音埿（ní）为左相、屋引出支为右相、独孤匹蹄为左辅、武群勇士为右辅、弟弟乞伏乾归为上将军等。乞伏国仁又设置武城、武阳、安固、武始、汉阳、天水、略阳、漒川、甘松、匡明、白马、苑川十二郡，筑勇士城为国都，史称西秦。

屡战屡胜　诸部来降

西秦建义二年（386年）正月，南安人秘宜联合羌、胡等部落进攻西秦，将勇士城包围，随时准备发起进攻。西秦大臣见敌人来势凶猛，一个个惊慌失措，乞伏国仁却显得镇定从容，他对将领们说："敌兵虽有5万，但不足为虑，我们可以先用病弱的军队与之交战，麻痹对方。等他们懈怠以后，再以精锐部队出击，定能将其打败。"果然，在乞伏国仁的率领下，西秦取得大胜，秘宜逃回南安。同年七月，秘宜与弟弟莫侯悌（《资治通鉴》作莫侯悌眷）率领3万多户归顺乞伏国仁。

西秦建义三年（387年）三月，前秦高帝苻登派使者来到西秦，封乞伏国仁为使持节、大都督、都督杂夷诸军事、大将军、大单于、苑川王。同年六月，为了扩大自己的势力，乞伏国仁率领3万骑兵来到六泉，突袭鲜卑大人密贵、裕苟、提伦三部，大获全胜。七月，高平鲜卑没奕于、东胡金熙联合起来，对西秦发起攻击。乞伏国仁率军迎战，双方在渴浑川相遇，西秦军歼敌3000人，缴获5000匹马，没奕于和金熙仓皇而逃。不久，密贵、裕苟、提伦三部也先后投降西秦。

西秦建威将军叱卢乌孤跋因不满乞伏国仁，带领部下据守牵屯山，起兵反叛。消息传到勇士城，乞伏国仁大怒，当即率军前去讨伐叱卢乌孤跋，击杀其部将叱罗侯，收降1000多户部众。叱卢乌孤跋只得向乞伏国仁投降，乞伏国仁没有杀他，还下令恢复其官位。

西秦建义四年四月，乞伏国仁率军来到平襄，讨伐鲜卑越质叱黎，俘获越质叱黎的儿子越质诘归、侄子越质复半及其部众5000多人，胜利而归。

同年六月，乞伏国仁病逝。

注释：

①乞伏部：鲜卑族与高车族融合的部族，高车族南迁至漠北乞伏山与鲜卑族融合，形成乞伏部。十六国初前赵雄踞中原，各族政权在中原地区逐鹿，乞伏部在高平川迅速发展起来。

②鹿结部：两晋时期陇西鲜卑的一支，以部落首领鹿结领部而得名，原居于高平川。

武元王乞伏乾归

乞伏乾归档案

生卒年	？—412年	在位时间	388—412年
父亲	乞伏司繁	谥号	武元王
母亲	不详	庙号	高祖
后妃	符皇后、边皇后等	曾用年号	太初、更始

乞伏乾归，陇西鲜卑人，西秦宣烈王乞伏国仁之弟，十六国时期西秦第二位皇帝，曾经两次在位。

西秦建义四年，乞伏国仁驾崩，乞伏乾归被推举为国主，改元太初，迁都金城。

乞伏乾归先被前秦国主符登封为河南王、金城王、西秦王，后称臣于南凉康王秃发利鹿孤，最后又归降后秦。后秦弘始十一年（409年），乞伏乾归复称王，改元更始。乞伏乾归在位期间，西秦占据了陇西全境。

西秦更始四年（412年），乞伏乾归被侄子杀死，谥号武元王，庙号高祖，葬于元平陵。

弟继兄位　日渐强大

乞伏乾归长得英武挺拔，性格沉稳练达，口碑很好。乞伏国仁建立西秦后，乞伏乾归被任命为上将军。西秦建义四年六月，乞伏国仁驾崩，当时他的儿子乞伏公府还年幼，所以大臣们商议决定由乞伏国仁的弟弟乞伏乾归继任，称大都督、大单于、河南王，改元太初。乞伏乾归册立妻子边氏为王后，任命出连乞都为丞相，镇南将军、南梁州刺史莫侯悌眷为御史大夫，其余人员官职各有调整；并将国都由勇士城迁至金城。

西秦太初二年（389年），乞伏乾归被前秦国主苻登封为大将军、大单于、金城王。南羌独如见西秦势力强大，率7000人来投。休官阿敦、侯年二部各自拥有5000多名部落民众，盘踞在牵屯山，不时骚扰西秦边境。乞伏乾归派军打败了他们，迫使他们投降，西秦因此名声大振，邻国也纷纷示好。西秦太初三年（390年），陇西太守越质诘归占据平襄，起兵反叛，自称建国将军、右贤王。乞伏乾归亲率大军征讨越质诘归，越质诘归败逃陇山，不久又带兵来降，被封为立义将军，乞伏乾归将宗族之女嫁给他为妻。

苻登的将领没奕于也派使者到西秦，要与乞伏乾归交好，并以两个儿子为人质，请求共同讨伐鲜卑大兜国①。乞伏乾归遂出兵相助，在安阳城攻打大兜，大兜退守鸣蝉堡，乞伏乾归攻陷鸣蝉堡后返回金城。后凉武懿帝吕光的弟弟吕宝率兵攻打乞伏乾归，乞伏乾归败退青岸。吕宝乘胜追击，乞伏乾归派将领彭奚念截断吕宝的归路，自己亲上战场冲锋陷阵，击败吕宝，吕宝及其部下近1万人投河而死。

西秦太初七年（394年），乞伏乾归被苻登授予假黄钺、大都督陇右河西诸军事、左丞相、大将军、河南王，兼领秦、梁、益、凉、沙五州牧，加九锡之礼。同年六月，苻登遭到后秦姚兴的攻击，向乞伏乾归请求支援，并封乞伏乾归为梁王，准许他设置百官，又将自己的妹妹东平长公主下嫁于他。乞伏乾归派遣前将军乞伏益州、冠军将军翟瑥率领

2万骑兵前去救援，但苻登已被姚兴所杀，大军只好返回。

同年十月，乞伏乾归击败了陇西王杨定，占据陇西、巴西郡全境，西秦成为西北部一个强大的政权。

次年，乞伏乾归自封为秦王，宣布大赦国内死罪以下的犯人；同时封长子乞伏炽磐兼领尚书令，左长史边芮为尚书左仆射，右长史秘宜为右仆射，翟瑥为吏部尚书，翟勍（qíng）为主客尚书，杜宣为兵部尚书，王松寿为民部尚书，樊谦为三公尚书，方弘、麹景为侍中。乞伏乾归仍称大单于、大将军。

乞伏乾归与杨定交战时，天水人姜乳乘机袭击并占据上邽，乞伏乾归便派乞伏益州去讨伐姜乳。边芮、王松寿认为乞伏益州骄傲自满，必吃败仗，劝乞伏乾归另换一将。但乞伏乾归不听劝阻，执意派乞伏益州出征，并封平北将军韦虔为长史、散骑常侍务和为司马。军队到达大寒岭，乞伏益州果然傲慢自大，不布队列阵，命令将士们解下甲衣出游打猎，纵酒狂欢，以至于军纪涣散。韦虔等人深感忧虑，连忙进谏，但乞伏益州却不以为意，最后果然打了败仗。

这一年，乞伏乾归迁都至西城。不久，索虏秃发如苟率领2万户来降，乞伏乾归非常高兴，把宗族之女嫁给他。

胜凉降秦　复国称王

西秦太初八年（395年）七月，后凉吕光率领10万人马攻打西秦，乞伏乾归召集大臣们商议对策。左辅[②]密贵周、左卫将军莫者羖羝劝乞伏乾归向吕光投降。乞伏乾归接受建议，决定将自己的儿子乞伏敕勃当成人质，向吕光俯首称臣。吕光撤离西秦后，乞伏乾归便后悔了，下令处死密贵周和莫者羖羝，并大骂吕光。吕光知其不服，便再次出兵西秦，攻占了金城、临洮、武始、河关。大臣们劝乞伏乾归投奔成纪，但乞伏乾归不甘心，决定亲自带兵迎战。他将握有精兵的吕延诱入自己的伏击圈，经过一场厮杀，吕延大败并战死。吕光惊慌失措，急忙带兵撤回姑臧。

成功打退后凉,乞伏乾归志得意满,开始征服左右邻居。第二年,乞伏乾归派乞伏益州攻克支阳、允吾等地。不久又打败吐谷浑。

西秦太初十三年(400年),后秦姚兴领兵袭击西秦。乞伏乾归得知消息,仍然信心满满地说:"我自继位以来,多次消灭强敌。现在姚兴带兵前来,气焰十分嚣张,生死存亡,在此一举。只要消灭了姚兴,关中之地就尽归我们所有。"他派大将慕容允镇守柏阳、罗敦镇守侯辰谷,自己则亲率大军迎击姚兴。然而天不遂人愿,作战时狂风突起,黄沙飞扬,一时天昏地暗,视线模糊,致使乞伏乾归与中军失去联系,次日一早和姚兴交兵失败,几经辗转,不得不投降姚兴,被封为归义侯,继续管理自己的部队。此后,乞伏乾归听从姚兴的统领,先在滋川讨伐羌族党龙头,后又攻克杨盛的皮氏堡、古阳堡,打败吐谷浑将领,为姚兴立下了汗马功劳,同时自己的势力也得到了壮大。姚兴担心乞伏乾归强大以后不听指挥,便于后秦弘始八年(406年)十二月乘乞伏乾归到长安之际将他留在身边封为尚书,解除其兵权。

在此之前,乞伏乾归的儿子乞伏炽磐来到长安,被封为振忠将军、兴晋太守,带兵驻守苑川。后秦弘始十年(408年),乞伏炽磐带领2.7万人占据嵚峨(làng)山(一作康狼山),次年攻克枹罕,派人告诉乞伏乾归。乞伏乾归偷偷从长安跑回苑川,又集结3万人马在度坚山再次称王,改元更始,立夫人边氏为王后,儿子乞伏炽磐为太子,旧大臣均官复原职。

西秦更始二年(410年),乞伏乾归派太子乞伏炽磐讨伐薄地延,军队驻扎在烦于,薄地延不战而降,部落迁移到苑川。乞伏乾归又派陇西羌昌何向后秦金城郡发起进攻,不久城破,骁骑将军乞伏务和被封为东金城太守。之后,乞伏乾归回到苑川,先后攻克后秦略阳、南安、陇西各郡,把2.5万户迁移到苑川、枹罕。姚兴此时已是强弩之末,担心乞伏乾归会成为边境上的祸患,于是派使者封乞伏乾归为使持节、散骑常侍、征西大将军、河州牧、大单于、河南王,都督陇西、岭北匈奴杂胡诸军事。乞伏乾归图谋河西,不想马上与姚兴为敌,便暂时接受这些封号,向姚兴称臣。

西秦更始三年(411年),乞伏乾归派乞伏炽磐和次子乞伏审虔率兵攻打南凉景王秃发傉檀，先击败秃发傉檀的太子秃发武台，缴获10万头牛马；接着又在伯阳堡打败姚兴的别将姚龙，在水洛城打败王憬，把4000户迁徙到苑川、3000多户迁徙到谭郊。

西秦更始四年（412年），乞伏乾归亲自出征，在枹罕将彭利发打得丢盔卸甲，往南逃窜，乞伏乾归乘胜追击，在清水将彭利发消灭。之后，乞伏乾归进入枹罕，收降羌人1.3万户；接着率领2万骑兵在赤水③讨伐吐谷浑支统阿若干，迫使他们归顺。同年六月，乞伏乾归被侄子乞伏公府杀死。

注释：

①大兜国：东晋十六国时期陇西鲜卑的一支，以部落首领大兜领部而得名。原居于安阳城。

②左辅：官名。西汉孺子婴居摄元年（6年）始置，以为辅弼之臣。西秦建义元年（385年）置。位居左、右相下。

③赤水：俗名赤水城，在今甘肃岷县东，一说在今青海共和县东南曲沟，又说在今青海兴海县东南黄河西岸。

文昭王乞伏炽磐

乞伏炽磐档案

生卒年	？—428 年	在位时间	412—428 年
父亲	武元王乞伏乾归	谥号	文昭王
母亲	边皇后	庙号	太祖
后妃	秃发皇后	曾用年号	永康、建弘

乞伏炽磐，河西鲜卑人，西秦武元王乞伏乾归长子，十六国时期西秦第三位皇帝。

西秦更始四年，武元王乞伏乾归被侄子乞伏公府杀死，乞伏炽磐继位，改元永康。

乞伏炽磐在位期间，致力于扩大西秦的势力，每年都对外用兵，掠夺人口、牲畜。

西秦建弘九年（428 年）五月，乞伏炽磐因积劳成疾而病逝，谥号文昭王，庙号太祖，葬于武平陵。

少年掌权　南征北讨

乞伏炽磐性格刚毅，英武善断，极富谋略。乞伏乾归被后秦姚兴打败后，乞伏炽磐在南凉做人质，后来他机智地从西平逃出，投靠了姚兴，被封为振忠将军、兴晋太守，后又担任建武将军、行西夷校尉，负责镇守苑川。

乞伏乾归第二次称王时，乞伏炽磐又被册立为太子，兼领冠军大将军、都督中外诸军事、录尚书事。后来乞伏乾归向姚兴称臣，姚兴封乞伏炽磐为假节、镇西将军、左贤王、平昌公，不久又晋封他为抚军大将军。

西秦更始四年，乞伏乾归被杀，乞伏炽磐继位，改元永康；暂任翟勍为相国，麴景为御史大夫，段晖为中尉，弟弟乞伏延祚为禁中录事，樊谦为司直；取消尚书令、仆射、尚书、六卿、侍中、散骑常侍、黄门郎官①，设置中左右常侍、侍郎各3人。

西秦永康二年（413年），乞伏炽磐派龙骧将军乞伏智达、平东将军王松寿率兵讨伐吐谷浑树洛干，在浇河将对方打败，俘获将领呼那乌提和3000多户百姓。接着，他又派镇东将军乞伏昙达、平东将军王松寿率领1万骑兵向东征讨，打败占据白石川的休官权小郎、吕破胡，攻入白石城，迫使休官权小郎率领1万多人投降。然而，休官权小成、吕奴迦等人不久又反叛，占据白坑。乞伏昙达奉命前去征讨，攻进白坑，杀死休官权小成、吕奴迦，斩首4700人，陇右休官全都投降。之后，乞伏炽磐又派安北将军乌地延、冠军将军翟绍在泣勤川讨伐吐谷浑别统句旁，大败句旁，同样俘获大量百姓。稍作休整后，乞伏炽磐亲率各路大军在长柳川讨伐吐谷浑别统支旁，在渴浑川讨伐掘达，将他们一一打败，前后俘获2.8万人。

消灭南凉　威震四方

西秦永康三年（414年），南山上空突然升起一片五色彩云，乞伏炽磐非常高兴，对大臣们说："此乃大吉，上天有意助我平定天下，万不可错失良机！"随即下令整修武器，训练兵马，伺机而动。不久传来了秃发傉檀向西征讨乙弗的消息，乞伏炽磐认为时机已到，于是率领2万步骑兵进攻南凉都城乐都。负责留守的秃发武台率部顽强抵抗，乞伏炽磐花了10天时间才攻破乐都。之后，乞伏炽磐又派平远将军鍵虔率领5000名骑兵追击秃发傉檀，自己则把秃发武台及其文武官员、1万多户百姓迁徙到枹罕。秃发傉檀走投无路，不得不率部投降，南凉宣告灭亡。乞伏炽磐封秃发傉檀为骠骑大将军、左南公，南凉的文武官员也根据各自的才干选授或提拔官职。兼并南凉以后，乞伏炽磐兵强地广，设置百官，立妻子秃发氏为王后。

西秦永康四年（415年），乞伏炽磐又打败北凉河湟太守沮渠汉平，任命部将匹逵为河湟太守，之后又讨伐并降服乙弗窟乾而回。与此同时，大将乞伏昙达、王松寿等人在赤水打败南羌弥姐康薄，迫使其投降。接着，乞伏炽磐又率军攻打湫川，北凉沮渠蒙逊为解湫川之围，率军攻打西秦的石泉。乞伏炽磐得到消息后急忙撤军，并派乞伏昙达、出连虔率5000人马火速增援石泉。沮渠蒙逊闻讯也领兵撤退，并派使者向乞伏炽磐表达了联姻的请求。乞伏炽磐又派乞伏昙达、王松寿等率领1万骑兵在上邽攻打姚艾。乞伏昙达来到蒲水，遭到姚艾的顽强抵抗，最终姚艾败逃上邽。乞伏昙达进驻大利，攻破黄石、大羌两个营垒，将5000多户百姓迁徙到枹罕。

乞伏炽磐命令安东将军木奕干率军讨伐塞上吐谷浑树洛干，俘敌5000多人，逼死树洛干。乞伏炽磐接到战报后十分高兴，任命乞伏昙达、乞伏元基父子分别为左、右丞相，麹景为尚书令，翟绍为左仆射；之后又派乞伏昙达、乞伏元基向东讨伐姚艾，迫使姚艾投降。

这时，乙弗鲜卑[②]乌地延也慑于乞伏炽磐的威望，率领2万户来降，被封为建义将军。乌地延去世后，其弟他子承继兄位，将自己的儿子轲兰送往西平为人质。他子的堂弟提孤等心中不服，率领5000户脱离乞伏炽磐，向西迁徙，但在凉州刺史出连虔的劝说下又半路返回，重新归附乞伏炽磐。乞伏炽磐认为提孤不可靠，将来可能成为边境上的祸患，于是从其部落中征收6万匹战马。两年后，提孤等人煽动部落往西逃到塞外，他子则率领5000户到西平居住。

当初姚艾反叛投降沮渠蒙逊的时候，沮渠蒙逊率领人马亲自迎接。姚艾的叔父姚儁说："秦王宽厚大量，待我们不薄，我们完全可以在这里安居乐业，为什么要跟着凉主往西迁移呢？"大家都认为姚儁言之有理，于是赶走姚兴，推举姚僬为首领，并派使者向乞伏炽磐请求归附。乞伏炽磐封姚僬为侍中、中书监、征南将军，封陇西公，食邑1000户。

乞伏炽磐又命令征西将军孔子率军到弱水南边讨伐吐谷浑觅地，觅地大败，率领6000人向乞伏炽磐投降，被乞伏炽磐封为弱水护军。乞伏炽磐再派左卫将军匹逵、建威将军梯君等在漒川讨伐彭利和，彭利和独自逃到仇池，妻子儿女均被俘，羌人3000豪户也被迁徙到枹罕。

西秦永康八年（419年），乞伏炽磐立次子乞伏慕末为太子，兼领抚军大将军、都督中外诸军事，大赦境内，改元建弘。

西秦建弘九年（428年）五月，乞伏炽磐驾崩。

注释：

①编者注：此次改革为临时举措，神瑞元年（414年）兼并南凉后恢复。

②乙弗鲜卑：亦作乙弗勿敌国、卑和虏等。鲜卑部落之一，原居漠南，后一部分迁至青海一带。十六国时先后为南凉、西秦、北凉所役属。5世纪初为吐谷浑所并。另一部分投北魏，姓乙弗氏，后改乙氏。

历武王乞伏慕末

乞伏慕末档案

生卒年	？—431 年	在位时间	428—431 年
父亲	文昭王乞伏炽磐	谥号	历武王
母亲	不详	庙号	无
后妃	梁皇后	曾用年号	永弘

乞伏慕末，又作乞伏暮末，字安石跋，河西鲜卑人，西秦文昭王乞伏炽磐次子，十六国时期西秦第四位皇帝。

西秦永康八年，乞伏慕末被立为太子，任抚军大将军、都督中外诸军事。

西秦建弘九年，乞伏炽磐驾崩，乞伏慕末继位，改元永弘。

西秦永弘三年（430 年）十一月，南安 1 万多名羌族人群起反对乞伏慕末，乞伏慕末在氐王杨难当的援助下平定叛乱。次年正月，夏主赫连定派赫连韦伐率兵围攻南安，城内粮食消耗殆尽，甚至出现了人吃人的情形。西秦文武大臣纷纷偷越城墙投降夏国，乞伏慕末无奈，和宗族 500 人一起出城投降，不久被赫连定杀死，谥号历武王。

继位封职　迎战北凉

西秦建弘九年五月，乞伏慕末继位，任命右丞相乞伏元基为侍中、相国、都督中外诸军事、录尚书事等职务；封镇军大将军、河州牧乞伏谦屯为骠骑大将军；封安北将军、凉州刺史段晖为辅国大将军、御史大夫；拜叔父、右禁将军乞伏千年为镇北将军、凉州牧，镇守河湟；封征北将军乞伏木弈干为尚书令、车骑大将军；封征南将军乞伏吉毗为尚书仆射、卫大将军。

北凉国主沮渠蒙逊听说乞伏炽磐去世的消息，认为这是消灭西秦的大好时机，遂派兵攻打西平。西平太守对前来攻城的沮渠蒙逊说："殿下不如绕开西平，先攻取乐都，等到旗开得胜的那一天，我一定率军归附。假如我望风而降，会被天下人瞧不起！"沮渠蒙逊便放弃西平，转而进攻乐都。西秦相国乞伏元基率3000人马前来支援，但乐都外城很快沦陷，城内水源也被切断，城中一半以上的人死于饥渴。

当时，东羌部落酋长乞提跟着乞伏元基来支援乐都，暗中却与城外的北凉军勾结，从城上抛下绳索，让北凉士卒攀绳而上，突入城内，纵火焚烧城门。乞伏元基率领左右亲军奋力抗击，好不容易才将北凉军击退。

示好北凉　西平失守

当初乞伏炽磐病重时，曾对乞伏慕末说："我死后，你能够保住国土不失就已经不错了。沮渠成都是沮渠蒙逊最重用的人，不可以久居西秦。"击退北凉的进攻后，乞伏慕末不想再与北凉为敌，便派使者到沮渠蒙逊营中说愿意释放沮渠成都，请求和解。沮渠蒙逊接受了西秦的建议，下令撤军，并派使臣到西秦为乞伏炽磐吊唁。乞伏慕末也派将军王伐护送沮渠成都回国。沮渠蒙逊对乞伏慕末的话半信半疑，为防有变，他特意派恢武将军沮渠奇珍在扪天岭埋伏，待护送队伍到来，立即将王伐擒拿，押回国内，问明情况后才放了王伐，并送给乞伏慕末1400匹战马以及大量锦缎绫罗。之后，乞伏慕末派记室郎中马艾携带重礼回访北凉，两家遂结为友好邻国。

西秦建弘九年十月，凉州牧乞伏千年因酗酒暴虐，不理公务，被乞伏慕末大加训斥。乞伏千年心中怨恨，投奔了北凉。乞伏慕末气怒之余，任命叔父、光禄大夫乞伏沃陵为凉州牧，镇守河湟。同年十二月，沮渠蒙逊突然兴兵讨伐西秦，大军开到盘夷，遭到乞伏元基的顽强阻击。沮渠蒙逊又率军回攻西平，征虏将军出连辅政等率领骑兵2000人前去救援，然而援军还没有赶到，西平便被沮渠蒙逊攻陷，西平太守被俘。

次年五月，沮渠蒙逊再次讨伐西秦，乞伏慕末命相国乞伏元基留守都城枹罕，他自己则退守定连城。这时，西秦南安太守翟承伯等人趁乱叛变，占据罕谷，与北凉军遥相呼应。乞伏慕末亲自统领大军，击败翟承伯。西安太守莫者幼眷占据泝川（在枹罕附近），也背叛西秦，乞伏慕末再次发兵讨伐，但被莫者幼眷打败，不得已退守定连城。沮渠蒙逊大军很快将枹罕团团围住，并派世子沮渠兴国攻打定连城，沮渠兴国战败被俘。沮渠蒙逊得到消息后，急忙率军撤退，乞伏慕末乘胜追击，一直追到谭郊。

同室相煎　亡国被杀

乞伏慕末的弟弟乞伏轲殊罗生性好色，与父亲乞伏炽磐的左夫人秃发氏通奸，被乞伏慕末发现，乞伏轲殊罗担心受到惩罚，便和叔父乞伏什夤（yín）密谋杀死乞伏慕末。秃发氏也参与了此事，她偷出宫中的钥匙，想在夜里放他们入宫，不料钥匙拿错，守门人发现异常，急忙告知乞伏慕末。乞伏慕末知道后怒发冲冠，立即将乞伏轲殊罗及其党羽全部处死，又将乞伏什夤抓住，想施以鞭刑。乞伏什夤说："我欠你的死，并不欠你的鞭。"乞伏慕末就剖开他的肚子，把他的尸体抛进黄河中。

乞伏什寅的两个弟弟乞伏白养、乞伏去列对此颇有怨言，乞伏慕末又杀了他们。

西秦永弘三年十月，北凉再次攻打西秦，乞伏慕末自知不敌，连忙派人向北魏请求援助。北魏以把大夏掌握的平凉郡和安定郡割让给乞伏慕末为条件，让乞伏慕末进攻大夏的赫连定。乞伏慕末无奈，只得纵火焚烧城邑，捣毁宝物，统率部众1.5万户向东前往上邽。大队人马走到高田谷时，给事黄门侍郎郭恒等人阴谋叛变，乞伏慕末将郭恒斩杀。赫连定听说乞伏慕末率大军前来进攻，便发兵抵抗。乞伏慕末见一时难以攻取，只好在南安停留下来，西秦故土全部被吐谷浑汗国占领。

不久，南安的羌族部落因为不服从乞伏慕末的统治，联合起来发动叛乱，推举安南将军、督八郡诸军事、广宁太守焦遗为盟主，焦遗坚辞不从。羌族部众便劫持焦遗的同族侄子、长城护军焦亮为盟主，向南安城发起进攻。乞伏慕末求助于氐王杨难当，杨难当派将军苻献率军救援，与乞伏慕末合兵反击各羌族部落，终于将敌人打败，焦亮逃回广宁。乞伏慕末回到南安后，命令焦遗亲手杀死焦亮。十二月，焦遗将焦亮斩首，出城投降，被乞伏慕末封为镇国将军。之后，西秦略阳太守弘农人杨显献出郡城，投降了大夏。

西秦永弘四年（431年）正月，赫连定攻打西秦大将姚献，姚献战败。接着，赫连定又派叔父、北平公赫连韦攻打南安城。当时南安城中正闹饥荒，一度出现了人吃人的惨状，西秦大将见守城无望，接连出城投降。绝望之中，乞伏慕末用车载着空棺材出城投降，西秦宣告灭亡。同年六月，乞伏慕末被赫连定杀死，一同被杀的还有西秦皇族500人。

十六国·后凉

懿武帝吕光

吕光档案

生卒年	338—399 年	在位时间	386—399 年
父亲	吕婆楼	谥号	懿武皇帝
母亲	不详	庙号	太祖
后妃	石皇后等	曾用年号	太安、麟嘉、龙飞

吕光,字世明,氐族前秦太尉吕婆楼之子,十六国时期后凉的开国皇帝。

吕光原为前秦将领,曾受命征讨西域,战无不胜,为前秦立下了汗马功劳。前秦建元二十年,吕光占据凉州,苻坚死后他拥兵自重,称霸一方,自称使持节,侍中,中外大都督,督陇右、河西诸军事,大将军,凉州牧,酒泉公,改元太安。后凉太安四年(389年),称三河王,改元麟嘉。后凉麟嘉八年(396年),复改称天王,国号大凉,改元龙飞。

后凉龙飞四年(399年),吕光驾崩,终年62岁,在位14年,谥号懿武皇帝,庙号太祖,葬于高陵。

身经百战　关中称王

吕光是汉高祖刘邦皇后吕雉的族人，据说诸吕被诛时，吕雉的父亲吕文从沛县侥幸逃脱，来到略阳，居住在氐人之地，渐渐成为当地望族。吕光的父亲吕婆楼是前秦官员，因辅助苻坚有功，受封为太尉。吕光出身略阳的名门望族，不喜读书，但头脑灵活，年轻时性格沉稳，喜怒不形于色。因苻坚的谋士王猛推荐，他被任命为美阳县令，后迁鹰扬将军。

苻坚杀堂兄继位后，大将军张平投降东晋，之后率军攻打前秦。苻坚命苻柳驻守蒲阪，并亲自带兵迎战，以建节将军邓羌为前锋都护，率5000人马在汾水沿岸设防，与张平的养子张蚝在铜壁激战多日，不分胜负。在苻坚的重金悬赏之下，吕光率先出战，将张蚝刺于马下，邓羌将张蚝擒获，张平随之溃败。这一战后，吕光名声大振。

前秦建元三年（367年）十月，前秦出现内乱，苻柳占据蒲阪，苻双占据上邽，苻庾占据陕城，苻武占据安定，四人联合反叛，向苻坚发动攻击。前秦建元四年正月，苻坚命令后禁将军杨成世、左将军毛嵩分兵攻讨上邽、安定；辅国将军王猛、建节将军邓羌进攻蒲阪；前将军杨安和广武将军张蚝进攻陕城。三月，苟兴打败杨成世，苻武打败毛嵩，迫使二人逃回。苻坚又派宁朔将军吕光与武卫将军王鉴率兵前去增援。王鉴想尽快交战，吕光劝道："敌人刚刚取得胜利，气焰正嚣张，我们不可冒进，待敌人粮草短缺时趁势而攻，即可打败他们。"果然，过了20多天，苟兴粮草紧缺，不得不退兵。前秦诸将商议对策，吕光说："敌人下一步肯定会攻打榆眉，如果榆眉失守，对我们非常不利，应当尽快进军。"于是，王鉴率军打败苟兴，之后乘胜击败苻双、苻武，俘虏斩杀1.5万人。

前秦建元六年，吕光跟随王猛消灭前燕，被封为都亭侯。

前秦建元十四年十月，苻重谋反，有传言说吕光也和苻重同流合污，苻坚认为吕光忠孝，不可能做这种事，于是派人通知吕光押送苻重进京。吕光回到京城后，被封为太子右率，受到苻坚的信任。次年，吕光被苻坚任命为破虏将军，率兵讨伐李焉。前秦建元十六年，吕光又因参与平定苻洛有功，被提拔为骁骑将军。

苻坚基本统一北方后，为了进一步扩大疆域，再派吕光征讨西域。前秦建元十九年正月，吕光率军从长安出发，行至高昌，得知苻坚正在攻打东晋，便暂停行军，等待下一步的命令。部将杜进劝说道："我们既然奉命征讨西域，就不能停止不前，应该尽快将敌人消灭。"吕光听从劝告，命令大军继续前进。大军在茫茫戈壁和沙漠中行进300多里，渺无人烟，焦渴难忍，吕光不断地鼓励大家。不久下起了大雨，平地涨起三尺水。吕光进军到达焉耆，焉耆国王泥流率领附近的属国请求投降，唯独龟兹的王帛纯认为自己实力强大，据城抵抗。吕光指挥军队猛攻，至次年七月，帛纯不敌，向狯胡①求援。狯胡王派弟弟呐龙、侯将馗率领20多万骑兵，并带领温宿、尉头等国国王及部众，共70多万人来救，均被吕光打败。城破后，吕光率军进入城内。西域各国畏惧吕光的威名，纷纷前来投降。为了安抚龟兹，吕光封帛纯的弟弟帛震为龟兹王。捷报传回，苻坚封吕光为使持节、散骑常侍、都督玉门以西诸军事、安西将军、西域校尉。

苻坚淝水之战失败后，前秦境内各族百姓纷纷叛逃。吕光也想回到关中，当他领兵到达宜禾时，高昌太守杨翰唯恐他乘机夺取凉州，劝凉州刺史梁熙堵住高桐（梧）谷口、伊吾关，阻止其前进。但是梁熙并没有放在心上，致使吕光率部长驱直入，跨过玉门关，直逼凉州。梁熙连忙派儿子梁胤与振威将军姚皓等人率兵5万迎敌。吕光派彭晃、杜进等人出击，在安弥将梁胤、姚皓打败。之后，吕光诛杀凉州高昌郡太守杨翰、凉州刺史梁熙，从此占据凉州，建立了自己的根据地。

前秦太初元年，吕光听说苻坚被姚苌杀害，悲痛欲绝，下令凉州所有人为苻坚披麻戴孝。一个月后，吕光宣布改元太安，自称使持节，侍中，中外大都督，督陇右、河西诸军事，大将军，凉州牧，酒泉公。

吕光占据凉州后，前秦长水校尉王穆也自称凉州牧，与吕光分庭抗礼；另有西平太守康宁和张掖太守彭晃起兵反叛，吕光决定出兵征讨他们。后凉太安二年（387年），吕光杀掉彭晃、王穆，统一凉州。后凉太安四年二月，吕光自称三河王，改元麟嘉，设置百官，立妻子石氏为王妃、儿子吕绍为世子。

后凉麟嘉七年（395年），吕光攻打西秦，西秦国王乞伏乾归投降，并把儿子乞伏敕勃送来作为人质。

西秦称藩　乞伏叛乱

鲜卑贵族西秦国主乞伏乾归占据金城，自称大将军、大单于、金城王，得到前秦高帝苻登的支持，秦、凉一带的鲜卑、胡、羌诸族大多归服在其帐下，乞伏乾归遂成为控制陇西地区的一股强大势力。苻坚被杀后，吕光控制了河西地区，据姑臧，隔湟水与乞伏乾归对峙，多次发起进攻，但均以失败告终。

后凉麟嘉四年（392年）八月，乞伏乾归派彭奚念进攻吕光所辖湟水北岸战略重镇——白土津。吕光忙派南中郎将吕方、右将军吕宝、振威将军杨范、强弩将军窦苟等东下进攻金城，结果又被乞伏乾归打败，死伤万余人，吕宝也不幸战死。吕光又派儿子吕纂等人率5000步骑兵南下攻打彭奚念，双方在盘夷发生激战，后凉再次败退。

吕光不甘失败，又亲率大军进攻彭奚念于枹罕，彭奚念在白土津垒石筑堤，然后派轻骑万人扼守河津渡口。吕光派将军王宝从上游乘夜强渡湟水东进，彭奚念大败。后凉麟嘉六年（394年）七月，吕光封儿子吕覆为都督玉门以西诸军事、西域大都护，镇高昌，命大臣子弟跟随。

随着势力逐渐扩大，吕光不再满足于王的称号，于后凉麟嘉八年改称天王，定国号大凉，改元龙飞，史称后凉。

次年正月，乞伏乾归叛变，吕光派吕纂、吕延出兵西秦，攻取西秦的金城、临洮、武始、河关等地。西秦官员见敌人来势凶猛，劝乞伏乾归投奔成纪，但遭到拒绝。之后，乞伏乾归故意示弱，对外发布消息称自己已经东逃成纪。吕延信以为真，带领人马向东追赶，结果进入乞伏乾归设下的埋伏圈，伤亡惨重，吕延也不幸阵亡。

后凉龙飞四年，吕光病重，传位于太子吕绍，自封太上皇，并任命吕纂为太尉、吕弘为司徒。他对吕绍说："现在南凉、北凉、西秦同时把矛头对准我们，我死后，你让吕纂统率军队、吕弘管理朝政，这样才能保住国家。如果互相猜忌，国家很快就会走向灭亡。"接着，他又对吕纂、吕弘说："吕绍不是拨乱反正之人，但他是正宫嫡子，理所当然继承大统，目前内外交困，你们兄弟要和睦相处，同心治国，方有我们吕氏立足之地。"当天，吕光驾崩。

注释：

①狯胡：古族名。初见于晋朝太康年间（280—289 年），一说为西迁匈奴的一支，与龟兹相近，分布于伊塞克湖周围。

灵帝吕纂

吕纂档案

生卒年	？—401年	在位时间	399—401年
父亲	吕光	谥号	灵皇帝
母亲	赵淑媛	庙号	无
后妃	杨皇后等	曾用年号	咸宁

吕纂，字永绪，略阳人，懿武帝吕光庶长子，十六国时期后凉第二位皇帝。

吕纂初任秦州刺史、太原公，曾率领5万精兵讨伐段业，结果大败。后凉龙飞四年吕光病重，传位于太子吕绍，以吕纂为太尉，掌握军权。吕光驾崩后，吕纂发动政变，迫使吕绍自杀，篡位为帝，改元咸宁。

吕纂在位时荒淫无度，滥杀无辜，致使朝政混乱，人心叛离。

后凉咸宁三年（401年），吕纂为堂弟吕超所杀，谥号灵皇帝，葬于白石陵。

纨绔子弟 不得人心

吕纂是吕光的庶长子，喜骑射，好鹰犬，是一个标准的纨绔子弟。

前秦苻坚在位时，他曾入太学读书，但却很贪玩，遍交公侯子弟。淝水之战失败后，吕纂西逃至上邽，最后来到姑臧投到父亲帐下，被封为太原公、虎贲中郎将。

吕光晚年时，后凉陷入内忧外困的境地，多亏吕纂出面才稳住了局面。后凉龙飞四年十二月，吕光病危，再三嘱咐吕纂、吕弘一定要好好辅佐弟弟吕绍。吕纂答应得很好，但吕光一死，他当天晚上就率领几百人攻打广夏门，逼吕绍自杀，然后登上谦光殿，自立为帝，改元咸宁。

吕纂的弟弟吕弘曾为后凉立下汗马功劳，但吕纂对他并不信任，吕弘一气之下在东苑起兵反对吕纂。吕纂命令焦辨攻打吕弘，吕弘不敌，逃到广武，后被抓回处死。

平定吕弘叛乱后，吕纂开始出兵南凉，讨伐秃发利鹿孤，结果被秃发傉檀打败。吕纂不死心，又去攻打北凉的张掖、延康，但均以失败告终。回到姑臧后，吕纂郁郁寡欢，天天借酒消愁。太常杨颖好心劝谏，吕纂口头答应，事后依然我行我素。

后凉咸宁三年二月，吕光的侄子吕超擅自出兵攻打鲜卑思磐部①，思磐派弟弟乞珍去向吕纂告状。吕纂命令吕超返回姑臧，并对他破口大骂："你依仗自己的军功，竟敢不听我的命令私自出兵，我恨不能一刀杀死你！"说者无意，听者有心。吕超非常害怕，决定先下手为强，杀死吕纂。傍晚时分，吕纂带着吕超等人在禁中游玩，行到琨华堂东阁，车子无法通过。吕纂将佩剑放在墙边推车，吕超看准时机，拿起宝剑将吕纂杀死。

注释：

①鲜卑思磐部：东晋十六国时期河西鲜卑的一支，以首领思磐领部而得名，居于丹岭一带。

后主吕隆

吕隆档案

生卒年	？—416 年	在位时间	401—403 年
父亲	吕宝	谥号	无
母亲	卫氏	庙号	无
后妃	杨皇后等	曾用年号	神鼎

吕隆，字永基，略阳人，氐族，懿武帝吕光之侄，十六国时期后凉第三位皇帝。

咸宁三年，吕超杀死灵帝吕纂，拥立吕隆为帝，改元神鼎。

吕隆继位之初，为了树立自己的威望，排除异己，致使后凉人人自危。当时，后凉内部生产遭到严重破坏，百姓生活无以为继，姑臧城内甚至出现了人吃人的惨状，十几万人被饿死，剩余的人要求出城活命。吕隆担心引起连锁反应，又坑杀了几百人。

由于南凉、北凉经常出兵攻击后凉，吕隆感到十分绝望，于后凉神鼎三年（403 年）七月投降后秦，后凉宣告灭亡。

后秦弘始十八年，吕隆受吕弼谋反案牵连，被姚兴杀死。

治国无方　投降后秦

吕隆长相英俊，善于骑射，曾被吕光任命为北部护军，后逐渐担任显要职务，在朝中颇有威望。后凉神鼎元年，吕超杀死吕纂，但他没有自己继位，而是让给了兄长吕隆。吕隆很不情愿，吕超说："是龙总是要盘旋在天上，怎么可能卧伏于地下呢！"吕隆推辞不过，于是即位。因为吕超曾经在番禾得到一个小鼎，他认为是神灵降下的吉兆，遂改元神鼎；追尊父亲吕宝为文皇帝，母亲卫氏为皇太后，妻子杨氏为皇后；拜吕超为使持节、侍中、都督中外诸军事、辅国大将军、司隶校尉、录尚书事、安定公。

后凉神鼎元年三月，南凉康王秃发利鹿孤率兵攻打后凉，吕隆迎战失利，致使后凉2000多户百姓被秃发利鹿孤掳掠而去。五月，魏安人焦朗派使者劝说后秦将领姚硕德："吕氏因为前秦的动乱，得以建立政权，自从吕光去世，他的儿子们自相残杀，横征暴敛，饥民流亡，死者不计其数。我们应当出兵征讨，救黎民于水火之中。"姚硕德率军进抵姑臧，吕隆派吕超迎敌，吕超大败逃回。吕隆见状不敢再战，下令收集散兵，环城固守。

大臣们见后秦兵力强盛，自知不敌，纷纷劝说吕隆与姚兴通好，但遭到吕隆拒绝。吕超又亲自劝说，吕隆说："我承担家国重任，不能保卫社稷，就这样将太祖（吕光）的基业轻易转手，还有什么脸去地下见先帝！"然而，他经不住大臣们一再劝说，最终接受建议，派人对姚硕德说愿意投降。姚硕德立即上表，奏请任命吕隆为使持节、镇西大将军、凉州刺史、建康公。吕隆派弟弟、儿子，以及文武旧臣慕容筑、杨颖、史难、阎松等50多户到长安做人质。

后凉神鼎二年（402年）二月，沮渠蒙逊趁乱带兵攻打姑臧。吕隆忙向秃发利鹿孤求救。秃发利鹿孤派广武公秃发傉檀率1万骑兵前去救援，不过大军还未到达，沮渠蒙逊的部队已被吕隆打垮。于是，沮渠蒙逊与吕隆结盟，并把粮谷1万多斛留下来救济饥民。同年十月，南凉景王秃发傉檀突然反目，再次率兵攻打姑臧。由于频繁遭到秃发傉檀和沮渠蒙逊的攻打，后凉神鼎三年，吕隆派吕超带上珍宝，请求姚兴接他去后秦避难。不久，姚兴派部将齐难等率4万步骑兵来接吕隆。临行前，吕隆派吕胤向吕光庙告别。众人触景生情，悲泣大哭，姚兴的军士也深受感动。

到达长安后，吕隆被姚兴封为散骑常侍，吕超被封为安定太守；文武官员30多人也得到提拔任用，后凉自此灭亡。

十六国·南凉

武王秃发乌孤

秃发乌孤档案

生卒年	？—399 年	在位时间	397—399 年
父亲	秃发思复鞬	谥号	武王
母亲	不详	庙号	烈祖
后妃	不详	曾用年号	太初

秃发乌孤,河西鲜卑人,秃发鲜卑首领秃发思复鞬之子,十六国时期南凉的开国皇帝。

秃发乌孤原本是河西鲜卑族部落酋长,后归附后凉,被封为冠军大将军、河西鲜卑大都统。脱离后凉以后,他自称大都督、大将军、大单于、西平王,建立南凉,改元太初。之后,他出兵攻打后凉,攻克金城,在街亭打败后凉将军窦苟。南凉太初二年(398 年),秃发乌孤改称武威王。

南凉太初三年(399 年),秃发乌孤驾崩,谥号武王,庙号烈祖。

少年壮志　蛰伏待机

秃发乌孤与北魏拓跋氏同出一脉。其八世祖匹孤带领部落从塞北迁徙到河西，辖地东到麦田、牵屯，西至湿罗，南抵浇河，北接大漠。匹孤去世后，由儿子寿阗（秃发寿阗）接位。寿阗的母亲胡掖氏怀他的时候，因为是睡觉时在被子里生下的他，而鲜卑称被子为"秃发"，故寿阗以"秃发"为姓。寿阗死后，由孙子秃发树机能嗣位，秃发树机能勇猛果断、多谋略。西晋泰始年间，秃发树机能在万斛堆杀死秦州刺史胡烈，在金山打败凉州刺史苏愉，占据凉州。但他后来败于马隆，被部下杀害。之后秃发部落又经历了秃发务丸、秃发推斤、秃发思复鞬几任首领。秃发思复鞬在位期间，秃发部落逐渐人强马壮。

秃发乌孤在父亲秃发思复鞬死后，继任秃发部首领之位。后凉吕光遣使任命秃发乌孤为假节、冠军大将军、河西鲜卑大都统、广武县侯。秃发乌孤为此询问手下将领的意见，大部分人都认为秃发部人马众多，没有必要依附别人，但将领石真若留却说："现在根基未稳，按理说应该顺应时势。吕光德政和威刑都整饬清明，国内又没有什么忧患，敌我之间力量悬殊，若吕光想消灭我们，并非难事，到时即使后悔也来不及了。倒不如接受官职，遵循天道，保存实力，等待时机。"秃发乌孤认为石真若留所言有理，于是接受了后凉授任的官职。

后凉麟嘉七年七月，秃发乌孤大败乙弗、折掘二部，然后派将领石亦干建造廉川堡。秃发乌孤率众登上廉川大山，含泪不语。石亦干上前说："我听说主上有忧愁是臣子的耻辱，所谓主辱臣死，大王不高兴的原因恐怕不是吕光吧？吕光已经衰老，军队又多次失利。现在我们仗着人强马壮，只要守卫和占据住大川，便可以以一当百，吕光哪里值得忧虑呢？"秃发乌孤说："吕光年老了，这我是知道的。但我们的祖宗用恩德来怀柔远人，而别的部落国家则害怕我们的威名，于是卢陵、契汗从万里以外来归顺。到我承继祖业的时候，各部都背叛了，邻近的也不依附我了，距离远的又为什么要依附我呢？这就是我流泪的原因。"将领苻浑说:"大王可以整顿军队,告诫将士,讨伐他们的罪行。"秃发乌孤听从建议,开始逐一征讨各部。

后来,吕光又派使封秃发乌孤为征南大将军、益州牧、左贤王。秃发乌孤对使者说:"吕王从前凭借自行出兵征讨的权威,占有益州,不用恩德怀柔远人,不用仁爱安抚百姓。各个儿子又贪得无厌,三个外甥恣行暴虐,郡县制度土崩瓦解,下民的生活没有依靠。我怎能违背天下人民的心意,接受这不义的爵位!帝王的兴起从未有过永久,无道就要灭亡,有德就该昌盛。我欲顺应上天和百姓的愿望,做这天下之主。"随后留下使者的鼓吹和羽仪,将使者送走。

建立南凉　醉酒身亡

后凉龙飞二年(397年)正月,秃发乌孤起兵反叛后凉,自称大都督、大将军、大单于、西平王,在境内大赦天下,改元太初,建立南凉。他在广武兴兵,很快攻克金城。吕光派将军窦苟征讨秃发乌孤,双方在街亭交战,秃发乌孤得胜,后凉的乐都、湟河、浇河三郡先后投降,岭南羌胡数万部落前来归附,连吕光的将领杨轨、王乞基也率领数千户前来投奔。

南凉太初二年十月,后凉建武将军李鸾献出兴城,向秃发乌孤投降。十二月,秃发乌孤改称武威王。

南凉太初三年正月,秃发乌孤从西平迁都至乐都,任命弟弟秃发利鹿孤为骠骑大将军、西平公,镇守安夷;秃发傉檀为车骑大将军、广武公,镇守西平。

迁都后不久,秃发乌孤对下臣们说:"陇西不过区区几个郡,因为战乱的缘故,竟然分裂成10多块地盘。乞伏乾归在河南发号施令,段业在张掖恃仗军队横行霸道,暴虐的吕光苟延残喘,盘踞姑臧。我凭借着父兄遗留下来的功业,意欲平定西夏,兼并弱小之国、攻打愚昧之邦,这三处应该先打哪一处呢?"杨统进言说:"乞伏乾归本是我们的部属,最终一定会归附。段业只是个儒生,没有治理国家的才干,有权势的大臣独揽朝纲，国事由不得他做主，到千里以外攻打他们，粮草补给运输困难，而且他们与我们交好，既然答应了与他们共患难，如果乘他们危难便攻打他们，并非义举。吕光衰老，继承人吕超尚年幼无知，两个儿子吕纂、吕弘虽有文武之才，但互相猜忌。如果大王率兵攻打，他们一定会临阵而逃。如果派车骑将军镇守浩亹（mén），镇北将军占据廉川，乘敌人空虚轮流出击，多方骚扰，敌人援救右边就攻打他们左边，援救左边就攻打右边，便可使吕纂疲于奔命，百姓也不能安心从事农业生产。兼并弱小攻打愚昧，就在此举，不出两年便可以坐定姑臧。攻下姑臧后，其余二寇不用我们去攻打，自然也就归附了。"秃发乌孤认为此言甚好，暗中产生了吞并后凉的想法。

南凉太初三年五月，后凉吕绍、吕纂率军讨伐北凉，北凉王段业向秃发乌孤求援，秃发乌孤派弟弟秃发利鹿孤和杨轨率军前去救援。吕纂得知消息后，放火烧了氐池、张掖的谷麦，撤军而走。六月，秃发乌孤任命秃发利鹿孤为凉州牧，镇守西平，同时召车骑大将军秃发傉檀入朝处理国家大事。

同年八月，秃发乌孤醉酒后放马狂奔，从马上摔下伤了肋骨，不久病情变得更加严重，他对群臣说："各方祸难尚未平息，应立年长者为君。"说完便去世了。

康王秃发利鹿孤

秃发利鹿孤档案

生卒年	？—402 年	在位时间	399—402 年
父亲	秃发思复犍	谥号	康王
母亲	不详	庙号	无
后妃	不详	曾用年号	建和

秃发利鹿孤，河西鲜卑人，武王秃发乌孤之弟，十六国时期南凉第二位皇帝。

南凉太初三年，秃发利鹿孤任骠骑大将军、西平公，驻镇安夷。同年，后凉吕绍及吕纂进攻北凉，秃发利鹿孤受命率军前去救援，后凉最终撤兵。之后，秃发利鹿孤任凉州牧，镇守西平。秃发乌孤去世后，秃发利鹿孤继位，迁都至西平。

南凉建和二年（401 年），秃发利鹿孤以祥瑞为由打算称帝，但在安国将军鍮（tōu）勿仑的劝说下改称河西王。同年，他率军攻伐后凉，俘获后凉右仆射杨桓并强迁其 2000 户人口。南凉建和三年（402 年），秃发利鹿孤又派兵攻破魏安，占据当地的焦朗。

同年，秃发利鹿孤去世，谥号康王，葬于西平陵。

肩托重负　建国称王

秃发乌孤时期，秃发利鹿孤曾被封为骠骑大将军、西平公，镇守安夷。后凉吕纂进攻北凉时，秃发乌孤应北凉王段业的请求，命秃发利鹿孤率军救援。吕纂害怕，放火烧了氐池、张掖的谷麦便撤军而走。秃发乌孤遂命秃发利鹿孤为凉州牧，镇守西平。

南凉太初三年，秃发乌孤因酒后坠马伤及肋骨，伤重而亡，临死前向臣下表示应当立年长者为君，故由其弟秃发利鹿孤继位。秃发利鹿孤继位后，赦免境内死罪以下的罪犯，将都城迁至西平；派记室监麹（qū）梁明到段业那里修好。十二月，后凉国主吕光去世，秃发利鹿孤听到消息后，马上派将领金树、苏翘率 5000 骑兵屯驻昌松、漠口。

第二年，秃发利鹿孤大赦境内，改元建和，规定 2000 石长吏凡是清廉高尚、有好的政绩教化的，都可以封亭侯、关内侯。

不久，吕纂前来攻打，秃发利鹿孤派弟弟秃发傉檀率军抵抗。吕纂士卒精锐，向前越过了三堆，南凉军心生恐惧，兵马混乱。秃发傉檀见状，下马靠着胡床坐下，将士们才镇静下来，最终打败吕纂，斩杀 2000 多人。吕纂又往西攻打段业，秃发傉檀率领 1 万骑兵乘虚攻打姑臧，吕纂的弟弟吕纬坚守南北城以求自保。秃发傉檀在朱明门上设置酒水，擂响钟鼓犒赏将士，在青阳门昭显武力，俘虏了 8000 多户百姓而回。

这一年，西秦国主乞伏乾归被后秦国主姚兴打败，率数百名骑兵前来投奔，秃发利鹿孤将他安置在晋兴，并以上宾的礼节接待他。为了让秃发利鹿孤放心，乞伏乾归还将儿子等送到西平做人质。镇北将军俱延对秃发利鹿孤说："乞伏乾归统领的地方本是我们的属国，但他却自立为王，走投无路才来归顺，并非真心实意。如果他投奔东边的秦国，必定领兵向西侵犯，这对我们没有好处。应该把他们迁到乙弗部中间，防其逃跑。"秃发利鹿孤说："我正要弘扬信义以收天下人心，现在乞伏乾归向我投诚，我却又把他迁走，四海之人知道后都会说我不能以诚信相托啊！"不久，乞伏乾归果然投奔姚兴。秃发利鹿孤深感后悔，命俱延率部追击，俱延一直追到黄河边上，没有追上便回师了。

南凉建和二年，南凉境内出现祥瑞，秃发利鹿孤便顺势称河西王。将领鍮勿仑说："从前先君在边远的北方开始创业，披头散发，衣襟向左边敞开，不知道礼仪，到处迁徙，也没有建造城邑的制度，因而能够中分天下，威震邻国。现在建大号称王，确实能够顺应天意，但是居住在安乐之地享福，并不是留给子孙的好办法；储存府库里的粮食丝绸，也会滋长敌人抢掠的欲望。而且带头兴兵称王称帝，一定不会成功，陈胜、项籍之事，前车之鉴并不遥远。我们应该把晋人安置到各城中，勉励和督促农业生产，用来供给军队和国家的用度，练习作战用以诛伐还没有归附之人。如果东边或西边的敌人对我们有什么举动，可以用长远的计策来牵制他们；如果敌人比我们强大，我们就迁徙以避锋芒，不也很好吗？"

秃发利鹿孤深以为然，于是率军攻打后凉的吕隆，擒获后凉右仆射杨桓。秃发傉檀劝杨桓投降，杨桓说："我受吕氏厚恩，当了尚书省的官员，即使是洪水滔天，我仍要救主而死，实在是耻于做叛臣来见明主。"秃发傉檀钦佩杨桓的忠诚，于是任命他为左司马。

重视文化　爱惜人才

秃发利鹿孤登上王位三年后，深感自己日夜操劳，弘扬道化，但刑罚和政令却未能平允适中，风俗仍多衰败；战车屡次驰骋，却没有开辟疆土的功绩；大力任用贤士，民间却还留有许多人才。他希望大臣们对此提出自己的意见。祠部[①]郎中史暠（hào）说："古代的帝王用兵以保全军队为上策，打败敌国为下策。若要拯救水深火热中的百姓，征讨东方时西方的百姓有怨愤。现在不以安定百姓为首务，仅仅致力于迁徙人户，而百姓只愿在本土安居，不愿轻易迁移，所以才会出现背离反叛的事情。这就是我们斩将夺城而土地却没有扩展的原因。现在选拔人才，把骑马射箭放在首位，把诗词歌赋列为无用的条目，这并不是招来远方尚未归化之人的好办法。孔子说：'不学礼，无以立。'应该广立学校，发展教育，挑选德才兼备的博学之人来训教帝王和公卿贵族的子弟。"秃发利鹿孤听了深以为然，于是任命田玄冲、赵诞为博士祭酒，负责教育帝王公卿的子弟。

当时秃发利鹿孤仍在向后秦称臣，杨桓之兄杨经辅佐过姚兴的父亲姚苌，姚兴知道杨桓德行声望甚高，于是征召他入后秦。秃发利鹿孤在城东给杨桓饯行，对杨桓说："本来期望能与你共成大业，但是事情却和我原来的考虑相违，分别时的感伤之情，实在比古人的还要深沉。但是鲲如果不在溟海里，就无法转动身躯；凤凰如果没有高大的梧桐落枝，就无法展开翅膀。你有匡辅大业的才能，像夜光珠那样明亮，就应当在高耸的楼阁出仕，显示出连城一样的价值，区区一个河西，实在不足以施展你的才华。你要好好努力，成就大美。"杨桓流着眼泪说："陛下从俘虏之中宽免于我，待我如同贤良老臣一样。我经常奢望能够攀龙附凤，建立一点小小的功业。然而龙门已经开启，我又离陛下而去，公衡那样的依恋，怎么敢忘记！"秃发利鹿孤见状也十分伤感。

攻打后凉　心愿未成

南凉建和二年十二月，秃发利鹿孤派秃发傉檀攻打吕隆的昌松太守孟祎。秃发傉檀将其打败并俘虏。但因为孟祎早先不投降，秃发傉檀对他大加斥责。孟祎说："我接受吕氏的厚恩，蒙分授虎符，镇守疆土，如果明公大军刚来，我就望旗归附，恐怕也要受到您的怪罪啊！"秃发傉檀听了非常高兴，解开绑在孟祎身上的绳索，以礼相待，并任命他为左司马。孟祎辞谢道："吕氏就要灭亡，圣朝不久吞并河西，已成定局。但我为吕氏守卫国土却没有守住，心里不安。如果让我承蒙明公恩惠，就请让我到姑臧去接受诛杀，那么虽死也不朽了。"秃发傉檀被孟祎的气节所感动，便把他放回去了。

次年正月，后凉国都姑臧遭到沮渠蒙逊攻击，吕隆派使者来请求援助，秃发利鹿孤召集大臣们商议此事。尚书左丞婆衍仑说："现在姑臧正在闹饥荒，民生凋敝，一石粮食能值万钱，野外连青草都没有，没有地方得到粮食供给。沮渠蒙逊的军队从千里以外而来，粮食运输困难，让这二寇鹬蚌相争，我们静待时机。即便沮渠蒙逊最后攻下姑臧，他也守不住，所以我们不应该去援救。"车骑将军秃发傉檀却不同意，他说："婆衍仑只知其一，不知其二。姑臧现在虽然空虚破敝，但位置优越便利，是河西的都会，绝不能让沮渠蒙逊占领，应火速救援。"秃发利鹿孤也认同他的看法，于是派秃发傉檀率1万骑兵去救援吕隆。但秃发傉檀到达昌松时，沮渠蒙逊已经撤退。

南凉建和三年，秃发利鹿孤病逝，临终前他下令说："内外多忧患，国事繁多，车骑将军秃发傉檀可继承大业，以成就先王的遗愿。"

注释：

①祠部：官署名。东晋设祠部，以祠部尚书为主官，掌祭祀之事。南北朝沿设。隋改部名为礼部，辖四曹，即礼部、祠部、主客、膳部，余各曹分归兵部、工部。从此祠部成为礼部所属机构，明、清改称祠祭司，祠部又为礼部司官的习称。

景王秃发傉檀

秃发傉檀档案

生卒年	365—415年	在位时间	402—414年
父亲	秃发思复鞬	谥号	景王
母亲	不详	庙号	无
后妃	皇后折掘氏等	曾用年号	弘昌、嘉平

秃发傉檀,河西鲜卑人,武王秃发乌孤、康王秃发利鹿孤之弟,十六国时期南凉第三位皇帝。

康王秃发利鹿孤在位时,秃发傉檀便掌握了朝政大权。南凉建和三年,秃发利鹿孤驾崩,秃发傉檀继位,改元弘昌,自称凉王,将都城迁至乐都。

秃发傉檀在位期间,南凉多次被大夏、北凉击败。南凉嘉平七年(414年),秃发傉檀向西进攻吐谷浑的乙弗部落,以扩大自己的疆域。但在大破乙弗的同时,他的后方也遭到西秦袭击,乐都陷落,南凉军闻讯溃散,秃发傉檀只得投降西秦,南凉宣告灭亡。

次年,秃发傉檀被乞伏炽磐毒死,终年51岁,谥号景王。

委曲求全　得势称王

秃发傉檀从小便聪明睿智，颇受父母喜爱。秃发思复鞬临死前将王位交给了大儿子秃发乌孤，但秃发乌孤继位没几年便因为喝醉酒而从马背上摔落而死，之后由秃发利鹿孤继位。秃发利鹿孤稳坐朝中，外面的一切大事均由弟弟秃发傉檀负责处理，因此，秃发傉檀实际上掌握了朝政大权。

南凉建和三年三月，秃发利鹿孤驾崩，秃发傉檀继位，改元弘昌。弘昌三年（404年），后秦正值鼎盛时期，秃发傉檀非常精明，为免引起后秦的觊觎，他主动去掉王的称号和年号，向姚兴称臣。为了讨好姚兴，他给姚兴送去3000匹马、3万只羊，姚兴十分高兴。

后秦弘治九年（407年），后秦大将姚弼、敛成率3万人马攻克昌松，然后在姑臧城外的西苑屯驻。当时，凉州人王钟、宋钟、王娥等人被姚弼收买，配合姚弼攻城，不料走漏风声，被秃发傉檀抓住。秃发傉檀本来只打算杀掉他们的头领，前军将军伊力延侯却说："现在外有强敌，内有奸细，杀掉三两个不解决问题，应当全部杀掉。"秃发傉檀接受建议，将5000多人全部坑杀，妇女则奖赏给将士。之后，他又命令各个郡县将圈里的牛羊全部放出来。后秦将领敛成看见后，命令士兵们抢掠牛羊。秃发傉檀看准时机，派大将秃发俱延、秃发敬归等将领迅速出击，杀死后秦兵7000多人。

这次胜利让秃发傉檀信心倍增。408年，他撕毁后秦的委任书，自称凉王，设置文武百官，改元嘉平，立夫人折掘氏为王后、世子武台为太子。

不听劝谏　陷入被动

南凉嘉平三年（410年）三月，秃发傉檀率领5万骑兵攻打北凉，在穷泉被沮渠蒙逊打败，只身逃回姑臧。沮渠蒙逊乘胜追击，包围姑臧，城内百姓见敌人来势凶猛，纷纷向北凉投降。秃发傉檀惊慌失措，急忙以儿子秃发安周、司隶校尉秃发敬归为人质，向沮渠蒙逊求和，北凉方才撤兵。

沮渠蒙逊撤兵不久，秃发傉檀又后悔了，决定进行报复，于是通知众将准备再次出兵。邯川护军孟恺劝阻道："沮渠蒙逊刚刚吞并姑臧，正士气高昂，不可轻举妄动。"但秃发傉檀执意出兵，命令军队分5路前进，在番禾掠夺5000户百姓，胜利而归。但归途中突遇狂风暴雨，部队行走困难，这时沮渠蒙逊带兵追来，将南凉军杀得人仰马翻。秃发傉檀狼狈逃回乐都，还没来得及喘口气，北凉军队便已追到城下。秃发傉檀无奈，只好又让儿子秃发染干去当人质。南凉嘉平六年（413年），乐都先后两次遭到北凉包围，秃发傉檀再次让弟弟秃发俱延去当人质，以求一时安宁。

刚愎自用　众叛亲离

北凉撤兵以后，南凉的契汗①、乙弗等部落提出脱离南凉，独立门户。秃发傉檀自然不会同意，遂带兵征讨。护军孟恺认为眼下南凉内外交困，不可轻易出兵，便劝道："庄稼连年歉收，百姓饥饿不堪，西秦、北凉又虎视眈眈，百姓整天提心吊胆。现在最好的办法是与西秦订立盟约，换取军粮，等待时机，再图霸业。"秃发傉檀不听，对太子秃发武台说："沮渠蒙逊短时间内不会再来，我所担心的只有乞伏炽磐。而乞伏炽磐兵少将寡，容易对付。你只要守好老家，我一月之内准回。"随后，他率领7000骑兵攻打乙弗，抢了40万头牲畜正打算返回，安西将军秃发樊尼前来报告说乞伏炽磐包围了乐都，秃发武台麻痹轻敌，致使乐都沦陷，秃发武台和南凉的文武百官全部被押到了枹罕。

秃发傉檀知道后气怒交加，对将士们说："现在乐都是回不去了，唯一的办法是夺取契汗，赎回妻子儿女。"众将见事已至此，只好点头答应。于是，大队人马又向西挺进。一路上，官兵们因看不到希望，纷纷脱逃。秃发傉檀派段苟去追赶逃兵，不料段苟也一去不返，最后只剩下秃发纥勃、秃发洛肱、秃发樊尼、阴利鹿跟随着他。秃发傉檀见此情景，悲从中来，仰天长叹道："天下之大，竟然没有我的容身之地！沮渠蒙逊、乞伏炽磐过去都是我的部下，现在我若去投奔他们，未免太伤自尊。与其我们聚在一起死，不如分开还能活命。我在北部还有1万户兄弟，樊尼、纥勃、洛肱你们三人带着他们去投奔沮渠蒙逊。我已经老了，对一切都无所谓了，只想再见妻子一面，死而无憾。"说完便和阴利鹿直奔西平，受到了乞伏炽磐的厚待，封为骠骑大将军、左南公。一年后，秃发傉檀被乞伏炽磐毒杀。

注释：

①契汗：古族名。即鲜卑契汗氏，原为西部鲜卑的一支。鲜卑秃发氏强盛后，契汗部从漠北徙于河西，投奔秃发氏，成为河西鲜卑的组成部分。河西鲜卑反晋战争失败后，退牧于祁连山南麓。后因秃发氏"讨伐"，远徙于今柴达木东、中部地区，后并入吐谷浑，又融入吐蕃族，成为青海藏族先民的一部分。

←云冈石窟第3窟阿弥陀佛

第3窟是云冈最大的石窟，开凿于471－494年。窟内北壁西部雕西方三圣（阿弥陀佛、观世音菩萨、大势至菩萨），其中主佛阿弥陀佛高10米。

云冈石窟第19窟主佛↑

第19窟是"昙曜五窟"中规模最大、形制组合最独特的洞窟，三世佛主佛像高16.8米，为云冈石窟中第二高大的佛像。

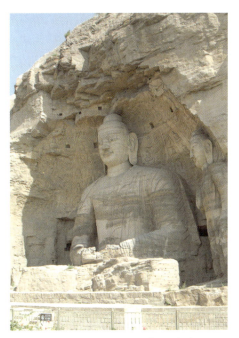

云冈石窟20窟正中的释迦坐像↑

第16至第20窟，是云冈石窟最早开凿的五个洞窟，由著名高僧昙曜主持，习惯上称为"昙曜五窟"。图为第20窟正中的释迦坐像，高13.7米。有人推测是依照北魏开国皇帝道武帝的形象雕刻的。

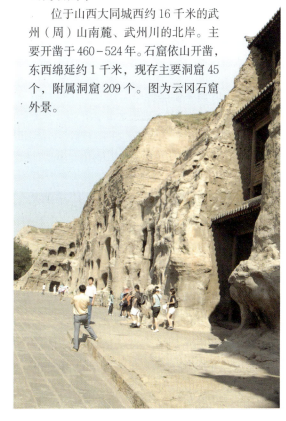

云冈石窟↓

位于山西大同城西约16千米的武州（周）山南麓、武州川的北岸。主要开凿于460－524年。石窟依山开凿，东西绵延约1千米，现存主要洞窟45个，附属洞窟209个。图为云冈石窟外景。

敦煌莫高窟↑

东晋永和九年(353年)开始营造,又名千佛洞,位于甘肃敦煌东南25千米处。经北魏、西魏、隋、唐、五代、宋、元历代增修,现存洞窟550余座。图为莫高窟外景。

麦积山第44窟主佛坐像→

麦积山石窟位于甘肃省天水市东南45千米秦岭山脉西段北麓,始建于后秦。第44窟开凿于西魏,其正壁主佛坐像端庄典雅,和蔼可亲,是西魏造像中最为杰出的一尊。

莫高窟第259窟禅定佛↑

莫高窟第259窟开凿于北魏早期,禅定佛位于北壁下层,体态端庄,形神兼备,被美学专家誉为"东方的蒙娜丽莎"。

←莫高窟第257窟九色鹿壁画(局部)

该壁画位于莫高窟第257窟西壁,是北魏洞窟的代表作。画面按两头开始、中间结束的特殊顺序布局绘制,左方是救溺水者、跪谢、休息,右方是告密、围捕,中间是九色鹿向国王申诉。此为中间部分。

莫高窟第 254 窟窟室内景 ↑

莫高窟第 254 窟建于北魏，位于莫高窟崖面中层，是莫高窟最早的中心塔柱式洞窟。

着裲裆铠的武士 ↑

敦煌莫高窟 285 窟壁画，图中右上部骑马武士所着为"裲裆（亦作"两裆"，即背心）铠"。

达摩像 ↑

画家王震画，立轴纸本，水墨淡设色，现藏日本泉屋博古馆。达摩，南天竺僧，南朝时从海路来华，后渡江至嵩山少林寺，被誉为佛教禅宗初祖。

八公图（局部）↑

绢本设色，现藏于美国纳尔逊·艾京斯艺术博物馆。传为唐代画家陈闳创作，描绘北魏明元帝拓跋嗣时，山阳侯奚斤、北新侯安同、白马侯崔宏等八人，"坐止车门右，听理万机"的故事。

←宋武帝刘裕

　　出自明代万历《三才图会》。

宋文帝刘义隆→

　　出自明代万历《三才图会》。

贵妇出行画像砖↑

1958年河南邓县（今邓州市）学庄村南朝刘宋墓地出土。该画像砖展现了贵族妇女盛装出行的情景。

太子舍人帖→

　　此帖载入《万岁通天帖》中，现藏辽宁省博物院。书写者王僧虔，王导玄孙，仕宦于刘宋、萧齐。

←宋文帝刘义隆长宁陵石兽

　　刘义隆长宁陵位于南京市栖霞区狮子冲。陵南正前方约200米处有石兽一对，左为天禄，右为麒麟。图为麒麟。

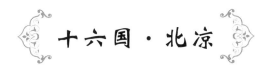

文王段业

段业档案

生卒年	？—401年	在位时间	397—401年
父亲	不详	谥号	文王
母亲	不详	庙号	无
后妃	不详	曾用年号	神玺、天玺

段业，京兆人，十六国时期北凉的开国皇帝。

段业早年服从后凉，担任建康太守。后凉龙飞二年（397年），段业被沮渠男成等人推举为国主，改元神玺，建立北凉。399年，段业自称凉王，改元天玺。

北凉天玺三年（401年），段业为沮渠蒙逊所杀，谥号文王。

建康建政　刚愎自用

段业早年曾经担任吕光部将杜进的僚属，跟随杜进征讨西域，立下不少战功，被封为建康太守。吕光自称天王后，段业被封为尚书。

后凉龙飞二年五月，沮渠男成进攻建康，派人去劝说段业自立，遭到段业拒绝。双方相持20天左右，建康城被围困，外无援兵，内缺粮草，段业无奈之下，只得归附沮渠男成。沮渠男成等人推举段业为使持节、大都督、龙骧大将军、凉州牧、建康公，改元神玺，建立政权，史称北凉。沮渠男成被任命为辅国将军，掌管军政大权；沮渠蒙逊则担任镇西将军、张掖太守。

北凉神玺二年（398年）五月，段业和沮渠蒙逊商议攻打后凉重镇西郡。众将感到不解，沮渠蒙逊解释说："西郡地处要害，必须据为己有。"于是，沮渠蒙逊率大军来到西郡，引来河水淹城，将城墙泡塌，攻入城内，抓获西郡太守吕纯，胜利而归。后凉晋昌太守王德、敦煌太守孟敏心中害怕，先后投降。沮渠蒙逊因功被封为临池侯。

六月，后凉吕弘放弃张掖，带兵向东撤退。段业遂迁都张掖，然后不顾沮渠蒙逊劝阻，率军追击吕弘，结果被吕弘打得大败而回，幸得沮渠蒙逊救助才免于一死。之后，段业修筑西安城，任命将领臧莫孩为太守。沮渠蒙逊劝道："臧莫孩虽然勇猛，但没有谋略，只知前进，不知撤退。这正是给他修筑坟冢，哪里是为他修筑城池！"段业又不听。果然，臧莫孩不久便被吕纂打败。

建立北凉　猜忌致害

北凉神玺三年二月，段业自称凉王，改元天玺，封沮渠蒙逊为尚书左丞、梁中庸为尚书右丞，北凉建立。

四月，后凉吕绍、吕纂率兵攻打北凉，段业不敌，急忙向南凉国主秃发乌孤求援。秃发乌孤派骠骑大将军秃发利鹿孤、杨轨率军来到北凉。吕绍因为段业等人的军队强大，想从三门关沿着山势往东，遭到吕纂反对，于是率军继续向南开进。段业准备迎战，沮渠蒙逊劝他按兵不动，这一次，段业听从了他的劝告。吕绍、吕纂在张掖盘踞许久，因找不到进攻的机会，最后无功而返。

北凉天玺二年（400年）十一月，酒泉太守王德宣布脱离北凉，自称河州刺史。段业派沮渠蒙逊带兵前去征讨。王德连忙烧毁酒泉城，带领部队投奔唐瑶。沮渠蒙逊在沙头追上他们，俘虏了王德的妻子儿女和部众，胜利而归。

由于沮渠蒙逊位高权重，而且很有谋略，段业深感威胁，于是让沮渠蒙逊的堂叔沮渠益生担任酒泉太守，让沮渠蒙逊出任临池太守，以期削弱他的权力；同时又让门下侍郎马权代替沮渠蒙逊为张掖太守。马权仗势欺人，经常羞辱沮渠蒙逊。沮渠蒙逊心生怨恨，便设法在段业面前说马权的坏话。段业偏偏又没有主见，听信沮渠蒙逊的谗言，杀死了马权。沮渠蒙逊看出段业的无能，便想废掉段业，让沮渠男成做凉王。可是，沮渠男成重情重义，不同意这样做，沮渠蒙逊只好放弃。为避免杀身之祸，沮渠蒙逊决定离开京都，于是主动要求担任西安太守，得到段业的同意。

来到西安后，沮渠蒙逊开始筹划起兵之事。为寻找起兵的借口，他约沮渠男成一起祭奠兰门山，然后派司马许咸向段业报告说："沮渠男成有意谋反，必须立即除掉。"段业不辨真伪，马上下令将沮渠男成抓起来，并让沮渠男成自杀。沮渠男成死后，沮渠蒙逊以段业乱杀忠臣为由起兵造反，率兵直奔京都，一路上受到多个部落的拥护。

段业见沮渠蒙逊来势凶猛，忙派右将军田昂和武卫将军梁中庸等人迎战。别将王丰孙劝阻说："田昂外表谦恭，内心狠毒，不能信任。"段业不听劝阻，执意派田昂领兵作战。果然不出王丰孙所料，田昂到了侯坞，便率领500名骑兵归附了沮渠蒙逊。

北凉天玺三年五月，沮渠蒙逊率大军抵达张掖，田昂的侄子田承爱打开城门投降。沮渠蒙逊进城后，在士兵的指引下抓住了段业。段业对沮渠蒙逊求情说："我本来是一个普通人，被豪门贵族推举才坐上王位。希望你能放我一条生路，让我返回家乡和家人团聚。"沮渠蒙逊没有答应，让兵士乱刀将段业杀死。

武宣王沮渠蒙逊

沮渠蒙逊档案

生卒年	368—433 年	在位时间	401—433 年
父亲	沮渠法弘	谥号	武宣王
母亲	车氏	庙号	太祖
后妃	孟皇后等	曾用年号	永安、玄始、承玄、义和

沮渠蒙逊，临松卢水人，匈奴族，十六国时期北凉第二位皇帝。

沮渠蒙逊的祖先是匈奴左沮渠（官名），后来便以沮渠为姓。沮渠蒙逊出身游牧民族，聪慧过人，博览史书，颇晓天文，能文能武。北凉天玺三年，沮渠蒙逊杀掉段业，自己称帝，改元永安。

北凉义和三年（433 年），沮渠蒙逊驾崩，终年 66 岁，谥号武宣王，庙号太祖，葬于元陵。

脱离北凉　屈居段业

后凉龙飞二年，沮渠蒙逊的伯父、后凉尚书沮渠罗仇和三河太守沮渠麹粥跟随后凉主吕光进攻西秦，结果兵败，吕光之弟吕延战死。吕光听信谗言，以败军之罪将沮渠罗仇、沮渠麹粥二人杀死。沮渠部众对此十分痛心，全体出动为二人发丧，沮渠蒙逊号召部众结盟起兵脱离后凉，得到了大家的一致响应。于是，众人斩杀后凉中田护军马邃、临松令井祥，又攻克临松郡，不到10天便在金山聚集万人。同年五月，吕光派太原公吕纂攻打沮渠蒙逊于忽谷，沮渠蒙逊不敌，逃入山中。

这时，沮渠蒙逊的从兄沮渠男成也在乐涫起兵，很快打败并杀死后凉酒泉太守垒澄，进至建康城下，他遣人怂恿建康太守段业反叛后凉，并推举其为使持节、大都督、龙骧大将军、凉州牧、建康公。随后，段业以沮渠男成为辅国将军，委以军国重任；沮渠蒙逊则被任命为镇西将军。吕光命吕纂进讨段业，沮渠蒙逊乘机进攻临洮，支援段业，与吕纂在合离大战，打败了吕纂。

北凉神玺二年五月，沮渠蒙逊奉段业之命进攻后凉重镇西郡，攻城十余日不下，沮渠蒙逊引水灌城，将城墙泡塌，攻入城内，俘虏太守吕纯而归。后凉晋昌太守王德、敦煌太守孟敏见状，忙投降北凉，沮渠蒙逊因功被封为临池侯。六月，段业又遣辅国大将军沮渠男成进攻后凉重镇张掖，太守吕弘弃城向东撤退，段业随即迁都至张掖。沮渠蒙逊担心段业容不下自己，便主动要求到西安镇守。

北凉神玺三年二月，段业即凉王位，改元天玺，沮渠蒙逊被封为尚书左丞。四月，吕绍、吕纂讨伐段业，段业向秃发乌孤求援，秃发乌孤派秃发利鹿孤及杨轨率兵增援。段业准备出兵迎战，沮渠蒙逊劝阻说："不如按兵不动，静观其变。"吕绍见没有取胜的把握，遂引军而回。

北凉天玺二年十一月，酒泉太守王德叛变，自称河州刺史。沮渠蒙逊奉段业之命讨伐，在沙头打败王德，俘敌数千。

杀死段氏　自立为王

北凉天玺三年四月，沮渠蒙逊功高震主，调任临池太守，段业以马权代其为张掖太守。沮渠蒙逊心怀怨恨，便用离间计让段业杀掉马权。沮渠蒙逊看出段业的昏庸无能，打算弑主夺位，拥立沮渠男成为凉王，但却遭到沮渠男成的拒绝。这使沮渠蒙逊对沮渠男成起了杀心，他先自请西安太守，之后约沮渠男成一起祭奠兰门山，并故意派司马许咸向段业告发沮渠男成想要起兵造反。段业不辨真伪，在兰门山布下伏兵，将沮渠男成抓住，逼其自杀。这正中沮渠蒙逊下怀，他马上以段业滥杀忠臣为由，起兵讨伐段业。由于沮渠男成威望甚高，所以各部众积极响应沮渠蒙逊，至氐池时已聚集超过万人。镇军将军臧莫孩、右将军田昂等也相继归附沮渠蒙逊。段业派武卫将军梁中庸攻打沮渠蒙逊，梁中庸却投降了沮渠蒙逊。五月，沮渠蒙逊攻至都城张掖，田昂之侄田承爱开城门响应，沮渠蒙逊攻入城里，将段业杀死。

六月，沮渠蒙逊被推举为大都督、大将军、凉州牧、张掖公，改元永安。他封从兄沮渠伏奴为张掖太守、和平侯，弟沮渠挐为建忠将军、都谷侯，田昂为西郡太守，臧莫孩为辅国将军，房晷、梁中庸为左、右长史，张骘、谢正礼为左、右司马。

北凉永安六年（406年），沮渠蒙逊袭击酒泉，打败西凉主李暠。次年九月，南凉王秃发傉檀率兵讨伐北凉，双方在均石交战，秃发傉檀战败。沮渠蒙逊则进攻南凉西郡太守杨统，杨统兵败投降。

北凉永安十年（410年）三月，秃发傉檀亲率5万骑兵卷土重来，被沮渠蒙逊打败。沮渠蒙逊乘胜围攻姑臧、夷、夏，大获全胜。秃发傉檀以司隶校尉秃发敬归、儿子秃发安周为人质，向沮渠蒙逊求和，沮渠蒙逊应允。然而，秃发敬归、秃发安周趁人不备逃跑，沮渠蒙逊徙其民众8000余户而去。北凉永安十一年（411年）二月，沮渠蒙逊攻克姑臧，封弟弟沮渠挐为秦州刺史，镇守姑臧。之后，他继续征伐南凉，围困乐都。秃发傉檀主动求和，得到了喘息的机会，但不久又重整兵马，再次讨伐沮渠蒙逊，至番禾、苕藿，抢掠其民众5000余户而还。沮渠蒙逊大怒，率军打败秃发傉檀，并再次进围乐都，秃发傉檀坚守不出，沮渠蒙逊连攻数日不克。秃发傉檀担心城池不保，只得以子秃发染干为人质请求和解，沮渠蒙逊方才撤兵。

八月，沮渠蒙逊率轻骑兵远袭西凉都城酒泉，西凉公李暠固守不战。沮渠蒙逊因粮尽而撤退，李暠抓住战机，派长子李歆率7000名骑兵追击，将沮渠蒙逊打败，俘虏了沮渠百年。

北凉永安十二年（412年）十月，沮渠蒙逊将都城迁至姑臧，次月即河西王位，改元玄始；立长子沮渠政德为世子，加镇卫大将军、录尚书事。

征战四方　连战连捷

北凉玄始四年（415年）三月，沮渠蒙逊率兵讨伐西秦，攻克广武。西秦王乞伏炽磐派将军乞伏魋（tuí）尼寅出兵迎战，被沮渠蒙逊打败，乞伏魋尼寅被杀。乞伏炽磐派将军折斐等率1万骑兵占据勒姐岭，结果折斐与部众700余人被俘虏。北凉玄始六年（417年）二月，沮渠蒙逊派兵攻打西羌乌啼部落，大破乌啼军，又进攻卑和部落，迫使其投降。四月，沮渠蒙逊派张掖太守沮渠广宗向西凉诈降，暗中在蓼泉设下埋伏，西凉派李歆接应，李歆行至中途发现中计，急忙撤退。沮渠蒙逊率军追击，双方在鲜支涧交战。沮渠蒙逊战败，损失7000余人。北凉玄始七年（418年）九月，沮渠蒙逊再次讨伐西凉，西凉主李歆闭城据守，沮渠蒙逊在城外抢掠而还。

北凉玄始九年（420年）七月，沮渠蒙逊引兵攻打西秦浩亹，准备再次讨伐西凉，然后又悄悄返回，屯于川岩。李歆得知沮渠蒙逊正攻打浩亹，便乘机袭击张掖，结果正中沮渠蒙逊的计谋。当李歆领兵进入都渎涧，沮渠蒙逊率军突然杀出，两军在怀城交战，李歆战败被杀。李歆之弟酒泉太守李翻、新城太守李预等急忙逃奔敦煌，沮渠蒙逊遂占领酒泉。李翻与弟弟敦煌太守李恂又放弃敦煌，逃往北方山区。同年冬，李恂率十余骑回敦煌，改元永建。沮渠蒙逊派儿子沮渠政德进攻敦煌，李恂闭城不战。北凉玄始十年（421年）正月，沮渠蒙逊再次进攻敦煌，派兵筑长堤，用水灌城，将敦煌包围。李恂的部将宋承等看到城池不保，出城投降，李恂自杀，西凉宣告灭亡。

这年七月，沮渠蒙逊派遣右卫将军沮渠鄯善、建节将军沮渠苟生向西秦发起进攻，结果战败，沮渠苟生被俘。北凉玄始十二年（423年）八月，柔然进攻河西，世子沮渠政德率轻骑迎敌，战败被杀。北凉玄始十五年（426年）八月，西秦王乞伏炽磐向北凉发起攻击，大军进至廉川，派太子乞伏慕末等攻西安，连攻数日均没有成功，于是改攻番禾。沮渠蒙逊派将迎战，同时派人劝说夏主赫连昌乘虚攻击西秦都城枹罕。赫连昌派征南大将军呼卢古率骑兵 2 万攻苑川，另派车骑大将军韦伐率骑兵 3 万攻南安。乞伏炽磐惊慌失措，急忙撤军。

九月，沮渠蒙逊派韦伐攻克南安，俘虏西秦秦州刺史翟爽、南安太守李亮。原本依附西秦的吐谷浑部落酋长慕容握逵等见西秦逐渐衰弱，便背叛西秦，投奔吐谷浑王慕瑞。北凉承玄元年（428 年）五月，西秦王乞伏炽磐驾崩，太子乞伏慕末继位。沮渠蒙逊乘西秦举国哀伤之际，率兵进攻西平。西平太守麹承劝沮渠蒙逊先攻取乐都，如此西平将不战而降。沮渠蒙逊听从建议转攻乐都，西秦相国乞伏元基率 3000 骑兵救援乐都，但他的部将东羌乞提暗中与北凉勾结，用绳索将北凉兵引到城墙上，放火焚烧城门。乞伏元基率部奋力抵抗，终于击退北凉军。迫于北凉的强大，乞伏慕末不得已遣使至沮渠蒙逊处求和，沮渠蒙逊引兵撤回，并遣使入西秦吊祭。

十二月，沮渠蒙逊突然反目，率众再攻西秦，在盘夷遭到西秦相国乞伏元基的抵抗，于是转而进攻西平，西秦征虏将军出连辅政等紧急救援。然而，出连辅政等还没赶至西平，沮渠蒙逊已攻克该城，俘获太守麹承。

接连取得几次胜利之后，沮渠蒙逊得意忘形，想要进一步扩大战果。可惜他还没来得及付诸行动，便于北凉义和三年（433 年）四月驾崩。

哀王沮渠牧犍

沮渠牧犍档案

生卒年	？—447 年	在位时间	433—439 年
父亲	沮渠蒙逊	谥号	哀王
母亲	孟氏	庙号	无
后妃	李皇后、拓跋皇后等	曾用年号	永和（承和）

沮渠牧犍，又名沮渠茂虔，匈奴族，北凉武宣王沮渠蒙逊第三子，十六国时期北凉第三位皇帝。

北凉义和三年，沮渠蒙逊去世，沮渠牧犍继位，改元永和。

沮渠牧犍在位期间，北魏势力强大，大有统一华北之势。北凉永和七年（439 年），北魏出兵北凉，攻克姑臧，沮渠牧犍走投无路，只好投降。

高昌北凉承平五年（447 年），有人密告沮渠牧犍谋反，北魏太武帝拓跋焘将其赐死，谥号哀王。

顺魏奉宋　夹缝求生

沮渠牧犍聪颖敏学，初任敦煌太守。北凉义和三年四月，沮渠蒙逊病重，北凉贵族和大臣们经过商议，认为现任世子沮渠菩提年纪幼小，当立其兄沮渠牧犍为世子，并加授沮渠牧犍中外都督、大将军、录尚书事等职。

沮渠牧犍继位后，下令大赦境内，改元永和；立儿子沮渠封坛为世子，加授抚军大将军、录尚书事；同时遣使节前往北魏，请求任命。

当时，北魏太武帝拓跋焘派李顺去迎娶沮渠蒙逊的女儿为夫人，恰巧赶上沮渠蒙逊驾崩。沮渠牧犍遵照父亲的遗愿，派左丞相宋繇护送妹妹兴平公主前往北魏，拓跋焘封兴平公主为右昭仪。

之后，拓跋焘派李顺授沮渠牧犍为使持节，侍中，都督凉州、沙州、河州三州以及西域羌戎各地军事，车骑将军，开府仪同三司，领护西戎校尉，凉州刺史，河西王；任命宋繇为北凉右丞相。沮渠牧犍得到北魏朝廷的封授和赏赐，认为自己无功受禄，心中不安，于是上表请求拓跋焘仅授予自己安西或平西将军的称号。但拓跋焘下诏委婉地拒绝了他。

北凉永和二年（434年），沮渠牧犍派人出使南朝宋，送上奏章，表明自己已经继位。宋文帝刘义隆下诏任命沮渠牧犍为都督凉、秦等四州诸军事，兼任征西大将军、凉州刺史，河西王。

北凉永和五年（437年），拓跋焘将妹妹武威公主许给沮渠牧犍为妻，沮渠牧犍派丞相宋繇进表致谢，并献上马500匹、黄金500斤。

同年十二月，沮渠牧犍派将军沮渠旁周向北魏朝贡，拓跋焘也派人赐给沮渠牧犍相应等级的侍臣服装，并召沮渠牧犍之子沮渠封坛到朝廷中侍奉皇帝。沮渠牧犍还遣使到南朝宋的都城建康，呈献各种书籍以及敦煌人赵𰻃（fěi）撰写的《甲寅元历》，并索取杂书数十种，宋文帝刘义隆都满足了他。

国破降魏　终被赐死

北凉永和七年，拓跋焘派人出使凉州，探察北凉国内虚实。使者回去报告说，沮渠牧犍表面上对北魏称臣纳贡，实际上内怀狼子野心。拓跋焘决定亲征沮渠牧犍，并诏令大臣发布文书，历数沮渠牧犍十二大罪状，劝他主动投降。

同年八月，魏军渡过黄河，沮渠牧犍采纳左丞相姚定国的建议，不出城迎接，而是派人向柔然请求救兵；同时派征南大将军沮渠董来率领1万多人马从城南出城迎击魏军，结果战败而退。

八月四日，拓跋焘到达姑臧，派人让沮渠牧犍出城迎接。沮渠牧犍估计柔然援兵很快会到，于是没有理会。但沮渠牧犍的侄子沮渠祖越城却出来投降，并把城内的情况告知魏军，拓跋焘下令各路兵马奋力攻城。这时，沮渠牧犍另一个侄子沮渠万年也率部投降北魏。

魏军占领姑臧城后，沮渠牧犍与文武官员反缚自己，向拓跋焘请罪乞降，拓跋焘令人给他们松绑，之后将凉州民户3万余家迁到平城。沮渠牧犍投降后，拓跋焘仍把他当作妹夫看待。沮渠牧犍的母亲去世，拓跋焘用王太妃的礼仪厚葬她，又为沮渠蒙逊的坟墓安排了30家守墓人；后来又改授沮渠牧犍为征西大将军，保留其河西王的称号。

在拓跋焘率军进抵凉州之前，沮渠牧犍派人打开官府的仓库，取走了金银珠玉和珍奇器物，事后也没有把府库的门锁起来，一些市井小民趁机进入府库偷盗，大小物件荡然无存，有关官员四处搜寻都没有找到。高昌北凉承平五年，沮渠牧犍的亲信和守卫府库的人向拓跋焘告发此事，拓跋焘下令追查，结果在沮渠牧犍家中找出了许多珍宝器物。

之后，又有人告发沮渠牧犍父子家中藏有毒药，先后用毒药杀死100多人。还有人告发沮渠牧犍与过去的臣民暗中交结，企图反叛，拓跋焘大怒，下令在武威公主的宅第赐死沮渠牧犍，然后以藩王的礼仪将其下葬。武威公主去世后，拓跋焘诏令将她与沮渠牧犍合葬。武威公主仅生有一个女儿，深受拓跋焘的宠爱，允许她承袭母亲的爵号，为武威公主。

酒泉王沮渠无讳

沮渠无讳档案

生卒年	？—444 年	在位时间	439—444 年
父亲	沮渠蒙逊	谥号	酒泉王
母亲	孟氏	庙号	无
后妃	不详	曾用年号	无

沮渠无讳，又名沮渠景环，北凉武宣王沮渠蒙逊之子，哀王沮渠牧犍之弟，十六国时期北凉第四位皇帝。

北凉永和七年，拓跋焘攻取姑臧，接着进军酒泉。沮渠无讳自知不敌，主动放弃酒泉，投奔高昌。半年后，他又带兵夺回酒泉。当时拓跋焘正准备向江南用兵，无暇顾及河西地区，于是封沮渠无讳为酒泉王。之后，沮渠无讳与弟弟沮渠安周西涉流沙，占领西域鄯善、高昌之地，向南朝宋称臣，受封河西王，以图共同抗衡北魏。

高昌北凉承平二年（444 年），沮渠无讳病逝，在位 3 年，谥号酒泉王。

投降北魏　避难西逃

沮渠无讳初封安弥县侯。沮渠牧犍继位后，沮渠无讳被任命为征西将军、沙州刺史、都督建康以西诸军事、酒泉太守。

北凉永和七年，北魏攻陷北凉都城姑臧，沮渠牧犍投降北魏，北凉政权宣告灭亡。

随后，北魏镇南将军奚眷又攻打张掖，镇北将军封沓进攻乐都。沮渠无讳的兄弟沮渠宜得（一作沮渠仪德）烧毁仓库，向西逃往酒泉，投靠沮渠无讳；沮渠安周则向南逃往吐谷浑。封沓裹胁数千户百姓回归，奚眷则继续进攻酒泉，沮渠无讳与沮渠宜得召集残部投奔高昌，之后前往敦煌投奔堂弟、敦煌太守沮渠唐儿。北魏太武帝拓跋焘命令弋阳公元絜（一作元洁）驻守酒泉，并分别派人驻守武威、张掖两城。

北魏太延六年（440年）正月二十日，沮渠无讳和沮渠宜得率军围攻酒泉。元絜傲慢轻敌，出城与沮渠无讳军对话，结果被俘虏。之后，元絜部队固守不出，到三月，城中粮尽，沮渠无讳顺利攻占酒泉。

随着，沮渠无讳继续进攻张掖，张掖守将秃发保周屯兵删丹。拓跋焘派抚军大将军、永昌王拓跋健率各路兵马，去讨伐沮渠无讳等人。沮渠无讳因迟迟不能攻克张掖，撤至临松固守。拓跋焘也就不再举兵进攻，下诏让沮渠无讳投降归顺。

当时北魏永昌王拓跋健镇守凉州，沮渠无讳派人去拜访他，表示愿意奉上自己占有的酒泉，并释放俘获的北魏将领元絜和士兵到拓跋健军中。

北魏太平真君二年（441年）正月二十日，拓跋焘持节册封沮渠无讳为征西大将军、凉州牧、酒泉王。四月（一说五月），沮渠唐儿背叛沮渠无讳，沮渠无讳亲自率军讨伐。沮渠唐儿率领1万多人出城迎战，结果战败被杀，沮渠无讳重新占领了敦煌。北魏朝廷认为沮渠无讳早晚是边疆的大患，于是派镇南将军、南阳公奚眷带兵围攻酒泉。

到了十月，酒泉城内发生饥荒，城内的粮食耗尽，1万多人饿死，守将沮渠天周甚至杀掉自己的妻子，将她的肉分给士卒们充饥。在城内食物断绝后，奚眷攻下酒泉城，沮渠天周被俘并押送到平城处死。当时北魏兵强气盛，沮渠无讳面临饥荒，想向西穿过沙漠避战，于是派沮渠安周率军向西攻打鄯善。鄯善国王比龙本打算投降，正巧北魏使臣赶到，劝说他坚守抵抗。沮渠安周连续进攻鄯善均未能攻克，只得撤军。

舍弃敦煌　归顺刘宋

北魏太平真君三年（442年）四月，沮渠无讳率领1万多部众舍弃敦煌，向西与沮渠安周会合。沮渠无讳还没有到达，鄯善国王比龙已经率领部众向西逃到且末，其嫡长子向沮渠安周投降，沮渠无讳乘机占领鄯善。

后西凉主李宝的舅父唐契此前逃奔伊吾，这年七月，唐契出兵攻打高昌太守阚爽，阚爽听说沮渠无讳到了鄯善，于是派使节诈降，表示愿与沮渠无讳一起攻打唐契，实际上是想让沮渠无讳与唐契相互攻伐。八月，沮渠无讳让沮渠安周留守鄯善，亲自率军从焉耆东北部直扑高昌。然而，他还没有到达，柔然便已派兵援救高昌，杀死唐契，唐契的部众投靠了沮渠无讳，阚爽则紧闭城门拒见沮渠无讳。九月，沮渠无讳派将领卫兴奴（一作卫嵺）突袭高昌，阚爽逃奔柔然。随后，沮渠无讳派常侍汜俊出使南朝宋，进献地方特产。宋文帝刘义隆下诏任沮渠无讳为使持节，散骑常侍，都督凉、河、沙三州诸军事，以及征西大将军、领护匈奴中郎将、西夷校尉、凉州刺史、河西王，高昌北凉政权就此建立。

高昌北凉承平二年六月，沮渠无讳病逝。

河西王沮渠安周

沮渠安周档案

生卒年	？—460 年	在位时间	444—460 年
父亲	沮渠蒙逊	谥号	河西王
母亲	孟氏	庙号	无
后妃	不详	曾用年号	无

沮渠安周，匈奴族，沮渠蒙逊第七子，北凉哀王沮渠牧犍、河西王沮渠无讳之弟，高昌北凉末代皇帝。

沮渠安周曾到北魏当人质，之后担任乐都太守。拓跋焘率兵攻下姑臧后，又派镇北将军封沓进攻乐都，沮渠安周逃往吐谷浑，与兄长沮渠无讳会合。北魏太平真君二年，沮渠安周率军进攻鄯善，无功而返。高昌北凉承平二年，沮渠无讳去世，沮渠安周继位。同年，沮渠安周接受南朝宋的册封。高昌北凉承平八年（450 年），他率军攻克车师城。

高昌北凉承平十八年（460 年），沮渠安周死于柔然之手，谥号河西王。

逃亡他乡　西攻鄯善

北凉义和元年（431 年），沮渠蒙逊派沮渠安周到北魏做人质。两年后，沮渠蒙逊驾崩，沮渠牧犍继位，任命沮渠安周为乐都太守。

北凉永和七年，北魏攻陷北凉都城姑臧，又进攻乐都，沮渠安周南逃吐谷浑。吐谷浑王慕利延从沮渠安周等人口中得知魏军已经攻克凉州，非常害怕，忙率众西逃；沮渠安周则前往敦煌与沮渠无讳等人会合。

北魏太平真君二年十一月，魏军攻克酒泉，直逼敦煌。沮渠无讳因军中缺粮，而且畏惧北魏兵强马壮，打算向西穿过沙漠以求自保，于是派沮渠安周率领5000人向西进攻鄯善。鄯善国王比龙十分恐慌，本打算投降，刚好北魏的使臣赶到，劝其坚守。沮渠安周多次进攻鄯善均未得手，只得撤军，回守已占据的东城。

次年四月，沮渠无讳率领1万多户舍弃敦煌，西行与沮渠安周会合。沮渠无讳还没有到达，比龙闻风丧胆，率领人马向西逃到且末，其嫡长子向沮渠安周投降。沮渠无讳顺利进占鄯善，但他的部队在横穿沙漠时因干渴而死的人数也超过了一半。九月，沮渠无讳占领高昌，建立了高昌北凉政权。

称臣刘宋　死于柔然

高昌北凉承平二年六月，沮渠无讳驾崩，沮渠安周继位后，夺取了沮渠无讳的儿子沮渠乾寿统率的军队，焉耆部落首领车伊洛[①]趁机派人去游说沮渠乾寿，沮渠乾寿便率领手下500多户投奔北魏。九月十二日，宋文帝刘义隆任命沮渠安周为使持节，散骑常侍，都督凉、河、沙三州诸军事，领西域戊己校尉[②]，凉州刺史，河西王。

高昌北凉承平八年（450年），车伊洛率军攻打焉耆，由儿子车歇留守车师城。沮渠安周乘机率领柔然兵从小路偷袭，攻克了车师城。车歇逃到车伊洛所在地，父子二人收拢残余部众，保卫焉耆镇。

高昌北凉承平十七年（459年），沮渠安周向南朝宋上表并奉献地方土产。次年，柔然攻克高昌，沮渠安周被杀，高昌北凉政权灭亡。

注释：

①车伊洛（?—453年）：汉朝车师国王后代，北魏大臣，延和年间继任部落酋长，定时朝贡北魏太武帝拓跋焘，拜平西将军，封前部王。曾劝说高昌北凉沮渠乾寿、西凉后主李歆等投降北魏。又率军征伐高昌，攻破焉耆东关七城，授任都官尚书、上将军。

②戊己校尉：官名。西汉元帝时屯田车师，置戊己校尉，掌管屯田事务，为屯田区最高长官。因戊己的方位居中，所置校尉也处于西域，故名。东汉时置时废。魏、晋时亦置。前凉时改其治所为高昌郡治，此官始废。

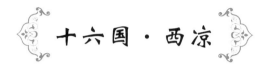

武昭王李暠

李暠档案

生卒年	351—417 年	在位时间	400—417 年
父亲	李昶	谥号	武昭王
母亲	不详	庙号	太祖
后妃	尹皇后、辛氏	曾用年号	庚子、建初

李暠,字玄盛,小字长生,陇西成纪人,十六国时期西凉的开国皇帝。

段业自称凉州牧后,封李暠为效谷县令,后迁敦煌太守。北凉天玺二年,李暠称大将军,护羌校尉,秦、凉二州牧,凉公,改元庚子,建立西凉政权,建都敦煌。

西凉建初元年(405年),李暠改元建初,向东晋称臣,并将都城迁往酒泉,开始与北凉长达多年的对峙。

西凉建初十三年(417年),李暠驾崩,终年67岁,谥号武昭王,庙号太祖,葬于建世陵。

称王敦煌　建立西凉

李暠据说是西汉名将李广的十六世孙，祖上兴旺发达，其高祖、曾祖都是晋朝大官，历任郡守。他的祖父李弇（yǎn）是前凉张轨帐下的武卫将军、安世亭侯，父亲李昶在他出生前便已去世。李暠自幼聪明好学，博通今古，擅长文学；长大后又练就了一身好武艺，精通孙子兵法，可谓文武双全。

后凉太守段业自称凉州牧后，李暠被封为效谷县令。在任期间，他勤政爱民，受到百姓拥戴。后来，敦煌太守孟敏去世，敦煌护军冯翊郭谦、沙洲治中索仙等人共同推举李暠为敦煌太守，但却遭到右卫将军索嗣的反对，他对段业说："李暠在敦煌培植了不少私人势力，怎么能让他留在敦煌？"段业恍然大悟，改派索嗣接任敦煌太守。索嗣故意拿架子，在距敦煌20里的地方停止不前，派人通知李暠前来迎接。

对于该不该出城迎接，李暠犹豫不决。宋繇和校谷令张邈劝他说："段业是个糊涂蛋，这正是我们出手的好时机，你已经占据敦煌，怎能拱手送人？索嗣自恃是当地人，以为大家会买他的账，所以不会做任何准备。将军应该向他挑战，将他打败。"李暠认为他们所言有理，决定对索嗣用兵。他先派宋繇去打探索嗣的情况，得知索嗣为人骄横，军纪松散，当即派宋繇、张邈、李歆率兵向索嗣发起猛烈攻击。索嗣大败，狼狈逃回张掖。之后，李暠上表要求杀掉索嗣。段业毫无主张，只得杀掉索嗣，并派人给李暠送去委任状，封他为都督凉兴以西诸军事、镇西将军，兼任护西夷校尉。

北凉天玺二年十一月，晋昌太守唐瑶起兵反叛，拥李暠为大将军、凉公，改元庚子，以敦煌为都城，建立西凉政权。

励精图治　和睦西凉

李暠称王后,派宋繇攻占了凉兴及玉门以西的一些小城,召集外逃的百姓,在玉门关、阳关屯田,发展农业生产。

酷爱文学的李暠也很重视文化教育,大力提拔文人,一时间,很多文人来到敦煌,形成了以敦煌为中心的兴盛的"五凉文化"。李暠本人还著有《述志赋》《槐树赋》和《大酒容赋》等。

西凉庚子三年(402年),北凉西郡太守梁中庸叛变,投奔李暠。因为梁中庸与索嗣关系密切,李暠便问他:"我和索嗣谁的本事大?"他以为梁中庸会恭维自己,出乎意料的是,梁中庸只说了句模棱两可的话。李暠对此十分不满,决定消灭北凉,一展才能。

由于敦煌离北凉都城张掖较远,为了便于出兵,李暠特意将都城迁到酒泉。不过,他也没有急着发兵,而是积极发展生产,整顿军事,励精图治,积极备战。

西凉建初六年(410年),武宣王沮渠蒙逊率先进攻西凉,在马庙打败太子李歆,活捉西凉大将朱元虎。李暠得知消息后,急忙派人带着2000斤银子、2000两黄金将朱元虎赎了回来。沮渠蒙逊得到金银,认为李暠软弱,第二年八月又率兵攻打西凉。李暠决定还以颜色,下令紧闭城门,先消磨沮渠蒙逊的斗志。几天后,沮渠蒙逊的军粮消耗殆尽,士气低落,只得下令撤军。李暠乘机命令李歆迅速出击,大败北凉军队。此战后,双方订立盟约,罢兵休战,西凉得以安宁。

西凉建初十三年二月,李暠驾崩。

宣公李歆

李歆档案

生卒年	？—420 年	在位时间	417—420 年
父亲	武昭王李暠	谥号	宣公
母亲	尹氏	庙号	无
后妃	不详	曾用年号	嘉兴

李歆，字士业，西凉武昭王李暠次子，十六国时期西凉第二位皇帝。

李歆之兄李谭去世后，李歆被立为太子。西凉建初十三年，李暠驾崩，李歆继位，自称大都督、大将军、凉州牧等，改元嘉兴。

李歆在位时期，用刑严苛，大兴土木，拒不纳谏，导致君臣离心，民怨沸腾。

西凉嘉兴四年（420 年），李歆为北凉国主沮渠蒙逊所杀，谥号宣公。

继位封官　大败沮渠

北凉天玺二年，李暠建立西凉政权，在太子李谭去世后，李歆被立为太子。西凉建初六年，沮渠蒙逊率兵攻打西凉，李歆奉命率军迎敌，成功打败北凉军,擒获北凉将领沮渠百年。

西凉嘉兴元年正月,李暠患病卧床,临终前嘱咐长史宋繇说:"我死以后,你要像对待自己的儿子一样对待李歆,好好辅助他。"二月,李暠去世,李歆继承父位,为大都督、大将军、凉公、凉州牧、护羌校尉,在境内大赦,改元嘉兴;尊母亲尹氏为太后,任命宋繇为武卫将军、广夏太守、军谘祭酒①、录三府事,索仙为征虏将军、张掖太守。

同年四月,北凉武宣王沮渠蒙逊派张掖太守沮渠广宗向西凉诈降,引诱李歆派兵出来迎接,李歆不知是计,派武卫将军温宜等前去迎接,自己则亲率大军随后跟进。沮渠蒙逊率领3万士兵埋伏在蓼泉,李歆发觉情况异常,忙率兵后撤。沮渠蒙逊率众追击,双方在鲜支涧会战,李歆成功打败沮渠蒙逊,并斩杀7000余人。

西凉嘉兴二年(418年)九月,沮渠蒙逊再次率兵讨伐西凉,李歆准备出兵迎战,但被左长史张体顺劝阻。沮渠蒙逊久攻不下,只好在城外收割了一些庄稼,然后撤回北凉。事后,李歆派人出使东晋,向东晋朝廷报告自己继位的消息,被东晋朝廷封为使持节、都督七郡诸军事、镇西大将军、护羌校尉、酒泉公。

不听劝谏　兵败人亡

与父亲李暠重视发展生产、勤政爱民不同,李歆喜欢用刑,他在位时大兴土木,建筑宫殿,贪图享乐,荒淫无道。大臣们看不过去,纷纷上书劝谏,李歆却毫不在乎地说:"我是一国之君,凡事自有主张,用不着你们操心!"

西凉嘉兴四年六月,刘裕建立南朝宋后,下诏封李歆为都督高昌等七郡诸军事、征西大将军、酒泉公。

与此同时,沮渠蒙逊也在打西凉的主意,经过一番筹划,他率兵假装进攻西秦的浩亹,大军一到浩亹便悄悄返回,驻军川岩。李歆不知是计,想乘此机会进攻西凉张掖。右长史宋繇、左长史张体顺百般劝阻,但他却听不进去。太后尹氏警告他说:"你继位不过3年,自己的国土都难保，哪里还有力量去进攻别的国家，岂不是自寻死路吗？你应该学习你的父亲，安抚百姓，发展经济，不要轻易对外用兵才对。"但李歆仍固执己见，宋繇叹息道："事已至此，回天无力！"

很快，李歆率领3万步骑兵从都城酒泉向东进发。沮渠蒙逊闻讯大喜，为了进一步迷惑李歆，他下令在西部边境散布已经攻克浩亹的消息，并扬言还要进攻黄谷。李歆知道后大喜过望，加快速度开进都渎涧，与沮渠蒙逊在怀城相遇，双方展开激战，李歆大败。部将劝李歆退兵保卫都城酒泉，李歆依然不听，说："我违背母亲的教训才遭到如此挫败，不杀掉他，无颜再见母亲。"于是又率领部众在蓼泉继续与沮渠蒙逊激战，最终战败被杀。

注释：

①军谘祭酒：官名。晋朝因避讳，由军师祭酒改名。诸将军府置，位在诸僚佐之上。十六国西凉因李暠、李歆父子皆称大都督，此职位在左、右长史之上，宋繇又以此职录三府事，实际权力相当于尚书令、仆射。西凉亦置。

冠军侯李恂

李恂档案

生卒年	？—412年	在位时间	420—421年
父亲	武昭王李暠	谥号	冠军侯
母亲	尹氏	庙号	无
后妃	不详	曾用年号	永建

李恂，西凉武昭王李暠之子，后主李歆之弟，十六国时期西凉最后一位皇帝。

西凉嘉兴四年夏，后主李歆战败被杀。同年十月，李恂被拥立为冠军将军、凉州刺史，改元永建。

西凉永建二年（421年），李恂遭到北凉军围攻，乞降不成，被迫自杀，在位两年，谥号冠军侯。

无力回天　出降遭拒

西凉嘉兴四年夏，北凉君主沮渠蒙逊发兵攻打西凉，双方在蓼泉发生交战，李歆战败而死。沮渠蒙逊随即占据酒泉。李恂之兄李翻匆忙逃跑，投奔李恂；李恂不久也放弃敦煌，逃往北山。

李恂逃走后，沮渠蒙逊封索嗣的儿子索元绪为敦煌太守。索元绪为人残暴，肆意杀戮百姓，敦煌百姓为此十分痛恨他，也更怀念曾经的太守李恂。他们经过商议，决定派宋承、张弘秘密迎接李恂回来。

十月，李恂带领几十名随从回到敦煌，受到当地百姓的热烈欢迎。索元绪吓得逃往凉州。李恂被百姓拥立为冠军将军、凉州刺史，改元永建。沮渠蒙逊得知此事后，派儿子沮渠政德带兵征讨。李恂深知自己力量薄弱，下令紧闭城门，沮渠政德无奈，只得退兵。

西凉永建二年三月，沮渠蒙逊亲率2万人马围攻敦煌，命人在城外筑堤，引水灌城。李恂走投无路，打算投降，然而沮渠蒙逊却不接受，命令士兵继续围攻。不久，李恂部将宋承出城投降，李恂被迫自杀，西凉灭亡。

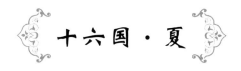

武烈帝赫连勃勃

赫连勃勃档案

生卒年	381—425 年	在位时间	407—425 年
父亲	刘卫辰	谥号	武烈皇帝
母亲	苻氏	庙号	世祖
后妃	梁皇后等	曾用年号	龙升、凤翔、昌武、真兴

赫连勃勃，字屈孑，原名刘勃勃，匈奴铁弗部人，十六国时期大夏的开国皇帝。

刘勃勃的父亲刘卫辰曾被前秦宣昭帝苻坚封为西单于，统领河西诸部族。前秦太初六年（391 年），前秦瓦解，北魏派兵攻打铁弗部，杀死刘卫辰。当时刘勃勃年少，逃往叱干部①，叱干酋长把他送给没弈干②。刘勃勃因祸得福，成为没弈干的女婿，并被任命为安北将军、五原公，镇朔方，此后一直从属后秦。

后秦弘始九年（407 年），刘勃勃杀死没弈干，吞并其部众，自立为天王、大单于，国号夏，改元龙升，定都统万城。

夏凤翔元年（413 年），刘勃勃改姓赫连。夏凤翔六年（418 年），赫连勃勃瞅准了东晋将领刘裕消灭后秦急于南归的时机，轻取长安，在灞上称帝。

夏真兴七年（425年），赫连勃勃驾崩，终年45岁，谥号武烈皇帝，庙号世祖，葬于嘉平陵。

死里逃生　因祸得福

赫连勃勃是匈奴后裔，因为汉高祖刘邦曾将宗室女儿嫁给冒顿单于，因此，匈奴人改姓刘，赫连勃勃又名刘勃勃。

赫连勃勃的父亲刘卫辰是十六国时期匈奴支系铁弗部首领刘务桓之子，前任首领刘悉勿祈的弟弟。刘悉勿祈去世后，刘卫辰杀了刘悉勿祈的儿子，成为铁弗部落的新任首领。他在位期间反复无常，一会与前秦和好，曾被前秦宣昭帝苻坚封为左贤王；一会又与代国关系密切，代王还将女儿嫁给了他。

前秦建元元年（365年），刘卫辰与苻坚反目，但很快便被苻坚生擒。不过，苻坚没有治他的罪，反而加封他为夏阳公，让他统率原部落。后来，刘卫辰接连几次攻打代国，都没有获胜。

前秦建元十二年，代国被前秦消灭，苻坚将黄河以西交由刘卫辰管理。刘卫辰扩大地盘后又一次反前秦，但也没有成功，而苻坚仍然厚待他，封他为西单于，管辖河西诸部落。

前秦太初六年，刘卫辰率兵攻打北魏失败，都城沦陷。刘卫辰在逃亡途中被杀，除幼子刘勃勃之外，其余宗族无一幸免。此时，刘勃勃正值青春年少，胸怀大志，机智聪敏。他躲过北魏军队的剿杀，逃到叱干部，被首领他斗伏收留。后来迫于北魏的压力，他斗伏之弟阿利将他送到后秦高平公没弈干处。

刘勃勃身高八尺，虎背熊腰，仪表堂堂，才思敏捷，没弈干非常喜欢他，将自己的女儿许配给他，并让他执掌兵权。后秦文桓帝姚兴也很欣赏刘勃勃，封他为骁骑将军，并经常让他参与商议军国大事，因此引起了皇族内部的不满。姚兴的弟弟姚邕说："刘勃勃野心巨大，现在依附我们，等他实力强大以后，就会失去对他的控制。"他强烈要求除掉刘勃勃，但姚兴没有同意，反而对他加以重用。

后来，后秦北方混乱，几乎失去控制，姚兴任命刘勃勃为安远将军，带领三城、朔方及其父旧部到高平协助没弈干。不久，刘勃勃又被任命为安北将军，封五原公，领2万多鲜卑人及其他少数民族驻守朔方。

忘恩负义　扩充实力

脱离姚兴的控制后，刘勃勃的野心开始膨胀起来。他刚到朔方不久，便有河西鲜卑族向姚兴进献8000匹战马，路过他的辖区，他将这些战马全部扣留。事后，他害怕姚兴怪罪自己，决定先下手为强，集合3万人马，以到高平川打猎为由拜见岳父没弈干，并趁机将他杀害，吞并其5万多人马，由此实力大增，达到了可以与姚兴分庭抗礼的程度。

后秦弘始九年六月，刘勃勃自称大夏天王，建元龙升。在地位稳固以后，他开始向外用兵，扩张地盘，先出兵夺取了后秦在三城以北的军事要地，接着又吞并河西大片土地。他的手下建议定都高平，但他却不同意，说："此时不宜定都，如果固守一个城池，姚兴就会集中力量攻打，我们会非常被动，不如采取游击战术，慢慢消磨姚兴的意志。"此后几年间，刘勃勃将整个岭北地区变成了自己的地盘。

有了足够的实力，他又进兵南凉，杀死南凉1万多人，抢走2.7万余人、几十万头牲畜。南凉国主秃发傉檀派兵追击，又被打死1万多人。

夏龙升七年，刘勃勃改元凤翔，并建都南营，取名统万城。他重用后秦降将，设置百官、衙署，健全国家机制，之后改姓赫连，并赐姓"铁伐"给自己的支庶子弟。

乘虚而入　称帝灞上

建都统万城后的第二年，赫连勃勃决定攻打后秦，进军至长安时，他忽然得到消息，说东晋大将刘裕已经出兵后秦。他不想与刘裕发生正面冲突，于是下令撤军。部将们非常不解，他解释说："东晋内乱不断，刘裕树敌颇多，他不可能长期留在后秦。等他走了以后，我们再出兵后秦也不迟。"

果然，刘裕攻下后秦不久就返回江南，留下年仅12岁的儿子刘义真镇守。赫连勃勃得到消息，马上让儿子赫连瑰（guī）率2万骑兵攻打长安，结果大获全胜，将整个秦川收入囊中。

夏凤翔六年十一月，赫连勃勃在长安摆宴庆贺，又在灞上筑城，登基称帝，改元昌武。

称帝后，赫连勃勃更加残暴嚣张，常常站在城头，把弓箭放在身旁，看见嫌恶憎恨的人就亲自射杀；大臣若有直视他的，就戳瞎眼睛；有敢发笑的，就割掉嘴唇；把大臣进谏说成是诽谤，先割下其舌头，再杀死。由于他的所作所为，大夏一步步地走向衰落。

注释：

①叱干部：又作薛干部或叱干氏，东晋南北朝时期鲜卑部落名，原聚居于三城。

②没弈干（?—407年）：破多罗氏，别称木易干等，安定高平人，十六国时期鲜卑多兰部落首领，最初附于前秦，担任安定北部都尉，前秦高帝苻登时任骠骑将军。后投降后秦，被封为车骑将军、高平公。

昌秦王赫连昌

赫连昌档案

生卒年	？—434年	在位时间	425—428年
父亲	武烈帝赫连勃勃	谥号	昌秦王
母亲	不详	庙号	无
后妃	拓跋氏等	曾用年号	承光

赫连昌，又名赫连折，字还国，匈奴铁弗部人，武烈帝赫连勃勃第三子，十六国时期大夏第二位皇帝。

赫连勃勃在位时，赫连昌曾被封为太原公。夏真兴七年，赫连勃勃驾崩，赫连昌继位，改元承光。

夏承光二年（426年），北魏发兵攻克长安，次年占领大夏国都统万城，赫连昌仓皇逃至上邽。夏承光四年（428年），北魏又攻克上邽，擒获赫连昌。

北魏延和三年（434年），赫连昌逃离北魏，途中被抓获斩杀，谥号昌秦王。

兄弟相残　得益继位

夏真兴六年（424年）十二月，赫连勃勃有意废黜太子赫连璝，改立最小的儿子酒泉公赫连伦。赫连璝心中愤愤不平，为了保住自己的太子之位，他领兵7万北上进攻赫连伦。赫连伦也不甘示弱，率3万人马迎战，双方在高平（一作平城）激战，结果赫连伦兵败被杀。赫连昌乘机率1万骑兵袭击赫连璝，将其杀死，收服其部众8.5万人，回到国都统万城。赫连勃勃见叛乱已除，便立赫连昌为太子。

夏真兴七年八月，赫连勃勃驾崩，赫连昌继位，大赦境内，改元承光。

北魏太武帝拓跋焘得知赫连勃勃去世，决定抓住机会消灭夏国，于是亲率1.8万轻骑渡过黄河，袭击赫连昌。时值严寒季节，夏国君臣听说魏军前来进攻，都惶恐不安。魏军很快到达黑水，离城仅30余里，赫连昌连忙派出人马迎战，但被打败，只得下令撤回城内据守。然而，夏军刚刚进入城内，城门还没有关上，魏军已经追了上来，杀入城内，火烧西门。当天晚上，魏军宿于都城北部，天亮后又发起进攻，抢掠城中居民，杀死和活捉数万人，抢得牲口十几万头，押着1万多户百姓，大胜而归。

夏承光二年四月，赫连昌之弟赫连定与北魏司空奚斤在长安对峙。拓跋焘看准时机，决定亲率大军袭击统万城。渡过君子津后，他率3万轻骑全速前进，将大部队驻扎在黑水，分兵在深谷中埋伏，仅派少数兵马杀到统万城下。

这时，赫连昌的部将狄子玉投降了北魏，说统万城坚固险峻，没有那么容易被攻陷，赫连昌打算先擒获奚斤，然后再内外夹击北魏军，所以现在坚守等待。拓跋焘决定以示弱来迷惑赫连昌，他先下令军队退到城北，然后故意派永昌王拓跋健和娥清等分别率少数骑兵抢掠百姓，并派兵士假意投降赫连昌，说魏军粮草缺乏，现在靠野菜充饥，辎重还未到达，军营空虚，可趁机灭之。赫连昌信以为真，遂率领3万步骑兵攻打北魏军。

拓跋焘假装撤退，引诱夏军来追。夏军以为魏军败退，便呐喊着向前冲杀，把兵阵分散成翼形，追赶了有五六里，这时魏军突然回头，发起猛烈冲击，将夏军的军阵冲散。恰巧刮起一阵狂风，方术宦官赵倪劝拓跋焘改天再战，但被大将崔浩喝住。拓跋焘把骑兵分成左、右两部，成掎角之势，交战中拓跋焘突然坠马，夏兵见状一拥而上。拓跋焘临危不惧，翻身上马，飞腾冲杀，杀掉夏国尚书斛黎文，又连杀夏军骑兵十余人，他的手掌也被流箭射中，但仍然奋勇击杀。最终，夏军被打得丢盔卸甲，来不及进城，只得奔逃到上邽，统万城遂归北魏所有。

被擒投降　叛变被杀

夏承光四年，北魏平北将军尉眷奉命攻打上邽，赫连昌不敌，又退到平凉。北魏司空奚斤率军抵达安定，与娥清、丘堆会师。不巧的是，奚斤军中突然发生瘟疫，战马大批死亡，粮草也出现短缺，无法继续攻城，只能深挖沟堑，营造堡垒固守。奚斤还派丘堆率士卒到处抢掠，疏于防备。赫连昌看准时机，向丘堆发起突然袭击，丘堆大败，带着几百名骑兵逃回安定。赫连昌乘胜追击，每天到安定城下抢掠，使魏军得不到粮草补充，军中人心惶惶。奚斤以战马太少为由，不肯决战。监军侍御史安颉建议将各将领的坐骑集中起来，凑足200匹，招募敢死队，到城外与敌人交战，然后设计伏击赫连昌。奚斤接受建议，挑选精骑等待时机。

当赫连昌又来攻城时，安颉假意带兵出城应战。赫连昌亲自出阵与安颉交锋，北魏士卒迅速将他包围起来。这时突然刮起一阵狂风，沙尘飞扬，遮天蔽日，赫连昌心中慌乱，策马逃走。安颉则在后面紧追不舍，赫连昌跑了没多远，坐骑突然栽倒，他从马上滚落下来，被安颉生擒。

三月，赫连昌被押解到平城，受到拓跋焘的优待。拓跋焘特意在西宫为他安排客舍，日常用具都跟皇帝的待遇一样；又把妹妹始平公主嫁给他，封他为常忠将军、会稽公。

赫连昌成了拓跋焘的妹夫，两人的关系变得亲近起来，常常一起出去打猎，两马相并追逐麋鹿，深入高山危谷。赫连昌一向享有勇猛的威名，将领们都劝拓跋焘要有所警惕，但他却不以为意，两年后又封赫连昌为秦王。

北魏延和三年闰三月，赫连昌背叛北魏，向西逃走，被北魏河西边哨将领抓住并杀死。

后主赫连定

赫连定档案

生卒年	?—432年	在位时间	428—431年
父亲	武烈帝赫连勃勃	谥号	无
母亲	不详	庙号	后主
后妃	不详	曾用年号	胜光

赫连定，小字直獖（fén），武烈帝赫连勃勃第五子，废主赫连昌之弟，十六国时期大夏第三位皇帝。

赫连勃勃在位时，赫连定被封为平原公，镇守长安，其性格凶狠残暴、贪婪。夏承光四年，北魏攻克上邽，赫连昌做了俘虏，赫连定逃奔平凉，登基称帝，改元胜光。

夏胜光四年（431年），赫连定率兵攻打北凉，途中被吐谷浑俘虏，次年被解送北魏处死，庙号后主。

平凉称帝　都城陷落

夏承光三年（427年）正月，北魏太武帝拓跋焘率兵进攻幽州。赫连昌见长安城内空虚，认为是正收复的大好时机，于是派赫连定率2万人马去攻打长安。四月，拓跋焘率军进攻夏国，赫连定与北魏司空奚斤在长安相遇，双方陷入对峙。六月，北魏军攻破夏国都城统万城，赫连定仓皇逃往上邽与赫连昌会合，被封为平原王。

夏胜光元年（428年）二月，拓跋焘在夺取统万城后，又开始进攻上邽，擒获赫连昌。赫连定收集残部数万人，仓皇逃奔平凉，之后在平凉即皇帝位，改元胜光。

赫连定知道自己完全不是北魏的对手，于是派使臣到北魏请求和解。但拓跋焘已经决定要消灭夏国，所以诏令赫连定投降。赫连定不甘心放弃帝位，准备收复统万城。五月，他亲率大军向东抵达侯尼城，但看到北魏国力强大，又不敢再向前进发，于是无功而返。

夏胜光三年（430年）九月，赫连定派弟弟赫连谓以代进攻北魏的城池，但被北魏平西将军、始平公拓跋隗归等击败，1万余人阵亡，赫连谓以代仓皇而逃。赫连定仍不甘心，留上谷公赫连社干、广阳公赫连度洛孤镇守平凉，然后亲自统率数万人在城东截击拓跋隗归。他又派使臣出使南朝宋，请求联合起来消灭北魏，还事先做好了分割北魏领土的计划：恒山以东归刘宋，恒山以西归夏国。拓跋焘得知消息后，也亲率大军前往统万城，指挥军队进攻平凉。

十月，由于北凉的攻击，西秦国主乞伏慕末派人出使北魏，请求派兵援助。北魏让乞伏慕末一起进攻夏国，并承诺把夏国的平凉郡和安定郡划给他。于是，乞伏慕末纵火焚烧城邑，捣毁宝物，统率部众向上邽前进。赫连定听说乞伏慕末的大军要来进攻，不敢大意，忙发兵抵抗。

十一月，北魏大军抵达平凉，拓跋焘让赫连昌进城劝赫连社干等人投降，但没有结果。拓跋焘便派安西将军古弼等向安定发起进攻。赫连定连忙领兵返回安定，接着又率领2万步骑兵向北增援平凉，途中与古弼军遭遇。双方交战不久，古弼假装撤退，赫连定紧追不舍。拓跋焘派高车部落增援，截击夏军，夏军被打得落荒而逃，阵亡几千人。赫连定退守鹑觚原，布置方阵自保。北魏军切断其水源和粮草运输线，夏军兵马饥渴交加，人心惶惶。

情急之下，赫连定率众冲下鹑觚原，遭到北魏武卫将军丘眷截击，夏军被打得丢盔卸甲，又损失1万多人。赫连定也身负重伤，只身骑马逃跑，途中他又集结残兵败将，掳掠5万多平民百姓，向西退到上邽。

赫连定的弟弟丹杨公赫连乌视拔、武陵公赫连秃骨，以及公、侯以下贵族和大臣 100 多人被北魏军俘虏。当天，北魏军乘胜进攻安定，守城的东平公赫连乙斗弃城而逃，一直跑到长安，又裹胁百姓数千家向西逃往上邽。

十二月十五日，上谷公赫连社干、广阳公赫连度洛孤迫于北魏军的威势，出城投降，北魏军就此占领平凉。

吞并西秦　死于北魏

夏胜光四年正月，赫连定突然向西秦大将姚献发起进攻，将其打败，随即派遣叔父、北平公赫连韦伐率 1 万人马攻打西秦南安城。当时南安城中正闹灾荒，粮食断绝，甚至出现了人吃人的惨状。西秦征虏将军出连辅政、右卫将军乞伏延祚、吏部尚书乞伏跋等人见城池不保，先后逃出城去，向夏军投降。乞伏慕末走投无路，也只好用车辆载着空棺材出城投降，与沮渠兴国一起被押送到上邽。六月，乞伏慕末以及西秦王族 500 人被赫连定下令处死。

赫连定劫持西秦百姓 10 余万人，从治城渡过黄河，准备攻打北凉国主沮渠蒙逊，吞并北凉的国土。吐谷浑可汗慕容慕派遣益州刺史慕容慕利延、宁州刺史慕容拾虔统率 3 万骑兵迎战，他们乘夏军渡河到一半时发起突袭，将赫连定打败并擒获，夏国宣告灭亡。

同年七月，吐谷浑可汗慕容慕派人出使北魏，表示愿意献上赫连定。北魏延和元年（432 年）三月，赫连定被送到北魏，不久即被处死。

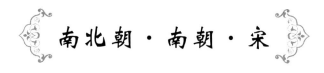

南北朝·南朝·宋

武帝刘裕

刘裕档案

生卒年	363—422 年	在位时间	420—422 年
父亲	刘翘	谥号	武皇帝
母亲	赵安宗	庙号	高祖
后妃	皇后臧爱亲、张夫人等	曾用年号	永初

  刘裕,字德舆,小名寄奴,祖籍彭城,南北朝时期南朝刘宋的开国皇帝。

  刘裕是西汉楚王刘交之后,曾任刘牢之的参军,后被提升为中军参军。东晋元熙二年,刘裕废掉东晋恭帝司马德文,取而代之,定都建康,国号宋,建元永初,史称刘宋或南朝宋。

  刘裕在位期间,吸取前朝士族豪强挟主专横的教训,将中央大权紧紧抓在手中,抑制豪强兼并,锐意改革,整顿吏治,鼓励生产,减轻农民赋税,废除苛政,大力发展教育,并亲自对士子进行考核,重用寒门学子,努力改变社会现状,非常有力地推动了江南经济的发展,并开创了江左六朝疆域最辽阔的时期,为"元嘉之治"打下坚实的基础。因此,刘裕被后人誉为"定乱代兴之君",也被称为"南朝第一帝"。

永初三年（422年），刘裕驾崩，终年60岁，谥号武皇帝，庙号高祖，葬于初宁陵。

出身贫寒　从军建功

刘裕出生于东晋兴宁元年三月，是汉高皇帝刘邦之弟、楚元王刘交第二十二世孙，祖籍为彭城县绥舆里。他出生时，家里非常贫困，母亲也因为生产而落下疾病，不久便去世了。他的父亲刘翘没有能力请乳母，一度打算将这个刚出生的孩子弃之野外，幸好当时同籍人刘怀敬的母亲也刚生下刘怀敬不久，听说此事后就断了刘怀敬的奶，转而哺育刘裕，刘裕因此得以存活。

刘裕成年后身高七尺六寸，体魄雄健，风骨奇伟，气度不凡。他不拘常礼小节，侍奉养母非常孝顺，在当地以孝名著称。因家中贫穷，他只能靠砍柴、种地、打鱼和卖草鞋来维持生计。当时天下因战乱而动荡不堪，刘裕见此形势，干脆去当了兵，不久便成为北府军将领、冠军将军孙无终的司马。

东晋隆安三年（399年）十一月，孙恩在会稽起兵反晋，东南会稽、吴郡、吴兴、义兴、临海、永嘉、东阳、新安八郡也纷纷起兵响应，短短时间便聚集了数十万人马，震惊朝野。东晋朝廷急忙派卫将军谢琰、前将军刘牢之前去镇压。刘裕此时已转入刘牢之麾下，担任参军。十二月，刘牢之率领人马抵达吴地，派刘裕带领数十人去侦察孙恩军队的动向。他们在侦察途中遇到了敌方几千人马，刘裕当机立断，率领仅有的数十人迎击敌军，随从们大都战死，他本人也从河岸坠落下去，但仍在岸下奋力挥舞长刀，仰面砍杀岸上的敌兵。危急之际，刘牢之的儿子刘敬宣见刘裕久去不返，便率领人马赶了过来，斩杀和俘虏千余人，刘裕乘胜追击，平定山阴，孙恩则逃到海上。

在以后几年与孙恩的战斗中，刘裕屡次充任先锋，总是身先士卒，勇猛作战，而且极富谋略，指挥有方，尤其善于以少胜多，治军也非常严明，立下了赫赫战功，深得刘牢之赏识。

京口起兵　迎立旧帝

东晋元兴元年（402年），晋安帝司马德宗封司马元显为骠骑大将军、征讨大都督、都督十八州诸军事、加黄钺，封刘牢之为前锋都督，出兵讨伐荆州都督桓温之子桓玄。然而，因为司马元显临阵退缩，刘牢之又被收买，致使桓玄大军顺利进入建康，桓玄从此总揽大权，成为东晋的主宰，而刘牢之最终自缢身亡。

继刘牢之以后，桓玄又先后杀死北府将领吴兴太守高素、辅国将军竺谦之、高平相竺郎之、辅国将军刘袭、彭城内史刘秀武、冀州刺史孙无终等人，一时间，北府将领人心惶惶。不过，因为桓玄杀了一批官员，朝中有许多位置出现空缺，刘裕被提拔为桓修的中军参军，成为桓玄手下得力干将。后来，刘裕奉命攻打卢循，大获全胜，被任命为彭城内史，深受桓玄兄弟的赏识。

刘裕表面上对桓氏忠心耿耿，内心却另有打算，他暗中拉拢一大批中下级将领，时刻准备发动政变。他的举动引起了桓玄之妻刘氏的疑心，她提醒丈夫说刘裕有龙势虎志，不可能久居人下，应该尽早除掉他，否则后患无穷。但桓玄刚刚诛杀了众多北府将领，正是用人之际，所以暂时不打算除掉刘裕。而刘裕也意识到拖延太久将引火烧身，决定尽快行动。

东晋元兴三年正月，刘裕与何无忌一同乘船返回京口，一边走一边商量怎样推翻桓玄，恢复晋室。他们决定联络刘毅、檀凭之等百余人，于三月在京口起兵。

这天早晨，何无忌身穿朝服，谎称是朝廷钦差大臣，带领一群人冲入桓修的大将军府，高声大喊，府中吏士惊慌四散，无人敢抵抗。桓修还没弄明白怎么回事，便被人杀死。刘裕看到桓修的首级后，痛哭失声，下令将其厚葬。不久，桓修手下司马刁弘带领部下来到城下，刘裕登上城楼，冲着刁弘等人大声说道："郭江州已在浔阳奉天子反正，我等受密诏诛除逆党，桓玄今日想必已经被枭首了，诸君难道不是大晋之臣吗？今日前来，意欲何为？"因为晋安帝司马德宗被逼退位后居于浔阳，所以刁弘等人听了刘裕的话，信以为真，遂引兵而退。

桓玄得知刘裕兵变的消息后，非常气愤，但又无可奈何。手下大臣劝他说："刘裕等人不过是乌合之众，势力微弱，难成大器，陛下不必担忧。"桓玄却摇头说："刘裕堪称一世枭雄，刘毅家无斗粮之储，而樗（chū）蒲①却一掷千金；何无忌酷似其舅，这些人共举大事，怎敢说他们不会成功？"

几天后，刘裕率领大军与桓玄手下骁骑将军吴甫之在江乘相遇，刘裕手举大刀，身先士卒，将士们见状士气大振，奋勇杀敌，以一当十，将吴甫之等人杀得人仰马翻，狼狈而逃。刘裕乘胜追击，又与右卫将军皇甫敷相遇。刘裕和檀凭之各率一支队伍与敌人拼杀，檀凭之战死，刘裕也被团团包围，他背倚一棵大树，奋力厮杀，面无惧色。皇甫敷连刺数戟，均不能中。危急时刻，援军赶到，一支利箭正好射中皇甫敷的面额，皇甫敷应声倒地。刘裕走上前去，皇甫敷挣扎着说："君有天命，我死以后，只求君能善待我的子孙。"刘裕点头应允，然后斩下他的首级。

桓玄听说皇甫敷战死，大吃一惊，急忙派桓谦去迎击刘裕，他自己则悄悄预备舟船，准备逃跑。

桓谦手下大多是北府人，对刘裕的大名早有耳闻，心中十分畏惧，毫无斗志。而刘裕的将士们则斗志正旺，对战时，刘裕仍然身先士卒，冲锋陷阵，将桓谦所部杀得人仰马翻，溃不成军。桓玄闻讯，急忙率领几千人乘船溜之大吉。刘裕杀进建康后，听说桓玄已经逃跑，遂派刘毅、何无忌等追赶，自己则留守建康。

当时国家百废待兴，人心不稳，刘裕下令恢复生产，禁止士兵扰民。由于他以身作则、军纪严明，加上主簿刘穆之的大力协助，局势很快稳定下来。

四月，刘毅、何无忌在峥嵘州击败桓玄，桓玄撤退到江陵，不久被杀。晋安帝司马德宗被迎回建康，重新登上皇帝宝座，改元义熙。刘裕以徐、青二州刺史的身份领北府兵回镇京口，后任青州刺史，加领兖州刺史。自此，北府旧部全部落入刘裕手中。

灭亡南燕　平定起义

为了巩固自己的地位，刘裕积极主张对外讨伐。东晋义熙五年（409年），南燕慕容超侵占了东晋的宿豫，又进攻济南。刘裕决定将这些失地夺回来，但他刚提出兵之事，豫州刺史刘毅就劝说道："宰相远行，易倾动国家根本，应由朝中将帅代行。"刘裕谢绝了刘毅的一番好意，坚持自己带兵。他亲率大军自建康出发，到达下邳，改行陆路，于六月间到达广固。慕容超急忙向后秦求助，后秦君主姚兴担心引火烧身，拒绝出兵。很快，刘裕便攻克广固，生擒慕容超，将他押到建康斩首示众。这使刘裕的声望进一步提高，远远超过了祖逖、桓温等人。

消灭南燕之后，刘裕派刘毅率领部分人马去阻击卢循、徐道覆的叛军。刘毅傲慢轻敌、刚愎自用，结果在桑落洲被叛军打败，几乎全军覆没。此时刘裕大军已经回到了建康，大部分有伤在身，真正能战斗的不过几千人马。刘裕接受文武百官的劝说，决定暂缓出兵，并将都城迁走。

当时卢循并不了解建康的真实情况，听说刘裕已经回到建康，他心中十分害怕，不知道该不该继续进攻。刘裕乘机抓紧时间布置防守。后来，卢循接受徐道覆的建议，对建康发起多次进攻，但没有取得什么进展。双方僵持了两个月，卢循一无所获，眼看粮草即将用完，只好退兵浔阳。

卢循撤退以后，刘裕的部队也差不多恢复了战斗力，开始对卢循发起追击，在江陵、大雷打败卢循。在接连取得几次胜利后，刘裕派兵继续追击卢循，自己则班师回朝。后来，卢循与徐道覆一个兵败自杀，一个力战而死。刘裕的威望在平定卢循之乱后进一步提高，官至太尉。

剪除异己　扫清障碍

尽管自己威望日隆，刘裕知道自己若要登基称帝，必须先清除掉朝中的反对势力，其中最主要的就是荆州刺史刘毅、豫州刺史诸葛长民、谯王司马休之父子。

刘毅因为和刘裕共同起兵,有些居功自傲,但自桑落洲战败以后,他威风扫地。为了一雪前耻,他主动要求带兵追击卢循,遭到刘裕拒绝,还被迁为荆州刺史。因为被降了官职,刘毅对刘裕产生了怨恨情绪,到了荆州以后,他开始积蓄力量,企图日后与刘裕一争高下。

刘裕对此也心知肚明,但为了麻痹刘毅,他就假装不知道。刘毅紧锣密鼓地进行着讨伐刘裕前的准备,为了扩大自己的势力,他向刘裕提出兼管交、广二州,刘裕爽快地答应了。不久,刘毅又得寸进尺,要求任用好友丹阳尹郗僧施为南蛮校尉后军司马、毛修之为南郡太守,刘裕也违心地答应了。刘毅到江陵赴任后,独断专行,任人唯亲,将江州②的1万多兵力作为自己的贴身队伍。刘裕正愁找不到动手的机会,这下便以此为借口,在刘毅又一次上表要求封其堂弟刘藩为副手时,下令捕杀刘藩、谢混等人,之后又亲率大军讨伐刘毅。一个月不到,刘裕攻占江陵,刘毅兵败逃亡,最后自杀。不久,刘裕又找借口杀掉了反对自己的诸葛长民。

刘毅死后,荆州刺史由司马休之接任,由于管理有方,深得民心,他很快建立起了自己的势力范围。东晋义熙十一年(415年),司马休之和儿子司马文思共同上书朝廷,列举刘裕数条罪状,决定起兵讨伐。雍州刺史鲁宗之、竟陵太守鲁轨父子也起兵响应。

刘裕派女婿徐逵之为前锋,征讨司马休之。不料徐逵之出师不利,战死沙场,刘裕悲痛之余,又命令大将胡藩渡江作战,最终平定叛军,攻克江陵。司马休之、鲁宗之被迫北逃,投奔后秦。

至此,东晋内部再也没有能够威胁刘裕的对手,只是南部还有焦纵自称成都王,北方则有后秦。刘裕要想收复中原,必须除掉这两个心腹大患。

南平江南　北征后秦

清除了刘毅、司马休之父子以后,刘裕乘胜进军益州。益州地区被宗族大户焦纵占据,已然成为一个独立王国。焦纵自称成都王,向后秦称臣，经常派兵袭扰东晋。为了收复益州、统一南方，刘裕力排众议，任命年轻部将朱龄石为主帅，以蒯恩、刘钟为辅助，率2万人马出征。按照刘裕的计划，朱龄石顺利抵达巴蜀，经过一番激战攻陷了成都，焦纵兵败自杀，益州得以恢复，江南统一。

随后，刘裕开始着手征伐后秦。东晋义熙十二年（416年）八月，刘裕亲率大军，自淮、泗入清河，逆黄河西上。此时后秦国力衰弱，根本不是东晋的对手。东晋大将王镇恶③、檀道济④一路过关斩将，势如破竹，先后夺取漆丘、项城、许昌、新蔡、仓垣，之后又拿下洛阳。后秦急忙向北魏求援，拓跋嗣派10万骑兵进军至黄河岸边，牵制东晋军队。鉴于这种情况，刘裕使出"却月阵"法，让步、骑、车三个兵种协同作战，北魏无力抵挡，一溃千里。此后，北魏再也不敢轻视刘裕，拓跋嗣听从谋士崔浩的建议，不敢再与东晋为敌。

刘裕没有了后顾之忧，率领大军抵达潼关，威胁长安。他先派大将沈田子⑤率领1000多人，佯装占领青泥。后秦主姚泓知道这是刘裕的疑兵之计，率领几万大军想消灭沈田子。但是，沈田子非常英勇，拼死抵抗，后秦兵败如山倒。刘裕又派王镇恶率军由水路前进，打败后秦守军，迫使姚泓带领皇后和文武百官投降，后秦就此宣告灭亡。

不久传来消息说，坐镇建康的刘穆之暴病身亡，刘裕担心宫中生变，急忙返回建康，长安也得而复失，落入赫连勃勃之手。

登基称帝　建立刘宋

东晋义熙十四年（418年）六月，刘裕被封为相国、宋公，加九锡。此时他并不急于取代晋帝，因为当时民间流传着一种说法："昌明之后尚有二帝。"为了让这一说法成立，也让自己的帝位来得顺应天意，他想在自己称帝之前再推出一位皇帝。同年十二月，刘裕指使中书侍郎王韶之买通皇帝左右侍从害死司马德宗，改立琅琊王司马德文为帝，并做好篡位的准备。

东晋元熙二年二月，刘裕授意文武百官威胁司马德文禅位，司马德文也知道自己不过是个傀儡皇帝，便爽快地接受了建议，宣布退位。刘裕终于如愿以偿，登上了皇帝的宝座，改元永初，史称刘宋。从此，中国进入南朝与北魏的对峙时期。

刘裕继位后，实行了一系列的惠民政策，恢复生产，发展经济，下令赦免因逃避兵役、租税而流亡在外的百姓，在限期内回家可以免租两年；实行土断制度，抑制豪强兼并，减轻赋税徭役，受到了老百姓的热烈欢迎。

南朝宋永初三年三月，刘裕身染重病，大臣们请求为他祈祷神祇，但是刘裕从不相信鬼神，只让医官诊治，然后由侍中谢方明将病情禀报宗庙。五月，因病情进一步恶化，他自知将不久于人世，遂召太子刘义符交代后事，不久驾崩。

注释：

①樗蒲：古代的一种游戏，似掷骰子。后也为赌博的通称。游戏中用于掷采的投子最初是用樗木制成，故称樗蒲。

②江州：西晋元康元年，割扬州之豫章郡、鄱阳郡、庐陵郡、临川郡、南康郡、建安郡、晋安郡和荆州之武昌郡、桂阳郡、安成郡合十郡，因江水之名而置江州。东晋永兴元年，分庐江郡之寻阳县、武昌郡之柴桑县合立寻阳郡，属江州。南朝宋、齐依前制。

③王镇恶（373—418年）：东晋名将，前秦丞相王猛之孙。前秦败亡后归晋，为刘裕所赏识，授太尉参军，战功颇多。参与平定刘毅、灭亡后秦，迁征虏将军、冯翊太守。刘裕南归，他辅佐桂阳公刘义真镇守长安，因与中兵参军沈田子不和，互相猜忌，被沈田子杀害。

④檀道济（?—436年）：东晋末年名将，南朝宋开国功臣。跟随刘裕南征北战，参与平定桓玄之乱、卢循之乱，攻灭后秦。刘裕继位后，封护军将军、散骑常侍、丹阳尹，迁镇北将军、南兖州刺史，抵御北魏进攻。

⑤沈田子（383—418年）：东晋末年将领，随从刘裕讨伐桓玄之乱，拜太尉参军，封营道县五等侯。参与北伐南燕、平定刘毅和司马休之、灭亡后秦，后留镇关中，拜中兵参军、扶风太守。因擅杀王镇恶，坐罪被处死。

少帝刘义符

刘义符档案

生卒年	406—424 年	在位时间	422—424 年
父亲	武帝刘裕	谥号	营阳王
母亲	张夫人	庙号	少帝
后妃	司马皇后等	曾用年号	景平

刘义符,小字车兵,宋武帝刘裕长子,南北朝时期南朝刘宋第二位皇帝。

刘义符11岁时被封为豫章公世子。东晋元熙二年,刘裕称帝,立刘义符为皇太子。南朝宋永初三年,刘裕去世,刘义符继位,时年17岁,次年改元景平。

刘义符顽劣成性,在守丧期间,置父丧、军国大事于不顾,对大臣们的劝谏也充耳不闻。

景平二年(424年),刘义符驾崩,终年19岁,谥号营阳王,庙号少帝。

玩物丧志　违背孝仪

东晋义熙二年(406年),刘义符生于京口,当时刘裕已过不惑之年，还没有儿子，刘义符的出生让他喜出望外。然而，刘义符从小不喜读书，而爱好骑马射箭，因此结识了一批为正人君子所不齿的小人。他们整天纵马玩乐，引起了大臣们的不满和担忧。而刘裕当时忙于军政大事，无暇顾及儿子，领军将军谢晦①曾经提醒他说："陛下春秋既高，宜思江山社稷存万世，神器至重，不可使负荷非才。"意思是说太子刘义符并不具帝王之才。刘裕虽然也很重视，但一直没有重立太子的打算，只是在临终之前安排了几位辅政大臣。

南朝宋永初三年，刘裕病逝，刘义符继位，尊皇太后萧文寿为太皇太后，封太子妃司马茂英为皇后，大赦天下。

刘义符刚继位的时候，按理应该为去世的父亲守灵，但是他置孝义于不顾，竟然和一班随从在后花园里练武戏耍，这让大臣们非常失望。

不仅如此，刘义符还有很多怪癖。他经常将自己不满意的大臣集中在皇宫的练马场上，让他们列队站好，然后骑马从他们身边掠过，用马鞭将他们的衣服抽裂；之后再命手下骑马冲锋，将这些大臣全部杀死。据说他还特别喜爱玩一种海盗的游戏，即由他扮作商人，采购来大批货物装在一只船上，让宫女们扮成纤夫，脱去上衣，腰间围一块白布，拉着货船在水中行走。其间会有提前潜伏在水中的太监钻出水面，看到宫女们被吓得嗷嗷乱叫，刘义符非常兴奋。

中书令傅亮、司空徐羡之②、领军将军谢晦等顾命大臣见刘义符如此顽劣，萌发了废帝另立的想法。

大臣兵变　先废后杀

景平二年四月，徐羡之、谢晦开始行动。谢晦借口说领军府房屋破旧，让家人搬离出府，然后在府内埋伏好兵士。安排好一切后，他命令中书舍人邢安泰、潘盛为内应，准备动手。

次日一早，檀道济、谢晦带领手下先行，徐羡之等人继后，从云龙门入宫。因为邢安泰已经提前做好了安排，所以他们一路畅通无阻，径直来到天渊池，恰巧刘义符留宿在池内的龙舟上，士兵们持刀闯进龙舟，杀死两个侍者，刘义符方才惊醒。他还没有来得及反抗，手已经被砍伤。众人扑上前去，搀扶着刘义符走出东阁，收走玉玺，接受文武百官的拜辞，然后将他送进东宫。

在东宫，刘义符接到了徐羡之等大臣以皇太后的名义下达的诏书，将他废为营阳王，改由宜都王刘义隆继位。刘义符被迁往吴郡，幽禁在金昌亭。

同年六月，刑安泰等人闯进金昌亭想要杀死刘义符，刘义符拼死反抗，挣脱逃跑，后被人追上，用门闩殴打致死。

注释：

①谢晦（390—426年）：南朝宋开国功臣，武帝刘裕时历任右卫将军、侍中、中领军，封武昌县公。

②徐羡之（364—426年）：南朝宋开国功臣，武帝刘裕时历任琅琊内史、吏部尚书、丹阳尹、尚书仆射。

文帝刘义隆

刘义隆档案

生卒年	407—453 年	在位时间	424—453 年
父亲	武帝刘裕	谥号	文皇帝
母亲	胡道安	庙号	太祖
后妃	袁其妫、沈容姬	曾用年号	元嘉

刘义隆，小字车儿，宋武帝刘裕第三子，宋少帝刘义符之弟，南北朝时期南朝刘宋第三位皇帝。

景平二年，少帝刘义符被废，刘义隆继位，时年18岁，改元元嘉。

刘义隆在位时期，继续推行武帝刘裕的治国政策，清理户籍，下令免除百姓欠官府的"通租宿债"，劝课农桑，兴办教育，使百姓得以休养生息，使社会生产有所发展，经济文化日趋繁荣，成就了"元嘉之治"。在军事上，刘义隆也继承了武帝刘裕的北伐政策，三度出师北伐，只是都没有成功。

元嘉三十年（453年），刘义隆驾崩，终年47岁，谥号文皇帝，庙号太祖，葬于长宁陵。

弱冠登基　韬光养晦

刘义隆博学多才，擅长隶书，精通经史。他4岁时便被父亲刘裕派往京口镇守，以防范卢循叛乱。东晋义熙十一年，9岁的刘义隆又被封为彭城县公，后来又屡次被加封官职。南朝宋永初元年（420年），刘义隆被封为宜都王，食邑3000户，加号镇西将军。

景平二年，徐羡之、傅亮、谢晦等人废掉少帝刘义符，然后率领百官到荆州迎接刘义隆进京登基。刘府一片惊慌，家人都劝刘义隆不要进京，以防有诈。刘义隆生性多疑，他认真分析情况后，认为傅、徐二人还没有篡权的野心，去京师应该没有危险，于是果断答应下来。

为了防止路上出现意外，刘义隆做了一番精心安排，命令司马王华留守荆州，以确保没有后顾之忧。在去往荆州的路上，他不允许朝廷所派的官员和士兵接近他的乘船，任用原荆州士兵负责安全保卫工作，派其心腹将领持刀日夜守在舱门外，一直到建康。

同年八月，刘义隆安全到达京师，百官早已在新亭恭候。刘义隆先祭拜了刘裕的陵墓，然后在秦淮以北作为太学的中堂接受百官朝贺，接受玉玺，登基称帝，并大赦天下，改元元嘉。

在废掉刘义符的时候，几位大臣已经为未来的朝局做了安排：朝中由徐羡之、傅亮掌管，京外由谢晦担任荆州刺史，檀道济镇守广陵。如此内外呼应，意欲架空刘义隆。然而，刘义隆虽然年幼，心机却很深，不甘心作为傀儡。

刘义隆继位之初，为了稳住阵脚，显得非常老实，采用封官加赏以及下放权力的方式麻痹徐羡之、傅亮等人，任命徐羡之为司徒、王弘[①]为司空，加封傅亮开府仪同三司，加封谢晦为卫将军，提檀道济为征北将军。每当有司奏请他亲临华林园听讼，他都推说自己不熟悉朝政，委托徐羡之、王弘暂时代为处理。

元嘉二年（425年）正月，徐羡之、傅亮上表归政。刘义隆假意推辞，徐羡之、傅亮再三请求，他才装出不得不接受的样子开始亲政。在处理朝政的过程中,他暗中拉拢了一批时刻准备为自己效力的心腹。

元嘉三年(426年),刘义隆下诏揭露徐羡之、傅亮等人的罪状,下令将他们捉拿审讯。当时谢晦的弟弟正在中书省执勤,得到消息后急忙派人通知徐、傅二人。徐羡之、傅亮二人正在上朝的路上,接到通报后惊慌而逃。徐羡之逃到城外一座烧陶瓷的窑洞里上吊自杀,傅亮半途被抓住,刘义隆念及旧情,只杀了傅亮一人,赦免了他的妻子儿女。

除掉徐羡之、傅亮后,刘义隆下令全城戒严,亲率大军讨伐谢晦,又加派王弘、檀道济随同助战。谢晦战败,在逃跑的路上被抓住,送到建康处死。

杀了这些大臣,刘义隆终于将朝政大权完全掌握在自己手中。他任命心腹谢灵运②为秘书监、颜延之为中书侍郎。同时下令整顿朝政,清理户籍,发展农业,重视教育,减免赋税,使广大百姓得以休养生息,社会经济得到迅速发展。在他统治期间,出现了"役宽务简,氓庶繁息,至余粮栖亩,户不夜扃"的兴盛局面,史称"元嘉之治"。

争权夺位　兄弟反目

元嘉六年(429年),刘义隆因身体状况不佳,特召四弟彭城王刘义康为司徒、录尚书事,与宰相王弘共同辅政。王弘深知官场艰险,加上自己年老多病,因此几乎将所有政务都交给刘义康处理。后来,刘义康又担任扬州刺史、晋升大将军,权倾朝野。

当时檀道济是北府仅存的将领,身经百战,威名远扬,刘义康对他十分忌惮。元嘉十三年(436年),刘义康假传诏书将檀道济召回京城,以收买人心、图谋不轨为由将他处死,同时被杀的还有檀道济的11个儿子及薛彤、高进之等大将。

随着刘义康的势力越来越大,刘义隆对他也起了猜忌之心。而刘义康的亲信见皇帝体弱多病,还到处散布谣言,说等皇帝驾崩之后应该立年长的君主,而不宜立年幼的君主。消息传到了刘义隆耳中,他顿时警觉起来,决定先除掉刘义康。

元嘉十七年（440年），刘义隆突然下手，命令沈庆之③将刘义康的亲信将领刘湛捕杀，随后将刘义康贬为江州刺史，出镇豫章。元嘉二十二年（445年），范晔、孔熙等人企图拥立刘义康为帝，刘义隆下令将刘义康贬为庶人，迁往安成郡，并派宁朔将军沈邵监视。

元嘉二十八年（451年），北魏大军南下，形势危急，刘义隆担心刘义康趁机作乱，加上太子刘劭等人屡次劝说他处死刘义康以绝后患，便下令将刘义康处死。

三次北伐　屡战屡败

眼看国家人口增多，农业发展迅猛，兵多将广，粮草丰裕，国力强大，刘义隆决定继承武帝刘裕的遗志，完成统一全国的大业。

元嘉七年（430年），刘义隆曾趁北魏与柔然交战，黄河以南屯兵减少之际，出兵北伐。出征之前，他还特意派使者到北魏说明情况，说只是收复黄河以南土地，绝不渡过黄河。拓跋焘考虑到自己在黄河以南兵力不足，便主动撤退到黄河以北，企图诱敌深入，歼灭刘宋。刘宋很快攻占了黄河以南的滑台、虎牢、洛阳、金墉等地，但北魏后来又攻打刘宋，将失去的土地重新夺了回去，使刘义隆第一次北伐以失败而告终。

元嘉二十七年（450年）七月，刘义隆决定进行第二次北伐。他任命宁朔将军王玄谟④为主帅，率领大军北上，对滑台发起进攻。但是，王玄谟只会纸上谈兵，又刚愎自用，不听属下的意见，结果连连失利，打了几个月都没能攻下滑台。后来，拓跋焘亲率大军增援，王玄谟慌忙撤退，遭到北魏军追击，部队丢盔卸甲，伤亡万余人，他自己也差点丢了性命。所幸沈庆之领军前来接应，他才得以全身而退。拓跋焘乘胜追击，夺取悬瓠、项城，然后越过彭城，渡过淮河，直逼瓜步，大有渡江夺取建康之势。刘义隆不敢大意，急忙组织防御。拓跋焘见刘宋防御坚固，一时难以攻取，加之粮草不足，又害怕敌人从后面包抄过来，决定撤退。

北魏军在撤退途中烧杀抢掠，连婴儿也不放过。刘宋经此一劫，国力大大减弱，富强一时的"元嘉之治"就此结束。

元嘉二十九年（452年）二月，北魏太武帝拓跋焘为宦官所害，由12岁的孙子拓跋濬继位。刘义隆看到北魏新任皇帝年幼，认为此时正是消灭北魏的最佳时机，于是不顾国家残破和大臣们的反对，坚持出兵进行第三次北伐。北魏虽然新帝继位，但军队并没有受到太大影响，所以很轻松就将刘宋军队击垮。刘义隆第三次北伐仍以失败告终。

父子离心　惨死儿手

元嘉九年（432年），刘义隆立长子刘劭为太子，为了保证太子的安全，他特意为东宫配备了与御林军实力相当的护卫队。然而，父子之间后来却产生了一些矛盾，冲突渐起。

元嘉二十九年，刘劭已经当了20年的太子，看到父亲身体虽然不太好，但短时间内根本不会有什么问题，不禁着急起来，想早点登基。据说为了早日继位，他勾结二弟刘浚，通过东阳公主的奴婢鹦鹉将女巫严道育请到宫中实行巫蛊，还用玉做了一个刘义隆的雕像，施法后埋于含章殿前，祈祷刘义隆早逝。

刘义隆知道后虽然很生气，但并没有治刘劭的罪，只是训斥了他一顿，下令搜捕严道育想严加制裁，但搜捕未果，不了了之。事情渐渐平息以后，刘义隆又发现刘劭与严道育仍然暗中勾结，他终于忍无可忍，决定废掉刘劭，另立太子，但又一时找不到更合适的人选。

刘邵听闻父亲要废掉自己后，心中顿时生出一个恶毒的念头，决定杀死刘义隆。元嘉三十年二月的一天，刘义隆因为夜里与徐湛之秘密商议朝政，一夜未眠，宫中值班卫士都在睡觉，刘劭带领张超之等十余人从云龙门闯进斋阁，手持佩剑走进合殿，未遇任何阻拦。刘义隆见来人气势汹汹，知道大事不好，急忙举起身边的案几抵挡，结果5个手指被齐齐砍断，张超之乘机举刀将他杀害。

注释：

①王弘（379—432年）：南朝宋开国功臣、书法家，东晋丞相王导曾孙。初为会稽王司马道子主簿，后转刘裕谘议参军。南朝宋初迁尚书仆射，掌选举。迁江州刺史。文帝继位后累迁司徒、扬州刺史、录尚书事。

②谢灵运（385—433年）：南北朝诗人，谢玄之孙。晋时袭封康乐公。入南朝宋，曾任永嘉太守、侍中、临川内史等职。后被杀。其诗与颜延之齐名，并称"颜谢"，开创了中国文学史上的山水诗派。

③沈庆之（386—465年）：南朝宋名将，文帝、孝武帝时屡次镇压汉沔"群蛮"，先后俘获十余万人；又平定鲁爽、臧质、刘诞等叛乱。官至太尉，封始兴郡公。后因屡次直言进谏，触怒前废帝，被赐死。

④王玄谟（388—468年）：南朝宋将领，早年投靠刘裕，历任从事史、武宁太守、汝阴太守、彭城太守，但一直没有出色表现，声名不显。后响应孝武帝刘骏讨伐刘劭。明帝刘彧时一度担任顾命大臣，官至车骑将军、南豫州刺史，封曲江县侯。

孝武帝刘骏

刘骏档案

生卒年	430—464 年	在位时间	453—464 年
父亲	文帝刘义隆	谥号	孝武皇帝
母亲	路惠男	庙号	世祖
后妃	王皇后、殷贵妃、陈淑媛	曾用年号	孝建、大明

刘骏,字休龙,小字道民,宋文帝刘义隆第三子,南北朝时期南朝刘宋第四位皇帝。

刘骏初封武陵王,出京镇外。元嘉三十年,刘义隆被太子刘劭杀死,刘骏以此为借口,亲率大军讨伐刘劭,将其击败,成功夺取皇位,改元孝建。

刘骏在位前期,政治清明,君臣一心,百姓安居乐业,呈现出一片大好形势;但到后期,他变得昏庸起来,大兴土木、滥用民力、奢侈无度,导致民生凋敝,国力急剧下降。然而,刘骏不知悔改,为了巩固帝位,大肆诛杀刘宋宗室,为刘宋政权的灭亡埋下了极大的隐患。

大明八年(464 年)五月,刘骏驾崩,终年 35 岁,谥号孝武皇帝,庙号世祖,葬于景宁陵。

争夺皇位　同室操戈

刘骏自幼聪慧机敏，读书过目不忘，很有才华，而且果然决断，擅长骑射，但因为不受父亲喜爱，他一直没有机会在京城做官。15岁时他被封为武陵王，后来历任湘州刺史、豫南道刺史、雍州刺史、徐州刺史、兖州刺史、江州刺史。

元嘉三十年二月刘劭杀父篡权时，刘骏正率领江、豫、荆、雍四州军队讨伐大别山以南的少数民族。刘劭知道刘骏手握重兵，实力雄厚，日后必成心腹大患，于是密令刘骏身边的沈庆之将刘骏杀死，没想到沈庆之不但不执行命令，反而打算将此事告诉刘骏。刘骏以为沈庆之要来杀自己，吓得紧闭大门不敢出来。沈庆之向刘骏说明情况，并表示自己有意帮助刘骏讨伐刘劭，拥立他为帝。

不久，刘骏宣布起兵，带领沈庆之、柳元景、朱修之等将士，由颜竣总录军府内外，浩浩荡荡地向建康进发。大军行至浔阳，刘骏命令颜竣发布声讨檄文，一一列举刘劭罪状，号召天下英雄兴兵讨伐。一路上，地方郡守纷纷响应，大军很快便兵临建康城下。关键时刻，刘骏突然身患重病，幸亏颜竣忠心耿耿，严密封锁消息，还时常假扮刘骏到刘义隆的坟前痛哭，才稳住了军心。

后来，双方在建康城外的新亭激战，刘劭的军队大败，刘骏进驻新亭，正式继位，改元孝建；任命刘义恭为太尉、录尚书六条事①、南徐州刺史，南谯王刘义宣为中书监、丞相、录尚书六条事、扬州刺史；其余立功将士也封官加爵。

五月，刘骏大军攻克建康，刘劭手下文武百官纷纷出城投降，领军将军萧斌②兵败被杀。刘劭被刘义恭擒获，斩首示众。

集权在手　抑制皇亲

刘骏从小不受父亲宠爱，后来刘义隆准备废掉刘劭改立太子时，还直接越过他而考虑第四子刘烁,这使刘骏对刘烁怀恨在心,刚继位便下令将刘烁处死。

孝建元年(454年)正月,为了防止叔父刘义宣掌握兵权,刘骏有意将他调离军事重镇荆州,调入京中担任丞相、扬州刺史,并封其子刘恺为南谯王。但是,刘义宣经营荆州10年,兵精粮足,因而坚决辞去丞相职务及其子南谯王的爵位,拒不进京。刘骏接到奏折后虽然很不高兴,但也不敢轻易治刘义宣的罪,只好任命他为荆、湘二州刺史,并封刘恺为宜阳县王。

江州刺史臧质是武敬皇后的侄子,他自恃曾协助刘骏消灭刘劭,居功自傲,完全不将刘骏放在眼里,还与刘义宣一起对抗朝廷。对于刘义宣、臧质二人目无君王的行为,刘骏非常生气,但因为自己根基不牢,慑于他们强大的实力,也只能暂时忍气吞声。

刘义宣也明显感觉到刘骏对自己有所不满,而且刘骏亦无视宗亲,竟然奸淫了刘义宣留在京城里的两个女儿,刘义宣对刘骏更加痛恨,决定伺机叛变。臧质也有谋反之心,两人一拍即合,暗中派人到寿阳联络豫州刺史鲁爽,约定当年秋天共同起兵。然而鲁爽酒醉,竟将日期记错,酒醒后稀里糊涂地举兵反叛。直到二月,刘义宣和臧质才听说鲁爽举兵的消息,于是也宣布举兵,说皇帝刘骏宠信奸佞,要"清君侧"。

刘骏封大将柳元景为抚军将军,统率左卫将军、豫州刺史王玄谟等将领迎战刘义宣,又加派沈庆之督战。经过一番激战,刘景元、王玄谟打败刘义宣和臧质。臧质、刘义宣及鲁爽三人均被诛杀,一场叛乱随之平定。

这场叛乱也使刘骏认识到威胁自己皇位的不是外人,而是皇室成员。此后,他对其他几位叔父、兄弟加强防范,进行严密监视,随时掌控他们的一举一动。

刘骏的十弟刘浑被封为武昌王,在刘义宣死后接任雍州刺史,经常做出一些荒诞不经的事情。他到雍州上任后,自娱自乐,与左右做檄文,自称"楚王",改元永光(元光),还效仿朝廷设置百官。他这样做本来是为了玩耍,没想到引来了杀身之祸。刘骏得知消息后,立即将他贬为庶民,发配到始安郡,后来又派人逼他自杀。

为了使权力更加集中，刘骏特意将大郡分割为小郡，缩短州郡官吏的任期，派遣"台使"到各地监督税收，派遣典监主管地方军政机构文书档案。尽管用了这么多的手段，仍然无法消除他对众王侯的疑心，其中最让他不放心的是六弟竟陵王刘诞。为了避免刘诞在中央掌权，刘骏派他出镇京口，后来又将他派到远离建康的广陵。

刘诞深知自己早晚躲不过刘骏的毒手，因而暗中策划反叛。刘骏听到风声后，派人去捉拿刘诞，刘诞遂宣布起兵。沈庆之奉命前往平叛，攻破广陵后诛杀刘诞，并屠杀了广陵城内3000多名无辜百姓。

宗室至亲、兄弟手足，自相残杀的惨状，令人触目惊心。当时民间流传着这样一首歌谣："遥望建康城，小江逆流萦。前见子杀父，后见弟杀兄。"

荒淫无道　作福作威

刘骏生性残暴，当上皇帝以后掌管生杀大权，更加肆无忌惮，为所欲为。他见刘义宣的几个女儿生得貌美如花，便将她们纳为嫔妃；为了掩人耳目，还强令她们改姓殷。对于朝中大臣，稍不如意，他便严厉责罚，甚至处死，而且经常给大臣们取极具侮辱性的绰号，以满足自己扭曲的心理。比如金紫光禄大夫王玄谟是先朝遗老，被刘骏称作"老伧"（粗野、卑贱、没教养），尚书仆射刘秀被称为"老悭"（吝啬、贪婪）。

刘骏晚年还十分贪财，他见一些地方官卸任的时候都会带一笔丰厚的还资，便强令他们必须将还资上缴一半以上。此外，每次州郡官吏进京复命，刘骏都会将他们召集在一起赌博饮酒，州官们自然不敢赢他的钱，往往输得一干二净。

大明八年五月，刘骏宠爱的殷贵妃病逝，他十分悲伤，加上长期纵欲，身染重病。他知道自己时日无多，又担心16岁的太子刘子业无力驾驭群臣，思谋良久后立下遗嘱：由太宰、江夏王刘义恭和尚书令柳元景辅政，领军将军沈庆之掌管军事，尚书仆射颜师伯掌管尚书省，将军王玄谟统率外监。当月，刘骏驾崩于建康玉烛殿。

注释：

①录尚书六条事：参录、分录尚书事之意。

②萧斌（？—453年）：南朝宋将领，初为彭城王刘义康谘议参军、豫章太守。参与元嘉北伐，历南蛮校尉、侍中、辅国将军及青、冀二州刺史。坐事免官。后从刘劭弑君篡位，为散骑常侍、尚书仆射、领军将军。

前废帝刘子业

刘子业档案

生卒年	449—465 年	在位时间	464—465 年
父亲	孝武帝刘骏	谥号	无
母亲	王宪嫄	庙号	无
后妃	皇后何令婉等	曾用年号	永光、景和

刘子业,小字法师,孝武帝刘骏长子,南北朝时期南朝刘宋第五位皇帝。

大明八年五月,孝武帝刘骏驾崩,刘子业继位,时年 16 岁,改元永光,大赦天下。

刘子业在位期间,私生活毫不检点,在位仅一年就干出了历代帝王都不及的荒唐乱伦之事,而且他还冷酷无情,肆意残杀大臣。

景和元年(465 年),湘东王刘彧忍无可忍,发动叛乱,将其诛杀。刘子业终年 17 岁,因既无谥号,亦无庙号,史称前废帝。

心怀怨恨　疯狂报复

刘子业 3 岁时即被任命为江州刺史,镇守浔阳。当时他的祖母路氏和母亲王氏均跟随其父亲刘骏外迁,年幼的他则被留在了建康。同年,他的祖父刘义隆杀死刘义康，夺取帝位。后来他的伯父刘劭杀死祖父篡权，紧接着他的父亲又起兵讨伐刘劭。刘子业当时留在京城，被刘劭囚禁起来，和江夏王刘义恭的12个儿子在一起。在被囚禁期间，刘义恭的12个儿子全部被杀，而刘子业在经历几次危险后侥幸活了下来。后来，刘骏攻克建康，当上了皇帝，又对皇室宗族肆意屠杀。刘宋皇族宗室之间的互相残杀，对刘子业的心灵造成了巨大的创伤。

刘骏继位后，立刘子业为太子。但是，刘子业性格急躁，经常惹怒刘骏，以至于他的母亲王氏也渐渐失宠。而刘骏的堂妹殷贵妃因为年轻貌美而受到宠爱，后来又生下儿子刘子鸾，更加受到刘骏的喜爱。渐渐地，刘骏产生了废掉刘子业，改立刘子鸾为太子的想法。由于大臣们极力劝阻，说废长立幼有违纲常，不利于社稷稳定，刘骏才作罢，但这件事却在刘子业心中埋下了仇恨的种子。

刘子业继位不久便显露出其残暴的本性，对他的父亲及其相关人员展开疯狂的报复。他下令废除刘骏在位时期制定的制度和政策，恢复文帝刘义隆时的制度。他平时还喜欢借题发挥，讽刺自己的父亲。有一次，他请画师到宗庙里为先祖画像，并亲自去观看，对武帝刘裕、文帝刘义隆的画像大加赞叹，但当看到父亲的画像时，却对着画师喝道："这个人是个酒糟鼻，怎么不画上去？"画师不敢怠慢，急忙画上去，他这才点头表示满意。

当时刘子鸾尚不满10岁，但刘子业想到他曾经与自己竞争皇位，便下令将他赐死；又将殷贵妃从坟墓里扒出来，进行鞭尸。他甚至想将父亲从坟墓里扒出来，因满朝大臣的阻拦方才罢休。当年殷贵妃在世的时候，谢庄[①]等人曾经对她大加歌颂，将殷贵妃比作汉朝的钩弋夫人。刘子业便将谢庄等人投进监狱，使他们受尽折磨。

心狠手辣　杀人如麻

刘骏临终前，任命太宰刘义恭、尚书令柳元景、领军将军沈庆之、尚书仆射颜师伯、将军王玄谟等人为顾命大臣，共同辅政。其中，颜师伯飞扬跋扈，招致刘子业不满，于是下诏免去其卫尉卿、丹阳尹等职务，然后任命尚书王彧为尚书右仆射，分走其大部分权力。

不久，刘子业听信谗言，杀死了朝廷重臣戴法兴，引起朝廷一片震惊，大臣们人人自危。颜师伯心中异常恐慌，知道早晚有一天会大祸临头，于是和柳元景商量废掉刘子业，改立刘义恭为帝。柳元景一时拿不定主意，去找沈庆之商议，结果被沈庆之告到刘子业那里。刘子业大怒，命人将颜师伯、柳元景、刘义恭全部处死。据说，刘子业还命人将刘义恭的眼球挖出来用蜜汁浸泡，称之为"鬼目粽"。

除掉了颜师伯三人，刘子业又找借口杀死了沈庆之和王玄谟。至此，几个顾命大臣全部被他清除。

当时刘子业的兄弟还年幼，对他的皇位构不成威胁，但几个叔父却正值壮年，其中以湘东王刘彧、建安王刘休仁、山阴王刘休祐威胁最大。为了防止他们夺权，刘子业下令将他们全部调入京师幽禁起来，并用各种方法对他们进行侮辱和虐待。

据说，这三个人体格肥胖，被装进笼子里一一过秤，其中刘彧最重，被称为"猪王"，刘休仁被称为"杀王"，刘休祐被称为"贼王"。一天，刘子业命人挖了一个大坑，里面盛满泥水，让刘彧跳入坑中，又强令他到猪槽中吃食。还有一次，刘彧得罪了刘子业，被他捆了起来准备杀掉，谓之"宰猪"。多亏刘休仁巧言劝说，刘彧才免于一死。

百般凌辱　违背伦常

刘子业不但杀人成性，就连私生活也混乱到了让人难以置信的地步，可以说心理扭曲至极。据说他对自己的后妃毫无尊重，竟然将她们和大臣们的妻子全部集中在华林园，衣衫褪尽，追逐嬉戏。更不可想象的是，他还把各个亲王的王妃、公主也叫来，让自己的近臣强暴，他则在一旁欣赏，毫无羞耻之心。南平王刘铄的王妃江氏誓死不从，刘子业便下令杀掉她的3个儿子，又对江氏施以鞭刑。刘子业还将自己的亲姑母、卫将军何迈之妻新蔡公主刘英媚霸为己有，封她为夫人，纳入后宫。为了达到长期霸占新蔡公主的目的，他还下令处死何迈。

除了霸占自己的姑母外，刘子业还与亲姐姐山阴公主刘楚玉乱伦。山阴公主曾经厚颜无耻地对刘子业说："既然皇帝可以有三宫六院，为什么我只能有一个驸马？"刘子业当即送给她30多个美男子，但山阴公主依然不满足，又看上了吏部郎褚彦回②，让刘子业将褚彦回赏给自己做侍从。刘子业同意了，但褚彦回誓死不从。

刘子业如此荒淫无道的行为，令文武百官愤怒至极。湘东王刘彧在受尽折磨后，知道自己早晚会死于刘子业之手，只有杀掉他，自己才能活命。经过一番准备，刘彧秘密联络亲信阮佃夫、李道儿，以及刘子业的近侍寿寂之、姜产之等人，商讨废帝之事。

景和元年十一月三十日，刘子业听信巫师之言，认定华林园竹林堂内有鬼，便在这天夜里让所有侍从退去，和数百名彩女在巫师的陪伴下到竹林中杀鬼。阮佃夫等人乘机做好夺权的准备，待刘子业杀鬼完毕、摆酒庆贺的时候，寿寂之提着刀冲了进来。刘子业知道大事不好，转身就跑，结果被追上杀死。

注释：

①谢庄（421—466年）：南朝宋大臣、文学家，谢灵运的族侄，以《月赋》闻名。历仕文帝、孝武帝、明帝三朝，官至中书令，加金紫光禄大夫。

②褚彦回（435—482年）：原名褚渊，字彦回（为了避唐高祖李渊的名讳，《南史》中直接称其为褚彦回）。南朝宋大臣、外戚，南朝齐开国元勋，娶文帝之女南郡献公主为妻，历官著作佐郎、秘书丞、吏部郎。为明帝所信任，迁吏部尚书、尚书右仆射，并受遗诏为中书令、护军将军，辅佐朝政。萧道成代宋建齐后，参与机要，进位司徒，封南康郡公。齐武帝时，奉遗诏领尚书事，授司空、骠骑将军。

明帝刘彧

刘彧档案

生卒年	439—472 年	在位时间	465—472 年
父亲	文帝刘义隆	谥号	明帝
母亲	沈容姬	庙号	太宗
后妃	王贞凤、陈妙登等	曾用年号	泰始、泰豫

刘彧,字休景,小字荣期,文帝刘义隆第十一子,孝武帝刘骏异母弟,南北朝时期南朝刘宋第六位皇帝。

刘彧先封淮阳王,后改封湘东王;刘子业在位时,任南豫州刺史。景和元年,刘彧发动政变,杀死刘子业,自立为帝,改元泰始。

刘彧在位前期,知人善任,平定四方叛乱,使社会稳定,百姓安居乐业,社会发展呈现良好局面。但他后期却变得昏庸起来,致使宠臣阮佃夫专擅威权,贪污受贿,挥霍无度,府库为空,百官断禄,淫靡之风顿起。而且刘彧迷信鬼神,制定了很多莫名其妙的规定,稍一触犯即杀无赦,以致朝中大臣人人恐慌,刘宋王朝自此衰落。

泰豫元年(472 年),刘彧病逝,终年 34 岁,谥号明帝,庙号太宗,葬于高宁陵。

伺机复仇　继位称帝

刘彧10岁时便被封为淮阳王，14岁被封为湘东王，在孝武帝刘骏继位后又迁镇军将军、雍州刺史。他长得丰神秀伟、仪态端庄，而且喜欢读书，文章写得很好，又善书法，可谓才华横溢。刘骏虽然十分残暴，杀害了许多兄弟，但对刘彧一直非常照顾。刘骏去世后，刘子业继位，刘彧的好日子也就到头了。

文帝刘义隆共有19个儿子，刘彧和刘祎、刘休仁、刘休祐、刘休若、刘休范都在南方。其中，刘祎虽然年长，但却没有什么能耐，刘休范、刘休若年幼，对皇位没有什么威胁，只有刘彧、刘休仁、刘休祐正当年，而且身居重要州府刺史，手握兵权，从政经验丰富，身边又都有一群文臣武将，对刘子业来说具有很大的威胁。为了消除隐患，刘子业将他们全部调入京师，并监视起来，形同幽禁。不仅如此，刘子业还对他们极尽侮辱之举。刘彧兄弟几人表面上苟且偷生，暗中则联络亲信以及刘子业身边的侍从，时刻准备复仇。

恰在这时，民间突然出现了一个传言，说"湘中将出天子"，而刘彧正是湘东王。刘子业听到消息后，心中惶恐不安，准备杀掉刘彧。刘彧决定先下手为强。景和元年十一月，刘彧借刘子业在宫中驱鬼后摆酒庆贺之际，和刘子业身边的侍从寿寂之、姜产之一起闯进去，杀了刘子业。随后，刘彧以路太皇太后的名义发布懿旨，历数刘子业种种罪状，宣布由湘东王刘彧继承皇位。

同年十二月，刘彧登基，改元泰始，追尊生母为宣太后，立妃子王氏为皇后。

同室操戈　巩固帝位

在杀死刘子业时，刘彧还以路太皇太后的名义赐死了刘子业的胞弟豫章王刘子尚以及刘子业的胞妹会稽公主。登基称帝后，刘彧为了巩固自己的皇位，特意征召了一批能征善战的将领，并将众多兄弟子侄一一杀掉。

当时，江州刺史、晋安王刘子勋被刘彧加封为车骑将军、开府仪同三司，但刘子勋年仅10岁，一切都听从长史邓琬的安排。邓琬代他拒绝了加封，并在浔阳起兵，想要争夺皇位。刘子勋的七弟荆州刺史、海王刘子顼及会稽太守、浔阳王刘子房也起兵响应。泰始二年（466年）正月，刘子勋在浔阳称帝，改元义嘉，与刘彧相对抗。不久，豫州刺史殷琰在参军杜叔宝的逼迫下，也起兵响应。

为了有效地分化叛军的力量，刘彧采纳蔡兴宗[①]的建议，对叛将亲属实行"罪不相及"的政策，还对一些叛将在建康的家属厚加抚慰。一切安排妥当后，刘彧亲自带兵讨伐叛军，并封山阴王刘休祐为豫州刺史，派巴陵王刘休若督沈怀明、张永、萧道成等人东讨会稽。

自从刘子勋在浔阳起兵以来，路太皇太后每天祈祷，希望孙子能够成事，并摆酒设宴恭请刘彧，暗中在酒中下毒，想把刘彧毒死，但是被刘彧察觉，毒酒反而被路太皇太后饮下，当天路太皇太后便去世了。

东讨大军在浔阳和刘子房军相遇，经过一番激战，刘子房战败被擒。平定了东边，刘彧立即调兵进入长江中下游地区，之后攻入浔阳。刘子勋、刘子房等人全部被杀。

为了表示自己的仁爱之心，刘彧将自己刚出生的第九个儿子刘赞过继给刘骏，封为武陵王，算是给刘骏留了一脉。

滥杀无辜　手足相残

刘彧自幼喜爱文学，称帝后招纳了不少文人贤士，经常吟诗作赋，书写文章。刘彧刚满27岁，身体却每况愈下，然而太子刘昱尚年幼无知，根本无法理政，更别提震慑朝中大臣。为了保护儿子，他采取了一系列措施来严厉镇压威胁到皇权的宗室贵族们。

首先，刘彧将目光盯在了兄长刘休祐身上。刘彧继位后，刘休祐被任命为中书监、太尉，有职无权，因而心生不满，后来又受到柳欣尉等人的蛊惑，便想起兵造反。刘彧知道后气恼万分，将刘休祐贬为车骑将军、南豫州刺史，并派心腹杨运长带兵监视。即便如此，刘彧仍然不放心，又指使大臣诬告刘休祐对皇上不满，请求治其罪，之后派人逼刘休祐自尽。

接着，刘彧又赐死刘休若，派人用毒药毒死刘休仁。最后，刘彧仅剩下一个弟弟——桂阳王刘休范，而刘休范之所以能免于一死，还要得益于他自己才能平庸。

刘彧在位后期，因多年与北魏作战，导致国库空虚，然而，刘彧不顾百姓死活，大兴土木，建造湘宫寺，以求满足自己奢靡的生活。他还迷信鬼神，严禁冲撞神灵，宫中忌讳多达上千种，如果不小心冒犯，便会被立即处死，这使朝廷上下人人自危。

为了图吉利，刘彧还在472年将年号改为泰豫，但是他的病不仅没有好转，反而日渐严重。为此，他开始加速清除那些可能威胁到太子地位的大臣，寿寂之、吴喜先后被赐死。有一天，他梦见有人告发豫章太守刘愔叛乱，醒来后不问青红皂白，派人将刘愔杀死。之后，他又杀死了皇后的兄长王景文。

这年四月，刘彧病危，下诏封弟弟刘休范为司空、尚书右仆射褚彦回为护军将军、中将军刘勔②加尚书右仆射，同时以褚彦回、袁粲、蔡兴宗、沈攸之③为顾命大臣，辅助幼主；后来又任命萧道成为右将军、领卫尉，与袁粲共掌朝政。不久，刘彧驾崩。

注释：

①蔡兴宗（415—472年）：南朝宋大臣，东晋司徒蔡谟玄孙。孝武帝时拜吏部尚书、太子中庶子，迁前军将军、侍中。敢于直谏，历任东阳太守、廷尉卿、左民尚书、吏部尚书。前废帝刘子业继位，议事与刘义恭、戴法兴等执政大臣不合，出任新昌太守。刘义恭、戴法兴被杀后，入为吏部尚书。明帝刘彧继位，任尚书右仆射。

②刘勔（418—474年）：南朝宋著名将领、大臣，孝武帝时历任员外散骑侍郎、晋康太守、龙骧将军、西江督护、郁林太守、直阁将军、

振威将军、屯骑校尉等职。明帝继位后，任辅国将军，因功封鄱阳县侯，拜太子左卫率。后转任右卫将军、使持节、都督豫司二州诸军事、征虏将军、豫州刺史，统军抗击北魏。后征拜为侍中、中领军。

③沈攸之（?—478年）：南朝宋大臣，孝武帝时屡立战功，官至龙骧将军、武康令。前废帝时迁右军将军。明帝初又以平定晋安王刘子勋等功，封贞阳县公，迁郢州刺史，后移镇荆州。

后废帝刘昱

刘昱档案

生卒年	463—477 年	在位时间	472—477 年
父亲	明帝刘彧	谥号	无
母亲	陈妙登	庙号	无
后妃	皇后江简珪等	曾用年号	元徽

刘昱,字德融,小字慧震,宋明帝长子,南北朝时期南朝刘宋第七位皇帝。

刘彧称帝后将刘昱立为皇太子。泰豫元年,刘彧驾崩,刘昱继位,时年10岁,次年正月改元元徽。

元徽五年(477年),刘昱驾崩,终年15岁,史称后废帝,葬于苍梧王墓。

年幼无知 顽劣败业

泰始二年,年仅4岁的刘昱被立为太子,然而他天性顽劣,脾气暴躁,稍不如意便对左右拳打脚踢。泰豫元年,刘彧驾崩,刘昱继位。刘彧临终前为刘昱做了精心安排,将所有可能威胁皇位的宗室大臣全部除掉,并任命褚彦回、袁粲等为顾命大臣,辅佐朝政。然而,朝政大权实际上掌握在阮佃夫、杨运长、王道隆三人手中，褚彦回、袁粲等人只是名义上的辅政大臣。

刘昱继位第二年，他的叔父刘休范便在江州起兵叛乱，进逼建康。消息传到朝中，刘昱急忙命令刘勔、萧道成等前去镇压，最后刘休范兵败，本人及其党羽均被杀。

平定刘休范叛乱后，刘昱开始变得松懈起来，时常带着几个心腹到处游玩。陈太妃感到力不从心，无力管束，也就由着他了。到继位的第四年，刘昱已经到了无日不外出的地步。恰在这时，南徐州刺史、建平王刘景素起兵造反。刘景素是刘宏的长子，聪明好学，知书达理，深受朝中大臣的赞誉。一些大臣见刘昱如此顽劣，有意拥立刘景素为帝。不过，朝中也有相当一部分保守力量坚决反对，其中，以陈太妃为首的外戚们害怕自己的利益受到损害，而阮佃夫、杨运长也担心失去辅政的权力，两方势力便联合起来，力保刘昱的皇位。刘景素身边也聚集了一大批贤能人士，执意要与刘昱抗衡。元徽四年（476年）七月，刘景素在京口起兵，但很快便被朝廷平定，刘景素也被杀死。

杀人狂魔　引发众怒

先后出现的两次叛乱，并没有唤起刘昱的忧患意识，他反而更加顽劣。据说他每天早出晚归，命令随从带着长矛大棒，遇见行人或是家畜，只要稍不顺眼，便立即杖毙，弄得建康城内人人自危，商贩不敢上市，行人不敢出门。

刘昱如此残暴的行径，很快引起了大臣们的不满，阮佃夫等人秘密商议，准备废掉刘昱，另立皇帝。刘昱知道后，下令将阮佃夫等相关人员全部抓起来处死。不久又有人告发杜幼文、沈勃、孙超之与阮佃夫来往密切，可能是同谋。刘昱又带领卫士将这三人及其亲属全部抓起来，个个大卸八块，死状惨不忍睹。

刘昱的暴行让太后王贞风深感不满，于是经常以长辈的身份训诫刘昱，这引起刘昱的怨恨。元徽五年端午节，王太后将一把玉柄毛扇送给刘昱。刘昱不仅毫无感恩之心，还抱怨扇子不够华丽，并以此为借口让人准备毒药，想毒死王太后。随从见状急忙阻止，说如果太后死了，皇帝就不能外出游玩，必须在家守孝。刘昱听了这才作罢。

同年，刘昱又将剪除的目标定为萧道成。但是，萧道成手握重兵，又办事干练，政治经验丰富，很快就感觉到气氛异常。还没等到刘昱出手，他便派人将刘昱杀死。之后，萧道成以王太后的名义下懿旨，列举刘昱的种种罪状，将他废为苍梧郡王。

顺帝刘准

刘准档案

生卒年	469—481 年	在位时间	477—479 年
父亲	明帝刘彧	谥号	顺帝
母亲	陈法蓉	庙号	无
后妃	皇后谢梵境等	曾用年号	升明

刘准，字仲谋，小字知观，明帝刘彧第三子（一说是桂阳王刘休范之子），南北朝时期南朝刘宋最后一位皇帝。

元徽五年，萧道成发动政变，杀死刘昱，立刘准为帝，改元升明。

升明三年（479 年），萧道成再次发动政变，强迫刘准禅位，然后取而代之，刘准被贬为汝阴王。

南朝齐建元三年（481 年），刘准被杀于丹阳宫，年仅 13 岁，谥号顺帝，葬于遂宁陵。

幼年继位　受制于人

泰始七年（471 年），刘准被封为安成王，食邑 3000 户；后又拜抚军将军，配给佐史。刘昱继位后，封刘准为扬州刺史。元徽二年（474 年），刘准晋升为车骑将军，都督扬、南豫二州军事，依然担任刺史一职。元徽四年（476 年），刘准晋升为骠骑大将军、开府仪同三司，获赐班剑 30 人，照旧担任都督、刺史之职。

元徽五年，由于刘昱顽劣无能、杀人成性，萧道成与袁粲、褚彦回密议废掉刘昱，另立皇帝。越骑校尉王敬则得知消息后，主动投靠萧道成，并帮忙联络刘昱身边的侍从杨玉夫、杨万年一同起事。七夕这天，刘昱外出游玩，大醉而归，并让杨玉夫记得晚上叫他起来看织女渡河。杨玉夫趁刘昱睡熟以后，与杨万年一起来到龙榻边，用刀砍下刘昱的脑袋。萧道成随即以太后的名义诏告天下，列举刘昱种种罪状，并废其为苍梧郡王，然后迎接刘彧第三子刘准入京，即皇帝位，改元升明，大赦天下。

此时刘宋已经名存实亡，萧道成野心勃勃，掌握实权后便开始图谋刘宋江山，不仅对朝中大臣的权力严加限制，而且限制刘准的自由，禁止他随意走动。

萧道成如此霸道的行径很快引起了群臣的反对，他们纷纷起兵讨伐。首先起兵的是荆州刺史沈攸之，袁粲也在石头城起兵响应。尚书令刘秉、黄门侍郎刘述、冠军王蕴先后带兵来到石头城，与袁粲会合。然而，他们根本不是久经沙场的萧道成的对手，很快便被打败，袁粲、刘秉等人均被杀死。如此一来，朝中再也没有人敢提出异议，萧道成一手遮天。

加封权臣　葬送刘宋

升明二年（478 年）九月，刘准下诏加封萧道成为太傅、领扬州牧，准其佩剑入殿面君，拜帝王免其下跪，赞礼的人不称其姓名，直呼官职。次年三月，刘准又封萧道成为齐公，位在诸王之上。四月，刘准再次加封萧道成为齐王。但萧道成并不满足，最终逼迫刘准退位，下诏禅让，刘宋至此灭亡。

之后，萧道成将刘准降为汝阴王，迁居丹阳宫，派士兵严加监管。南朝齐建元三年的一天，有人从刘准的府门前骑马而过，监管士兵怀疑对方与刘准相互勾结,阴谋叛乱,于是闯入将刘准杀死,事后对外谎称刘准因病而死。对于萧道成来说,这刚好除了他的心头大患,所以他不仅没有深究,还对监管士兵予以封赏,此事也就不了了之。

刘准死后,萧道成以他顺天命人心禅位,特意加封谥号为顺帝。

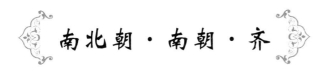

高帝萧道成

萧道成档案

生卒年	427—482 年	在位时间	479—482 年
父亲	宣皇帝萧承之	谥号	高皇帝
母亲	陈道正	庙号	太祖
后妃	刘智容等	曾用年号	建元

萧道成,字绍伯,小字斗将,祖籍东海郡兰陵县,出生于晋陵郡武进县,西汉丞相萧何二十四世孙,南北朝时期南齐的开国皇帝。

南朝宋武帝刘裕的继母为萧氏,萧道成的父亲萧承之因为这层关系,得以在朝中做官。后来,萧道成跟随父亲南征北战,战功赫赫,不断加官晋爵,曾被封为齐王。后来萧道成趁刘宋皇室混乱之际,夺取皇位,改国号为齐,建都建康。

建元四年(482 年),萧道成病逝,终年 56 岁,谥号高皇帝,庙号太祖,葬于泰安陵。

战功赫赫　忠心辅政

南朝宋元嘉四年（427年），萧道成出生于晋陵郡武进县，长大后外表英俊，风姿特异。13岁时，他曾拜名儒雷次宗①为师，在其学馆里接受教育，学习《左传》《礼经》等儒家经典，得以通晓经史，并逐渐养成了沉稳的性格。

萧道成早年跟随父亲南征北战，算是将门虎子，后来被任命为左军中兵参军。明帝刘彧继位后，加封他为右军将军，先后镇守会稽、淮阴。

南朝宋泰始二年，晋安王刘子勋在长史邓琬的指示下拒绝刘彧的封赏，起兵叛乱，争夺帝位。萧道成作战经验丰富，在全国部分州郡响应刘子勋、讨伐刘彧的形势下，他审时度势，反其道而行之，决定帮助刘彧消灭刘子勋。刘彧以山阴王刘休祐为豫州刺史，督辅国将军刘勔、宁朔将军吕安国等诸军，进攻拥护刘子勋的豫州刺史殷琰；又派巴陵王刘休若督建威将军沈怀明及尚书张永、辅国将军萧道成等诸军讨伐刘子房。叛乱很快被平定，萧道成因功升任南兖州刺史，成为刘彧一朝的重要将领。

刘彧统治末年，因为害怕宗室大臣会威胁儿子刘昱将来的帝位，于是将手足兄弟刘休祐、刘休仁、刘休若及权臣寿寂之全部杀死，之后又想除掉萧道成。

南朝宋泰始六年（470年），萧道成接到刘彧的命令，要他回京赴任，封黄门侍郎、越骑校尉。萧道成深知进京凶多吉少，但是，如果抗命，就会给刘彧找到杀掉自己的借口。就在萧道成犹豫不决之际，冠军参军荀伯玉建议他派人去骚扰北魏边境，从而使北魏士兵到边境巡逻，造成一种边境紧张的假象。萧道成依计而行，然后上奏刘彧说边境吃紧。刘彧不知是计，忙恢复萧道成的官职，让他继续镇守南兖州，萧道成由此躲过一场杀身之祸。

刘昱继位后，他的叔父桂阳王刘休范本以为可以凭借宗亲关系入朝为相，结果却未能如愿。刘休范气恼万分，于是从浔阳起兵叛乱，直逼建康。萧道成主动请命出战，被封为平南将军。萧道成率兵抵达新亭迎敌，经过几场激烈的战斗，成功诛杀刘休范，接着又解台城之围，彻底平定了叛乱。事后，萧道成被晋升为公爵、中领军将军，掌管禁卫军，督五州军事，与袁粲、褚彦回、刘秉并称"四贵"。

废除暴君　大权在握

自平定刘休范以后，萧道成的权力越来越大，引起了刘昱的猜疑。据说有一天，刘昱不打招呼，径直来到萧道成府中，走进他的卧房，见萧道成正在午睡，于是用手拍醒萧道成，拿笔在他肚子上画箭靶，让他站在墙边，准备用箭射他。萧道成见状，急忙问道："老臣无罪，陛下为何要射杀老臣？"左右侍从也赶紧过来劝阻："萧将军的肚皮确实是一个好靶子，但是，陛下如果今天把他射死，日后就没有什么好玩的了。不如陛下用假箭代替，既练习了箭法，又不至于伤了靶子。"刘昱听了，遂取来假箭，一箭射中靶心。后来又有几次，萧道成都险些成为刘昱的刀下亡魂。

经过几次类似的事情后，萧道成内心越发恐惧，经常有大祸临头的不祥预感。他不甘坐以待毙，便暗中联系袁粲等人，秘密商议废掉刘昱。此事得到了越骑校尉王敬则的大力协助，他联络刘昱身边的侍从杨玉夫、杨万年等人，于南朝宋元徽五年七夕之夜闯入宫中，将酒醉昏睡的刘昱杀死。之后，他们又假传遗诏，召袁粲、褚彦回、刘秉等大臣入宫议事。在王敬则的威逼下，褚彦回将朝政大权交给萧道成，袁粲、刘秉也被架空。从此，萧道成大权独揽，成为刘宋的实际统治者。当天，萧道成以太后的名义下懿旨，列举刘昱的种种罪状，废其为苍梧郡王，并立年仅11岁的安成王刘准为帝。萧道成则出任镇东府，任司空、录尚书事、骠骑大将军，总揽军政大权。

荆州刺史沈攸之对于萧道成独揽朝政感到不满，于是发兵征讨萧道成。袁粲、刘秉也联合领军将军刘韫、卜伯兴，扬言要征讨萧道成。萧道成听到消息后，秘密派王敬则杀掉刘韫和卜伯兴，然后又派兵在石头城迎击袁粲，最终将袁粲、刘秉杀死。最后，萧道成封黄回为平西将军，率领重兵迎击沈攸之。经过一个多月的激战，沈攸之大败，自杀而死。

平定了沈攸之叛乱，萧道成又找借口除掉了掌握重兵的黄回，从而扫清了自己取代刘宋的所有障碍。

受禅登位　宽政尚俭

南朝宋升明三年三月，萧道成被封为相国。不久，刘准在众臣的逼迫下昭告天下，将帝位禅让给萧道成。萧道成在南郊举行了隆重的登基仪式，改国号为齐，年号建元。

萧道成登位后，一改刘宋的暴政，宽厚待人，提倡节俭，对于稳定社会起到了非常积极的作用。为了进一步稳定基业，萧道成广泛采纳文武百官的意见，让大臣们参与议政，下令减免百姓租税和旧债，限制皇族营建私邸，又设立校籍官，以宋元嘉二十七年版籍为准整理户籍。萧道成沿用宋时旧制，监督地方行政工作。同时，他以身作则，令行禁止，尤其在节俭方面做出了很好的表率。他将皇帝身上佩戴的装饰品全部去掉，并销毁了一些助长奢靡之风的物件。

除了自己身体力行外，他还告诫自己的儿女们，要他们相亲相爱，同心同德，千万不要走刘宋的老路。建元四年二月，萧道成身染重病，特意把儿女们叫到床前，叮嘱道："如果不是宋氏骨肉相残，我们也不可能取而代之，你们一定要牢记这血的教训！"三月八日，萧道成在临光殿病逝。

注释：

①雷次宗（386—448年）：南朝宋学官，通"三礼"、《毛诗》，隐居不仕，曾两次被文帝刘义隆请到京城讲授儒学。以他为首主张的分科教学，对隋唐时期专科教育的发展有直接影响，是后代分科大学的开端。

武帝萧赜

萧赜档案

生卒年	440—493 年	在位时间	482—493 年
父亲	高帝萧道成	谥号	武皇帝
母亲	刘智容	庙号	世祖
后妃	裴惠昭、霍碧玉等	曾用年号	永明

萧赜（zé），字宣远，小名龙儿，齐高帝萧道成的长子，南北朝时期南齐第二位皇帝。

萧赜最初担任过寻阳国（刘子房）侍郎、江州西曹书佐、赣县县令等职，后来在平定刘子勋的作战中立下大功。萧道成掌握大权后，萧赜被封为镇西长史、江夏内史、行郢州事。沈攸之起兵叛乱时，朝廷内部危机四伏，萧道成顾此失彼，一时腾不出手来对付沈攸之，萧赜没等朝廷下令，便率兵占据守长江上的湓口，以阻止沈攸之东下。

建元元年（479 年），萧赜被立为太子。建元四年，高帝萧道成驾崩，萧赜继位，时年 43 岁，改元永明。

永明十一年（493 年），萧赜驾崩，终年 54 岁，谥号武皇帝，庙号世祖，葬于景安陵。

随父征战　继承帝位

据说，萧赜出生的那天夜里，他的祖母陈氏和生母刘氏同时梦到一条龙盘踞于房梁之上，可谓大富大贵之兆，故为他取小名"龙儿"。萧赜也从小把自己视为匡扶天下之才，跟随父亲征战天下，屡立战功。

明帝刘彧继位后，江州刺史、晋安王刘子勋起兵造反，这时萧赜正担任赣县县令。赣县受南康郡管辖，而南康郡又归荆州，因此赣县就成了动乱的中心地区。南康相沈肃之多次命令萧赜起兵响应刘子勋，但萧赜坚决反对，因此还被沈肃之关进了牢房。后来在族人萧欣祖、门客桓康的大力协助下，萧赜越狱逃跑。沈肃之得到消息后，率领100多人追赶，结果被萧赜打败，沈肃之被俘虏。之后，萧赜带领百十人响应朝廷的命令，先后打败刘子勋手下将领程超、张宗之、戴凯之、谈秀之等人，攻占南康郡。叛乱平定之后，萧赜被提升为宁朔将军、广兴相。

刘昱继位后，其叔父刘休范在江州起兵叛乱，于南朝宋元徽二年率军从江州顺流而下，直逼建康，途中遭到萧道成、萧赜父子的顽强抵抗，最终失败。因为平叛有功，萧赜被封为司徒右长史、黄门郎。

随着萧道成的权力越来越大，萧赜的官位也越做越高。南朝宋元徽四年，刘昱封萧道成为晋熙王镇西长史、江夏内史、行郢州事。南朝宋元徽五年，萧赜又被顺帝刘准封为晋熙王左卫将军。同年，沈攸之起兵讨伐萧道成，萧赜不等朝廷下令便率兵攻占湓口城，阻止叛军向下游前进。消息传来后，萧道成大喜道："萧赜真是我的好儿子！"叛乱平定后，萧赜因功被封为散骑常侍，都督江州、豫州之新蔡、晋熙二郡之军事，征虏将军，江州刺史等多个要职。

南朝宋升明三年，顺帝刘准册封萧道成为齐公，加九锡；萧赜也被立为齐公世子，改加侍中、南豫州刺史，以石头城为世子宫，允许设置左右卫率以下属官，坊省服章一如东宫。萧道成称帝后，萧赜又被立为太子。

诛杀遗臣　亲信小人

萧赜继位后，不敢忘记父亲萧道成的叮嘱，吸取刘宋灭亡的教训，将骨肉亲情的关系处理得非常好。萧赜有一个弟弟名叫萧嶷，两人从小亲密无间。有段时间，萧道成曾打算废掉萧赜，改立萧嶷为太子。但是，萧嶷并没有夺权的野心，对萧赜仍然十分恭敬。萧赜继位后，对这位弟弟充满了感激之情，关系也更加亲密。按照规定，大臣面君必须衣冠齐整，但萧赜却特许萧嶷参加内宫曲宴时可以穿白服裙帽。

对待宗室皇族，萧赜也堪称表率。不过，他对朝中大臣的度量则要小得多。他当皇帝的时候已经40多岁，之前当过多年的地方官，又从小跟随父亲行军打仗，身经百战，可谓文武双全。所以，他在执政方面有着自己独到的见解和行为准则，不愿受制于那些自以为劳苦功高的大臣。

萧道成在位时，先朝遗老荀伯玉曾经参本揭发萧赜纵容亲信张景真为非作歹，萧道成非常气愤，乘萧赜外出祭拜皇陵，派人闯进东宫将张景真杀死，又准备向萧赜追责，幸亏不少大臣帮忙求情，萧赜才逃过一劫。事后，萧赜听说是荀伯玉告发了自己，从此记恨在心。萧道成临终前，还特意嘱咐萧赜说："此人（荀伯玉）忠心耿耿，我死后必然会有人出来说他的坏话，你千万不可相信。"萧赜表面上点头答应，心中却在寻思如何杀掉荀伯玉。

荀伯玉与骁骑将军垣崇祖关系密切，萧赜担心他们相互勾结，威胁自己的地位，决定将他们一同清除。不过，萧赜没有急着动手，而是不断对他们封官加爵，将荀伯玉的官职一直晋升到散骑常侍，垣崇祖则提升到五兵尚书。永明元年（483年）四月，萧赜突然以二人勾结江北蛮人为借口，下令将他们处死。

杀了荀伯玉和垣崇祖，萧赜又将目光转向大臣张敬儿。张敬儿曾经帮助萧道成平定刘休范叛乱，立过大功。张敬儿信梦，据说只要他的妻子梦见自己身上发热，他必然会发迹，不是升官就是受到朝廷重赏。因此，张敬儿经常向人炫耀吹嘘。有一天，他又向人炫耀说妻子梦到家乡有一棵树长到天顶了。这话被太监们添油加醋地告诉了萧赜，萧赜顿生疑心。不久，萧赜又听说张敬儿与蛮人有交易往来，于是对他猜忌更重，下令逮捕张敬儿，连同他的4个儿子全部诛杀。

当然，萧赜对前朝重臣并非全都如此，他对袁粲、沈攸之、刘秉便表现得宽宏大度。当初三人因征讨萧道成而被杀或自尽，但是，因为他们是以维护当朝统治为目的，所以受到人们的同情。萧赜很好地利用了他们这种忠君思想，于永明元年四月下诏为袁粲、沈攸之、刘秉等人平反，并允许以礼厚葬。

总的来说，萧赜在用人方面做得不怎么好，重用的几乎都是溜须拍马的小人，如吏部尚书王晏，中书通事舍人①茹法亮、吕文显，外监②吕文度等人，营私舞弊，为所欲为，无法无天，遭到人们的痛恨，但却受到萧赜的宠信。

镇压起义　临终醒悟

萧赜刚继位时，继续推行萧道成在位时的政策，恢复禄田俸侠，劝课农桑，减免赋税，遣返军中囚徒，赈济贫穷，从宽执法；在外交方面与北魏和好，边境安定；在个人生活方面，反对铺张浪费，提倡节俭，曾下令在举办红白事时禁止奢侈；在文化教育方面，注重办学，修建孔庙，尊重文人。由于这些有力的措施，南齐的社会经济与文化得到了较快的发展。萧赜所统治的"永明"时代也成为南北朝时期第二个"中兴"时代。

但是，因为萧赜重用小人，致使朝政出现了严重问题，行贿受贿之风日渐盛行，社会矛盾激化。而清理户籍的工作虽然有效地增加了国家的赋税收入，但是校籍工作也弊端百出，校籍官大肆受贿，将许多贫民诬为户籍诈伪而"却籍"（即从户籍中剔除）。朝廷又规定将伪冒户籍的人统统发配到边疆，从而导致许多民众逃亡。这时，有个名叫唐寓之的人伺机而动，将这些逃亡的人聚集起来，发动了反对校籍的起义，很快便集结了3万多人，先后攻占多座郡城。

萧赜接到告急文书后，急忙派人前去镇压，起义军战败，唐寓之也被斩首，但是，老百姓的反抗斗争并没有就此停止。为了缓和社会矛盾，萧赜于永明八年下诏终止校籍工作，恢复宋末以前的户籍登记原状，对于伪冒的户籍不再追究责任。

到了晚年，萧赜开始慎重考虑继位人选的问题。他刚继位时曾立长子萧长懋为太子。为了培养萧长懋，萧赜特意让他下基层慰劳将士，与将士们接触。但是，他很快便失望地发现，萧长懋胆大妄为，居然将东宫建设得比皇帝的宫殿还要宏伟壮观，并且私造了皇帝专属的御驾马车。萧赜非常恼怒，将萧长懋狠狠地训斥了一顿，没想到萧长懋经此一吓，竟然病倒了，不久便不治身亡。萧赜为此伤心欲绝，特许萧长懋穿衮冕之服入葬，并加谥"文惠"。

萧长懋去世后，朝中大臣都认为应该立竟陵王萧子良为太子。萧子良是萧赜次子，多年来一直担任尚书令，对于朝政大事非常熟悉。出人意料的是，永明十一年（493年），萧赜经过慎重考虑，竟然立萧长懋之子萧昭业为皇太孙，并将原来东宫的文武官员全部改为皇太孙官属。

同年七月，萧赜病逝，诏命皇太孙萧昭业继位，临终前下令百官尽力辅佐皇太孙，自己的葬礼从简。

注释：

①中书通事舍人：官名。魏晋时于中书省内置中书通事舍人，掌传宣诏命。南朝沿置，至梁，除"通事"二字，称中书舍人，任起草诏令之职，参与机密，权力日重。

②外监：官名。南朝宋称外监，齐以后制局监、外监互称。领器仗兵役。凡征兵兴役，调动军队皆决于制局监，实际权力在领军将军之上。属官有典事。但官秩卑微，多由被恩幸之寒人充任。

郁林王萧昭业

萧昭业档案

生卒年	473—494 年	在位时间	493—494 年
父亲	文惠太子萧长懋	谥号	无
母亲	王宝明	庙号	无
后妃	何婧英等	曾用年号	隆昌

萧昭业,字元尚,小字法身,齐武帝萧赜之孙,文惠太子萧长懋长子,南北朝时期南齐第三位皇帝。

萧赜继位后,年仅10岁的萧昭业被封为南郡王,食邑2000户。永明十一年,因父亲萧长懋去世,萧昭业被立为皇太孙。同年七月,萧赜去世,萧昭业继位,改元隆昌。

隆昌元年(494年),萧昭业在尚书令萧鸾发动的政变中被杀,在位仅1年,终年22岁,葬处不明。

继位为帝　顽劣不改

萧长懋被立为太子后,萧昭业也被封为南郡王,食邑2000户。永明十一年,萧赜病重,萧昭业被封为皇太孙。按理说他的父亲萧长懋去世之后,皇位接班人应该是萧赜次子萧子良。萧子良自刘宋末便步入政坛，经受了军事、政治的种种历练，从政经验丰富。萧赜当上皇帝后，萧子良任尚书令，一直是萧赜的得力助手。但是，萧赜因为萧子良与文惠太子萧长懋一向关系密切，但却没有将东宫奢靡越位之事告知自己，心里十分气恼，最终选择让萧昭业继承皇位。

永明十一年，萧赜驾崩，中书郎王融^①等人依然有意拥立萧子良为帝，但是遭到西昌侯萧鸾的反对，萧鸾坚持按照先帝遗诏，立萧昭业为帝。萧昭业继位后，为了培植自己的势力，假传遗诏，封武陵王萧晔为卫将军、西昌侯萧鸾为尚书令、太孙詹事沈文季为护军。

萧昭业继位时已经成年，但依然不改顽劣的本性。他在祖父萧赜的葬礼上表现得悲痛欲绝，但一回到宫中，他便破涕为笑，还让人奏乐跳舞，庆贺自己继位。

萧昭业还经常带着后宫嫔妃到主衣库中，让嫔妃们拿着珍宝相互投击，珍宝摔烂了也毫不在乎。萧赜去世的时候，国库存财甚多，另有金银布帛不计其数。而萧昭业挥金如土，为了一只斗鸡便花去数千金，一高兴就对下属大加赏赐，出手就是十几万甚至上百万两，毫不吝惜。如此过了一年，国库被他挥霍一空。

诛杀大臣　祸及自身

萧昭业不仅挥霍无度，心胸也很狭窄。他刚刚继位就逮捕了曾经拥护萧子良为帝的中书郎王融，然后让中丞孔稚珪捏造王融的罪名，将其处死。

王融之死使萧子良产生了很大的心理阴影。本来他和萧鸾一起被萧赜任命为辅政大臣，现在看到这种情况，他有了大祸临头的恐惧感，从此深居简出，不敢多问朝政。萧鸾趁机独揽大权，培植自己的势力。萧昭业对萧鸾十分忌惮，想要除掉他，于是找来尚书右仆射、鄱阳王萧锵商议此事，但遭到拒绝，只好暂时作罢。不久，萧昭业宠信的宦官徐龙驹因为专权干政而被杀；接着，萧昭业宠信的直阁将军周奉叔也被萧鸾除掉。萧昭业为此十分气愤，与萧鸾的矛盾日益加深。

隆昌元年四月，萧子良病逝，萧昭业如释重负，认为最后一个心腹之患就是萧鸾。他与中书令何胤商量此事，但何胤惧怕萧鸾，不敢参与此事，萧昭业只得再次作罢，不过他仍不死心，又想出一计，让萧鸾外出镇守西州。殊不知，萧鸾早已对萧昭业心存不满，有意废掉他，并且做好了准备。他先以谋反罪名将萧昭业宠信的綦毋珍之、杜文谦等人杀掉，随后将萧谌安排在萧昭业身边作为内应。

同年七月，萧鸾发动政变，先派萧谌、萧坦之带兵闯入宫中，杀死萧昭业的亲信、直阁将军曹道刚和朱隆之。之后，萧鸾亲自率兵入宫，直扑萧昭业所在的寿昌殿。萧昭业仓皇逃到徐姬房内，想要拔剑自杀，被徐姬拉住。过了一会儿，萧谌闯进来，杀死萧昭业。

萧昭业死后，萧鸾以太后的名义废其为鬱林王。

注释：

①王融（467—493年）：南朝齐文学家，少时曾上书齐武帝求自试，任中书郎；竟陵王萧子良以为宁朔将军、军主。后下狱赐死。其文颇多陈述政见之作，主张"上智利民，不述于礼，大贤强国，罔图惟旧"。

海陵王萧昭文

萧昭文档案

生卒年	480—494年	在位时间	494年七月至十月
父亲	文惠太子萧长懋	谥号	恭王
母亲	许氏	庙号	无
后妃	王昭明等	曾用年号	延兴

萧昭文，字季尚，南兰陵人，齐武帝萧赜之孙，文惠太子萧长懋次子，郁林王萧昭业异母弟，南北朝时期南齐第四位皇帝。

萧昭文先被封为临汝公，后改封新安王，历任辅国将军、济阳太守、南豫州刺史、中军将军、扬州刺史等职。隆昌元年七月，萧昭业在政变中被杀死，萧昭文被拥立为帝，改元延兴。

萧鸾只当了几十天的皇帝，便被萧鸾废为海陵王，不久又被萧鸾杀死，终年15岁，谥号恭王。

短命皇帝　匆匆过客

永明四年（486年）闰正月，萧昭文被封为临汝公，食邑1500户，担任辅国将军、济阳太守。永明十年（492年），萧昭文被封为使持节，督南豫州诸军事、南豫州刺史、辅国将军。永明十一年，他被晋封为冠军将军，因父亲萧长懋去世而回到都城建康。这年七月，他的祖父萧赜去世，兄长萧昭业继位，他被封为中军将军、新安王，食邑2000户。

隆昌元年，15岁的萧昭文又被任命为使持节，都督扬、南徐二州诸军事，扬州刺史，辅国将军，因为年幼，由僚佐帮助处理政务。同年，西昌侯萧鸾发动政变，杀了萧昭业，然后将萧昭文扶上皇帝宝座。萧鸾升任太傅，领大将军、扬州牧，加封宣城王，享受特殊礼遇。

由于萧鸾把持朝政大权，萧昭文在位期间形同傀儡，一切行动包括衣食住行都得向萧鸾禀报，没有任何自由。据说有一次，萧昭文想吃蒸鱼，因为得不到萧鸾的许可，便遭到太官令的拒绝。

被逼退位　惨遭毒杀

延兴元年（494年）十月，萧昭文在当了几个月的皇帝后，便在萧鸾的逼迫下禅让退位，被贬为海陵王。萧鸾下诏，依据汉朝东海恭王的先例，给予萧昭文优厚待遇，予以虎贲、旄头、画轮车等出行用品。十一月，萧鸾谎称萧昭文有病，频繁派御医前去探病，趁机下毒将他害死。

萧昭文去世后，萧鸾仍然依照汉朝东海恭王的先例，以帝王的规格为他举行了葬礼。

明帝萧鸾

萧鸾档案

生卒年	452—498 年	在位时间	494—498 年
父亲	始安贞王萧道生	谥号	明皇帝
母亲	不详	庙号	高宗
后妃	刘惠瑞等	曾用年号	建武、永泰

萧鸾，字景栖，小名玄度，齐高帝萧道成之侄，始安贞王萧道生之子，南北朝时期南齐第五位皇帝。

隆昌元年，萧鸾废杀萧昭业，改立其弟萧昭文为帝。但仅仅过了几个月，萧鸾又将萧昭文废为海陵王，自立为帝。

萧鸾在位期间，深居简出，崇尚节俭，下令各地停止向朝廷进献。但他在位晚年迷信鬼神之说，过于尊崇道教与厌胜之术，下令将所有服装都改为红色。

永泰元年（498 年），萧鸾病逝，终年 47 岁，谥号明皇帝，庙号高宗，葬于兴安陵。

忘恩负义　残杀宗亲

萧鸾幼年丧父，由高帝萧道成抚养长大。他为人低调，提倡节俭，不喜张扬。当时王公大臣上朝或者出游都竞相攀比，乘坐豪华车辆，前呼后拥。但是，萧鸾一直都是一辆朴素的马车，人们都看不出他是西昌侯。他的堂兄、武帝萧赜也因此非常喜欢他，屡次提升他的官职。永明元年，萧鸾被封为侍中、骁骑将军，之后又改封散骑常侍、左卫将军；次年又改封征虏将军、吴兴太守；永明四年，升为中领军。

萧赜晚年大肆屠杀宗室贵族，唯独对萧鸾没有半点怀疑，临终前还嘱托他与竟陵王萧子良共同辅政。萧赜驾崩后，中书郎王融有意废掉萧昭业，改立萧子良为帝。萧昭业束手无策，这时多亏萧鸾坚决反对，王融才没有得逞，萧昭业因此对萧鸾万分感激，从此将朝政大事完全交给他，自己则尽情享乐。而萧子良因为受到猜忌，为保全性命，不再参与朝政，大权遂落入萧鸾一人之手。

萧昭业虽然天天玩乐，却也颇有心计，他见萧鸾的权力越来越大，已经对自己的皇位造成很大的威胁，便想除掉萧鸾。但萧鸾抢先下手，接连杀掉了萧昭业的几个亲信，然后将自己的亲信安插在萧昭业身边。隆昌元年七月，萧鸾命萧谌等人带兵闯入宫中，杀死萧昭业的亲信曹道刚、朱隆之，之后又亲自带兵闯入云龙门，径直来到寿昌殿，看到萧昭业已经被萧谌杀死，这才放下心来。第二天，萧鸾以太后的名义昭告天下，废黜萧昭业，改立萧昭文为帝。

萧昭业被废的消息传出后，大臣萧锵唯恐萧鸾再次废掉萧昭文，于是多次到萧鸾处探听消息。萧鸾城府很深，每次都对萧锵毕恭毕敬。两人倾心交谈国事、家事，萧鸾声泪俱下，信誓旦旦地向萧锵做了保证。萧锵信以为真，遂放下心来。

当时朝中很多大臣都希望萧锵能够带兵入朝，取代萧鸾。萧锵也有这种打算，便找到随郡王萧子隆商议此事。萧子隆犹豫不决，最后不了了之。这事很快传到了萧鸾耳中，他决定先发制人，于夜里派兵闯入萧锵和萧子隆府中，将二人杀掉，家产充公。

萧赜第七子萧子懋时任江州刺史、晋安王，得知兄长被杀，十分愤怒，为了替兄报仇，他决定起兵攻打京师，杀死萧鸾。萧鸾急忙派中护军王玄邈带兵征讨萧子懋，又加派裴叔业、于瑶之进攻浔阳。不久，裴叔业攻破湓城。萧子懋坚守浔阳，于遥之的兄长于琳之是萧子懋的中将参军，已暗中被于遥之收买，他欺骗萧子懋说，如果用重金贿赂裴叔业便可使其退兵。萧子懋信以为真，便派于琳之与裴叔业联络。于琳之来到裴叔业军营中，向他报告了城中的军力部署情况，并表示愿意配合杀掉萧子懋。裴叔业遂派400名将士跟随于琳之进城。进城以后，于琳之率领200人闯入萧子懋的住处，将其杀死。

平定了萧子懋的叛乱，萧鸾为了消除后患，对诸王大开杀戒，先派平西将军王广之杀死武帝萧赜第五子、安陆王萧子敬；接着又派徐玄庆去江陵杀害文惠太子萧长懋第三子萧昭秀，但因西中郎长史何昌寓阻拦而未能得逞。萧鸾还派裴叔业杀死高帝萧道成第十五子萧锐，以及郢州刺史萧钰。

在短短的时间内，萧鸾又杀死了高帝萧道成另外几个儿子萧铄、萧峰以及武帝萧赜的儿子萧子真、萧子伦，扫清了废帝自立的所有障碍。

篡位登基　大肆屠戮

隆昌元年十月，萧鸾以太后的名义诏令全国，废掉萧昭文，自立为帝，改元建武。为了使自己的帝位来得名正言顺，萧鸾假称自己是高帝萧道成第三子，追尊逝去的生父萧道生为景皇帝，母亲为懿后。

萧鸾向来不讲究奢华，登位以后更是提倡节俭，下令将武帝萧赜兴建的新林苑拆除，将所占土地全部分给老百姓；又将文惠太子萧长懋所圈的太子东田转卖民间，对于皇帝专用的车马舟船上的贵重饰品也全部拆下来存入仓库。

因为不是名正言顺地继承大统，萧鸾心中充满了猜忌。为了保证自己的人身安全，他一直深居简出，不轻易出去打猎游玩。就算偶尔出去一次，他也隐瞒行踪，让人找不到他。为了防止有人夺走自己得来不易的帝位，他对具有威胁性的皇室贵族、朝中大臣毫不客气，将他们一一杀掉。建武二年（495年），他首先赐死了为自己夺取帝位立下汗马功劳的萧谌，还杀死了萧谌的兄弟萧诞等，而后又赐死萧子明、萧子罕、萧子贞等。建武四年（497年），他又诛杀了尚书王晏及其弟王诩一家。

建武五年（498年），萧鸾病重，为了祈福，于四月改年号为永泰。然而天不遂人愿，一场叛乱很快便爆发了——大司马、会稽太守王敬则打着拥立南康王萧子恪的名义起兵。萧鸾得知消息后，立即将王敬则留在京城的几个儿子全部杀掉，然后派兵前去镇压。

这时，萧鸾之侄萧遥光建议斩草除根，干脆将高帝、武帝的儿孙一并杀掉。萧鸾接受建议，下令将京城的王侯全部召入宫中，就连褓褓中的婴儿也不放过，然后让太医煮了一锅毒汤，又准备了十几副棺材，只待三更一到，就将他们全部毒死。关键时刻，身在外地的南康王萧子恪赶回京城，萧鸾见萧子恪并没有参与叛乱，终于放下心来。第二天，在大臣们的劝说下，萧鸾又将众人放走了。

因为王敬则是三朝遗老，威望极高，进军途中得到人们的积极响应，声势浩大。可惜其中有很大一部分是农民，战斗力很弱，所以很快便被官兵镇压，王敬则被杀。萧鸾采纳晋陵太守王瞻的建议，对于跟随王敬则造反的民众不予追究，避免了一场血腥屠杀。

然而好景不长，萧鸾又一次病重，他自知时日无多，便召来太子萧宝卷安排后事，叮嘱道："凡做事不可在人之后。"七月三十日，萧鸾病逝。

东昏侯萧宝卷

萧宝卷档案

生卒年	483—501 年	在位时间	498—501 年
父亲	明帝萧鸾	谥号	炀帝
母亲	刘惠瑞	庙号	无
后妃	褚皇后、潘贵妃	曾用年号	永元

萧宝卷,字智藏,齐明帝萧鸾次子,南北朝时期南齐第六位皇帝。

萧宝卷性格内向,不喜读书,因长兄萧宝义身有残疾,于建武元年被立为太子。建武五年七月,萧鸾驾崩,萧宝卷继位,时年16岁,改元永元。

萧宝卷登基后,先后杀掉了6位辅政大臣,肃清朝野,然后亲政。他在位期间,平定了大将陈显达①和崔慧景②的叛乱,但因裴叔业降魏,致使南齐丢掉了南豫州。这时,萧衍盘踞雍州,萧宝卷多次想要除掉他,但都没有成功。永元三年(501年)初,萧衍在襄阳起兵。

同年十月,萧宝卷被宦官杀死,年仅19岁,谥号炀帝。

顽劣皇帝　荒废朝政

萧宝卷是萧鸾次子,因为兄长萧宝义自幼残废,所以他才得到父亲的宠爱。郁林王萧昭业在位时，萧鸾辅政，大权在握，特意为儿子改名宝卷。建武五年，萧鸾病逝，萧宝卷继位。

萧宝卷从小不喜欢读书，整天只知道嬉闹，还有一个特殊的癖好，即逮老鼠。他整天和一班宦官近侍在宫中挖洞逮老鼠，一玩就是一整天。他也很喜欢骑马，经常和左右侍从在宫中以骑马为乐。因自幼口吃，他不愿与朝中大臣接触，疏于政务，而且不懂礼仪。在萧鸾的葬礼上，大臣们都劝他下跪哭灵，他却说嗓子痛没办法哭。太中大夫羊阐到灵堂吊唁，因为哭得十分悲痛，磕头时帽子滚落，露出光秃秃的脑袋。萧宝卷看见后突然放肆地大笑起来，说道："秃鹫也来哭丧了！"

萧宝卷特别热衷于杂技，几乎把全部精力都放在了钻研杂技上，通过收集、整理、钻研一些旧的杂技节目，创作出了许多新的节目。有时他还亲自上阵为大家表演一番，并特意为自己设计了演出服装。他力大如牛，能将一个七丈五尺长的白虎幢扛在肩上，任凭上面的演员随意滚动，他仍安然无恙。

正是这种顽劣的本性，导致案几上的奏折堆积如山，多亏有萧坦之、萧遥光、徐孝嗣、江祐、江祀、刘暄这几位辅政大臣辅佐朝政，才勉强稳住局面。这六人合称"六贵"，其中，江祐、江祀兄弟的姑姑是萧鸾的母亲，所以深受萧鸾信任。而他们也非常忠心，常常劝告皇帝以国事为重，因此被萧宝卷怀恨在心。

不务正业　祸国殃民

对于大臣们的劝阻，萧宝卷非但不听，反而越来越贪玩。他动辄大兴土木，修建亭台楼阁，劳民伤财，不仅为贪官污吏创造了敛财的机会，更害得许多平民百姓家破人亡、妻离子散。以江祐为首的大臣见萧宝卷不听劝谏，非常失望，决定废旧立新，拥立明帝萧鸾第三子萧宝玄为帝。江祐与萧宝卷的舅父刘暄商量此事，刘暄提出应该由建安王萧宝夤（yín）继位。二人意见不合，江祏无奈，又去找萧遥光，而萧遥光却想自己当皇帝。江祏又去与弟弟江祀商量，江祀认为再立年幼的皇帝说不准还会出什么乱子，不如立萧遥光为帝。刘暄不愿失去手中的权力，坚决反对立萧遥光为帝。萧遥光知道后，派人去刺杀刘暄，但刘暄府中戒备森严，刺客无法得手，只得作罢。

刘暄得知萧遥光有意加害自己，便向萧宝卷告发了江氏兄弟伙同萧遥光阴谋篡权之事。萧宝卷立即派人去捉拿江祏、江祀，并将他们处死。不久，萧遥光宣布起兵，但很快便被萧坦之平定。萧坦之因此受封为尚书右仆射、丹阳尹，但是，因为他心狠手辣，手下人都非常忌惮他，所以经常在萧宝卷面前说他的坏话。萧宝卷不辨是非，结果，萧坦之刚当尚书右仆射20多天便被杀掉。

杀了萧坦之，奸臣茹法珍、梅虫儿又在萧宝卷面前大进谗言，蛊惑他杀掉了辅政"六贵"中仅存的刘暄、徐孝嗣二人。自此以后，萧宝卷像是突然尝到了杀人的乐趣，令满朝文武人人自危。为了保命，文官请辞，武官造反，朝野一片混乱，大齐江山摇摇欲坠。

永元元年（499年）十一月，陈显达在江州率先举兵，他致信朝中重臣，历数萧宝卷种种罪状，宣称要拥立建安王萧宝夤为帝。萧宝卷封护国将军崔慧景为平南将军，率兵征讨陈显达，经过多次激烈的战斗，陈显达兵败身亡。

这以后，萧宝卷更加肆无忌惮、疏于朝政，每个月都要出游20多次，而且场面浩大，沿途各家都必须清理人口，只准留下一座空宅。老百姓只要一听到鼓乐响，必须立即逃离家园，如果稍慢一点，被萧宝卷遇上，就会被当场处死。老百姓被萧宝卷弄得苦不堪言，田地荒芜，有家不能归，甚至死了人也无法埋葬，只能弃尸荒野。萧宝卷还在郊外大兴土木，广征田地，建设射雉场296处，每天在里面骑马奔跑，耀武扬威。

萧宝卷不仅贪玩，而且不辨是非，亲小人、远君子。他被自己宠信的小宦官王宝孙哄得团团转，甚至让王宝孙参与朝政。王宝孙肆意诬蔑大臣，为所欲为，以至于公卿大臣们见了他都要恭恭敬敬，倍加小心。

众叛亲离　群起攻之

在后宫中，萧宝卷最宠爱的是潘贵妃，对她几乎是有求必应。潘贵妃名叫潘玉儿，艺伎出身，原姓俞，萧宝卷为她赐姓潘。潘贵妃生得美艳动人，妖冶风流，更有一双美足，柔若无骨，不盈一握，令萧宝卷非常迷恋。为了讨得潘贵妃的欢心，萧宝卷命人将金子做成莲花的形状放在地上，让潘贵妃在上面行走，美其名曰"步步生莲"。潘贵妃的父亲潘宝庆被他称为"阿丈"。潘宝庆仗势欺人，到处诬陷、讹诈商人，强取豪夺他人田产家宅，草菅人命，可谓丧尽天良。

在萧宝卷治下，朝臣人人自危，百姓苦不堪言，社会动荡不安，一场危机也在悄悄地酝酿之中。

永元二年（500年），晋冀州刺史裴叔业担心被萧宝卷杀害，率军投降了北魏。萧宝卷派平西将军崔慧景前去征讨，然而，当大军抵达广陵以外数十里的地方时，崔慧景突然召集手下将士，以当今皇帝萧宝卷昏庸无能为由，倒戈相向，迎江夏王萧宝玄为帝，然后率兵渡过长江，进逼建康。萧宝卷惊慌失措，急忙派兵前去阻挡，但他们根本不是崔慧景的对手，被杀得溃不成军。萧宝卷下令紧闭城门，不敢再出战。

当年为了躲避杀身之祸而隐居民间的巴陵王萧昭胄、永新侯萧昭颖兄弟见崔慧景将建康城团团围住，胜利指日可待，也适时地站了出来，投奔崔慧景。崔慧景本打算拥立江夏王萧宝玄为帝，但是考虑到萧昭胄是武帝萧赜之孙，觉得拥立他比萧宝玄更加名正言顺，便想改变主意，只是一时难以决断。由于进军十分顺利，崔慧景觉得建康城唾手可得，开始骄傲自大、不思进取，天天和客人谈佛论教。

萧宝卷抓住这个难得的反击机会，诏令豫州刺史萧懿率兵支援建康。萧懿得到圣旨后不敢怠慢，率领数千将士到达台城③外，与台城内的军队里应外合，杀了崔慧景和萧宝玄，终于平息了叛乱。事后，萧懿因功被封为尚书令。

诛杀功臣　自取灭亡

经过此般劫难，萧宝卷仍然执迷不悟，不改顽劣本性，而且依然残忍好杀。永元二年（500年）十月，萧宝卷再次听信谗言，派人毒杀了平定崔慧景叛乱的最大功臣萧懿。萧懿的弟弟萧衍得知兄长被害，气怒交加，随即率兵造反，进攻建康。

永元三年（501年）三月，萧衍在江陵拥立南康王萧宝融为帝，改元中兴，并遥废萧宝卷为涪陵王。萧宝卷随即派征虏将军王珍国率领10万大军前去平叛，但是大军一直败退到宫城。萧宝卷下令紧闭城门，不敢应战。

萧衍围城以后，城内军心涣散，奸臣茹法珍、梅虫儿建议萧宝卷杀一批大臣将士，以震慑人心。王珍国得到消息后，害怕自己被杀掉，便和副将张稷领兵造反，攻入宫中。最终，萧宝卷被宦官黄泰平、张齐杀死。

萧宝卷死后，王珍国、张稷打开城门，迎接萧衍入城。萧衍以宣德太后的名义将萧宝卷贬为东昏侯。

注释：

①陈显达（427—500年）：南北朝时期南齐名将，宋末除游击将军，转广州刺史。入齐，历镇南兖州、益州、雍州。永元元年以侍中、太尉率军攻魏，复襄阳，后在南乡大败，北伐无功。转江州刺史。萧宝卷继位后擅杀大臣，他担心遇害，遂起兵反叛，拥立建安王萧宝夤为帝，兵败被杀。

②崔慧景（438—500年）：南朝齐名将，追随萧道成征战四方，平定李乌奴叛乱，防御北魏军队进攻，颇有功绩，迁护军将军、侍中、度支尚书。参与平定陈显达、裴叔业叛乱。萧宝卷继位后屠杀功臣将相，

他心怀不安，遂生叛乱，拥立江夏王萧宝玄，围攻建康，为豫州刺史萧懿所败，逃遁被杀。

③台城：东晋和南朝的朝廷禁省及皇宫所在地，位于建康城内，故址在今江苏南京市鸡鸣山北。

和帝萧宝融

萧宝融档案

生卒年	488—502 年	在位时间	501—502 年
父亲	明帝萧鸾	谥号	和皇帝
母亲	刘惠瑞	庙号	无
后妃	王皇后等	曾用年号	中兴

萧宝融，字智昭，齐明帝萧鸾第八子，炀帝萧宝卷之弟，南北朝时期南齐最后一位皇帝。

萧宝融曾受封为随郡王、南康王，历任冠军将军、西中郎将、荆州刺史等职。永元三年，萧衍起兵叛乱，萧宝融被拥立为帝，改元中兴。

中兴二年（502 年），萧宝融被接入建康，封萧衍为梁王。不久，萧衍以萧宝融的名义杀死湘东王萧宝晊兄弟和明帝萧鸾的其他儿子，然后迫使萧宝融禅位给自己，南齐至此灭亡。

萧衍继位后，萧宝融被贬为巴陵王，居于姑孰，后被萧衍派人杀死，终年 15 岁，谥号和皇帝，葬于恭安陵。

宝融继位　萧衍掌权

隆昌元年，萧鸾称帝后，萧宝融被封为随郡王。永元元年，改封为南康王，任西中郎将、荆州刺史，镇守江陵。

永元三年正月，萧宝融正式接受称帝的建议，任命萧颖胄为左长史、镇军将军，萧衍为征东将军。很快，萧衍统率大军自襄阳出发，讨伐萧宝卷。萧宝融和萧颖胄则留守江陵。同年三月，萧宝融在江陵登基称帝，改元中兴，大赦天下，立宗庙于南北郊，州府城门完全按照建康建设，置尚书五省，设文武百官，封萧颖胄为尚书令，萧衍为尚书左仆射，下诏废萧宝卷为涪陵王。

萧衍大军一路势如破竹，攻城拔寨，接连拿下郢州、江州。萧宝融传圣旨给他，若平定京师，可便宜行事。这时，萧衍的弟弟萧憺率军从襄阳来到江陵，被封为荆州刺史。自此，萧衍完全将萧宝融把控于股掌之中。

禅位萧衍　从容赴死

永元三年十二月，建康守军在王珍国等将领的带领下倒戈，杀掉萧宝卷，打开城门迎接萧衍入城。萧衍在京城内专权朝政，以大司马晋封相国，封梁公，又晋封梁王，诛杀明帝萧鸾诸子，篡位之心昭然若揭。

中兴二年三月，萧衍派人迎接萧宝融来到建康，四月到达姑孰。在萧衍的逼迫下，萧宝融不得不禅位于萧衍，之后被萧衍贬为巴陵王，在姑孰设宫，一切待遇从优，效仿萧道成称帝时奉宋帝为汝阴王之举。

后来，萧衍想以南海郡为巴陵国，让萧宝融移居那里。尚书仆射沈约献计说："古今这种大事，不能图虚名而受实祸。"萧衍恍然大悟，便派亲信郑伯禽去逼迫萧宝融吞金自杀。萧宝融倒一点也不意外，镇定自若地说："我死不需要金子，有醇酒就足够了。"说完取来整坛的酒狂饮，直到醉得不省人事，后被郑伯禽杀害。

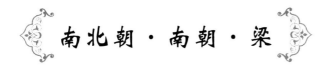

武帝萧衍

萧衍档案

生卒年	464—549 年	在位时间	502—549 年
父亲	萧顺之	谥号	武皇帝
母亲	张尚柔	庙号	高祖
后妃	郗皇后、丁贵妃等	曾用年号	天监、普通、大通、中大通、大同、中大同、太清

萧衍，字叔达，小字练儿，南兰陵郡武进县东城里人，齐高帝萧道成族侄，南齐丹阳尹萧顺之之子，南北朝时期南梁的开国皇帝。

南朝齐中兴二年（502 年），萧衍在建康称帝，改国号为梁，年号天监。

萧衍在位长达48年，是南朝皇帝中在位时间最长的一个。他在位前期，吸取南朝齐灭亡的教训，勤于政务，纠正宋、齐以来的种种弊政；提倡节俭，吃穿都不讲究，"一冠三载，一被二年"；重视选拔任用官吏，经常召见地方官员，要求他们遵守为国为民之道，清正廉明；对门阀世族，尽可能恢复其尊崇的地位，又宽待宗室，授诸王以实权。但他晚年痴迷佛教，不理朝政，从而导致侯景之乱。

太清二年（548年）八月，侯景起兵反叛，攻陷都城，将萧衍囚禁起来。次年五月初二，萧衍在台城皇宫净居殿病饿而死，终年86岁，谥号武皇帝，庙号高祖，葬于修陵。

文韬武略　战功赫赫

萧衍出身贵族世家，自幼喜爱读书，小小年纪便在文坛上崭露头角，与沈约①、谢朓②、王融、范云③等7人关系密切，合称"竟陵八友"。

萧衍最初在卫将军王俭的手下当差，王俭见他谈吐不凡、才华横溢，甚是喜爱，提拔他为护曹属官。由于办事干练果断，萧衍不久又被提升为参军。

南朝齐永明十一年，齐武帝萧赜病重，大臣王融有意立萧子良为帝，以便自己掌权。不料消息走漏，王融被抓进监狱赐死。而萧衍早已预见事情的结局，故置身事外，深受好友范云等人佩服。

齐武帝萧赜去世后，萧昭业继位，他醉心于吃喝玩乐，完全不理朝政，而且不听大臣劝谏。当时萧鸾掌权，对萧昭业的行为非常气愤和失望，想将他废掉，另立皇帝。萧鸾找来大臣们商议此事，萧衍反对道："废旧立新是大事，需谨慎又谨慎，否则会遭到宗室王侯的共同反对。"萧鸾却不以为然，认为那些宗室王侯全是酒囊饭袋，只有随王萧子隆算是个人物。萧子隆文武兼备，占据荆州战略要地，手握重兵，但只要将他召回京师看管起来，就万事大吉了。关键问题是，他找不到召回萧子隆的理由。萧衍认为萧子隆徒有虚名，实际上没有多大的真本领，况且他手下也缺乏好的谋士，只是依仗武陵太守卞白龙和司马垣历生而已。而这两个人都是小人，唯利是图，只要许以高官厚禄，就会乖乖地回到京师，萧子隆失去了谋士，自己又没有主见，一定会自动跟过来。

萧鸾听从萧衍的建议，果然将萧子隆召回京师，消除了一个很大的威胁。之后，萧鸾立即着手废除萧昭业，改立新安王萧昭文为傀儡皇帝，自己掌握朝政大权。萧昭文在皇帝宝座上还没有坐热，便被萧鸾取而代之。

萧鸾上位后，萧衍因为废帝有功，被封为中书侍郎，不久又升黄门侍郎、建阳县男，食邑300户。自此以后，萧衍开始在军事、政治上大显身手，地位也不断上升。

南朝齐建武二年，北魏孝文帝拓跋宏率30万大军南伐，沿淮河向东攻打钟离；同时派大将刘昶、王肃领兵20万进攻司州，围攻义阳。萧鸾得到消息后，急忙派左卫将军崔慧景、宁朔将军裴叔业带兵支援钟离；萧衍、平北将军王广之则率军救援义阳。不料王广之贪生怕死，当人马行进到离义阳还有百十里的时候，他听说北魏兵强马壮，吓得止步不前。

萧衍见状主动请命，带领先头部队向敌人进攻。王广之大喜，急忙调拨一部分精兵给萧衍。萧衍领兵连夜行军，避开大路，抄小路前进，很快抵达义阳城外的贤首山，距义阳仅几里地。为了迷惑敌人，他采用障眼法，让士兵将旗帜插得漫山遍野都是。

第二天一早，义阳城中的守城将士看到漫山遍野的旗帜，以为大批援军赶到，顿时士气大振。司州刺史萧诞下令打开城门，亲率大军杀向魏营，同时顺风放火，焚烧敌营。萧衍见义阳城出兵，也率军攻下山去。魏军前后受敌，顿时阵脚大乱，自相践踏，死伤无数。王肃、刘昶率领残兵败将匆忙撤退。萧衍因此立下大功，被提升为太子中庶子。

南朝齐建武四年十月，北魏孝文帝拓跋宏再次率领大军南下攻齐，接连拿下新野和南阳，兵临雍州。雍州位居汉水上游，乃战略要地。雍州刺史曹武率领将士们顽强抵抗，无奈实力有限，接连吃了败仗，雍州城危在旦夕。萧鸾忙命萧衍和右军司马张稷率兵紧急支援，又加派度支尚书④崔慧景等率兵增援。但援军到达雍州时，北魏已经占领了雍州的5个郡。

次年三月，萧衍率兵进驻邓城，北魏军将邓城团团围住。因城中粮草缺乏，萧衍与崔慧景商议说："我们现在缺乏粮草，千万不能让士兵们知道，否则将军心大乱。我们应该趁敌人立足未稳，鼓舞士气冲出去，或许可以险中取胜。"崔慧景犹豫不决，萧衍又说："北方军队喜欢游动作战，不会在夜里攻城，用不了多久就会退兵。"然而，出乎意料的是，过了多日，魏军仍丝毫没有退军的迹象，反而集结完毕，向齐军展开猛烈攻击。崔慧景大惊失色，想打开城门逃跑，其余各路统帅也纷纷逃命。在经过离邓城不远的闹沟时，逃兵因为争夺船只发生骚乱，被北魏军追上，死伤无数。而萧衍的军队因为平时训练有素，伤亡不是很大，随后退守樊城。

这次战役后，萧鸾吸取教训，加强雍州防务，封萧衍为辅国将军、雍州刺史。萧衍到任后积极选拔人才，努力经营，实力变得更加强大。

起兵灭齐　建立梁朝

齐明帝萧鸾驾崩后，继位的萧宝卷昏庸无道，不理朝政，胡乱猜忌，滥杀无辜，致使朝中大臣人人自危，朝不保夕。萧衍一向忠心耿耿，没想到萧宝卷居然以图谋不轨为由，派人去刺杀他。但萧宝卷没有想到，他派去的人不仅没有刺杀萧衍，反而将消息告诉了萧衍。萧衍闻言大怒，决定起兵反叛。

南朝齐永元二年十月，萧宝卷处死了朝中重臣萧懿。萧懿是萧衍的兄长，萧衍听到兄长遇害的消息后，当即集结兵力向建康进发。萧宝卷则派辅国将军刘山阳率3000人马到荆州与南康王萧宝融共同迎敌。当时萧宝融年仅13岁，一切事务均由长史萧颖胄安排。萧衍派人找到萧颖胄，努力说服他归附。萧颖胄杀掉刘山阳后，带兵投奔萧衍。为了增强号召力，萧衍又主动联合南康王萧宝融，许诺事成之后拥立他为帝。

同年十二月，萧颖胄向建康文武百官发布檄文，列举萧宝卷的种种罪行，并派兵攻取湘州、夏口等地。十二月底，上庸太守韦叡、华山太守康绚起兵响应萧衍。不久，又有沟均口戍副⑤冯道根及梁、南秦二州刺史柳惔率众响应，并成为萧衍的得力干将。

南朝齐永元三年三月，萧衍拥立南康王萧宝融为帝，萧宝融在江陵即位。同年十月，萧衍率领大军向建康进发，几经交战，打败齐军，占据石头城，将京都团团包围起来。事态到了如此紧急的地步，萧宝卷身边的亲信仍然大进谗言,怂恿他残杀朝中重臣。征虏将军王珍国忍无可忍,暗中联络萧衍,表示愿意与其合作,废杀萧宝卷。之后,王珍国又联系兖州刺史张稷,两人带兵乘夜闯入皇宫,杀死萧宝卷,割下首级呈给萧衍。

萧衍占领京都后,立即派兵四处征讨,各州郡地方官员纷纷表示愿意臣服。次年正月,萧衍因为拥立有功,被封为大司马,掌管中外军国大事,准许佩剑上朝,不用向皇帝行叩拜大礼。

此时萧衍已经成为南齐的实际统治者,他有心废掉萧宝融,自己称帝,但又觉得时机未到,因而搁置下来。萧衍的好友沈约很明白萧衍的心思,于是借一次饮酒的机会向萧衍提及此事,萧衍沉思片刻,回道:"此事非同小可,必须从长计议。"

几天后,萧衍找来范云征求意见,范云也赞同他称帝。于是,萧衍便委托范云和沈约谋划称帝事宜。恰在这时,萧衍因为迷恋上了后宫的两个妃子,一连十几天竟然再未提起此事。范云心中着急,又找到王茂,两人一起去见萧衍,向他晓以利害。萧衍这才下定了决心。

为了扫清称帝道路上的障碍,萧衍先以谋反的罪名杀掉邵陵王萧宝攸、晋熙王萧宝嵩、桂阳王萧宝贞,然后上表请求进入京都。其间,萧衍派人到处散播谣言,说"行中山,为天子",并让各地儿童传唱,为自己登基大造舆论。他还指使范云和沈约给萧宝融的中领军夏侯祥写信,要他逼迫萧宝融退位。萧宝融迫于压力,不得不写下禅让书,送至建康。萧衍心中大喜,表面仍旧装出谦让的样子,将禅位书又退了回去。如此反复几次,最后,豫章王萧元琳率领朝中百官819人、范云率领大臣117人,联名上书请求萧衍早日称帝。太史令又向大家晓以利害,说萧衍称帝乃顺应天意。

南朝齐中兴二年四月,萧衍在都城南郊祭告天地,登坛接受百官朝贺,改国号为梁,年号天监。

萧衍称帝后,封萧宝融为巴陵王,不久又将其赐死,对外则宣称是暴病而亡,按照皇帝的规格将其葬于恭安陵。

痴迷佛教　饿死台城

萧衍刚即位时，吸取了南朝齐灭亡的教训，勤政为民，不分四季，每天五更准时起床，批阅奏章。为了得到治国良方，他下令在东府门前放两个盒子（称为函），一个叫"谤木函"，为普通百姓所设，无论什么批评建议都可以写在纸上投进去；一个叫"肺石函"，为文武众臣所设，如果官员希望得到奖赏和提拔，都可以将理由写在纸上投进去。

在生活上，萧衍提倡节俭，粗茶淡饭，服饰简朴。据历史记载，萧衍"一冠三载，一被二年"，卧室里除了一张床，别无其他摆设。萧衍不仅自己身体力行，还要求文武百官效仿，经常将他们召集在一起，讲解为国为民的道理，并派使者到各地巡视，监督地方官吏，根据政绩决定任免。

在农业上，他下令"广辟良畴，公私畎亩，务尽地利，若欲附农而粮种有乏，亦加贷恤"。对于流亡他乡的农民，号召他们返回家中，恢复原有的田宅，又多次减免赋税以减轻农民的负担。

通过以上种种措施，萧衍在治理国家上取得了很好的成就。但是，和大多数皇帝一样，他疑心很重，总担心有人夺走他的皇位。为了避免重蹈齐朝覆辙，他将明帝萧鸾的儿子全部杀死，弃用功臣，想方设法削弱他们的权力。对于自己的皇族宗室，他则给予特别的厚待，尤其对弟弟萧宏十分纵容，以至于萧宏奢靡无度，甚至滋生了杀兄夺位的念头。萧衍知道后，不仅不惩罚他，反而加官封赏，希望能够感化他。但萧宏丝毫不知感恩，反而变本加厉，竟然与萧衍的大女儿永兴公主有染，密谋夺取皇位，派人去刺杀萧衍未遂。阴谋败露后，永兴公主畏罪自杀，萧宏也忧惧而死。

萧衍入宫废掉萧宝卷时，见后妃吴淑媛长得十分美貌，便据为己有，7个月后，吴妃生下了一个儿子，取名萧综，是萧衍的次子。依据时间推算，萧综的生父应该是萧宝卷。不过，萧衍对他没有丝毫歧视，反而封他为王，让他担任镇右将军一职。吴淑媛失宠后，心中怨恨萧衍，便将萧综的身世告诉他本人，使得父子关系变得疏远起来。普通六年（525年），梁魏之间发生战争，萧衍命令萧综领兵与北魏作战。北魏派来援军，萧衍担心萧综背叛自己，便召他回朝。然而，萧综已经向北魏投降，北魏给予他高官厚禄，封丹阳王，他还给自己改名为萧缵。萧衍为此伤心至极，一怒之下撤了萧综的封号，并将其母吴淑媛废为庶人。后来，他听说萧综有回国之心，又派吴淑媛前去劝说。萧综犹豫不决，最终还是没有回来。吴淑媛生病后，萧衍心中怜爱这个儿子，便又恢复了他的爵位。

由于接连遭受兄弟谋权和儿子背叛的打击，萧衍心灰意懒，看破红尘，开始信奉佛教。普通八年（527年），萧衍到同泰寺当了3天的住持和尚，之后又下令改年号为大通。他很快变成了一个虔诚的佛教徒，为此戒掉女色、不食荤腥，还下令全国效仿。在以后的岁月里，他多次来到寺庙中，与僧人们倾心交谈，探讨佛学，因此结识了国内很多僧人。著名高僧宝亮、智藏、法云等都得到了他的重用。他还组织国内高僧编纂佛教著作，编成的作品至少有12种。同时，他又下令广造寺院，包括大爱敬寺、智度寺、光宅寺、同泰寺等十余座，各寺院都铸有佛像供人朝拜。

太清二年八月，豫州刺史侯景宣布起兵，一路攻破谯州、历阳，不久到达长江。萧衍急忙派大将萧正德保卫建康。然而，萧正德早已跟侯景暗中勾结，准备里应外合，夺取政权。萧正德派出数十只大船，将侯景的部队从北岸的横江运送到建康的采石，侯景则迅速包围台城。梁国虽然也有各路大军云集在建康周围，总数达二三十万，远远超过侯景的军队，但是各将帅之间号令不一，相互钩心斗角，为了保存实力，大都观而不战。最后，侯景攻破宫城，将萧衍软禁起来，断绝其饮食。萧衍年老体弱，很快便病倒了，最后落得个病饿而死的下场。

注释：
　　①沈约（441—513年）：南朝梁文学家，仕宋、齐二代，后助梁武帝登位，为尚书仆射，封建昌县侯，后官至尚书令。因与谢朓、王融诸人之作，皆注重声律，时号"永明体"。

②谢朓（464—499年）：南朝齐诗人，与"大谢"谢灵运同族，世称"小谢"。曾任宣城太守、尚书吏部郎。后被萧遥光诬陷，下狱死。在永明体作家中成就最高。诗多描写自然景色，善于熔裁，时出警句，风格清俊，颇为李白所推许。

③范云（451—503年）：南朝齐梁诗人，仕宋、齐二代，后助梁武帝登位，为吏部尚书，封霄城县侯，官至尚书右仆射。《诗品》称其诗"清便宛转，如流风回雪"。

④度支尚书：官名。三国魏文帝时始置，秩三品，掌全国财赋统计和支调，相当于汉代计相，下设度支郎。晋沿置，常参与制定克敌、安边之谋略，领度支、金部、仓部、起部四曹及郎官。南北朝亦有。北齐又增左户、右户、库部等曹。

⑤戍副：官名。南北朝置，是戍主的副将，协助戍主管理军政等事务。

简文帝萧纲

萧纲档案

生卒年	503—551 年	在位时间	549—551 年
父亲	武帝萧衍	谥号	简文皇帝
母亲	丁氏	庙号	太宗
后妃	王皇后、范淑妃等	曾用年号	大宝

萧纲，字世缵，小字六通，南兰陵人，梁武帝萧衍第三子，昭明太子萧统同母弟，南北朝时期南梁第二位皇帝。

中大通三年（531 年），萧纲被立为太子。太清三年（549 年），武帝萧衍驾崩，萧纲继位，改元大宝。

大宝二年（551 年），萧纲为侯景所害，终年 49 岁，谥号简文皇帝，庙号太宗，葬于庄陵。

临危受命　乱中继位

武帝萧衍的长子萧统聪明好学，十几岁就能尽通经文，而且酷爱文学，造诣颇深，是当时的一大才子，深得萧衍喜爱，被立为太子。萧统当时编辑的《文选》至今仍有深远的影响。萧统成年后，被萧衍安排管理政事、平断刑狱，他将所有事情都处理得有条不紊、公平合理，深受百姓爱戴。

普通七年（526年），萧统的母亲丁贵妃不幸染病身亡，萧统悲痛欲绝，守在灵前一连几天不吃不喝，日渐消瘦。据说丁贵妃下葬的时候，有个道士看了丁贵妃的陵墓位置，认为风水不好，对太子的将来会有妨碍，建议制作蜡鹅等小动物埋于墓侧，以求趋吉避凶。这本来属于宫中秘事，不许外传，偏偏宫监鲍邈之因为受到萧统嫌弃而怀恨在心，跑到萧衍面前告发。萧衍闻言大怒，命人将那些小动物扒了出来，并欲将萧统问罪，后经右光禄大夫徐勉力劝，只杀了道士，放过了萧统。萧统虽然免受责罚，但从此终日郁郁寡欢，以致身染重病，不治而亡，年仅31岁。

太子萧统死后，萧衍本想立萧统之子萧欢为皇太孙，但又觉得不妥。当时萧综已经投靠北魏，与他断绝了关系，他只好立第三子萧纲为太子。但这却引起了其他子孙的强烈不满，因为萧纲既不是嫡子，又不是嫡孙，他们暗中积蓄力量，随时准备取而代之，这也为皇室内乱埋下了祸根。萧纲也很明白自己的处境，于是挑选精兵强将，加强训练，以应对不测。

太清二年八月，南豫州刺史侯景在寿阳起兵反叛。萧衍任命鄱阳王萧范为南道都督、封山侯萧正表为北道都督、司州刺史柳仲礼为西道都督、通直散骑常侍裴之高为东道都督，共同讨伐侯景；又命开府仪同三司、丹阳尹、邵陵王萧纶持节总督众军。谋士王伟建议侯景说："现在大军压境，我们不能坐以待毙，应该趁他们还没有来到，抛弃淮南，轻兵直取建康，与萧正德联手，必能取得胜利。"侯景听了认为可行，遂加速向建康行进。

九月二十五日，侯景假称打猎，离开寿阳，随后又假称攻打合肥，以迷惑萧衍，暗中却以最快的速度直奔谯州、历阳，两城守将最终投降，侯景大军势如破竹，直逼建康。萧衍得到消息后，让太子萧纲处理朝政，自己则整天吃斋念佛，以求得到佛祖的保佑。

此时萧纲还不知道萧正德已经叛变，仍旧命他率军镇守建康最重要的门户朱雀航。萧正德暗中与侯景取得联系，并派南塘游军沈子睦放下吊桥，迎接侯景入城。萧纲得知侯景入城，急忙带兵退守台城。侯景又率军将台城包围，断绝内外交通。

这时，各地援军已经纷纷到达台城外，有二三十万人。但是，由于各统帅之间互不来往，为了保存实力，个个畏缩不前。侯景抓住这一难得时机，命人挖开玄武湖，将水引入台城，并亲自督战，让士兵们昼夜不停地攻城，台城最终失守。侯景入城后将萧衍软禁起来，断其饮食，将其饿死。之后，侯景拥立萧纲继位。

傀儡皇帝　文坛有为

萧纲虽然当了皇帝，但只是傀儡而已，朝政大权完全由侯景把持。侯景掌权后，又派部下宋子仙、任约等人，趁萧氏诸王内乱之际攻占了许多州郡，势力范围迅速扩大。

大宝二年八月，侯景发动叛变，派兵闯入宫中，杀了太子萧大器等宗室亲王20多人，并将萧纲软禁于永福省[①]，废为晋安王，将更容易控制的豫章王萧栋推到皇帝的座位上，改大宝二年为天正元年。

同年十月，侯景又派人到永福省设宴向萧纲献酒，萧纲知道自己大限已到，捧酒狂饮，喝得烂醉如泥，接着被人用盛满土的袋子压在腹部，活活压死。

萧纲虽然是一个失败的皇帝，但是在文学上却取得了非凡的成就。他在镇守外藩及做太子时，创作了大量的宫体艳诗；后期文风转变，形成了独特的文学体裁——宫体。他著有文集100卷及其他著作600余卷，明朝人编有《梁简文帝集》。

萧纲死后，侯景为了稳定人心，亲自为萧纲拟写谥号明皇帝，庙号高宗。大宝三年（552年），王僧辩[②]等人率军平定侯景叛乱，追谥萧纲为简文皇帝，庙号太宗。

注释：

①永福省：梁官署名，又称西省，设于梁宫禁内，临近朝官之西，省观较大，为皇子受学之所。侯景之乱时，禁闭百官于此，后专门幽囚

简文帝萧纲一家,萧纲及多位眷属均在此遇害。

②王僧辩(?—555年):南朝梁名将。初仕北魏,归梁后任湘东王萧绎左常侍及司马。侯景之乱时任大都督,参与讨伐侯景。元帝萧绎继位后,任司徒、侍中、尚书令。后西魏攻破江陵,元帝萧绎被杀,他迎立北齐扶植的萧渊明为帝。后为陈霸先所杀。

豫章王萧栋

萧栋档案

生卒年	？—552年	在位时间	551年八月至十一月
父亲	豫章王萧欢	谥号	无
母亲	不详	庙号	无
后妃	张氏	曾用年号	天正

萧栋，字元吉，梁武帝萧衍曾孙，豫章王萧欢之子，南朝梁政权第三位皇帝。

萧欢死后，萧栋承袭父位，成为新的豫章王。大宝二年，侯景发动政变，将萧纲废为晋安王，拥立萧栋为帝，改元天正。

萧栋在位期间，侯景掌握朝政大权，大肆诛杀萧氏宗亲，为自己登基称帝扫清障碍。

萧栋在位仅4个月便被废为淮阴王，后被元帝派人溺杀，连陵寝也没有。

四月皇帝　禅位侯景

侯景攻入建康后，本打算自立为帝，但考虑到时机还不成熟，便决定先立太子萧纲为帝。在此期间，侯景娶了萧纲的女儿溧阳公主，对她非常宠爱，以致荒怠了朝政。侯景的亲信王伟多次劝说侯景远离溧阳公主，不料侯景却将他的话告知溧阳公主，溧阳公主因此对王伟记恨在心，经常在侯景面前诋毁王伟。王伟担心侯景听信溧阳公主之言，对自己不利，就劝侯景废黜萧纲以树权威，侯景心有所动。

大宝二年，侯景屡战屡败，手下大将宋子仙等人战死，对他的地位造成了很大的冲击，他决定提前动手。但是在坐上皇位之前，他又找了一个跳板，那就是豫章王萧栋。

同年八月，侯景命令寿光殿学士谢昊起草一份诏书，写道："弟侄争立，星辰失次，皆由朕非正绪，召乱致灾，宜禅位于豫章王栋。"诏书写好后，侯景派伪卫尉卿彭儁、厢公王贵率兵入殿，废黜萧纲，贬为晋安王，软禁于永福省。为了防止出现意外，他撤去原有的内外侍卫，全部换成亲信守卫，并在院墙上布满了荆棘，然后派人去将豫章王萧栋接入宫内。

侯景派使者去接萧栋时，萧栋正与妻子在菜地里劳作，看到皇帝所乘车驾突然来临，不由得大惊失色，也不敢询问究竟，就被迎到了车上。萧栋继位后，改元天正。

这以后，侯景开始着手清理自己称帝道路上的障碍，先找借口杀了萧纲的太子萧大器及在京城的王侯20多人，接着杀掉萧纲驻守外地的诸子，之后又杀了萧纲。十一月九日，侯景命萧栋给自己加九锡，所封的汉国置丞相以下百官。10 天后，侯景逼迫萧栋禅位，改元太始，国号为汉，并贬萧栋为淮阴王，将萧栋与其弟萧桥、萧樛同囚于密室之内。

福祸难知　葬身鱼腹

大宝三年（552 年）三月，王僧辩率梁军收复建康，侯景逃跑。王僧辩发兵之前曾问湘东王萧绎："若平城成功，以何礼待嗣君？"萧绎说："六门之内，自极兵威。"王僧辩一听便明白了，但他并不想背上弑君的罪名，于是说："讨贼任务，由臣承担；成济之事（指杀曹魏高贵乡公曹髦之事），请举别人。"萧绎经过认真考虑，派宣猛将军朱买臣秘密行事。

这时，萧纲已经在建康城收复之前死去，只有萧栋兄弟三人还活着，他们见看管的人已经逃跑，便相互搀扶着走出囚室。萧桥、萧樛庆幸地说："这下总算可以免于一死了。"萧栋则满面愁容地说："祸兮福所倚，福兮祸所伏，福祸难知，前途难料。"

次日，兄弟三人在路上恰巧遇见正在四处寻找他们的朱买臣。朱买臣非常热情地请他们到船上饮酒，三人不知是计，跟着上了船，结果酒席吃到一半便被推入水中淹死。

元帝萧绎

萧绎档案

生卒年	508—554 年	在位时间	552—554 年
父亲	武帝萧衍	谥号	孝元皇帝
母亲	阮修容	庙号	世祖
后妃	夏贵妃、徐昭佩等	曾用年号	承圣

萧绎，字世诚，小字七符，自号金楼子，南兰陵人，武帝萧衍第七子，简文帝萧纲之弟，武陵王萧纪之兄。

萧绎最初被封为湘东王，后任会稽太守、江州刺史。普通七年被任为荆州刺史，使持节，都督荆、雍、湘、司、郢、宁、梁及南北秦九州诸军事，镇西将军等职。

侯景之乱爆发后，武帝萧衍为了平叛，授萧绎为假黄钺、大都督中外诸军事、司徒、承制。大宝三年，侯景被王僧辩打败身亡，萧绎于江陵称帝，改元承圣。

承圣三年（554 年）十二月，萧绎战败被杀，终年 47 岁，谥号孝元皇帝，庙号世祖，葬于津阳门外。

宗室内讧　联魏借兵

萧绎从小聪颖过人，"博总群书，下笔成章，出言为论，才辩敏速，冠绝一时"。他5岁就能背诵《曲礼》，6岁便会作诗，后来尤为擅长五言诗。40岁以前，萧绎身处太平盛世，得以专心读书。但是到了晚年，为了争夺皇权，他不顾兄弟感情，手足相残，六亲不认。

太清元年（547年），萧绎的五兄、庐陵王萧续病逝于荆州，之后由萧绎接任荆州刺史。此前因为萧续曾向武帝萧衍上书言及萧绎的过失，两人断绝了关系。现在听说兄长病死，自己就是下一任刺史，萧绎高兴得手舞足蹈，连木底鞋都蹦坏了。

太清二年，侯景起兵叛乱，围困台城，萧绎率3万人马去救援建康，但是到了武陵他便止步不前，观望诸王的动静。一直到了年底，各路援军先后到达，他才命令世子萧方等与竟陵太守王僧辩率水陆大军继续前进。

信州刺史、桂阳王萧慥（zào）也率兵讨伐侯景，后来侯景议和，萧慥率军撤至江陵，准备等萧绎抵达后商量救援方案。然而，湘州刺史张缵与河东王萧誉、雍州刺史萧詧（chá）有矛盾，决定报复，于是写信给萧绎，谎称萧誉、萧詧兄弟有意进攻江陵，萧慥作为内应，联合起兵。萧绎见信后不辨真伪，立即将10余万斤粮食沉入江底，改走陆路，并匆忙赶回江陵，杀了萧慥。

同年六月，萧绎派儿子萧方等率2万人马去攻打萧誉。萧方等进至麻溪时，恰巧与萧誉率领的7000精兵相遇，双方发生激战。萧方等战败淹死。萧绎闻讯，派竟陵太守王僧辩、新任信州刺史鲍泉共同攻打湘州。王僧辩以部下尚未集结为由请求推迟几天，但萧绎急于为儿子报仇，以王僧辩抗命不遵为由，下令将他投入监狱。鲍泉见状非常惊恐，急忙率军出征。

鲍泉进军十分顺利，很快到达长沙城下。萧誉见大军压境，急忙向萧詧求救，萧詧率2万大军进攻江陵，想迫使鲍泉回兵救援。萧绎忙释放王僧辩，命他守城。恰逢一场大雨不期而至，水积三四尺深，萧誉的围城部队士气大减，萧绎看准时机，派人偷袭萧誉的根据地襄阳，萧誉只得退兵。

萧誉退兵后，萧绎封王僧辩为都督，支援进攻湘州的鲍泉。大宝元年（550年）四月，长沙沦陷，萧誉死于乱军之中。随后，萧绎又命王僧辩、鲍泉率领1万精兵讨伐邵陵王萧纶。萧纶不愿与其交战，主动撤离郢州，退守汝南。次年，西魏大将杨忠等人攻破汝南，杀死了萧纶。

击败侯景　如愿称帝

占领郢州后，萧绎本打算继续发兵进攻益州刺史、武陵王萧纪，不料鲜卑枭雄侯景也派宋子仙、任约带兵攻打江陵，侯景本人还亲率大军西上，不久便攻克郢州。

萧绎接到急报，忙命王僧辩为大都督，率领巴州刺史淳于量、定州刺史杜龛、益州刺史王琳、郴州刺史裴之横等屯兵巴陵，迎击侯景。巴陵虽小，却是军事要地，防守严密，所以侯景久攻不下。萧绎又派大将胡僧祐、信州刺史陆法和率兵去支援王僧辩，侯景则命任约带领5000精兵去迎击，两军在赤亭相遇，结果，任约刚愎自用，闯入胡僧祐和陆法和布置好的埋伏圈，导致兵败被俘。侯景因为江陵之战未能取胜，加上粮草匮乏、瘟疫横行，士气大减，只好下令连夜撤军，逃回建康。临走时，他留下宋子仙镇守郢州，别将支化仁守鲁山，另封丁和为郢州刺史，协助防守。

萧绎命令王僧辩继续带兵南下追击侯景，不久攻陷汉口，支化仁投降。僧辩一鼓作气，又攻克郢州外城，迫使宋子仙退守金城。后来，在杜龛和周铁武的截击下，宋子仙被王僧辩活捉，郢州重新回到萧绎手中。

侯景逃回建康后，得知宋子仙被俘，深知大势已去。为了尝一下做皇帝的滋味，大宝二年八月，侯景废掉简文帝萧纲，立豫章王萧栋为帝，改元天正。不久，侯景杀了萧纲，并逼迫萧栋禅位，自己称帝，改元太始，定国号为汉。

大宝三年二月，陈霸先奉命率领3000多名士兵、2000多艘战船，自南江进入长江与王僧辩会合。三月，他们在姑熟和侯景发生水战，大败侯景手下大将侯子监，侯军死伤无数。王僧辩乘机攻入建康，侯景组织数万人抵抗，最终战败。当天晚上，王僧辩命令杜崱入驻台城，但城中被人纵火，太极殿及诸多宝物被毁。

侯景带着两个儿子逃到晋陵，后纠集一些残兵败将前往吴郡，途中被梁将侯慎追上，被杀得仅剩几十人。无奈之下，侯景只好把两个儿子推到江中淹死，带着心腹数十人坐上一条船，准备沿江东下入海逃命。路上，羊侃①之子羊鹍见侯景大势已去，趁侯景熟睡时命人驾船开往京口，快到京口时，羊鹍拔出剑来，将侯景杀死。至此，历时3年多的侯景之乱终于平息，萧绎正式登基，改元承圣。

内忧外困　郁郁而终

萧绎称帝后，面临着非常复杂的局势，江陵背倚长江，过江便是北齐，无险可守。江陵西边的四川是益州刺史萧纪的地盘，岭南也被定州刺史萧勃占据。此前武陵王萧纪已在成都称帝，萧绎虽然在西魏宇文泰的帮助下消灭了萧纪，但是益州等地也被宇文泰占领。

大臣们一致认为江陵离梁朝的经济文化中心很远，而且容易受到西魏的威胁，不如将首都迁回建康，但萧绎不同意。他封王僧辩为太尉、车骑大将军，负责镇守建康；封陈霸先为司空，负责镇守京口。承圣三年十月，宇文泰统兵5万进攻江陵。不久，西魏发兵攻打樊城，雍州刺史萧詧与西魏勾结，亦共同进攻江陵。萧绎匆忙派王僧辩前去迎敌。十一月，敌人渡过汉水，连克武宁、黄华（均在江陵附近），直指江陵。西魏军占据有利地形，阻击梁朝援军，其余部队全力攻城，不久江陵被攻克。

萧绎眼见城池不保，急忙命人将14万册图书烧掉。他看着熊熊燃烧的大火，仰首叹息道："读万卷书，却落得如此下场，要它何用！"

萧绎被俘后，不久便被处死。

注释：

①羊侃（496—549年）：南北朝时期著名将领，早年出仕北魏，自尚书郎累迁征东将军、泰山太守。后反魏降梁，历任徐州刺史、侍中、都官尚书。侯景之乱时，奉命坚守建康，多次击退叛军进攻，后病逝于台城。

闵帝萧渊明

萧渊明档案

生卒年	？—556年	在位时间	555年
父亲	宣武王萧懿	谥号	闵皇帝
母亲	不详	庙号	无
后妃	不详	曾用年号	天成

萧渊明，又名萧明、萧深明，字靖通，梁武帝萧衍之侄，长沙宣武王萧懿之子，史称梁闵帝，又称贞阳侯。

萧渊明曾被封为贞阳侯，后任豫州刺史。承圣四年（555年），萧渊明在王僧辩的拥立下，登基称帝，改元天成。

绍泰二年（556年）五月，萧渊明因毒疮发作，在前往北齐的路上染病而死。其长孙萧庄称帝后，追谥其为闵皇帝。

昔日俘虏　今日皇帝

萧渊明少有才情，历任显要职务，封爵贞阳侯，担任豫州刺史，深得叔父梁武帝萧衍的喜爱。太清元年八月，萧渊明被封为大都督，率兵征讨东魏。来到彭城后，他下令修筑了一道土堰，阻断泗水，却又不乘水攻城。诸将与他商议进军策略，他因为对军事一窍不通，只会说"临时制宜"，以致贻误战机。不久，东魏大将慕容绍宗率领10万大军前来救援，羊侃建议趁敌人立足未稳，发兵突袭，但萧渊明却不听，坐以待毙，结果战败被俘。此后他一直住在晋阳，长达8年之久。

后来，梁朝发生内乱，宗室诸王为了继承帝位，争得你死我活。北齐高洋也想浑水摸鱼，使梁朝成为齐国的附庸，于是在承圣四年拥立萧渊明为梁朝皇帝，并派从前抓获的梁将湛海珍等人跟随萧渊明返回建康。不料萧渊明还在途中，王僧辩便已拥立萧方智当了皇帝。高洋得到消息后，忙写信给王僧辩，萧渊明也给王僧辩写了一封信，要他迎立自己，但王僧辩没有理会他们。高洋十分生气，决定对梁用兵，命令梁朝降将陆法和统兵南下，征讨王僧辩。

同年三月，萧渊明在齐军的护送下到达东关，梁吴兴太守裴之横出兵迎战，结果大败，反而丢了性命。王僧辩见齐军来势凶猛，心中恐慌，最终决定妥协，答应拥立萧渊明为帝。他派人给萧渊明送信，确认君臣身份；同时又派人给高洋送信，表示愿意使梁朝成为北齐的附属国。为了表示诚意，他还将自己的儿子王显及其母刘氏、侄子王世珍送到齐国做人质。

双方达成协议后，王僧辩派龙舟仪仗迎接萧渊明进入建康。3天后，萧渊明正式称帝，改元天成，封晋安王萧方智为太子，王僧辩为大司马，陈霸先为侍中。

来去匆匆　死于归途

萧渊明称帝后，为了报答北齐之恩，下令解除对郢州齐军的包围。高洋也因为郢州在江南，自己鞭长莫及，干脆做了个顺水人情，将其还给了梁朝，之后又将俘虏的梁朝百姓放回，两国关系重归于好。

然而好景不长，因为在拥立萧渊明一事上，王僧辩和陈霸先出现分歧，二人最终反目成仇。承圣四年八月，有消息说齐军云集寿春，准备再次对梁朝发动战争，王僧辩急忙派陈霸先率兵迎敌。陈霸先野心膨胀，借机领兵进入建康，杀了王僧辩，萧渊明被迫退位。随后，陈霸先拥立萧方智为帝，封萧渊明为司徒；自任尚书令，都督中外诸军事，车骑将军，扬、南徐二州刺史，大权在握。

此后，梁、齐多次交战。绍泰二年五月，高洋同意退兵，条件是梁朝放萧渊明回齐。陈霸先立即答应下来，并派船将萧渊明送往北齐。可惜萧渊明还未到达北齐，便因毒疮发作，在中途染病而死。

敬帝萧方智

萧方智档案

生卒年	543—558 年	在位时间	555—557 年
父亲	元帝萧绎	谥号	敬皇帝
母亲	夏氏	庙号	无
后妃	王氏	曾用年号	绍泰、太平

萧方智,字慧相,小字法真,梁元帝萧绎第九子,南北朝时期南梁的末代皇帝。

萧方智初封兴梁侯,后改封晋安郡王,任江州刺史。承圣三年十一月,西魏攻陷江陵,杀死梁元帝萧绎。在王僧辩和陈霸先的拥立下,萧方智出任梁王、太宰、承制,时年12岁。

承圣四年,在北齐的威逼下,萧渊明回国称帝,萧方智退居太子之位。同年九月,萧方智又被陈霸先拥立为帝,改元绍泰。

太平二年(557年),陈霸先逼萧方智退位,自立为帝,南朝梁宣告灭亡。南朝陈永定二年(558年),萧方智被陈霸先派人杀害,年仅16岁,谥号敬皇帝。

身不由己　随风摇摆

太清三年，萧方智受封为兴梁侯，后晋封晋安王；次年加封平南将军、江州刺史。承圣三年十一月，江陵被西魏攻破，萧方智的父亲梁元帝萧绎遇害。扬州刺史王僧辩与南徐州刺史陈霸先拥立萧方智为梁王、太宰，奉迎萧方智返回京师建康。

承圣四年二月，萧方智由浔阳来到建康，被王僧辩、陈霸先拥立为帝，时年12岁。萧方智虽然当了皇帝，大权却完全掌握在王僧辩手中。

这时，北齐为了将梁朝变为自己的附属国，特意将久居北齐的萧渊明送回去当皇帝。七月，王僧辩在北齐大军压境的威胁下，只得同意将萧渊明迎入建康为帝，改立萧方智为太子。

这件事遭到陈霸先的强烈反对。九月，陈霸先起兵反叛，杀了王僧辩，迫使萧渊明退位。十月，萧方智再次称帝，封陈霸先为尚书令，都督中外诸军事。

被迫禅位　梁朝灭亡

太平元年（556年）九月，陈霸先被封为丞相、录尚书事、镇卫大将军、扬州牧、义兴郡公，集军政大权于一身。次年九月，陈霸先再次晋升相国，封陈国公，备九锡之礼，设置百官，俨然如皇帝一般。一个月后，陈霸先又晋升为王，仅仅过了4天，萧方智便被迫禅位，贬为江阴王，梁朝宣告灭亡。

南朝陈永定二年（558年）四月，萧方智被陈霸先派人谋害。

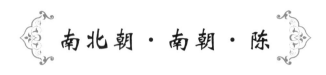

武帝陈霸先

陈霸先档案

生卒年	503—559年	在位时间	557—559年
父亲	陈文赞	谥号	武皇帝
母亲	董氏	庙号	高祖
后妃	钱皇后、章要儿等	曾用年号	永定

陈霸先,字兴国,小字法生,吴兴长城下若里人,南北朝时期陈朝的开国皇帝。

陈霸先出身贫寒却胸怀大志、武艺高强,因镇压交州农民起义而受到梁武帝萧衍之侄萧映赏识,被任命为广州府中直兵参军,后又改任西江督护、高要太守。因为平定"侯景之乱"立下大功,陈霸先逐渐成为梁朝重臣。后来,他又拥立萧方智为帝,因此掌握后梁朝政大权。其间,他趁机培植自己的势力,于南梁太平二年废掉萧方智,自立为帝,建立陈朝,改元永定。

陈霸先在位期间,先后经历了平王僧辩余部之战、平萧勃之战、平王琳之战三大战事。

永定三年(559年),陈霸先驾崩,终年57岁,谥号武皇帝,庙号高祖，葬于万安陵。

出身贫寒　平乱有功

陈霸先是汉代太丘长陈寔（shí）的后代，因家道中落，到陈霸先出生时家境已经十分贫寒。陈霸先从小胸怀大志，熟读史书和兵法，精通纬候、孤虚、遁甲等古典相书。他身高七尺五寸，身材魁梧高大，额头突起，双手过膝，颇有帝王之相；又学得一身好武艺，善于谋略，处世练达，行事果断，是个难得的人才，受到很多人的仰慕与尊崇。

起初，陈霸先当上了乡中里司小官，但他不满足于现状，便来到建康，做了一个看管油库的小吏，不久又担任梁武帝萧衍之侄、新喻侯萧映的传令官。他忠于职守，办事可靠，受到了萧映的赏识。后来，萧映被任命为吴兴太守，陈霸先跟随他一同赴任。萧映改任广州刺史时，陈霸先被推举为中直兵参军。不久，陈霸先出任西江都护、高要太守。

交州刺史萧谘为人暴虐，引起民愤，当地土人李贲起兵反抗，赶走了萧谘。朝廷急忙派新州刺史卢子雄、高州刺史孙冏前去镇压，由于他们行军缓慢，萧衍怀疑他们私通叛国，竟在广州将二人赐死，这一举动激起了将士们的强烈不满。卢子雄部将卢子略、杜僧明等人引兵围攻广州，坐镇广州的萧映急忙召陈霸先平叛。陈霸先接到命令后，率领3000精兵星夜兼程，迅速平定了叛乱。事后，萧衍封陈霸先为直阁将军，并派画师前往广州替他画像。

南梁大同十年（544年）正月，交州军阀李贲仿照梁朝制度，设置百官，自称越帝，反叛梁朝。萧衍封陈霸先为交州司马、领武平太守，与交州刺史杨瞟一起征讨李贲。陈霸先不敢怠慢，立即招兵买马，整修兵器，筹办军资，率领大军到达交州，在苏历河口与李贲的3万人马相遇。陈霸先身先士卒，冲锋陷阵，大获全胜。李贲溃逃至嘉宁屈獠洞中，该地崇山峻岭、环境恶劣，不宜追击，陈霸先只得在周围驻守。经过3年的苦战，他终于除掉李贲，平定叛乱，收复交、爱、德、利、明等数州。经此一战，陈霸先名噪一时，但因出身卑微，并未受到朝廷的重用，仅被封为西江都护、高要太守、都督七郡诸军事。

不久，侯景暴乱，攻陷建康，杀死梁武帝萧衍父子。陈霸先奉命率部征讨，最终打败侯景，立下了赫赫战功，被梁元帝萧绎封为司空，镇守京口。

受禅称帝　建立陈朝

南梁承圣三年，西魏突袭江陵，由于王僧辩救援不力，导致梁元帝萧绎被杀。在陈霸先和王僧辩的拥立下，梁元帝第九子萧方智继位。这时北齐也想浑水摸鱼，想将萧渊明送回建康当皇帝。王僧辩迫于北齐的压力，不顾陈霸先反对，迎萧渊明为帝，改立萧方智为太子，两人因此产生了矛盾。陈霸先在京口起兵，突袭建康，杀死王僧辩，逼迫萧渊明退位，并再次拥立萧方智为帝，自己为大都督，总揽军国大事。

王僧辩死后，其部下先后起兵征讨陈霸先，震州刺史杜龛、义兴太守韦载以及王僧辩胞弟、吴郡太守王僧智据城抗击。陈霸先派部将周文育进攻义兴，但周文育出师不利，吃了败仗。韦载乘胜在城外据水立栅，与周文育对峙。陈霸先得知消息后，亲率大军到达义兴，两天内拔除栅栏，又派韦载的族弟劝降了韦载。

然而，一波未平一波又起，陈霸先离京不久，秦州刺史徐嗣徽和南豫州刺史任约突然投降了北齐，然后率领5000精兵偷袭建康，占据石头城，与留守台城的侯安都对峙。十一月，北齐又派5000人渡江占据姑孰，支援徐嗣徽、任约，继而又派安州刺史翟子崇、楚州刺史刘世荣、淮州刺史柳达摩领兵万人从胡墅渡江，给石头城送去3万石米、1000多匹马予以支援。

眼见北齐来势凶猛，陈霸先听从韦载的建议，派侯安都夜袭胡墅，烧毁敌人战船千余艘，又派周铁武断齐粮道，接着又在大航修复侯景故垒，派兵据守，保障与东部联系的运输线。与此同时，齐军也在仓门、水南设置栅栏，但几天后便被陈霸先拔除，徐嗣徽战败。之后，徐嗣徽让柳达摩留守石头城，自己则与任约去采石迎接齐军。

十二月，侯安都率领水军攻破徐嗣徽的栅栏，俘虏齐军数百人。接着，陈霸先在冶城架起浮桥，渡河进攻北齐仓门、水南两栅，打败齐军。徐嗣徽、任约二人想带领北齐援军进驻石头城，但受到陈霸先的阻击，只得驻守江宁浦口，不久便被侯安都率领的水军打得大败而逃。之后，陈霸先召集各路军将石头城团团围住。在外无救兵、内无粮草的情况下，柳达摩只好派人向陈霸先求和，但提出让陈霸先将儿子陈昌送进城中当人质。由于梁朝急于结束战争，陈霸先只好答应他。

击退北齐大规模的进犯后，陈霸先相继消灭了东扬州刺史张彪、江宁令陈忠嗣、黄门侍郎曹郎及岭南曲江侯萧勃等反叛势力。

南梁太平元年三月，北齐撕毁和约，再次派大都督萧轨与徐嗣徽、任约等合兵10万，进军梁朝。陈霸先早有防备，提前派侯安都、周铁武防范。经过多次激战，齐军大败而归，退往芜湖。陈霸先又派定州刺史沈泰到梁山支援侯安都，并亲自前往梁山巡视。侯安都趁齐军立足未稳，突袭齐行台司司马恭，大获全胜，俘虏近万人。齐军无心再战，遂向梁朝求和，提出要带萧渊明返齐，不料萧渊明于途中病死。萧轨感到上了当，又走陆路，直逼建康。陈霸先立即召回梁山各路人马，做好防御准备，由此打响了建康保卫战。

刚开始，陈霸先乘北齐军立足未稳，给予其狠狠的打击。但是，随着北齐主力部队陆续到来，陈霸先渐渐处于劣势，不得不改变战略，避实就虚，且战且退，以游击战术破坏敌人的补给线。不久，陈霸先发现自己已经没有了退路，四面已有三面被敌人包围，形势十分危急。幸好天无绝人之路，江南梅雨季节来临了，大雨连下数日，北齐军缺乏粮食，又得时刻防备陈霸先的偷袭，士兵得不到充分的休息，整天站在水中，一个个萎靡不振、疲惫不堪。而陈霸先的部队居高临下，又经常轮换休养，精神状态始终保持得很好。

陈霸先见北齐军状态不济，亲自率军对其发起猛烈进攻，大败北齐军，并俘虏齐军主帅萧轨。因为保城有功，萧方智封陈霸先为中书监、司徒、扬州刺史，晋爵长城公。九月，陈霸先被提升为丞相、录尚书事、镇卫大将军、扬州牧、义兴郡公。自此，陈霸先总揽朝政大权，萧方智反而成了傀儡皇帝。

南梁太平二年九月，陈霸先又晋升为相国，总百揆，封陈公，备九锡之礼，于陈国设置百官，俨然如皇帝一般。十月，陈霸先再次晋爵为王。眼见时机已经成熟，陈霸先废掉萧方智，自称皇帝，建立陈朝，定都建康，改元永定。

征讨叛逆　未捷先死

此前陈霸先拥立萧方智为帝时，湘州刺史王琳心中一直不服，他集结兵力，打造战船，想要讨伐陈霸先。永定元年（557年）八月，陈霸先派平西将军周文育、平南将军侯安都讨伐王琳。十月，周文育与侯安都会师，准备对王琳发动进攻，这时突然传来了陈霸先废帝登基的消息。于是，在该不该继续攻打王琳的问题上，周文育与侯安都产生了严重分歧，以至于未能攻克郢州。

不久，王琳率军进至弇（yǎn）口，侯安都急忙退守沌口，留部将沈泰驻守汉曲。经过一段时间的对峙，侯军大败，周文育、侯安都被俘，沈泰突围而逃。

永定二年，王琳统兵10万进至湓城，驻扎在白水浦。他本想率军向东，不料遭到北江州刺史鲁悉达的截击，无法脱身，急忙求助于北齐，并请回永嘉王萧庄，拥立萧庄为帝，改元天启。萧庄封王琳为丞相、都督中外诸军、录尚书事。同年六月，陈霸先派司空侯瑱、徐度率军攻击王琳，取得了胜利。之后，陈霸先派谢哲去游说王琳投降，双方最终达成协议，王琳同意退守湘州，息兵罢战。

在对外征讨叛逆的同时，陈霸先对内宽政廉平，任人唯贤，发展经济。为了补充江南地区的人口，他将大量的广东居民迁徙过去，使生产得到了恢复。在他的努力下，江南局势日趋稳定，陈朝在一个纷乱的时局中顽强守住了中国经济最繁荣的地区，为隋唐一统打下了牢固的基础。

永定三年（559年）六月，陈霸先病逝。

文帝陈蒨

陈蒨档案

生卒年	522—566年	在位时间	559—566年
父亲	陈道谭	谥号	文皇帝
母亲	不详	庙号	世祖
后妃	沈妙容等	曾用年号	天嘉、天康

陈蒨（qiàn），又名昙蒨、荃菺（jiān），字子华，陈武帝陈霸先之侄，始兴昭烈王陈道谭长子，南北朝时期陈朝第二位皇帝。

陈蒨初封临川郡王，陈霸先驾崩后，遗诏征陈蒨入纂，后大臣拥立他为帝，改元天嘉。

作为南朝历代皇帝中比较有作为的一个，陈蒨继位后励精图治，大力整顿吏治，注重发展农业生产，兴修水利，对江南经济的恢复起到了非常积极的作用。他在位期间政治清明，百姓安居乐业，国家富足，国力明显增强。

天康元年（566年），陈蒨驾崩，终年45岁，谥号文皇帝，庙号世祖，葬于永宁陵。

继承叔位　灵前称帝

陈蒨容貌秀美英俊，风度优雅大方，从小就聪慧机智，性情沉稳，胆识过人，深得陈霸先喜爱。侯景之乱爆发后，陈蒨的乡里之中有很多人干起了盗匪勾当，凭靠当地险要的山湖地势抢掠财富，陈蒨力保家族不受盗匪的侵扰。后来时局更加动荡，陈蒨便迁到临安居住。陈霸先率众起义之后，侯景派人抓捕了陈蒨和陈霸先的儿子陈昌，陈蒨偷偷在袖中藏了把利刃，准备在见到侯景时刺杀他，但因没有见到侯景而未有下手的机会。陈霸先围攻石头城时，侯景多次想杀死陈蒨；侯景战败后，陈蒨趁乱逃跑，来到陈霸先的军营。

侯景之乱平息后，陈蒨被封为吴兴太守。当时吴兴有一伙强盗，首领名叫纪机、郝仲，手下有几千人，以打家劫舍为生。陈蒨上任后，第一件事就是率兵将他们一网打尽，赢得了老百姓的一片叫好声。南梁承圣二年（553年），陈蒨被封为信武将军，监南徐州。次年，陈霸先北征广陵，陈蒨作为先锋，身先士卒，作战勇敢，每战必胜。

南梁绍泰元年，陈蒨辅助周文育平定杜龛、张彪之乱，立下战功，被授使持节、都督会稽等十郡诸军事、宣毅将军、会稽太守。他上任后，派兵平定各处叛乱，因此声名大振。

后来，陈霸先建立陈朝，封陈蒨为临川郡王，拜侍中、安东将军，派他镇守南皖。永定三年六月，陈霸先驾崩，陈蒨听到消息后，急忙和侯安都赶回建康。大臣们考虑到陈霸先的儿子陈昌还在北周手中，无法回来继位，便在侯安都等人的提议下，由陈蒨继位。而陈蒨认为陈昌还在世，轮不到自己做皇帝，极力推辞。侯安都劝道："身为国家重臣，就要为国家考虑，不能拘于小节而乱了大局。"陈蒨认为他言之有理，便点头答应，登位称帝，次年改元天嘉。

抗外平内　临危不乱

陈蒨继位后，王琳趁局势未稳，率军来犯。北齐刘伯球、慕容子会也领兵前来助战，形势十分危急。陈蒨不怯不惧，沉着应对，派侯瑱等大将率精兵迎敌，经过多次战斗，王琳全军覆没，刘伯球、慕容子会被俘虏，后来王琳突围投奔北齐。陈蒨得以收复失地，将江州、郢州等江南之地全部纳入自己的管辖范围。

然而，王琳叛乱刚刚平定，北周司马贺若敦又率兵1万攻占武陵地区，然后进驻湘州。陈蒨派兵迎敌，经过数月的战斗，终于大败北周军队，先后平定武陵、天门、南平、义阳、河东、宜都等地。

这次战斗使北周看清了南陈的实力，不敢再继续挑衅。天嘉二年（561年），北周派使者前来议和，并答应送还安成王陈顼，陈国则将黔中及鲁山让给北周。从此以后，两国和平相处，矛盾得以缓和。

陈蒨对外以和为贵，对内则采用强硬手段，先后平定了江州刺史周迪、豫章熊昙朗、东阳留异、闽州刺史陈宝应等人的叛乱，并制服了广州刺史欧阳頠（wěi）等人，逐渐消除了国内的不安定因素，稳定了局势。

在征讨各地反叛势力的同时，陈蒨与侯安都之间的矛盾逐渐激化。陈霸先在位时，侯安都战功卓著，深受重用。陈蒨继位后，侯安都自恃功高，倚老卖老，谁都不放在眼里，时常召集宾客骑射赋诗，有时达1000多人，排场之大甚至超过了皇帝，这也引起了陈蒨的不悦。此外，侯安都部下仗势欺人，目无法纪，闯了祸就跑到侯安都家中躲避。陈蒨执法严明，听说侯安都经常包庇罪犯，心中更加不满。后来，中书舍人蔡景历诬告侯安都有意谋反，陈蒨也不问真假，下令逮捕侯安都，收缴其部下将士的武器、马匹，并将侯安都赐死。

天嘉六年（565年）正月，陈蒨为太子陈伯宗举行元服之礼；八月封弟弟骠骑将军、扬州刺史、安成王陈顼为司空，还把自己的几个皇子册封为王，其中，陈伯固封新安王，陈伯恭封晋安王，陈伯仁封庐陵王,陈伯义封江夏王。天嘉七年(566年)二月,陈蒨改元天康,不久又封陈顼为尚书令,使陈顼的权力进一步扩大,为其后来篡夺皇位埋下了隐患。

同年六月,陈蒨病逝,遗诏太子陈伯宗继承帝位。

废帝陈伯宗

陈伯宗档案

生卒年	554—570 年	在位时间	566—568 年
父亲	文帝陈蒨	谥号	无
母亲	沈妙容	庙号	无
后妃	王皇后等	曾用年号	光大

陈伯宗,字奉业,小字药王,文帝陈蒨长子,南北朝时期陈朝第三位皇帝。

永定三年九月,陈伯宗被立为皇太子。天康元年(566年),文帝陈蒨驾崩,陈伯宗继位,次年改元光大。

陈伯宗继位时年仅13岁,朝政大权掌握在叔父陈顼手中。光大二年(568年),陈顼以皇太后的名义,废陈伯宗为临海郡王,自己取而代之。

太建二年(570年),陈伯宗暴亡,终年17岁。

侄儿称帝 叔父掌权

永定元年,陈霸先废掉梁武帝萧方智,建立陈朝,封侄子陈蒨为临川郡王。永定二年二月初五,陈霸先封陈伯宗为临川郡王世子。永定三年,陈霸先驾崩,陈蒨继位,册立陈伯宗为太子。由于南梁皇室遭遇内乱的时候，太子居住的东宫被付之一炬，所以陈伯宗被立为太子后住在永福省。

天康元年，文帝陈蒨身患重病，知道自己时日无多，便找来弟弟安成王陈顼交代后事："伯宗年幼，软弱无能，我怕他当不了这个皇帝，准备将这个位子让给你来坐，怎么样？"陈顼对于兄长的心思非常明白，知道他是在试探自己，忙流着泪推辞："哥哥千万不要再说这样的话，弟弟承受不起，等到伯宗继位那一天，我一定尽心尽力地辅佐他。"陈蒨听了遂放下心来，开始安排后事，下诏封孙奂为太子詹事，陈顼为司空、尚书令，配合中书舍人刘师知、尚书仆射到仲举共同辅佐朝政。

同年四月，陈蒨驾崩，太子陈伯宗在太极前殿即皇帝位，次年改元光大，改尊武帝皇后章要儿为太皇太后，母亲沈妙容为皇太后，大赦天下。

辅臣内斗　牵连受害

陈伯宗继位后，加封陈顼为司徒、录尚书、都督中外诸军事。刘师知、到仲举作为辅政大臣，也都受到重用，但他们二人位高权重，不将小皇帝放在眼里，常常以商议朝政大事为由住在宫中，对朝廷构成了不小的威胁。当时陈顼还兼任扬州刺史一职，但并没有赴任。他看到这种情况，也带领300多名官员住进了尚书省，与刘师知、到仲举二人相抗衡。这样一来，大臣们之间开始产生了矛盾，并迅速激化。

刘师知担心陈顼的威望和权势威胁到自己的地位，便假冒皇帝的名义向陈顼下诏说："现在四方太平，朝中无大事，大王可以回到东府，治理州中事务。"陈顼信以为真，正准备搬出去，幕僚毛喜劝他说："将军千万不可以搬出去，必须在这里住下去，否则就会受别人的控制，好比曹爽，想做一个富翁也做不到。"陈顼听了顿时恍然大悟，于是假称有病，并找了个借口留刘师知与自己谈话，暗中则派毛喜进宫去向皇太后求证。皇太后沈妙容否认自己下了这份懿旨，毛喜又去找陈伯宗，陈伯宗也否认自己说过这样的话。

毛喜急忙赶回尚书省向陈顼报告此事。陈顼知道上当后，十分气恼，下令将刘师知囚禁起来，自己进宫去见皇太后沈妙容和陈伯宗，称刘师知假传圣旨，罪当斩首，并亲手起草诏令请求签字，把刘师知交付廷尉治罪。当天晚上，刘师知在狱中被赐自尽。从此，陈顼独掌朝纲。湘州刺史华皎听说刘师知被杀，便联合北周、后梁，以勤王的名义发兵讨伐陈顼。陈顼派大将吴明彻前去迎战，将华皎打败。

光大二年十一月，陈顼发动政变，以皇太后沈妙容的名义，废黜陈伯宗，贬其为临海王，迁到藩地居住。

太建元年（569年）正月，陈顼自立为帝；次年，陈伯宗暴亡，史称陈废帝。

宣帝陈顼

陈顼档案

生卒年	530—582 年	在位时间	569—582 年
父亲	陈道谭	谥号	孝宣皇帝
母亲	不详	庙号	高宗
后妃	柳皇后、钱贵妃等	曾用年号	太建

陈顼,又名陈昙顼,字绍世,小字师利,武帝陈霸先之侄,始兴昭烈王陈道谭次子,废帝陈伯宗之叔,南北朝时期陈朝第四位皇帝。

永定元年,陈顼袭封始兴郡王。天康元年,文帝陈蒨驾崩,太子陈伯宗即位,陈顼受遗诏重托,成为辅政大臣。光大二年,陈顼废掉陈伯宗。于次年正月自立为帝,改元太建。

陈顼在位期间,实行了一系列政治经济措施,鼓励百姓开垦荒地,兴修水利,发展农业生产,使社会经济得到了一定的恢复和发展,政治上也较为清明,国家相对安定。

太建十四年(582 年),陈顼驾崩,终年 53 岁,谥号孝宣皇帝,庙号高宗,葬于显宁陵。

平步青云　终登帝位

陈顼长相英俊，性情宽厚大度，极富才干和谋略，擅长骑射，雄武有力，深受武帝陈霸先器重。陈霸先讨伐侯景的时候，命令陈顼镇守京口。平定侯景之乱后，梁元帝萧绎担心陈霸先功高震主，难以控制，便将他的儿子陈昌和陈顼召到身边，名义上是侍奉皇帝，实际上是作为牵制陈霸先的人质。在江陵，梁元帝萧绎封陈顼为进阁将军、中书侍郎。

南梁承圣三年，西魏发兵攻破江陵，梁元帝萧绎被杀，陈昌和陈顼被俘虏到长安。后来，陈昌和陈顼又成为北周的人质。南梁太平二年，陈霸先称帝，遥封陈顼为始兴郡王。永定三年，陈蒨继位，改封陈顼为安成王。天嘉三年（562年），北周看到南陈国力强盛，不愿再发动战争，于是派使者前来讲和，陈顼也得以从北周回国。

陈顼回到陈朝后，受到陈蒨的特别照顾，多次给他加官晋爵，先后封侍中、中书监、中卫将军等职；不久又封为使持节，都督扬、南徐、东扬、南豫、北江五州诸军事，扬州刺史。次年，陈顼加官开府仪同三司，后又迁任司空，加领尚书令。

陈蒨十分信任陈顼，临终前将朝政大事托付给他和中书舍人刘师知等人。但陈蒨去世不久，陈顼即将刘师知等人杀死，又派兵平定华皎叛乱，独揽朝政大权。光大二年十一月，陈顼干脆废掉陈伯宗，并于次年正月自立为帝，改元太建；改尊陈武帝皇后章要儿为皇太后，立妃子柳敬言为皇后，世子陈叔宝为太子。

兼并北齐　半途而废

陈顼即位不久，看到盘踞广州的欧阳纥实力强大，担心以后无法控制，便召他入朝为官，以此削弱其权力。欧阳纥拒不从命，在部将的怂恿下起兵反叛。陈顼急忙进行安抚，但欧阳纥根本不听，陈顼只得派大将章昭达前去讨伐。欧阳纥毕竟势弱，打算联合阳春郡太守冯仆一同起事，但遭到冯仆母亲的拒绝，她不许叛军入境，并命令冯仆亲自率领各部落首长迎接章昭达入城，双方联手平定了叛乱，欧阳纥被杀。

叛乱平定后，陈顼开始集中精力整顿内政，大兴水利，开荒垦地，鼓励农业生产，减轻赋税，促进了经济发展，国力迅速增强。与此同时，北齐的国力却严重衰退，这使陈顼产生了武力兼并北齐的打算。他召集群臣商议此事，结果遭到大多数人的反对，唯有镇前将军吴明彻坚决支持北伐。

太建五年（573年）三月，陈顼命令吴明彻领兵10万，向北齐进发。吴明彻统领大军，一路势如破竹，首先攻克合肥，之后又拿下仁州、峡石，直逼寿阳。北齐慌忙派巴陵王王琳、扬州刺史王贵显增兵寿阳。吴明彻趁王琳大军刚入寿阳立足未稳之际，率部连夜攻城，于夜半时分攻克寿阳外城，齐军退守内城。十月，吴明彻在淝水筑坝，将水引入城内，日子一久，北齐官兵大多腹泻生病，手脚溃烂。不久，吴明彻攻克寿阳，俘虏王琳、王贵显、扶风王可朱浑孝裕、尚书庐潜等人。

平定寿阳后，吴明彻得到陈顼的命令，班师回朝，失去了统一北方的机会。结果，北周武帝宇文邕趁机而进，消灭北齐，统一了北方。

北伐失败　无力回天

陈顼看到北齐被北周消灭，心有不甘，又派吴明彻率兵讨伐北周。吴明彻在北周吕梁打败徐州总管梁士彦，继而围攻彭城。梁士彦退入城内坚守，吴明彻久攻不下，心中十分焦急。恰在这时，北周大将王轨赶来支援，用铁索贯连车轮沉入清水，阻断陈军退路，导致陈军军心大乱。在北周的围攻下，陈军迅速溃败，吴明彻也被俘虏，押往长安。这次北伐失败使南陈丢失了淮南之地，兵力耗尽，从此走向衰落。

此后几年，陈顼虽然接受教训，励精图治，大力发展经济，但是因为彭城一战伤了元气，再也无力与北周抗衡。后来，北周武帝宇文邕病逝，宇文赟继位后贪图享乐，陈朝政权才有幸得以苟延残喘十余年。太建十四年正月，陈顼病逝。

后主陈叔宝

陈叔宝档案

生卒年	553—604 年	在位时间	582—589 年
父亲	宣帝陈顼	谥号	炀帝
母亲	柳皇后	庙号	无
后妃	沈皇后、张贵妃、孔贵妃等	曾用年号	至德、祯明

陈叔宝,字元秀,小字黄奴,宣帝陈顼长子,南北朝时期陈朝最后一位皇帝。

天嘉三年,陈叔宝被立为安城王世子,后历任宁远将军、太子中庶子、侍中等职。太建元年正月,被立为太子。太建十四年,宣帝陈顼病逝,陈叔宝即位称帝,改元至德。

陈叔宝昏庸无能,在位期间疏于朝政,大兴土木,生活奢靡,最大的爱好是与后宫妃嫔、文臣游宴,创作艳词。隋军南下时,他天真地以为长江天险牢不可破,毫不在意。结果,祯明三年(589 年),隋军攻破建康,南陈宣告灭亡,他也被俘虏,送往洛阳。

隋仁寿四年(604 年),陈叔宝病逝于洛阳,终年 52 岁,被追赠为大将军、长城县公,谥号炀帝,葬于洛阳邙山。

同室操戈　死里逃生

陈叔宝出身帝王贵胄之家，但却长年质留西魏，并与父亲分离两地，由母亲独自抚养长大。一直到他11岁的时候，他的父亲陈顼才得以回国，被封为安成王，而他也被封为王世子。陈叔宝的童年看似坎坷，但是生活仍然富足优渥。

太建元年正月，陈顼即位称帝，封长子陈叔宝为太子。太建十四年，陈顼病逝，为了争夺皇位，陈叔宝与弟弟陈叔陵发生了一场你死我活的争斗。

陈叔陵是宣帝陈顼次子，于太建元年被封为始兴王，授使持节，都督江、郢、晋三州诸军事，表现出非凡的才能，深得父亲宠爱。然而，陈叔陵虽然才智过人，却恃才傲物、性情严苛。他在地方任职时，常常奴役官员，滥用民力，以至于州官们听说他来视察，都惊恐万分。陈叔陵施刑严苛，本来别人只是犯了一点小错，罪该鞭刑，他却加重处罚，将其投进监狱里，之后便不闻不问，所以犯人在牢房可能一待就是几年。而且，他常常深夜召集大臣们议事或玩乐，引起了大臣们的反感。但也因为他的残暴，下属们恐遭报复，不敢将他的事情上奏朝廷，所以宣帝陈顼对此一无所知。太建九年（577年），陈叔陵又被封为扬州刺史，都督扬、徐、东扬、南豫四州诸军事。

陈顼病重时，陈叔宝、陈叔陵、陈叔坚兄弟三人一同进京服侍，陈叔陵见陈顼已经病入膏肓，产生了篡权夺位的想法。据说为了达到这一目的，他特地命令典药吏将刀子磨得锋利一些，以备急用。陈顼驾崩当天，他又命令侍卫去取宝剑，侍卫误以为他想为先帝举行仪式，急忙取来一把木剑，结果被他狠狠地骂了一顿。

陈顼驾崩第三天，尸体将要入殓，陈叔宝伏在灵前悲痛欲绝，放声大哭，陈叔陵突然从怀中抽出切药刀，朝陈叔宝的后背砍下去。陈叔宝猝不及防，被砍中后颈，昏死过去。陈叔宝的生母柳皇后见状大惊失色，急忙上前阻挡，也被砍伤。陈叔宝的奶娘吴氏情急之下，绕到陈叔陵身后，死死抱住他拿刀的手。危急关头，陈叔宝突然苏醒过来，连滚带爬地跑出灵堂。长沙王陈叔坚闻讯赶来后，掐住陈叔陵的咽喉，夺下了刀子。

陈叔陵行刺失败后跑回东府，赦免囚犯，许以重金，让他们临时充当禁卫军。他自己又登上西城门楼召集诸王将帅，想要围攻皇宫，但除了陈伯固以外，没有人响应。

当时陈朝大将都不在宫中，陈叔宝急令右卫将军萧摩诃率领几百将士围攻东府。陈叔陵企图招降萧摩诃，但却遭到拒绝。陈叔陵深知自己的处境，先将妃子张氏等7人投入井中，之后冲出包围，率领几百人连夜渡江，想要坐船投奔隋朝，结果被萧摩诃追上，他及儿子被诛杀，内乱得以平定。

太建十四年正月，陈叔宝继位，改元至德。他对几个平叛的功臣进行了封赏：长沙王陈叔坚为骠骑将军，领扬州刺史；萧摩诃为散骑常侍、车骑大将军。

才华出众　生性荒淫

因伤未愈，陈叔宝继位后，很长一段时间不能亲政，只好把政务交给刘太后和长沙王陈叔坚处理。

陈叔坚因护驾有功，加上大权在握，也逐渐骄横起来。陈叔宝听到陈叔坚专权暴政的事情后，心中虽然有所不满，但考虑到他曾经救过自己的命，又是手足兄弟，便没有追究。后来，因为都官尚书①孔范、中书舍人施文庆厌恶陈叔坚，时常在陈叔宝面前说陈叔坚的坏话，陈叔宝最终罢免了陈叔坚的官职。

陈叔坚被免后，祠部尚书江总改任吏部尚书，参与朝政。但是，江总喜爱吟诗作赋，饮酒寻欢，对政务不大关心，朝政大权渐渐落入右卫将军兼中书舍人司马申手中。朝中元老毛喜看不惯司马申的所作所为，从来不奉承他，司马申便在陈叔宝面前大进谗言。陈叔宝不辨是非，将毛喜贬为永嘉内史。如此一来，朝中再也没有人敢于直言进谏。

陈叔宝登位后一改之前几位皇帝节俭朴素的作风，大兴土木，用香木建造了临春、结绮、望仙三座阁楼，"饰以金玉，间以翡翠，外施珠帘，内有宝床、宝帐"，里面藏有大量美女，天天陪着他饮酒作乐。

后宫有一名贵妃叫张丽华，原是龚贵嫔的侍女，"发长七尺，鬓黑如漆，其光可鉴，特聪慧，有神采，进止闲华，容色端丽"，深受陈叔宝的宠爱。太监前来奏事，陈叔宝也将张丽华搂抱在怀中，有时甚至还让她参与议事。张丽华将外戚引进朝中，肆意妄为，卖官鬻爵，行贿受贿，使朝廷上下一片乌烟瘴气。

陈叔宝处理朝政不怎么样，文采却极高，经常吟诗作赋，身边聚集了一班文人骚客。以尚书令江总为首的一批朝廷命官不务正业，天天和陈叔宝待在一起，作诗唱曲，乐此不疲。陈叔宝还将宫中几位才色俱佳、善于吟诗作画的宫女也聚到身边，称之为"女学士"。每次宴会都是嫔妃群集。有时他甚至找来一些被称为"狎客"的无赖小臣与嫔妃们左右夹坐，一边饮酒一边调笑，吟诵一些格调低下、轻薄淫靡的诗词。陈叔宝曾写过一首很有名的艳诗《玉树后庭花》，流传至今。

在陈叔宝醉生梦死、尽情享乐的同时，北周已经被隋朝取代，隋炀帝杨坚开始着手统一天下的征伐行动。祯明二年（588年），陈叔宝在孔范等人的支持下，废原太子陈胤为吴兴王，另立始安王陈深为太子。陈叔宝本来还想立张丽华为皇后，但还没有宣布，危机就已经降临到了他的头上。

胸无大志　诗酒亡国

太建十三年（581年），杨坚建立隋朝。在登基初期，因为政局未稳，杨坚不敢轻易出兵，采取与陈朝通好的政策来麻痹对方。祯明元年，杨坚平定了突厥的入侵，再也没有后顾之忧，开始准备征讨南陈。

祯明二年，陈叔宝一面派使者向隋朝示好，一面出兵峡口，偷袭峡州。杨坚正愁找不到出兵陈朝的理由，现在机会来了，他当即派杨广统兵50万征讨南陈。陈朝边境频频发出告急文书，但都被中书舍人施文庆暗中扣留下来,隐瞒不报。

此时陈叔宝正在举办一个盛大的新年庆典,命令沿江前线统帅南平王陈嶷、永嘉王陈彦率战船入京,致使长江防线空虚,完全失去了防守能力。隋军长驱直入,一路上没有受到任何阻击。尚书仆射袁宪、骠骑将军萧摩诃等得知隋军来袭,多次主动请缨,要求带兵迎战,均被施文庆等人阻拦。陈叔宝则幼稚地认为长江可以凭险据守,敌人不可能跨越。他对近臣说道:"金陵王气在此,齐兵三度来,周师再度至,无不摧没,谅那隋军又能如何,来者必自败!"

祯明三年正月,当陈叔宝在朝中大摆宴席、庆祝新年的时候,隋将韩擒虎渡过采石、贺若弼横跨长江,直逼建康,短短几天便进抵钟山。此时建康虽有10万人马,但陈叔宝已经被吓破了胆,日夜哭泣,将朝中大事交由施文庆全权处理。国难当头,施文庆却嫉贤妒能,担心将领们取胜后功劳大于自己。他向陈叔宝进谗言说:"这些将领拥兵自重,平时就不听指挥,在此危难之时,又怎能让人相信?"于是,陈叔宝对将领们的请战置之不理,一再贻误战机,坐以待毙。

随着强敌临近,陈叔宝如梦醒一般,突然回过神来,急忙命令萧摩诃率兵迎敌。然而战机早已错失,隋军已经部署完毕,只等开战。萧摩诃自知不敌,勉强应战。这个时候,陈叔宝竟然还和萧摩诃的妻子私通。消息传到萧摩诃耳中,他再也无心抗敌,很快战败,成了隋军的俘虏。大将任忠逃回城中,将前线的情况报告陈叔宝,表示无力再战。陈叔宝仍不甘心,以重金招募将士,欲背水一战。但是,任忠看到大势已去,主动出城向韩擒虎投降,然后引领隋军进入城内,建康告破。

陈叔宝急忙带着心爱的张贵妃、孔贵妃,跑到景阳殿后的一口枯井旁躲藏起来,后被隋军找到,送往长安,南陈宣告灭亡。

杨坚见陈叔宝昏庸无能,贪图享乐,便留他一条性命,赐予住宅,让他居住在长安,后又迁往洛阳。到了这个时候,陈叔宝仍旧天天饮酒作乐,还多次要求监守官给他求一官号。杨坚知道后感叹道:"陈叔宝全无心肝。"

隋仁寿四年,陈叔宝在洛阳病逝。

注释：

①都官尚书：官名，尚书省郎曹之一。发轫于汉武帝时期，汉魏晋朝袭之，定名于十六国和南北朝时期，隋朝初年沿置。隋朝开皇三年（583年）改称刑部尚书，后代因袭。

齐高祖萧道成↑

出自明代万历《三才图会》。

梁武帝像↓

出自《历代帝王像》,传为清代姚文翰绘制,现藏美国大都会艺术博物馆。

异趣帖→

绢本草书,现藏于台北故宫博物院。
释文:爱业愈深,一念修怨,永堕异趣,君不……

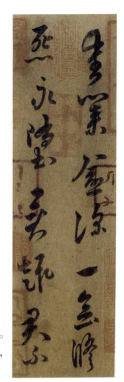

昭明太子↓

出自庆安本《历代君臣图像》。萧统(501—531年),梁武帝长子,31岁去世,谥号昭明,史称"昭明太子"。他主持编撰的《文选》,是中国现存最早的诗文总集。

职贡图卷(局部)↑

梁元帝萧绎作,绢本手卷,现藏国家博物馆。内容为"番客入朝图",曾得到梁武帝的称善。图中左为百济(今朝鲜半岛西南部)使者,右为波斯(今伊朗)使者。

青瓷莲花尊 ↑

青瓷莲花尊是南北朝时期名贵的青瓷品种。这件青瓷莲花尊1956年出土于湖北省武汉市武昌钵盂山391号墓,现藏湖北省博物馆。

南朝陈皇帝像

出自《历代帝王图》。传为唐代阎立本画作,绢本设色,现存为后人摹本,现藏于美国波士顿博物馆。右图:陈叔宝、陈伯宗;下图:陈蒨、陈顼。

瘗鹤铭(拓片) ↓

是原刻于镇江焦山西麓崖壁上的摩崖石刻,被历代书家推为"大字之祖",书写者传为南朝梁陶弘景。现存五残石,陈列于镇江焦山碑林中。图为《瘗鹤铭》拓本。

贴金彩绘石雕佛造像 ↓

东魏天平三年(536年)造像,1996年山东青州龙兴寺遗址出土。此浮雕三尊像造像俊美,保留较多贴金彩绘痕迹。

北齐彩绘陶牛车

1955年山西太原张肃俗墓出土。现藏国家博物馆。

带釉螭柄鸡首陶壶

1955年出土于山西太原南郊晋祠乡王郭村北齐娄睿墓。现藏于山西省考古研究所。

←隐士陶弘景

陶弘景（456—536年），出身士族，是齐、梁时著名的道士，时人称为"山中宰相"。图为南宋马麟《静听松风图》，据推测画中老者就是陶弘景，本画展现了一个醉心山林丘壑、悠闲世外的隐士形象。

校书图（局部）↓

北齐杨子华作，绢本手卷，设色，现藏美国波士顿艺术博物馆。杨子华，北齐画家，生卒年不详。此图中所描绘的是北齐文宣帝高洋命樊逊等人刊校《五经》诸史的故事。

仪卫出行图（局部）→

1979年发现于山西太原北齐娄睿墓。娄睿（531-570年），高欢武明皇后娄昭君的侄子，地位显赫。此壁画中人物为武士侍从等人物。

北周武帝宇文邕↑

出自《历代帝王图》。传为唐代阎立本画作，绢本设色，现存为后人摹本，现藏于美国波士顿博物馆。

北周"天元皇太后玺"金印↑

藏于陕西省咸阳市渭城区文物保护中心。天元皇太后是北周武帝宇文邕的皇后阿史那氏，突厥可汗的女儿，568年嫁宇文邕，北周静帝即位后，尊为"天元皇太后"。

独孤信墓志↑

1953年陕西省咸阳市底张湾出土，现藏国家博物馆。独孤信（503-557年），北周太保，大女儿是北周明帝宇文毓的明敬皇后，七女儿为隋文帝杨坚的文献皇后，四女儿是唐高祖李渊之母（追封元贞皇后）。

北周布泉、五行大布、永通万国钱币↑

北周钱币，分别在北周武帝保定元年（561年）、北周武帝建德三年（574年）、北周静帝大象元年（579年）开始铸造。

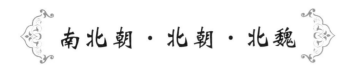

道武帝拓跋珪

拓跋珪档案

生卒年	371—409 年	在位时间	386—409 年
父亲	拓跋寔	谥号	宣武皇帝、道武皇帝
母亲	贺氏	庙号	烈祖、太祖
后妃	王氏、刘氏等	曾用年号	登国、皇始、天兴、天赐

拓跋珪,字涉圭,又名拓跋开、拓跋什翼圭、拓跋翼圭,鲜卑拓跋部人,南北朝时期北魏的开国皇帝。

淝水之战失利后,拓跋珪痛定思痛,重新召集旧部复兴代国。登国元年(386年),代王珪改称魏王。

拓跋珪在位前期,在政治、经济、军事等方面都取得了很大的成绩,但他后期却变得残暴、冷酷。

天赐六年(409年),拓跋珪被杀,终年39岁,谥号宣武皇帝,庙号烈祖,葬于盛乐金陵,后来改谥号道武皇帝,庙号太祖。

少年英才　志在复国

拓跋珪是十六国时代国昭成帝拓跋什翼犍的孙子。代建国三十九年，前秦王苻坚命幽州刺史苻洛率领大军攻打代国，拓跋什翼犍派部将率军迎敌，结果大败。不久，代国又发生内乱，拓跋什翼犍死于儿子之手。代国从此一分为二，由南匈奴刘库仁、刘卫辰各领一部。在大臣燕凤的保护下，拓跋珪与母亲贺氏依附于刘库仁。刘库仁的儿子刘显继位后，为了斩草除根，想要杀掉拓跋珪。拓跋珪听到风声后，用酒将刘显灌醉，然后带着母亲投奔舅父贺讷所在的贺兰部。

拓跋珪虽然年纪不大，但却聪慧过人，在贺兰部时就深得人心，远近争相归附。登国元年，各部大人向贺讷请求推举拓跋珪为主。贺讷遂推举拓跋珪为代王，年号登国。拓跋珪封汉人张衮为左长史、许谦为右司马，让长孙嵩[①]之弟长孙道生等侍从左右，负责出谋划策。至此，灭亡了10年左右的代国又在拓跋珪的领导下重新建立起来。

由于牛川位置偏远，不利于发展，拓跋珪将部落迁到盛乐，占有河套以东的广大草原地区。同年四月，拓跋珪改称魏王。

此时北魏四面都是强敌，北有贺兰部，南有独孤部，东有库莫奚部[②]，河套西还有铁弗部，阴山北有柔然部、高车部，太行山东、西有后燕和西燕。为了稳定政权，拓跋珪利用后燕与西燕之间的矛盾，主动与后燕交好，以牵制西燕；后来又与西燕结盟，遏制后燕的扩张。但他也知道，这种两面交好的办法维持不了太久，要想不受欺负，关键是要国力强大，所以他很注意经营内政，推出了一系列的经济发展政策。

就在拓跋珪努力壮大国力的时候，他的叔父与外戚刘显勾结，发动叛乱。拓跋珪被迫再次越过阴山，向后燕求援。与此同时，他的叔父也联络贺兰部贺染干夹击拓跋珪。拓跋珪临危不惧，避开贺染干，急行数百里到达桑干河支流上游，之后派人去联络慕容垂派来的援军，在高柳与敌人大战，结果大获全胜，顺利平定了叛乱。

高柳之战胜利后，拓跋珪为了进一步稳定政权，扩大实力，于登国二年（387年）打败了占据马邑的独孤部刘显、刘卫辰部落，占领了从五原到固阳塞一带的产粮地区。登国五年（390年），拓跋珪出兵征服了占据阴山北部的贺兰部，第二年又征服了占据河套以西的铁弗部。就这样，不到5年时间，周边几个强大的对手全部被拓跋珪消灭。随着实力的壮大，拓跋珪又先后兼并了库莫奚、高车、纥突邻③等部落，疆域进一步扩大。

登国九年（394年），后燕慕容垂消灭西燕后，准备进攻北魏。然而此时的北魏已今非昔比，完全有能力与后燕抗衡。次年五月，慕容垂派太子慕容宝统兵8万进攻北魏，拓跋珪急忙派兵前去迎敌，两军在黄河岸边相遇，经过10多天的对峙，慕容宝忽然听到国内传来慕容嵩叛乱的消息，急忙下令撤退。拓跋珪乘机渡过黄河追赶，在参合陂与慕容宝发生激战，杀敌数万，还缴获大量的粮草武器。

皇始元年（396年）十月，慕容垂又亲率大军前来报仇，攻克平城，俘获北魏3万多人。拓跋珪为避其锋芒，将主力退至阴山。慕容垂正打算继续进攻，不料突然染病，只得紧急撤退，后来死于途中。拓跋珪听到消息后，亲率精锐骑兵，长驱直入杀进中原，一路势如破竹，攻城拔寨，拿下信都、邺城、中山，占据了黄河以北地区。

即位称帝　效仿汉族

皇始三年，拓跋珪迁都平城，正式称帝，改国号为魏。之后，拓跋珪开始着手改革，效仿汉族文化，推行汉朝体制，设置百官，大量使用汉人参政，将鲜卑部落之间的酋长关系改为君臣关系，促使拓跋部落由奴隶制度向封建制度转变。据说，为了说服自己的部下，拓跋珪接受汉人崔宏的建议，找了一个冠冕堂皇的理由，说黄帝最小的儿子昌意受封于北土，是拓跋部落的祖先，因此，拓跋部就是黄帝的后裔，必须学习和运用汉人的制度和文化。

在改变制度的同时，拓跋珪也非常注重发展经济，鼓励农业生产，开荒屯田。他先是在盛乐、河套以西地区屯田，然后又命令拓跋仪在五原到固阳一带河套平原屯田。生产的粮食除一部分上缴外,其余全部分给农民,极大地提高了农民的生产积极性,促进了拓跋部从畜牧业向农业的转变。

为了巩固自己的统治,拓跋珪实行"离散诸部"的措施,强制解散有血缘关系的部落组织,按居住地来重新编制牧民,使得拓跋部的成员绝大部分变成了担负赋税和兵役的农民,进一步加快了拓跋部的封建化进程。

另外,拓跋珪还将俘虏来的大量人口带到北魏,发放耕牛、农具和田地让他们耕种,有效地增加了国家的税收。

在发展经济的同时,拓跋珪也很注重健全军事制度,将原来兵牧不分的军事制度改为封建的专制制度,奖励军功。

由于这一系列措施的实行,北魏的经济、文化、军事取得了快速发展,一举成为北方最强大的政权,也为后来北魏进一步统一积累了雄厚的物质基础。

猜忌多疑　不得善终

拓跋珪在少年、青年时期均大有作为,但是到了后来却性情大变。当时,他所推行的一系列改革措施损害了鲜卑人的利益,使得君臣之间产生了矛盾,而且愈演愈烈。拓跋珪为此忧心忡忡,加上长期服用寒食散④,他变得喜怒无常,总担心别人会夺取自己的帝位,对于功高位显的大臣疑心重重。长期的猜忌,使他的精神出现了错乱,往往因为一点小事就将大臣杀死。他先是杀了自己的堂兄拓跋仪,之后又因为大臣司空虞穿衣太华丽而杀了对方。越到后来,他的疑心越重,以至于看到谁脸色失常、气息不顺,甚至说话声音过高,都会将其杀死。

拓跋珪不但自己杀人,而且整天处于"被杀害"的妄想中,经常变换住所,并且对大臣严格保密,只有宠妃万贵人一人知道。然而,他不知道的是,万贵人早已和他的次子、清河王拓跋绍私通。天赐六年,贺夫人因为一点小事触怒了拓跋珪,被定为死罪关押起来。贺夫人当然不甘心就这样死掉，于是买通左右联系到儿子拓跋绍，拓跋绍又通过万贵人找到拓跋珪的寝室，亲手杀死了他。

注释：

①长孙嵩（358—437年）：鲜卑族，世为部落大人，北魏时期重臣。登国元年率众归代王拓跋珪。从征中山，除冀州刺史，赐爵巨鹿公。不久迁侍中、司徒、相州刺史。明元帝拓跋嗣时与奚斤等8人为"八公"，听理万机。太武帝拓跋焘即位后，晋爵北平王，迁太尉，加柱国大将军。后多以元老留镇京师。

②库莫奚部：古族名。南北朝时称"库莫奚"，隋唐简称为"奚"。与契丹同源，或谓出自鲜卑宇文部的一支。分布在饶乐水流域，营游牧业。

③纥突邻：鲜卑部落名。亦作纥豆陵氏，或误作纯突邻部。原称没鹿回部，窦姓。游牧于意辛山一带，首领称"大人""长帅"。与纥奚部世同部落。

④寒食散：当时流行于汉族士人间的一种药物，用朱砂、石英等矿物质炼制而成，主要用于排解心理上的焦虑和不安，副作用很大。

明元帝拓跋嗣

拓跋嗣档案

生卒年	392—423 年	在位时间	409—423 年
父亲	道武帝拓跋珪	谥号	明元皇帝
母亲	刘氏	庙号	太宗
后妃	姚氏、杜氏	曾用年号	永兴、神瑞、泰常

拓跋嗣,鲜卑族,道武帝拓跋珪长子,南北朝时期北魏第二位皇帝。

拓跋嗣初封齐王,拜相国,加封车骑将军,后又被立为太子。天赐六年十月,道武帝拓跋珪被弑杀,拓跋嗣在平息宫变后继位,改元永兴。

拓跋嗣文武双全,在位期间勤政爱民,拓展疆土,励精图治,是一位有作为的皇帝,对北魏的发展起到了重要作用。

泰常八年(423 年),拓跋嗣驾崩,终年 32 岁,谥号明元皇帝,庙号太宗,葬于金陵。

平息宫变　登基称帝

拓跋嗣少年时聪明大度,很有孝心,深得拓跋珪的喜爱。天兴六年

（403年），拓跋嗣12岁，被封为齐王，拜相国，加车骑大将军。

后来，拓跋嗣被立为太子，拓跋珪担心死后"后宫专政"，便效仿汉武帝杀钩弋夫人的先例，杀了拓跋嗣的生母刘氏。不料这一举动竟然演变成了一种制度，被后来北魏的很多皇帝所效仿。拓跋嗣得知母亲被杀，悲痛欲绝，日夜哭泣。拓跋珪认为他过于懦弱，召见他进行训话，左右急忙劝阻拓跋嗣说："陛下现在火气正盛，你去了说不准会出什么意外，不如先到外面躲避一阵子，等陛下心平气和了再回来，就会平安无事了。"于是，拓跋嗣带着两个侍从躲了起来。

天赐六年，拓跋珪被次子拓跋绍杀害，朝廷内部一片混乱。在外面躲避的拓跋嗣听到消息，急忙返回京都。拓跋绍接连派了几拨人搜捕拓跋嗣，想要杀死他，但都没有成功。最后，拓跋嗣联合大臣诛杀了拓跋绍及其母贺氏等十余人，平息了政变，随后称帝，改元永兴。拓跋嗣继位后，重整朝纲，大赦天下，因此赢得了民心。

韬光养晦　睦邻四方

拓跋嗣继位时，北魏虽然统一了北方大部分地区，但还有一些小的政权仍然存在。因此，拓跋嗣很注重发展经济，与民休息，将塞外鲜卑人和其他胡人迁到关东地区，依据人口分给住房、田地、农具，强令他们从事农业生产。对于遇到自然灾害而没有粮食吃的百姓，拓跋嗣下令国库开仓放粮，予以救助，并亲自到民间走访，了解百姓疾苦。他还经常派朝廷要员到地方视察，监督官吏，对一些没有完成赋税征收的官员进行严厉惩处，以其家产抵押。同时，拓跋嗣鼓励百姓进宫举报不守法的地方官员。这些措施在一定程度上减轻了农民负担，缓和了社会矛盾，增强了北魏的国力。

在外交上，为了巩固统治，拓跋嗣实行与道武帝拓跋珪截然不同的策略，采取绥靖政策。神瑞元年（414年），拓跋嗣派使者出访后秦、柔然及北燕，发展关系；又命令平南将军、相州刺史尉古真与刘裕相互来往。同时，对于侵犯北魏的敌人他也毫不手软，亲率大军击退了柔然的入侵，保证了边境的安全。

神瑞三年（416年）八月，刘裕亲率大军讨伐后秦，后秦因为国力严重衰退，无力抵抗，急忙向北魏求援。拓跋嗣派出10万精兵支援，但并没有参加战争，只是在黄河边上牵制刘裕的部队，坐山观虎斗。刘裕指挥士兵摆出"却月阵"，以2700名士兵和100张可发尖槊的大弩打败北魏军，使拓跋嗣再也不敢小瞧他的力量。后来，刘裕病逝，拓跋嗣再次出兵刘宋，占领了司州、兖州等大部分土地，形成南北对峙的局面。

泰常七年（422年），拓跋嗣立长子拓跋焘为太子，让他参与朝政，锻炼能力。同时，他命司徒长孙嵩、司空奚斤、北新公安同、太尉穆观、散骑常侍丘堆、白马公崔浩等人辅佐太子。

遗憾的是，拓跋嗣与拓跋珪一样，为了追求长寿，常常服用寒食散，以致体内毒素逐渐增多，身体逐渐衰弱。泰常八年，拓跋嗣在西宫病逝。

太武帝拓跋焘

拓跋焘档案

生卒年	408—452 年	在位时间	423—452 年
父亲	明元帝拓跋嗣	谥号	太武皇帝
母亲	杜氏	庙号	世祖
后妃	赫连氏、冯氏等	曾用年号	始光、神麚(jiā)、延和、太延、太平真君、正平

拓跋焘,字佛狸,鲜卑族,明元帝拓跋嗣长子,南北朝时期北魏第三位皇帝。

泰常七年,拓跋焘被立为太子,时年15岁;次年登基,改元始光。

拓跋焘在位期间,重用汉族大臣崔浩、高允等人,整顿吏治,励精图治,终于统一北方,成为中国历史上第一位饮马长江的少数民族帝王。

正平二年(452年),拓跋焘被宦官宗爱杀死,终年45岁,谥号太武皇帝,庙号世祖,葬于云中金陵。

统一北方　饮马长江

据说拓跋焘出生时容貌体态便异于常人,拓跋珪见到后大为惊奇,兴奋地说："将来能完成我事业的，必是这个孩子。"拓跋焘自幼聪慧，很小就表现出超常的军事才能，十二三岁时他奉命率兵讨伐柔然，并取得了不小的胜利。泰常七年，拓跋焘被立为太子。

泰常八年，拓跋嗣病逝，拓跋焘继位，改元始光。第二年，北魏与柔然发生了一场大战。柔然首领大檀亲率6万大军前来征讨，攻打北魏边境云中。因为柔然实力强大，为了取得战争的胜利，拓跋焘亲率大军，日夜兼程，以最快的速度赶到云中，但他们还没有来得及喘上一口气，便被柔然的军队包围。拓跋焘不怯不惧，沉着应战，最终击退了敌人。之后，拓跋焘又率兵发动突袭，打败了柔然主力。此后20多年间，拓跋焘多次御驾亲征，深入漠北，迫使柔然流窜到北方，不敢再来侵犯。其中最为人津津乐道的一次是神麚二年（429年），拓跋焘兵分两路，取道黑山和大娥山进攻柔然，使柔然大檀措手不及，仓皇逃跑。拓跋焘率部穷追不舍，纵横数千里，消灭其残余势力，降伏柔然部落30余个，缴获大量马匹牛羊。他将俘来的人迁徙到漠南几千里的边境上，在北魏军队的监督下进行农耕和放牧，每年向北魏缴纳大量的赋税，有效地增加了国家的财政收入，增强了国力。

延和元年（432年），拓跋焘又一次率军出征，讨伐北燕，攻克大郡，将北燕3万余户迁往幽州。太延元年（435年），他再次出兵北燕，北燕昭成帝冯弘请来高丽数万援兵，仍然被拓跋焘打败。冯弘只得焚烧宫殿，带领百姓迁都高丽，北燕灭亡，北魏则因此得到了整个辽河流域。太延五年（439年），拓跋焘又出兵北凉，迫使沮渠牧犍投降。经过10年的征战，拓跋焘终于统一北方，结束了自西晋以来长达100多年的大分裂状态，为北方的经济发展创造了条件，也促进了北方的民族大融合。

拓跋焘在位期间，正是南方宋文帝刘义隆开创"元嘉之治"的兴盛时期。为了统一中国，刘义隆也曾三次北伐，但均以失败告终。其中，第二次北伐因王玄谟无能，使北魏军取胜，拓跋焘随后调动60万大军反攻刘宋，进军江南，攻克刘宋的悬瓠、项城，然后渡过淮河，直逼瓜步，威胁建康，后因遭到刘宋军民的顽强抵抗而撤退。北魏军队一路烧杀抢掠，刘宋损失惨重，自此国力削弱。这一次拓跋焘虽然没有成功拿下建康，但却实现了他"饮马长江"的愿望。

注重教育　发展经济

统一北方后，拓跋焘认识到只有发展教育，提高鲜卑官员的汉化水平，才能更好地推进他们接受中原汉族的封建思想和理论。因此，他开始注重在汉人中选拔官员，多次下令要求各州郡官员重用汉族人才，让他们为朝廷效力。一大批汉族名儒学者纷纷来到平城，为北魏的繁荣富强做出了突出的贡献。

为了加强对鲜卑官员的汉化教育，拓跋焘在京都办起了太学，并在学校内祭拜圣人孔子及其弟子颜渊，又下令王公大臣等官员及子弟必须进太学学习经史。

因为曾经是游牧民族，自由放荡惯了，有些官员藐视法律，贪污现象严重。为了整顿吏治，拓跋焘早在继位之初就命令司徒崔浩修订法律，20年后再次命人修订，要求律例刑罚要适中，利于百姓。最终制定出391条律令，向全国推广。为了有效地遏制官员贪污受贿、官官相护的现象，太延三年（437年），拓跋焘下诏说，任何人都可以举报官员，一经查实，定严惩不贷，并对举报人予以奖励。这一系列措施，有力地促进了北魏政权的建设和社会的发展。

拓跋焘曾经很重视佛教，但是随着社会的发展，他越来越发现佛教给北魏的统治带来了很多不利影响。佛教寺院的大量增加，使国家可以控制的人口相应减少，妨碍了军队的建设和经济的发展。同时，佛教宣扬的一些理念也和封建统治格格不入，使得王法废而不行。另外，一些佛教徒为了扩大影响，大肆宣扬鬼神之说，用以钳制人的思想，严重妨碍了朝廷的统治。在崔浩等人的建议下，拓跋焘决定对佛教实施严厉打击。

太延四年（438年）三月，拓跋焘下令50岁之下的和尚全部还俗，服徭役，供租赋。太平真君六年（445年），杏城盖吴[①]叛变，导致长安发生骚乱，官兵在平乱的过程中，在佛寺里查获大量武器。拓跋焘认为僧众与盖吴有染，于是对佛教采取了更加严厉的措施。次年，拓跋焘下令将佛寺统统捣毁，烧光佛经，杀光僧侣，彻底消灭了北魏佛教。

在打击佛教的同时，拓跋焘也没有忘记发展经济。他采纳高允的建议，"广田积谷"，下令"悉除田禁，已赋百姓"；又采纳古弼的建议，将上谷苑囿的一半改造为农田，分给农民耕种。他还多次下令减免赋税，减轻农民的负担。

拓跋焘在生活中崇尚节俭，凡事不讲排场。曾经有大臣建议他加固京城，整修皇宫，他却以"只在恩德，不在险要"，拒绝大臣的建议。

听信谗言　死于非命

到了晚年，拓跋焘和明元帝拓跋嗣一样变得喜怒无常，而且酗酒如命，任意杀戮，使一大批为北魏立下汗马功劳的大臣无辜被害，比如司徒崔浩。

太平真君六年九月，在声势浩大的盖吴起义爆发的同时，聚居于河、汾之间的薛永宗也组织了一支3000人的骑兵，在汾曲宣布起义，并得到关中各族人民的热烈响应，声势越来越大。

拓跋焘御驾亲征，很快将起义镇压下去。在镇压起义的过程中，拓跋焘对沿途各族人民疯狂屠杀，暴露出他作为统治者的残暴本性。

到了晚年，拓跋焘开始让太子拓跋晃参与议政，拓跋晃不负厚望，将朝中大小事务处理得井井有条。但是，拓跋焘的心腹宦官宗爱与拓跋晃素来不和，见太子渐渐掌权，担心日后对自己不利，于是经常向拓跋焘进谗言，诬告拓跋晃有意谋反。拓跋焘开始并不在意，但是听得多了，便信以为真，一怒之下将辅助太子的几十位大臣全部处死，以此警告太子。拓跋晃经此一吓，终日惶恐，不久便卧病在床，不治而亡。

事后，拓跋焘进行了详细调查，发现拓跋晃并无谋反的举动，后悔万分，追封拓跋晃为景穆太子，封其子拓跋濬为高阳王。宗爱见事情败露，心中十分恐慌，于正平二年二月初五趁拓跋焘熟睡时将其勒死，然后拥立与自己关系密切的南安王拓跋余为帝。

注释：

①盖吴（418—446年）：北魏关中农民起义军首领，太平真君六年发动杏城起义，建立百官，自号天台王，部众十余万。遣使联络刘宋，受封为雍州刺史、北地郡公。部将白广平率军西攻汧城，盖吴进攻李润堡，军至临晋，又回军攻长安。河东蜀族首领薛永宗也起兵响应，次年败亡。不久，盖吴又在杏城集结起义军，自称秦地王，在战斗中阵亡（一说为叛徒所害），起义军亦相继败散。

南安王拓跋余

拓跋余档案

生卒年	？—452 年	在位时间	452 年二月至十月
父亲	太武帝拓跋焘	谥号	隐王
母亲	闾左昭仪	庙号	无
后妃	不详	曾用年号	承平

拓跋余，北魏太武帝拓跋焘第六子，南北朝时期北魏第四位皇帝。

拓跋余初封吴王，后改封南安王。正平二年二月，拓跋焘去世，拓跋余继位，改元承平。

同年十月，拓跋余为宦官所杀，后以诸侯王的礼仪安葬，谥号隐王。

受益宗爱　幼子登基

太平真君三年（442 年）十月，拓跋余被封为吴王。太平真君十一年（450 年）七月，刘宋辅国将军萧斌率军攻打北魏的济州，宁朔将军王玄谟带兵攻打北魏的滑台。告急文书传到宫中，拓跋焘决定御驾亲征，同时命令太子拓跋晃向北讨伐柔然，拓跋余则负责留守京城。后来，拓跋焘改封拓跋余为南安王。

正平二年三月，担任中常侍的宦官宗爱弑杀拓跋焘，尚书左仆射兰延、侍中和疋、侍中薛提等人经过商议，决定秘不发丧，开始物色皇位的继承人。按照以长为先的规矩，本应立拓跋晃之子拓跋濬为帝，但是兰延、和疋等人一致认为皇长孙拓跋濬年纪尚小，无法掌管朝纲，不如立东平王拓跋翰为帝，于是召拓跋翰入宫，秘密安置起来。这时，大臣薛提提出异议说，拓跋濬是嫡皇孙，不应该被废黜，应该继承帝位。几个人讨论来讨论去，一时无法决定。宗爱得知消息后，自认为曾经得罪过拓跋晃，如果让拓跋晃的儿子拓跋濬当皇帝，将对自己很不利。他与拓跋翰关系也不好，而与南安王拓跋余关系密切，于是想改立拓跋余为帝。主意既定，他马上派人将拓跋余秘密迎入宫中，并假传圣旨，说赫连皇后召见兰延、薛提等人进宫议事。兰延、薛提等人对此深信不疑，毫无思想准备，刚走进宫内就被宗爱事先埋伏好的宦官杀死。随后，宗爱又找到拓跋翰的藏身之处，将他杀死，拥立拓跋余登基。

拓跋余登基后，改元承平，尊赫连皇后为皇太后，大赦天下。宗爱因为拥立有功，被授予大司马、大将军、太师、都督中外诸军事，兼任中秘书之职，加封为冯翊王。

胡乱赏赐　难逃凶祸

拓跋余自认为自己的帝位来得名不正言不顺，为了收买人心，他对下属毫无节制地乱加赏赐，短短一个月，国库便被挥霍一空。同时，拓跋余贪图享乐，嗜酒如命，每天都喝得酩酊大醉。他还喜欢狩猎，对于朝政不闻不问，周边国家知道后纷纷发兵侵犯。告急文书传入宫中，拓跋余连看也不看一眼便扔到一边，朝野上下愤恨之声不绝。

宗爱自认为拥立有功，位居众臣之上，既总管政务，又负责皇宫的安全事务，耀武扬威，假传圣旨，随意召唤公卿大臣，专权跋扈，日甚一日，满朝文武都畏惧他。宗爱的行为不仅引起了大臣们的不满，也引起了拓跋余的不安，担心自己有一天会被宗爱杀掉，于是想削夺宗爱的权力。宗爱也非常精明，很快就看出了拓跋余的心思，决定先下手为强。

正平二年十月初一，拓跋余祭祀宗庙，宗爱派小黄门贾周等人于当天晚上杀了拓跋余。拓跋余在位仅数月，谥号隐王。拓跋濬继位后，以诸侯王的礼仪安葬了拓跋余。

文成帝拓跋濬

拓跋濬档案

生卒年	440—465 年	在位时间	452—465 年
父亲	景穆太子拓跋晃	谥号	文成皇帝
母亲	闾氏	庙号	高宗
后妃	冯皇后等	曾用年号	兴安、兴光、太安、和平

拓跋濬,鲜卑族,代郡平城人,太武帝拓跋焘之孙,景穆太子拓跋晃长子,南北朝时期北魏第五位皇帝。

正平二年十月,拓跋余被宦官弑杀,拓跋濬继位,时年 13 岁,改元兴安。

拓跋濬在位期间,平定内乱,休养生息,并恢复佛教,建云冈石窟①,为后代留下了宝贵的文化遗产。

和平六年(465 年),拓跋濬驾崩,终年 26 岁,谥号文成皇帝,庙号高宗,葬于云中金陵。

登基为帝　诛杀奸佞

当年,太武帝拓跋焘听信宗爱的谗言,不辨真伪,杀了太子拓跋晃身边的几十位辅助大臣,结果拓跋晃受到惊吓,一病不起,郁郁而终。

对此，拓跋焘追悔莫及，封拓跋晃长子拓跋濬为高阳王，并对他宠爱有加，希望以此弥补自己的过失。

拓跋濬自幼聪敏，拓跋焘很喜欢他，经常将他带在身边加以教导。拓跋濬4岁时随同祖父外出巡游，看见一个官吏在惩罚奴仆，便走上前去将官吏狠狠地训斥了一顿，命令他立即释放奴仆，颇有几分王者的气势。拓跋焘见状非常惊喜，待拓跋濬长大一些便让他参与政事，锻炼他的执政能力。

正平二年三月，宗爱杀死拓跋焘，拥立拓跋余为帝。不久，拓跋余因为宗爱专权跋扈，想罢免其官职，结果宗爱又下毒手，抢先杀死拓跋余。同年十月，殿中尚书长孙渴侯、尚书陆丽等人拥立拓跋濬为帝，改元兴安。拓跋濬继位后，立即诛杀了宗爱、贾周等人，均动用五刑，灭其三族。

政通人和　恢复国力

拓跋濬继位之初，北魏虽然统一了北方，但是连年征战使国力严重衰退，加上宗爱一年内连杀两帝，造成时局不稳，争权夺位之事接连发生：陇西屠各人王景文叛乱；司空、京兆王杜元宝叛乱，建宁王拓跋崇、济南王拓跋丽父子也参与其中；濮阳王闾若文及征西大将军、永昌王拓跋仁叛乱；等等。这些叛乱后来都被一一平定，但也让拓跋濬焦头烂额。

除了朝廷内部的斗争，民间各地反对统治者的浪潮也愈演愈烈。鲜卑族与汉族之间的矛盾日益激化，尽管拓跋濬多次下令遏制鲜卑官员的腐败现象，但效果甚微，各地起义风起云涌。拓跋濬为此采取了宽刑减政、与民休息的政策，尽量少用高压手段，实行怀柔统治，安抚民众，让百姓安心生产，这些政策对稳定民心起到了一定的作用。

太武帝拓跋焘在位时曾严厉打击佛教，致使佛教界人士与朝廷产生了严重的对立情绪。拓跋濬继位后，接受大臣们的建议，对佛教采取宽容的政策，下令各州郡可以建一些小型寺院，不再强逼和尚还俗，也不阻拦百姓出家。不过，他对寺庙的人数进行了限制，大州不能超过50人，小州最多40人。此外，他还亲自为师贤等5人剃度，并让他们担任僧人的总管。通过采取以上种种措施，这一时期佛教得以复兴，从而消除了佛教界人士与朝廷的对立情绪，同时也加强了对僧尼的管理。后来，拓跋濬还下令开凿云冈石窟，为后世留下了宝贵的文化遗产。

拓跋濬吸取太武帝拓跋焘的教训，不轻信谗言，不滥杀无辜，凡事详细调查，秉公处理。当时定州刺史许宗之贪污受贿，受到平民马超等人的指责，许宗之杀掉马超后做贼心虚，竟恶人先告状，诬陷马超诽谤朝廷命官，图谋不轨。拓跋濬派人到定州进行调查，查明真相后将徐宗之斩首示众。

为了体察民间疾苦，拓跋濬还微服出巡，亲身经历了一些官商勾结、勒索百姓的事件。和平二年（461年），拓跋濬下令禁止贪污歪风，规定贪赃绢10匹以上处以死刑，对扭转吏治之风起到了极大的作用。

在外交上，拓跋濬实行与周边和睦相处的政策，与刘宋以及北方各国都建立了深厚的友谊。

和平六年五月十一日，拓跋濬驾崩。

注释：

①云冈石窟：位于山西大同市西郊武周山南麓，从和平元年（460年）起开凿，为中国规模最大的古代石窟群之一，与敦煌莫高窟、洛阳龙门石窟、天水麦积山石窟并称为中国四大石窟艺术宝库。

献文帝拓跋弘

拓跋弘档案

生卒年	454—476 年	在位时间	465—471 年
父亲	文成帝拓跋濬	谥号	献文皇帝
母亲	李氏	庙号	显祖
后妃	李氏、韩氏等	曾用年号	天安、皇兴

拓跋弘，文成帝拓跋濬长子，南北朝时期北魏第六位皇帝。

太安二年（456 年），年仅 3 岁的拓跋弘被立为太子。拓跋弘少年时期便聪慧过人、知书达理，深受拓跋濬的喜爱。和平六年五月，拓跋濬驾崩，拓跋弘灵前继位，时年 12 岁，改元天安。

拓跋弘在位期间，崇文重教，兴学轻赋，喜玄好佛，后来还将帝位禅让于太子拓跋宏，以太上皇自居，从此专心礼佛。

承明元年（476 年），拓跋弘被冯太后派人毒杀，终年 23 岁，谥号献文皇帝，庙号显祖，葬于云中金陵。

少年天子　施政有方

兴光元年（454 年），拓跋弘出生于阴山北部，太安二年二月被立为太子，其生母李贵人也按子贵母死的制度被赐死。拓跋弘从小聪明伶俐、机敏睿智，性情仁慈孝顺，尊师敬友，并且胸怀济救黎民百姓的远大志向，因而深受拓跋濬的喜爱。

和平六年，拓跋濬驾崩，拓跋弘在车骑大将军乙浑①的扶持下继位，改元天安。这时，拓跋弘才12岁，根本不懂朝政，大权完全掌握在乙浑手中。乙浑假传圣旨，将尚书杨保年、平阳公贾爱仁、南阳公张天度、平原王陆丽等几个实权派官员召入宫中，全部杀死，之后他自任太尉、丞相，位居诸王之上，大权独揽，朝中所有大事必须经过他才能决定。

乙浑的行为很快引起了冯太后（文成帝拓跋濬的皇后、拓跋弘的嫡母）的不满，但是皇帝年幼、根基不稳，而她又势单力薄，根本无法与乙浑抗衡，想要扳倒乙浑必须等待时机，否则将适得其反。为了除掉乙浑，冯太后暗中联络安远将军贾秀、侍中拓跋丕商议此事。天安元年（466年），经过周密的部署，冯太后命令拓跋丕率领禁卫军冲进乙浑府中，将乙浑杀死。之后，冯太后宣布临朝听政，任命前朝旧臣高允、高闾、贾秀共同辅政。次年，拓跋弘的儿子拓跋宏出生，冯太后非常高兴，宣布大赦天下，并将拓跋宏带在身边抚养，还政于拓跋弘。

拓跋弘亲政后，承续文成帝拓跋濬的政策，采纳高允等人的建议，兴办学堂，推崇汉族文化，明确大郡、次郡、中郡学制的具体要求，并对老师和学生名额的配置、师资条件、师生资格都做了明文规定。

在推崇汉族文化的同时，拓跋弘还大力发展经济，加快封建化的进程。他也很关心民生，减免赋税，按照原来赋税的十分之一收取，免除其他一切杂调。拓跋弘又整顿纲纪，严厉打击贪污受贿。这一系列政策，有力地促进了北魏经济的发展。

在军事上，拓跋弘也取得了巨大的成就。天安元年，北魏占领刘宋的彭城；天安二年（467年），北魏征服了刘宋的淮河流域；皇兴三年（469年），北魏又占领刘宋的山东地区；皇兴四年（470年），北魏攻打青海湖地区的吐谷浑部落；延兴二年（472年）二月，已经禅位的拓跋弘带兵在北郊击退柔然的进攻，同年十一月又亲自率军征讨柔然，一直杀到漠南，逼迫柔然后撤千里；不久，拓跋弘再次领兵出征，征讨投降北魏后又叛乱的河西吐谷浑；延兴三年（473年），拓跋弘又"虚张声势"，率领大军威慑刘宋，使北魏南部疆域得以稳定。

礼佛误国　死于非命

　　拓跋弘自幼喜爱黄老、浮屠之学，经常与朝士及僧人谈佛论经，看淡红尘。皇兴三年，他将仍在襁褓之中的拓跋宏立为太子。到皇兴五年（471年），他厌倦了做皇帝，想要禅位，但是太子刚刚5岁，无法理政，他转而想将帝位传给叔父、京兆王拓跋子推，以便自己退位后修身养性，参悟禅理。他召集大臣们商议此事，文武百官听得目瞪口呆，半天无人言语，待弄清楚事情的原委后，他们纷纷劝阻，但拓跋弘去意已决。大臣们无奈，表示即便禅位也应该由皇太子来继承。拓跋弘同意了大臣们的请求，于是任命陆馛（bó）为太保，与太尉源贺一起准备禅位之事。同年八月，拓跋弘正式宣布退位，由太子拓跋宏继位，改元延兴。

　　拓跋弘退位后，搬进了崇光宫，所有用具从简，又按照西印度的传闻，在宫苑中建造鹿野浮图，与禅僧住在一起，研究佛学义理，参悟禅机。

　　据说，冯太后因寡居深宫，寂寞难耐，与宫中侍卫李奕私通，李奕仗着太后的宠爱，又因为自己的兄长李敷是南部尚书，所以根本不把拓跋弘放在眼中。拓跋弘闻知此事，十分生气。恰巧李敷曾经帮助仪曹尚书李䜣遮掩贪污之事败露，拓跋弘便命人将李䜣押进京城，依律斩首。但是，拓跋弘并不急于执行，而是派人找到李䜣，暗示只要他揭发李奕、李敷二人的罪状，就可以免去一死。李䜣为求活命，听从女婿裴攸的劝告，罗列出李奕、李敷的30多条罪状，上报拓跋弘。

　　拓跋弘有了证据后，马下下令将李敷、李奕问斩。冯太后听说情夫被杀，非常恼怒，不久找了个机会，让心腹在拓跋弘的食物中下毒，将其毒死。

注释：

　　①乙浑（？—466年）：北魏权臣，文成帝、献文帝时期的高官。和平三年（462年）正月，拜车骑大将军、东郡公，晋封太原王。献文帝继位后把持朝政，屠戮大臣，悖傲不法，领太尉、录尚书事，迁丞相，位在诸王之上。天安元年，谋反伏诛。

孝文帝拓跋宏

拓跋宏档案

生卒年	467—499 年	在位时间	471—499 年
父亲	献文帝拓跋弘	谥号	孝文皇帝
母亲	李氏	庙号	高祖
后妃	冯皇后、高贵妃等	曾用年号	延兴、承明、太和

拓跋宏,又名元宏,献文帝拓跋弘长子,南北朝时期北魏第七位皇帝,中国历史上杰出的少数民族政治家、改革家。

皇兴五年,拓跋弘将皇位禅让给年仅5岁的儿子拓跋宏,改元延兴。拓跋宏一直跟随祖母冯太后生活,所以在他继位之后20多年里,朝政大权都掌握在冯太后手中。直到冯太后病故,时年24岁的拓跋宏才得以亲政。

拓跋宏亲政后,继续深化献文帝拓跋弘的改革政策,将都城从平城迁到洛阳,又将鲜卑姓氏改为汉姓,自己也改姓"元",一切仿照汉族的风俗、语言、服饰,还鼓励鲜卑族与汉族通婚;同时参照南朝典章制度,制定官制朝仪。这一切对各族人民的融合和发展,起到了非常积极的作用。

太和二十三年(499年),拓跋宏驾崩于南征齐朝途中,终年33岁,谥号孝文皇帝,庙号高祖,葬于长陵。

年少继位　太后专政

皇兴元年八月，拓跋宏出生于北魏首都平城。在他出生之前，拓跋弘的嫡母冯太后临朝称制，拓跋弘一切都听命于冯太后。拓跋宏出生后，深受冯太后喜欢，她决定归政于拓跋弘，自己亲自抚养拓跋宏。皇兴三年，拓跋宏被立为太子。按照北魏实行的子贵母死的传统，在拓跋宏被立为太子时，其生母李氏被赐死。

皇兴五年，拓跋弘心灰意冷，欲遁入空门。因为太子拓跋宏尚年幼，拓跋弘有意将皇位传给叔父拓跋子推，结果遭到大臣们的一致反对。拓跋弘无奈，只得将帝位禅让给太子拓跋宏。拓跋宏非常懂事，也很有孝心，听说父亲要禅位于自己，坚决不肯接受。拓跋弘问其原因，拓跋宏回答说："我现在年龄还小，怎么能够担起如此大任？"拓跋弘感叹道："既然你现在如此懂事，将来一定能够治理好天下。"这年八月，拓跋弘正式禅位给拓跋宏，改元延兴，自称太上皇。

拓跋宏虽然当了皇帝，但真正的大事仍由太上皇拓跋弘来决定。后来，拓跋弘因为斩杀了冯太后的情夫李奕，被冯太后派人毒死，朝政大权也随之落入冯太后手中。

冯太后的祖父是北燕昭成帝冯弘，她的父亲冯朗投降北魏后，被封为秦、雍二州刺史，后来被杀。当时冯朗的妹妹是拓跋焘的昭仪，因为姑姑的保护，冯太后才幸免于难。拓跋濬继位，冯太后被选为妃子，后来成为皇后。拓跋濬死后，冯太后联合大臣诛杀了专权的乙浑，将朝政大权揽在自己手中，辅助拓跋弘处理朝政。拓跋宏出生后，冯太后将拓跋宏收入宫中亲自抚养，还政于拓跋弘。由于拓跋宏幼年继位，拓跋弘死后，冯太后再次临朝听政。

冯太后十分注意对拓跋宏的培养，拓跋宏也很勤奋努力，很快就有了较高的文化修养，为后来的改革打下了坚实的基础。此后，冯太后开始指导拓跋宏处理国家大事。

锐意改革　双管齐下

太和八年（484年），拓跋宏18岁，在冯太后的协助下，他开始对朝政实行大胆的改革，下令实行"俸禄制"。

北魏自建国以来，对官吏不设俸禄，收入在战时靠抢掠，和平时期则靠贪污受贿。国家统治者对此睁一只眼闭一只眼，造成了官民之间严重的对立。后来的帝王看到这一弊端，虽然对贪污之事进行了管制，却始终无法解决俸禄的问题。拓跋宏经过慎重考虑，决定实行俸禄制，给予各级官员固定的俸禄，严查贪污受贿，规定官员在俸禄外贪污绢一匹之上即可处死。为了彰显法律的严肃性，他先后处死了40多人。一时间，北魏吏治之风大变，出现了比较清明的风气。

太和九年（485年），拓跋宏采纳汉人大臣、给事中李安世的建议，颁布"均田令"，承认私人占有土地。规定凡15岁以上，不分男女，都可以得到国家授予的土地，男子可以获得露田[①]10亩、桑田20亩，妇女可以得到露田20亩；奴婢和一般百姓同等待遇。同时，拓跋宏还限制土豪劣绅兼并土地，又调整租调制度，鼓励生产，规定一夫一妇每年只需上缴国家帛1匹、粟2石，大大减轻了农民的负担，吸引了众多流浪者重新成为国家编户，从而实现了耕者有其田的目标，使农业迅速发展起来，也促进了北方的经济发展。

拓跋宏又采纳给事中李冲的建议，实行"三长制"，即规定五家为邻，设一邻长；五邻为一里，设一里长；五里为一党，设立党长。三长制和均田制相辅相成，均田制保证了老百姓的口粮，三长制则为检查户口、征收租调、征派兵役徭役奠定了基础。

迁都洛阳　推广汉化

拓跋宏从小熟读经书，仰慕汉族文化。他在位期间，兴礼乐，正风俗，分遣牧守祭祀尧、舜、周公，谥孔子为"文圣尼父"，又在中书省设置孔子画像，亲自拜祭。他改中书学为国子学，尊司徒尉元为三老②、尚书游明根③为五更④，仿效汉族三代成制。太和十四年（490年），冯太后病故，拓跋宏开始亲政，为了进一步推广汉族文化，他决定迁都洛阳。

当时北魏的都城在平城，平城虽然是战略要地，但与地处中原的洛阳相比，既贫困又偏远，而且洛阳是故都，有着深厚的文化基础，经济繁荣。拓跋宏知道，要想让国家富强起来，必须让鲜卑族与汉族融合，这样才能更好地学习汉族文化，同时加强对黄河流域的统治。

拓跋宏找来大臣们商议此事，但却遭到大家的一致反对。经过考虑，他决定改变策略，不提迁都，而是提出征讨南齐，但依然遭到反对，大臣们认为现在不是打仗的时候。然而，拓跋宏决心已定，他力排众议，于太和十七年（493年）亲率大军30万南下，从平城出发，很快到达洛阳。当时恰遇秋雨连绵，下了一月有余，到处泥泞不堪，造成行军困难。那些反对战争的大臣又出来阻拦，这正合拓跋宏心意，他说："南征无功而止，岂不让人笑话？既然众卿都不愿意南下，我们就暂时停止，先把都城迁到这里，等待时机消灭南齐。"大臣们听说能停止南伐，也就不再计较迁都之事，顺水推舟地答应下来。

拓跋宏马上命令大臣李冲、穆亮等人筹划此事，同时派任城王拓跋澄赶回平城，说服当地的鲜卑贵族，尽快迁到洛阳。太和十八年（494年），北魏正式迁都洛阳。

迁都以后，接下来就是改革风俗。拓跋宏选拔了一大批主持改革提倡汉化的鲜卑贵族，同时又重用了一批有才干的汉族官员。大家经过讨论，制定了一套完整的制度：

第一，禁止鲜卑贵族穿着胡服，一律穿汉服。

第二，禁止鲜卑贵族讲鲜卑语，一律说汉语。

第三，官员及其家属必须穿戴汉服。

第四，将鲜卑族姓氏改为汉族姓氏，皇族由拓跋姓改为元姓。

第五，鼓励鲜卑贵族与汉贵族通婚。

第六，采用汉族官制、律令。

第七，学习汉族的礼法，尊崇孔子，以孝治国，提倡尊老养老的风气。

第八，凡已经迁到洛阳的鲜卑人，一律以洛阳为原籍；而死于洛阳的鲜卑人，必须葬于洛阳邙山，不许运回平城安葬。

这些规定，加上之前的"俸禄制""均田制""三长制"等，将鲜卑人由奴隶社会带入了封建社会，加速了北方多个少数民族汉化的进程，使北魏的政治经济得到较快的发展，促进了鲜卑族与汉族的融合，也使鲜卑族成为最先与汉族融合的一个少数民族。

当然，拓跋宏在改革初期也遇到了一部分人的强烈反对，其中最具代表性的是他的儿子元恂。元恂小小年纪，却是一个典型的顽固派，不愿说汉话，不愿着汉服，还将拓跋宏赐给他的汉族衣冠剪得粉碎，仍然保持鲜卑的装束。太和二十年（496年）八月，拓跋宏外出巡游，元恂负责留守金墉城（洛阳），他抓住这个难得的机会，联合左右杀死中庶子⑤高道悦，然后在皇宫中挑选良马3000匹，准备返回平城。领军元俨得知消息后，急忙派兵把守各道宫门，防止元恂出逃。次日清晨，尚书陆琇急忙骑马报告拓跋宏，拓跋宏忙中途折返洛阳，召见元恂，一一列举其罪，亲自对他实行杖刑，后将他囚禁于城西别馆。之后，拓跋宏又在清徽堂召见群臣，商议废掉元恂太子之位，于十二月将其贬为庶人，囚禁于河阳无鼻城。后来，御史中尉李彪秘密上表，称元恂趁拓跋宏巡游长安之机，意欲谋反。拓跋宏非常气怒，派咸阳王元禧、中书侍郎邢峦率人带着毒酒赶赴河阳，令元恂自尽。

就在元恂被赐死当月，恒州刺史穆泰、平原王陆睿互相勾结，暗中与镇北大将军元思誉、安乐侯元隆、鲁郡侯兼抚冥镇将元业、骁骑将军元超及阳平侯贺头、射声校尉元乐平、前彭城镇将元拔、代郡太守元珍等人，打算推举朔州刺史、阳平王元颐为首领，起兵叛乱。元思誉是汝阴王元天赐之子、景穆太子之孙；元业是平阳公元丕之弟，元隆、元超均为元丕之子。他们大多是鲜卑旧贵族及其后裔，对于拓跋宏重用中原儒士、强制胡人学习中原文化的规定深感不满，元丕甚至倚老卖老，公然在盛大的朝会上当着拓跋宏的面穿着鲜卑旧服。元隆、元超还企图劫持太子元恂留居平城，起兵割据雁门关以北的恒、朔二州，虽然没有成功,但他们叛逆之心不死,这次又与穆泰等人同流合污,再次发动叛乱。

阳平王元颐见他们人多势众,自己一时难以应付,便假装同意,暗中则派人飞报拓跋宏。拓跋宏急忙诏令卧病在床的任城王元澄领兵平叛。元澄接到命令后,不顾身体虚弱,昼夜兼程,经雁门往北直趋平城。抵达平城后,他并没有立即攻城,而是先派侍御史李焕单骑入城,出其不意地控制了穆泰的同党,向他们宣布穆泰的罪行。穆泰惊慌失措,急忙带领几百人向李焕发起攻击,结果被李焕打败,被迫向城西门逃窜,又被李焕追捕并抓住。元澄成功平叛,将穆泰及其同党100多人下狱,然后上报朝廷,等待下一步的命令。

拓跋宏对自己民族的落后有着清醒的认识,经常提醒鲜卑人应该学习汉族文化,从更深层次对他们进行思想改造。为了彻底改造他们的思想,拓跋宏下令创办学校,命人整理典籍,聚众研讨学问,这一系列措施对北方文化的复兴起到了非常积极的作用。

在艺术方面,拓跋宏同样发挥了重要作用。他大力发展佛教文化,仅洛阳一地就建造了100多所寺院,僧尼达2000多人。佛教的兴盛也促进了艺术的发展,其中最为著名的就是洛阳的龙门石窟。

在文化方面,拓跋宏同样取得了辉煌的成就。他独创了一体书法,引得人们纷纷效仿。这种书法刻在石碑上,文字显得刚劲有力,气势恢宏,被称为"魏碑体",一直流行至今,深受书法爱好者的喜爱。

壮志未酬 英年早逝

拓跋宏亲政后,统一天下成为他最大的梦想。为了实现这一伟大梦想,他几乎每年都要对外发兵。太和二十一年(497年),南齐出现内乱,拓跋宏趁机召集冀、定、瀛、相、济五州士卒20万人,御驾亲征,接连攻下新野、南阳、彭城三地。面对内忧外患,齐主萧鸾一病不起,不久病逝。

拓跋宏正打算一鼓作气拿下南齐,不料自家后院失火,高车族因为不愿配合南征，举兵反叛。

拓跋宏多次派兵镇压，均未能平定。九月，拓跋宏以"礼不伐丧"，即按照古代礼法，不讨伐遭遇丧事的国家为由从南齐撤军，准备亲自平叛，但因为劳累过度，在途中病倒。后来得知叛乱已平，他在邺城休整了一段时间，然后返回洛阳。

太和二十三年三月，拓跋宏再次御驾亲征，打败南齐太尉陈显达、平北将军崔慧景。由于操劳过度，加上长途跋涉，他又一次病倒，而且病情不断恶化。拓跋宏自知时日无多，急忙召来司徒元勰交代后事，任命了几位辅政大臣，不久驾崩于谷塘原行宫。

拓跋宏驾崩后，彭城王元勰与任城王元澄担心拓跋宏驾崩的消息泄露出去会遭到南齐的反扑，决定秘不发丧，直到抵达宛城，才派人奉诏征太子元恪前来，宣布拓跋宏驾崩的消息。

注释：

①露田：北魏至隋行均田制时计口分配种植谷物的田地，为君王贵族等所有，分给合乎法规的平民耕种，成年授田，老死还田，国家拥有所有权，百姓只有使用权。是政府课征田赋的依据。

②三老：古代掌教化的乡官。战国魏有三老，秦置乡三老，汉增置县三老，东汉以后又有郡三老，并间置国三老。

③游明根（417—498年）：北魏名臣，历任大鸿胪、都曹主书、员外散骑常侍、冠军将军，晋爵安乐郡侯。先后三次出使刘宋，受到南朝敬重。迁给事中、议曹长，官至仪曹尚书，参与制定律令礼仪，授予"五更"勋衔。

④五更：古代乡官名，用以安置年老致仕的官员。

⑤中庶子：官名。战国时国君、太子、相国的侍从之臣。秦、汉为太子侍从官。历代沿置。北齐领门下坊。后仅元代有此官。

宣武帝元恪

元恪档案

生卒年	483—515 年	在位时间	499—515 年
父亲	孝文帝拓跋宏	谥号	宣武皇帝
母亲	高氏	庙号	世宗
后妃	于皇后、高皇后等	曾用年号	景明、正始、永平、延昌

元恪，孝文帝拓跋宏次子，南北朝时期北魏第八位皇帝。

太和二十年，太子元恂被拓跋宏赐死，次年元恪被立为太子。太和二十三年，拓跋宏驾崩于征讨南齐途中，元恪继位，时年17岁，改元景明。

元恪在位期间，继续深化和巩固孝文帝拓跋宏的改革成果，大力扩建都城洛阳，同时出兵南齐，扩大了北魏的疆域。

延昌四年（515年），元恪驾崩，终年33岁，谥号宣武皇帝，庙号世宗，葬于景陵。

扩建都城　征讨南齐

元恪继位时，北魏迁都洛阳已经五六年，洛阳成了一座繁华的大都市。但是，某些鲜卑贵族看到孝文帝拓跋宏已死，返回故土之心复起，于是向元恪谎称，当年拓跋宏曾经许诺让他们冬天住在新都洛阳，夏天返回塞北故乡。元恪信以为真，幸好大臣元晖站出来戳破谎言，元恪得知真相后，果断拒绝了众臣的要求。为了进一步巩固孝文帝拓跋宏的改革成果，元恪决定对洛阳进行扩建。景明二年（501年），元恪征调5万民夫，开始了扩建工作，并在洛阳城外增建32个新坊。

在大兴土木的同时，元恪又派大军征讨正陷入混乱的南齐，夺取了扬州、荆州、益州等地。由此，北魏的疆土得到进一步扩张，横跨数千里，盛极一时。

纵容大臣　朝政混乱

元恪在位时，北魏对外用兵坚决果断，然而内政却混乱不堪。在他继位之初，北魏出现了大量贪官污吏，考虑到自己根基未稳，他暂时采取了姑息纵容的态度。贵族元丽奉命镇压秦州、泾州农民起义，非法掠夺700多名百姓为奴仆。元恪知道后不仅不予追究，还对其进行嘉奖。咸阳王元禧受孝文帝拓跋宏之命辅政，位居宰辅之首，却贪财好色，贪赃枉法，家有娇妻美妾数十人仍不满足，派人到处搜寻美女，又借经营之名侵吞土地和矿产。元恪对此也不闻不问，任其胡作非为。另一个辅政大臣、北海王元详凭借皇族身份倒买倒卖，抢占民宅，激起很大民愤。因为没有有效的制裁措施，官员贪污腐败的现象越来越严重。这些贪官污吏互相勾结，欺下瞒上，为所欲为，无法无天。

大将邢峦在南征途中大量抢掠美女为奴婢，河间郡公元晖得知此事，联合其他人一起弹劾他。邢峦惊恐不已，急忙挑选30名美女送给元晖。元晖得到了好处，又在元恪面前极力夸赞邢峦。

元恪执政后期，朝政大权掌握在他的舅父高肇手中。高肇心胸狭窄，自己出身卑微，非常嫉妒出身贵族的皇族亲王，便怂恿元恪杀掉北海王元详，又将其余亲王置于自己控制之下。京兆王元愉对此十分不满，起兵反叛，兵败后被赐死。之后，高肇又指使亲信诬告彭城王元勰与元愉勾结，结果，元勰也被处死。

外戚专权,贪官横行,导致元恪统治时期政治一片黑暗,加上自然灾害不断,各地农民起义迭起,北魏江山岌岌可危,已经到了濒临灭亡的地步。

延昌四年,元恪在式乾殿病逝。

孝明帝元诩

元诩档案

生卒年	510—528年	在位时间	515—528年
父亲	宣武帝元恪	谥号	孝明皇帝
母亲	胡氏	庙号	肃宗
后妃	胡皇后等	曾用年号	熙平、神龟、正光、孝昌、武泰

元诩，宣武帝元恪的次子，南北朝时期北魏第九位皇帝。

延昌元年（512年），元诩被封为太子。延昌四年，元恪驾崩，年仅6岁的元诩继位，改元熙平。

元诩继位后，因年幼无法理政，大权掌握在其母胡太后手中，直接导致了北魏的土崩瓦解。

武泰元年（528年），元诩对胡太后专权十分不满，密诏尔朱荣率兵进京，不料消息走漏，反被胡太后毒死，终年19岁，谥号孝明皇帝，庙号肃宗，葬于定陵。

年幼继位　太后掌权

宣武帝元恪在元诩之前曾有过几个儿子，但都被皇后高氏残害。所以，元诩一出生，元恪就将他保护起来，挑选可靠的乳母进行喂养，并禁止高氏和元诩的生母胡氏接近，以保证他的人身安全。元诩因此得以保全，3岁时被立为皇太子。

延昌四年，宣武帝元恪驾崩，元诩在大臣崔光、于忠的辅助下继位，次年改元熙平。之后，元诩又召高阳王元雍、任城王元澄入朝辅政，赐死了专横骄纵的外戚高肇、高显兄弟。这时元诩刚刚7岁，朝政大权掌握在生母胡太后的手中。

胡太后虽然临朝听政，但并不理政，她一心向佛，修建了很多寺院。熙平元年（516年），她下令建造永宁寺，开凿伊阙石窟（即龙门石窟）。在她的推崇下，元诩在位期间佛教十分兴盛，全国寺院遍布，达3万多座，仅洛阳就有1300多座。胡太后在生活上也十分奢靡，挥金如土，导致国库钱财锐减，物价飞涨，百姓生活困苦不堪。

辅政大臣任城王元澄、清河王元怿多次上书，规劝胡太后注意节俭，改善政治，加强军备，继承先帝遗愿，统一中国。胡太后表面上对元澄十分客气，称愿意接受建议，但依然我行我素。后来元澄病死，胡太后还为他举行了声势浩大的葬礼，亲自率领1000多名官员参加，在葬礼上痛哭流涕，令人唏嘘不止。

清河王元怿是宣武帝元恪的弟弟，学识和品行在众多亲王中当为佼佼者，元诩继位后封他为太傅。他秉持正义，对胡太后任人唯亲的政策有所不满。比如，元义才疏学浅，只因是胡太后的妹夫便受到重用。平时飞扬跋扈、目中无人，多次遭到元怿的羞辱；宦官刘腾目不识丁、阴险狡诈，却被胡太后派去主持修建为胡太后逝去双亲祈福的太上公寺、太上君寺等，之后又受到重用。他利用职权为自己的亲属谋取官位，遭到元怿的阻拦。元义、刘腾二人因此对元怿恨之入骨，密谋除之。他们诬陷元怿企图毒杀幼主，元诩不辨是非，将元怿抓了起来，由元义、刘腾拘禁并将其杀害。

幼弱无能　太后复出

杀害清河王元怿之后，元义、刘腾更加肆无忌惮，居然将胡太后幽禁于北宫，改元正光（520年），从此专权朝政，将元诩视为傀儡。刘腾虽然是宦官，却和元乂一样，也是好色之流。他强取豪夺，将邻家宅院据为己有，受纳剥削，岁入三万。元乂则在宫中开辟自己的库房，装满珍宝财物，还经常派人将美女装在运送食物的车子里送入宫禁，供自己玩乐。

正光四年（523年），胡太后与心腹臣僚密议，欲重新掌权。这时，元诩已经14岁，却懦弱无能，毫无主见。他一方面参与母亲的夺权计划，一方面又向姨夫元乂哭述，幸好没有引起元乂的警惕。很快，胡太后与丞相、高相王元雍联合实施政变，解除了元乂的大权。孝昌元年（525年），胡太后重新掌权。这次掌权后，她丝毫没有收敛，反而变本加厉，加速了北魏灭亡的进程。

武泰元年（528年）初，元诩的妃子潘充华生下一个小公主，胡太后对外宣称是个皇子，大赦天下，改元以示庆祝。这一年元诩已经19岁，不满胡太后专权，密令驻扎在晋阳的军阀尔朱荣带兵进京，逼迫胡太后让权。胡太后自然不愿交出权力，她与男宠郑俨、徐纥合谋，将自己唯一的儿子元诩毒死。

孝庄帝元子攸

元子攸档案

生卒年	507—530 年	在位时间	528—530 年
父亲	彭城王元勰	谥号	孝庄皇帝
母亲	李氏	庙号	敬宗
后妃	尔朱皇后等	曾用年号	建义、永安

元子攸，字彦达，献文帝拓跋弘之孙，彭城王元勰第三子，孝明帝元诩的族叔，南北朝时期北魏第十位皇帝。

元子攸初封武城县公，后历任中书侍郎、城门校尉、散骑常侍、御史中尉等职。孝昌二年（526 年）八月封长乐王，加侍中、中军将军。次年十月，元子攸转封卫将军、左光禄大夫、中书监。

武泰元年，元诩被冯太后毒杀，尔朱荣率兵进入京师，掌握朝政大权，拥立元子攸为帝，改元建义。

永安三年（530 年），元子攸被尔朱荣之侄尔朱兆缢死，年仅 24 岁，谥号孝庄皇帝，庙号敬宗，葬于静陵。

占卜胜出　继位为帝

元子攸姿貌俊美，孔武有力，在孝明帝元诩继位之初曾经进宫陪伴元诩读书，两人关系十分密切。元诩在位时，其母胡太后垂帘听政，实际掌握朝政大权。胡太后追求奢靡，与人私通，其所作所为引起了朝廷内外的不满。元诩长大后想要亲政，但胡太后并不想放权。

武泰元年，元诩的妃子潘充华生了一个女儿，胡太后却对外假称是皇子，并大赦天下以示庆贺。元诩终于无法忍耐，遂发密诏命镇守晋阳的大将尔朱荣进兵洛阳，逼迫胡太后交权。不料消息泄露，胡太后竟令人毒害元诩，然后宣布由潘嫔所生的假皇子继位，被人识破后又改立孝文帝拓跋宏曾孙、年仅3岁的元钊，引起朝中重臣的不满。

同年四月，手握重兵的大将军尔朱荣起兵发难，自晋阳进攻洛阳。为了笼络人心，同时又能操纵朝政大权，尔朱荣决定在皇室宗亲中另立一位皇帝。但是，皇室宗亲众多，尔朱荣一时拿不定主意，最后决定采用占卜的方式，以铸造铜像是否成功来决定人选。结果，在所铸的众多铜像中，只有元子攸的铜像铸造成功，尔朱荣便决定立元子攸为帝。

元子攸得到消息后，忙带着他的弟兄们逃出洛阳，投奔正在河内的尔朱荣，当即被立为皇帝。

河阴之变　帝位复得

元子攸本来在朝中大臣中有着很高的威望，所以，当他和尔朱荣一路向京都进发的时候，没有遇到任何抵抗，顺利地渡过黄河，到达洛阳城外的邙山之北与河阴之间，并在很短的时间内攻取了洛阳城。

攻破洛阳之后，尔朱荣下令将胡太后和新立的北魏幼主元钊带到河阴，投入黄河淹死。接着，他带领元子攸到宫中接受百官朝见，但很快又以祭天为借口，召集2000多名大臣齐聚淘渚，命令骑兵迅速包围百官，历数百官罪状，将他们一一杀死，史称"河阴之变"。事后，元子攸也被软禁。直到这时，元子攸才明白自己只是尔朱荣当皇帝的一个跳板，但事已至此，他也无可奈何，只好答应让位于尔朱荣。尔朱荣决定为自己铸造铜像，但始终没有成功，这使他对登上皇位一下子失去了信心，认为这是上天不想让他当皇帝，于是不再妄想，将元子攸放出来，拥立他登基称帝。

夺权失败　死于非命

元子攸登基不久,国内发生了大规模的农民起义,起义军在葛荣的率领下直逼洛阳。元子攸派尔朱荣和侯景前去平叛,葛荣一时大意,结果起义军被尔朱荣一举歼灭,葛荣也被俘身亡。因为平叛有功,尔朱荣升任丞相。不久,他又出镇河北,但仍把持朝纲。

永安二年（529年）,投奔南梁的北魏皇亲北海王元颢领兵北上。消息传到洛阳,元子攸急忙逃往河北。五月,元颢攻破洛阳城,自称皇帝,改元建武。尔朱荣得知消息后,又联合宗室大臣元天穆杀回洛阳。元颢负隅顽抗,3个月后,洛阳城被攻破。

永安三年,元子攸决定诛杀尔朱荣,夺回属于自己的权力。他暗中联络城阳王元徽等人,制定了一个周密的计划,提前在宫中设下伏兵,然后诈称皇子出生,召集尔朱荣、元天穆等人上朝议事。尔朱荣、元天穆等人毫无防备,刚刚坐定,伏兵便冲了出来。尔朱荣知道大事不好,急忙奔向元子攸,但是元子攸早有防备,从身上抽出一把刀,当场将尔朱荣刺死。

尔朱荣被诛杀后,其残余势力依然强大,威胁着皇室的安全。尔朱荣的妻子、从弟尔朱世隆得到尔朱荣被杀的消息后,仓皇逃出洛阳,在城外纠集了一股武装力量攻打洛阳城,以失败告终。之后,尔朱世隆退兵,北上太行。不久,尔朱荣的侄子尔朱兆又率兵南下,再次攻打洛阳,俘虏元子攸,押往晋阳。半个月后,元子攸被缢死在晋阳三级佛寺。

长广王元晔

元晔档案

生卒年	509—532 年	在位时间	530—531 年
父亲	扶风王元怡	谥号	长广王
母亲	卫氏	庙号	无
后妃	尔朱皇后	曾用年号	建明

元晔，字华兴，小名盆子，太武帝拓跋焘玄孙，景穆太子拓跋晃曾孙，南安惠王拓跋祯之孙，扶风王元怡次子，南北朝时期北魏第十一位皇帝。

永安三年，孝庄帝元子攸被尔朱兆弑杀后，元晔被拥立为帝，时年22岁，改元建明。

建明二年（531年），元晔被废为东海王；次年被赐死，终年23岁，谥号长广王。

尔朱拥立　洛阳称帝

永安三年，孝庄帝元子攸不甘心大权被尔朱家族掌控，于是假借太子出生为由，召尔朱荣入宫，并设计将其杀死。汾州刺史、骠骑大将军尔朱兆为了替死去的叔父尔朱荣报仇，自晋阳发兵，拥立太原太守、行并州刺史元晔为帝，改元建明。

元晔继位后，封尔朱兆为大将军，并晋爵为王。尔朱荣的堂弟、徐州刺史尔朱仲远也率众投到尔朱兆麾下。

同年十月，尔朱兆率领大军自富平北上，讨伐元子攸，很快就攻破京城，俘虏元子攸，并诛杀皇子、宗室以及大批朝廷官员，污辱嫔妃。接着，元晔正式在洛阳称帝，大赦天下，但朝政大权仍由尔朱氏掌握。

之后，尔朱兆命尔朱度律留守京师，负责监视元晔；他自己则押着元子攸回到晋阳，10天后在城内三级佛寺杀死了元子攸及陈留王元宽。

受制世隆　被迫禅位

尔朱兆走后，京师内不但有尔朱度律，更有尔朱兆的叔父尔朱世隆。尔朱世隆同样心狠手辣，而且野心勃勃，一直觊觎帝位。他留守洛阳不久，便趁元晔的母亲卫氏出行之际，派数十人扮成劫盗，在街巷中杀死了她。

建明二年（531年），尔朱世隆以元晔与元子攸关系疏远且无威望为由，准备将其废掉，改立广陵惠王元羽之子元恭为帝。他借元晔出行的机会，联合尔朱度律自拟诏文，逼迫元晔禅位于广陵王元恭，然后将元晔降为东海王。

普泰二年（532年）十一月，元晔被赐死。

节闵帝元恭

元恭档案

生卒年	498—532 年	在位时间	531 年
父亲	广陵惠王元羽	谥号	节闵皇帝
母亲	王氏	庙号	烈宗
后妃	尔朱皇后等	曾用年号	普泰

元恭，字修业，献文帝拓跋弘之孙，广陵惠王元羽之子，南北朝时期北魏第十二位皇帝。

宣武帝元恪正始年间，元恭袭封广陵王，又历任散骑常侍、仪同三司等职。建明二年二月，尔朱荣的堂弟尔朱世隆以元晔并非皇室成员为借口将其废掉，另立元恭为帝，改元普泰。

普泰二年，元恭被高欢杀害，终年35岁，谥号节闵皇帝，庙号烈宗。

"哑巴"皇帝 随波逐流

太和二十二年（498年），元恭出生于洛阳。他幼年时期性情非常谨慎，志向远大，很有气度，酷爱读书学习，长大后悉心侍奉祖母和嫡母，以孝顺闻名。宣武帝正始年间，元恭袭封广陵王后，又历任散骑常侍、给事黄门侍郎等职。

孝明帝元诩在位时，元恭因对京兆王元乂专权不满，为免受到迫害，他谎称患了哑病，住在洛阳城外的龙华寺（龙花佛寺），拒绝参与朝政。到了孝庄帝元子攸时期，有人说他假装哑巴，另有图谋。元恭听到这个消息后，急忙逃进洛阳城外山中，但是不久又被抓回来关进了监狱。元子攸为了试探元恭是否真哑，遂派人深夜盗抢他的东西，又拔刀假装杀他，元恭都强忍着不出声。元子攸信以为真，下令将他释放。

建明元年，尔朱氏攻陷洛阳，废除元子攸，改立元晔为帝；4个月后，又废黜元晔，拥立元恭为帝，改元普泰。

受制尔朱　亡于高欢

元恭即位后，朝政大权仍掌握在尔朱世隆的手中。尔朱氏的暴虐统治激起了很大的民愤，民间起义风起云涌。为了防止起义失败的流民再次起义，尔朱兆派晋州刺史高欢去统领这些流民，以免事态进一步扩大。

高欢本是河北起义领袖葛荣的部下，后来投降了尔朱荣。尔朱荣被孝庄帝元子攸杀死后，尔朱家族起兵讨伐元子攸，元子攸战败被杀，之后尔朱荣的侄子尔朱兆等人立元晔为帝。高欢认为尔朱家族残暴不仁，不得人心，想趁机讨伐尔朱家族。恰逢造反的降兵无法忍受尔朱氏的残暴和凌辱，纷纷起兵反抗，尔朱兆备感头痛，特地向高欢征求办法。高欢趁机建议尔朱兆派心腹之人去统领这些流民，尔朱兆不知是计，遂派高欢去做流民统帅。高欢将流民组编成军，很快取得了他们的信任；同时争取到当地贵族豪门的支持，开始与尔朱氏对抗。

建明二年十月，为了讨伐尔朱氏家族势力，高欢接受部下孙腾"挟天子以令诸侯"的建议，在信都拥立渤海太守元朗为帝，自任丞相、大将军等职。

普泰二年四月，高欢领兵攻克洛阳，杀死尔朱氏，废黜元恭，将他囚禁于崇训寺。在崇训寺，元恭面对青灯古佛，作诗一首："朱门久可患，紫极非情玩。颠覆立可待，一年三易换。时运正如此，惟有修真观。"表达了自己厌恶和远离纷争的心情。一个月后，他被高欢派人杀死。

安定王元朗

元朗档案

生卒年	513—532 年	在位时间	531—532 年
父亲	章武帝元融	谥号	无
母亲	程氏	庙号	无
后妃	不详	曾用年号	中兴

元朗,字仲哲,太武帝拓跋焘五世孙,景穆太子拓跋晃玄孙,章武帝元融之子,南北朝时期北魏第十三位皇帝。

少年时的元朗十分聪敏,悟性极高,被封为渤海太守。普泰元年十月,高欢在信都拥立元朗为帝,改元中兴。

中兴二年(532年)五月,元朗被高欢废掉,贬为安定郡王,不久被高欢杀害,年仅20岁,葬于邺城西南野马冈。

他人玩物　用后即弃

元朗在北魏皇室中算是比较疏远的一支。普泰元年,他出任冀州渤海太守,时年19岁。同年十月,为了"挟天子以令诸侯",高欢在信都拥立元朗为帝,改元中兴。高欢自任丞相、大将军等职。

中兴二年(532年)三月,高欢率兵在韩陵与尔朱天光相遇,经过激烈的战斗，将尔朱天光打败，大大削弱了尔朱集团的势力。后来，尔朱兆逃往并州，尔朱仲远逃到东郡投靠萧衍，尔朱天光、尔朱度律、尔朱世隆、尔朱彦伯、尔朱弼相继被高欢诛杀，尔朱氏几乎覆灭。

高欢控制了整个局势后，认为元朗不是皇室宗亲，不适合当皇帝，又想起了元恭。他派仆射魏兰根去调查元恭的人品，魏兰根怀有私心，看到元恭气度非凡，担心日后不好控制，便联合高乾兄弟以及黄门侍郎崔㥄（líng），劝说高欢放弃元恭。之后，高欢又想立汝南王元悦为帝，但是听说元悦喜怒无常，遂又放弃。

最终，高欢找到了躲在百姓家中的元修，逼迫元朗禅位给元修。同年五月，元朗被降为安定王，不久被高欢毒死。

孝武帝元修

元修档案

生卒年	510—534 年	在位时间	532—534 年
父亲	广平武穆王元怀	谥号	孝武皇帝
母亲	李氏	庙号	显宗
后妃	高皇后等	曾用年号	太昌、永兴、永熙

元修，字孝则，河南洛阳人，孝文帝拓跋宏之孙，广平武穆王元怀第三子，南北朝时期北魏最后一位皇帝。

元修初封汝阳县公，孝庄帝元子攸继位后封平阳王，后转任侍中、镇东将军、开府仪同三司，兼尚书右仆射，加侍中、尚书左仆射。中兴二年，高欢废掉安定王元朗，改立元修为帝，改元太昌。

元修性情沉厚，据说遍体有鳞纹，颇有武功。因为不愿受高欢的摆布，他于永熙三年（534 年）与高欢决裂，率众入关中投奔宇文泰。

同年十二月，元修被宇文泰毒杀，终年 25 岁，谥号孝武皇帝，庙号显宗，葬于陕西云陵。

少年有为　继位无能

元修相貌颇为奇特，浑身上下遍布鳞纹。他不大喜欢研习学问，而偏爱武术，为人勇猛胆大，不太注重礼节。元修初封汝阳县公，孝庄帝元子攸继位后获封平阳王，之后又被任命为侍中、尚书左仆射等，成为朝中重臣。

由于北魏在"河阴之变"后政局一片混乱，皇族诸王大多各自逃生，元修也逃到民间隐居。中兴二年，高欢打败尔朱氏，进入洛阳，先后废掉元恭、元朗两位皇帝，打算立汝南王元悦为帝，但又听说元悦喜怒无常，只好放弃，派斛斯椿找到了在民间隐为乡农的元修。

当斛斯椿从元修的好友王思政处打听到元修的下落，辗转找到元修时，元修心有疑惧。高欢便亲自上门向元修表达了自己愿立他为帝的诚意，一边说一边痛哭流涕，泪水几乎打湿了襟衫，元修这才答应随同高欢入京。同年四月，元修登基称帝，改元太昌，到年底改元永兴，之后又改元永熙。

元修继位后，封高欢为丞相、天柱大将军、太师，世袭定州刺史，食邑15万户。之后，元修又与高欢的长女成婚，立她为皇后，朝政大权仍然掌握在高欢手中。

元修自小习武，颇有几分英雄气概，血气方刚，自然不愿受高欢操控，两人之间渐渐产生了矛盾。后为，元修找了个机会，将高欢留在京城的心腹高乾杀死，高欢的两个弟弟高昂、高慎急忙跑到晋阳投奔高欢，从此，洛阳和晋阳之间开始剑拔弩张。

投奔宇文　惨遭弑杀

永熙二年（533年）八月，元修许以高官厚禄，拉拢尔朱氏旧部贺拔岳共同对付高欢，但因为高欢的离间，贺拔岳的部将侯莫陈悦杀了贺拔岳。贺拔岳死后，宇文泰统领了贺拔岳的部队，又杀死了侯莫陈悦。

永熙三年，元修彻底与高欢决裂，高欢带兵从晋阳南下，元修不敌，于七月被迫率众西迁关中，欲投奔宇文泰。然而，就在元修西迁的当天夜里，随行人马便逃亡过半，清河王元亶、广阳王元湛也向东逃走，投奔高欢。高欢也在元修西逃之后进入洛阳，派领军娄昭等人追赶元修，试图让元修东还。高欢的部下高敖曹率领500劲骑，一直追到关中。元修在西逃途中缺衣少食，忍饥挨饿，直到入了长安与宇文泰会师后，才算脱离了高欢的控制。十月十七日，高欢以元修弃国逃跑为由，废黜其帝号，拥立元善为帝，10天后迁都邺城。

投奔宇文泰后，元修仍然被当作傀儡皇帝，绝望之余，他整天沉湎于淫乐之中。元修继位为帝时，虽然娶了高欢的长女为皇后，但与她并无感情，而喜欢叔伯的三个堂妹并与她们同居。其中，堂妹元明月最受元修宠爱，随元修一起西迁。后来，宇文泰以乱伦为由诛杀元明月，元修因此与宇文泰产生了矛盾。后来，宇文泰毒杀元修，另立元宝炬为帝，建立西魏。元修由此成为北魏最后一位皇帝。

元修死后，宇文泰下令将其遗体移于草堂佛寺，十余年后才正式落葬。

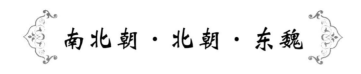

孝静帝元善见

元善见档案

生卒年	524—551 年	在位时间	534—550 年
父亲	清河文宣王元亶	谥号	孝静皇帝
母亲	胡妃	庙号	无
后妃	高皇后等	曾用年号	天平、元象、兴和、武定

　　元善见，鲜卑族，河南洛阳人，北魏孝文帝元宏曾孙，清河文宣王元亶之子，南北朝时期东魏唯一一位皇帝。

　　北魏永熙三年，元善见被封为通直散骑侍郎，不久又被封为骠骑大将军、开府仪同三司。同年十月，高欢废掉北魏最后一位皇帝元修之后，拥立元善见在邺城之东北继位，改元天平，即东魏。

　　元善见继位时年仅 11 岁，朝政大权完全掌握在高欢手中。高欢死后，其子高澄继续掌权，控制朝政。高澄被毒死后，其弟高洋又继承高澄的所有职位，大权独揽，并于武定八年（550 年）迫使元善见禅位，自立为帝，改国号齐，东魏宣告灭亡。

　　北齐天保二年（551 年），元善见驾崩，终年 28 岁，谥号孝静皇帝，葬于邺县漳河以北天子冢。

怀才不遇　隐忍一生

北魏永熙三年，孝武帝元修和高欢决裂后逃往长安，高欢任命清河王元亶为大司马，全权处理朝廷事务。高欢本来打算立元亶为帝，但元亶性格刚愎自用、唯我独尊，根本不把高欢放在眼里。高欢经过考虑，决定立元亶的世子元善见为帝。同年十月，年仅11岁的元善见在邺城东北即皇帝位，改元天平，随后迁都邺城，史称东魏。元善见成了东魏的开国皇帝，但朝政大权依旧牢牢掌握在高欢手中。

元善见自幼聪明，"好文学，美容仪，力能挟石狮子以逾墙，射无不中"。因为曾经见到过父亲逃跑时狼狈不堪的惨状，慑于高欢的淫威，他只能将自己的才能深深隐藏起来，装出一副顺从的样子。

元象元年（538年），为了进一步向高欢示好，元善见主动提出立高欢的次女为皇后。高欢一再推辞，直到次年五月才答应下来。

高欢虽然独揽朝政大权，但也不敢轻易篡权夺位，公然称帝，生怕落得一身骂名。朝中事务不论大小，他都禀报元善见，得到允许后才施行。元善见每次设宴招待大臣，他都带头下跪磕头敬酒。元善见每次去寺院拜佛，他也双手捧着香炉，跟在皇帝的辇后，表现得毕恭毕敬。但是，他私下把持朝纲，委政于太保孙腾、尚书令司马子如、侍中高岳、司徒高隆之等人；又任命自己的儿子高澄为大将军、领中书监。

当时北魏已经一分为二，东魏皇帝为元善见，西魏皇帝为元宝炬，两国形成对峙状态，战争连年不断。在宇文泰的掌控下，西魏发展很快，实力强大，屡屡打败东魏。武定四年（546年），高欢又一次率领大军进攻西魏，围攻玉璧近两个月，最终仍以失败告终。此后，高欢一病不起，于次年病逝。

小人猖狂　不幸被杀

高欢去世后，其子高澄继承了他所有的职位，总揽朝政大权。与高欢相反，高澄对待元善见毫不客气，暗中派崔季舒监视元善见的一举一动，他自己在皇帝面前也经常出言不逊，甚至大打出手。据说有一次，两人在一起喝酒，高澄故意用大碗强迫元善见喝酒，口中说道："高澄祝陛下长命百岁！"元善见呵斥道："自古以来，没有不亡的国家，朕宁愿亡国也不愿接受你这种小人的摆布。"高澄闻言大怒，骂道："朕、朕，你算什么朕！"骂完让崔季舒打了元善见三拳方才罢休。

面对高澄的强势，元善见没有实力反抗，经常暗自落泪，吟诵谢灵运的诗："韩亡子房奋，秦帝鲁连耻。本自江海人，忠义感君子。"侍讲大臣荀济看出了他的心思，于是偷偷联络祠部郎中元瑾、长秋卿刘思逸，商量如何拯救皇帝。他们决定在皇宫中挖一条密道，救出元善见，再组织人马反攻高澄等人。然而，地道刚挖到城门外就被守城士兵发现并报告给了高澄。高澄马上带人奔向皇宫，怒斥元善见蓄意谋反，下令将其嫔妃全部处死。元善见忍无可忍，怒斥道："自古以来，只有臣子谋反，哪里有皇帝谋反的道理？你若想谋反就冲着我来，我已不惜生命，哪里还用嫔妃的性命来威胁！"

高澄被说得哑口无言，只好磕头请罪，悻悻而回。次日，高澄上朝后，下令将元善见囚禁在含章堂，并将参与挖地道的1000多人全部处死。

武定七年（549年）八月，高澄正伙同崔季舒等人密谋篡位，有个厨子因为与高澄有私仇，趁着送饭的机会，用毒药将其毒死（一说遇到强盗被杀）。元善见闻讯高兴不已，认为除了自己的心头大患，总算可以不再受人控制了。然而走了高澄，又来了一个高洋。高洋是高澄的弟弟，继承了高澄所有职位，并将高澄的部下全部召集到自己麾下，仍然大权独揽。元善见无奈，只好委曲求全，封高洋为丞相、都督中外诸军事，之后又封他为齐郡王，后再加封为齐王。

高洋当了齐王仍不满足，又盯上了皇帝的宝座。武定八年，高洋指使部下赵高、赵彦等人闯入皇宫，逼迫元善见禅位，并让元善见将高洋早已拟好的诏书重新抄写一遍，然后将他安排在城北的别馆居住。高洋接受玺绶后，随即行禅让礼，登基为帝，建立新朝，国号为齐，东魏宣告灭亡。

高洋继位之初，对元善见十分客气，封他为中山王，食邑1万户，上书不称臣，答不称诏，出行可以用天子旌旗；奉绢3万匹、钱1000万贯、粟2万石、奴婢300人，元善见的3个儿子也都封官食邑。

北齐天保二年，高洋见自己的地位已经稳固，便露出凶恶的面目，毒杀了元善见及其3个儿子。

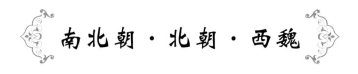

南北朝·北朝·西魏

文帝元宝炬

元宝炬档案

生卒年	507—551 年	在位时间	535—551 年
父亲	京北王元愉	谥号	文皇帝
母亲	杨氏	庙号	穆宗
后妃	乙弗皇后、郁久皇后等	曾用年号	大统

元宝炬，鲜卑族，河南洛阳人，北魏孝文帝元宏之孙，京兆王元愉之子，南北朝时期西魏的开国皇帝。

元愉反叛兵败自杀后，元宝炬兄弟几人被幽禁在宗正寺，直到宣武帝元恪驾崩后才恢复自由，被允许重新编入宗室属籍。之后，元宝炬初任直阁将军，封邵县开国侯，拜太尉兼侍中，进封南阳王。北魏永熙二年进位太保、开府、尚书令。北魏永熙三年（534 年），孝武帝元修与高欢决裂，元宝炬受封为中军四面大都督，跟随元修投奔宇文泰，同年进拜太宰。元修被宇文泰杀死后，宇文泰拥立元宝炬为帝，改元大统，定都长安，史称西魏。

大统十七年（551 年），元宝炬驾崩，终年 45 岁，谥号文皇帝，庙号穆宗，葬于永陵。

命运多舛　建立西魏

元宝炬出生于北魏正始四年（507年），第二年，他的父亲京兆王元愉便因不满权臣高肇独掌朝政大权，宣称高肇要密谋杀害宣武帝元恪，在冀州起兵造反并称帝，结果兵败被擒，自杀身亡。其母杨氏也被处死，元宝炬与元宝月、元宝晖等兄妹几人则被幽禁于宗正寺，直到北魏延昌四年，宣武帝元恪驾崩，元愉一家才得以平反昭雪，元宝炬兄妹几人重获自由，并被获准重入宗室属籍。

元宝炬少年时读书十分勤奋，十六七岁便满腹经纶，而且长得一表人才，深得孝明帝元诩喜爱，被封为直阁将军。当时胡太后专权，其亲信在宫中为所欲为，朝中大臣对此深为不满。孝明帝元诩不甘心受胡太后摆布，打算和元宝炬一起发动政变。不料消息传入胡太后耳中，元宝炬被罢免，不久又被封为邵县侯、南阳王；孝武帝元修时，元宝炬历任太尉、太保、尚书令等职。

北魏永熙三年，权臣高欢叛乱，很快攻下洛阳城，元修任命元宝炬为中军四面大都督，率众逃往关中，投靠宇文泰。元善见在高欢支持下代之为帝，建立了东魏。

同年年底，元修在长安被宇文泰毒死，元宝炬继位，改元大统，史称西魏；同时立长子元钦为太子，封宇文泰为丞相、安定郡公。

大胆改革　增强国力

西魏建立之初，国土面积狭小，经济落后，势单力薄，还时常受到附近少数民族的袭扰。在宇文泰的帮助下，元宝炬实行了一系列改革措施，大力发展生产，提高经济实力。宇文泰特意制定了24条新规，在实施的过程中又增添了12条，颁布全国实行。

另外，元宝炬大胆任用苏绰等一批有才干的政治家改革财政制度；

在全国清查人口，一一登记入册，用租赋预算的方法平均徭役；大量罢免尸位素餐的官员；集中力量发展农业生产，在全国实行均田制；等等。这一系列措施取了良好的效果，使西魏经济很快发展起来，国力得到增强，初步具备了与东魏抗衡的能力。

在军事上，宇文泰推行了一项重大改革：在全国设立 8 个柱国大将军[①]，宇文泰自任最高统帅，每个大将军又领两开府，每开府共 24 军，称为"府兵制"。改革之后，西魏军队的战斗力得到了很大提高。

大统十六年（550 年），东魏权臣高洋废掉孝静帝元善见，建立了北齐。宇文泰率大军讨伐高洋，到达建州时见北齐军阵容严整，不敢轻举妄动，只好等待时机进攻。然而事不凑巧，一场雨雪连下多日，致使瘟疫流行，宇文泰被迫撤军。

大统十七年三月，元宝炬驾崩。

注释：

[①]柱国大将军，省称柱国。十六国后燕燕元元年（384 年）置，位在太尉之上，后罢。北魏末复置，位在丞相之上，用以安置权臣。西魏大统三年（537 年），以宇文泰为之。大统十六年（550 年）以后，共任命 8 人，称"八柱国"，是西魏的最高官职，其中 6 人分掌全国府兵。北周除授渐多，成为没有具体职掌的勋官，正九命。建德四年（575 年），在其上置上柱国。

废帝元钦

元钦档案

生卒年	？—554 年	在位时间	551—554 年
父亲	文帝元宝炬	谥号	废帝
母亲	乙弗氏	庙号	闵宗
后妃	宇文云英	曾用年号	大统

元钦，河南洛阳人，鲜卑族，文帝元宝炬长子，南北朝时期西魏第二位皇帝。

大统元年（535 年），元宝炬被宇文泰拥立为帝，建立西魏，元钦被立为太子。大统十七年，文帝元宝炬驾崩，元钦继位，沿用元宝炬的年号。

元钦在位时期，朝政大权仍然掌握在宇文泰手中，元钦英雄无用武之地，凡事都要听从宇文泰的安排。宇文泰专心于军事，借着南梁"侯景之乱"积极扩张疆土。

西魏废帝三年（554 年），元钦为宇文泰所废，不久被毒死，谥号废帝，庙号闵宗，葬于陕西永陵。

岳父掌权　终被毒杀

元钦很小的时候便被元宝炬托付给宇文泰，过着军营生活，以求能够得到更好的锻炼。大统元年（535年），元宝炬登基为帝，建立西魏，元钦被立为太子；不久，宇文泰主动将女儿献给元钦为妃。

大统十七年三月，元宝炬驾崩，元钦继位，朝政大权仍然掌握在宇文泰手中。因为是自己的女婿，宇文泰对元钦的监视相对放松了一些。废帝元钦元年（552年）二月，宇文泰辞去丞相、大行台职务，仅担任都督中外诸军事一职。

元钦见有机会掌权，便动起了杀死宇文泰的心思。当时尚书元烈也在伺机谋杀宇文泰，结果事败，反被宇文泰杀死。元钦见状，加紧实施诛杀宇文泰的计划，但他身边又没有值得信赖的人，几经考虑，他居然决定联合自己的三个连襟——执掌禁军的李基、李晖、于翼发动政变。他们三人表面上答应得很好，暗中却向宇文泰告密。宇文泰听说元钦要杀自己，非常愤怒，于废帝元钦三年将元钦废掉，幽禁在雍州。同年四月，元钦被宇文泰毒杀，皇后宇文氏也因忠于魏室而被杀。

恭帝元廓

元廓档案

生卒年	537—557 年	在位时间	554—556 年
父亲	文帝元宝炬	谥号	恭皇帝
母亲	不详	庙号	无
后妃	若干氏等	曾用年号	无

元廓，鲜卑族，文帝元宝炬第四子，北朝时期西魏第三位皇帝，也是最后一位皇帝。

元廓曾被封为齐王。元钦被宇文泰废掉后，由元廓继位，无年号。

元廓在位仅3年，便被迫禅位给宇文觉，后被杀害，终年21岁，谥号恭皇帝。

恢复宗本　宇文掌权

元廓生性怯懦，长大后沉迷酒色。他的父亲元宝炬登基称帝时，他才七八岁。后来，元宝炬驾崩，元廓长兄元钦继位，但只当了4年皇帝便被宇文泰废杀。西魏废帝三年，元廓被拥立为帝，宇文泰继续掌握朝政大权。

元廓继位后，宇文泰下令皇室恢复原姓，元廓遂改名拓跋廓，同时也给一些汉族官员赐鲜卑姓。西魏恭帝三年（556年）正月，宇文泰参照《周礼》中的记载，自任太师、太冢宰。为了以后宇文氏能顺利登基，宇文泰将宗室诸王全部降级为公。同年三月，宇文泰召集群臣商议立世子之事，最后决定立第三子宇文觉为世子。

禅位宇文　西魏灭亡

西魏恭帝三年九月，宇文泰巡视北方，途中患病，他自知时日无多，急忙召侄子、中山公宇文护过来。二人在泾州见面，宇文泰叮嘱宇文护照顾自己的几个儿子，并帮助他们完成自己的遗愿。不久，宇文泰病死，宇文护遵照其遗嘱，扶持宇文觉承袭父位，任太师、柱国、大冢宰①。

同年十二月，宇文护逼迫元廓禅位给宇文觉。次年正月，宇文觉称帝，建立北周。元廓被封为宋公，一个月后被杀。

注释：

①大冢宰：官名，大冢宰卿的省称。西魏恭帝三年置，北周沿置。为居六官之首的天官府长官，员一人，正七命。职掌宫廷供奉侍御以及全国财政收支、赋役收入、百官俸给等事务。如加"五府总于天官"之诏命，则可总摄百官，执掌朝政。隋文帝开皇元年（581年）罢。

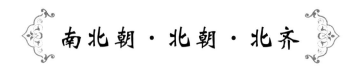

南北朝·北朝·北齐

文宣帝高洋

高洋档案

生卒年	526—559年	在位时间	550—559年
父亲	高欢	谥号	文宣皇帝、景烈皇帝
母亲	娄昭君	庙号	显祖、威宗
后妃	皇后李祖娥、嫔妃段昭仪	曾用年号	天保

高洋，字子进，鲜卑名侯尼干，北魏怀朔镇人，原籍为渤海蓨（tiáo）县，东魏权臣高欢次子，南北朝时期北齐的开国皇帝。

东魏天平二年（535年），高洋被授为散骑常侍、骠骑大将军等职，之后又历任左仆射、尚书令等要职。东魏武定七年，高洋被封为丞相、齐王。东魏武定八年，在高洋的逼迫下，元善见禅位于高洋，高洋遂登基称帝，改国号为齐，史称北齐。

高洋在位初期，励精图治，锐意改革，劝农兴学，编制齐律；重用杨愔等人，删削律令，并省州郡县，减少冗官，严惩贪官污吏；先后修筑北齐长城4000余里，置边镇25个，屡次打败柔然、突厥、契丹等部落，又出击南梁，不断扩大自己的疆域，威震四方。但是，他在执政后期昏庸残暴，纵欲酗酒，滥杀无辜，大兴土木，赏罚无度。

天保十年（559年），高洋因饮酒过度而暴毙，终年34岁，谥号文宣皇帝，庙号显祖，葬于武宁陵。

少年老成　灭魏建齐

高洋于北魏孝昌二年出生于晋阳，据说他的母亲娄昭君怀孕期间，居室中每夜都有红光笼罩，娄昭君甚感惊奇。他的父亲高欢早年追随杜洛周起义军，归顺葛荣，后来又叛降尔朱荣，收编了六镇余部。高洋幼年时，高欢经常外出征战，一家人经常为生活而发愁，高洋还没学会说话便说出了"得活"二字，令娄昭君及家人目瞪口呆。高洋其貌不扬，沉默寡言，却极具神采和英气，话语不多却思维敏捷，说话得体，行事公明，性情刚毅果断，胸怀雄才大略。兄弟们经常嘲笑和戏弄他，但高欢却很欣赏他的才能。

东魏天平二年，高洋被授为散骑常侍、骠骑将军、仪同三司、左光禄大夫、太原郡开国公；后来又加封侍中，迁升尚书左仆射、领军将军，深受把持东魏朝政大权的兄长高澄的重用。东魏武定五年（547年），高欢去世，高澄全面接管东魏朝政，高洋被任命为尚书令、中书监、京畿大都督。

东魏武定七年，高澄为膳奴所刺杀，朝中陷入混乱。关键时刻，高洋站了出来，安抚大家说："不必惊慌，只不过几个蟊贼而已，无妨。"之后，他一面派人抓捕嫌犯，一面处理朝政，将朝中大小事务处理得井井有条，混乱的局势很快得到了控制。

掌握朝政大权后，高洋开始觊觎皇帝的宝座，想要取而代之。他的亲信高德正、徐之才、宋景业等人有些性急，都催促高洋早日登基。高洋征求母亲娄氏的意见，却遭到坚决反对，娄氏说："你父亲像龙，你哥哥像虎，他们都没有打算称帝。你又是什么人物，也敢效仿舜禹禅让？"

长史杜弼也坚决反对高洋称帝，他说："西魏是我们棘手的敌人，你一旦称帝，他们很可能挟天子率军东向，到那时又该如何应对？"徐之才则持不同意见，反驳道："宇文泰东征西讨，目的就是想要自己当皇帝，对于他没有什么可担心的。"为了争取更多人的支持，高洋又派高德正到都城探询其他大臣的意见，然而没有一个人明确表态。此时高洋早已迫不及待，不等高德正回话，便亲率大军进逼首都邺城。

东魏武定八年五月，高洋进入邺城，派司空潘乐、侍中张亮、黄门侍郎赵彦等人威逼元善见写下诏书，禅位给自己。元善见双眼含泪，在诏书上签上自己的名字，与嫔妃告别后被赶出皇宫。高洋随即登基称帝，改元天保，国号为齐。

四方征战　内修国政

天保元年（550年）十一月，正如长史杜弼所料，西魏宇文泰得知高洋称帝的消息后，亲率大军征讨高洋，进抵建州。高洋为了炫耀自己的实力，特意集结六州鲜卑人，举行了一次大规模的军事演习，漫山遍野，刀枪林立，锣鼓震天，十分雄壮。宇文泰见状感慨万分，说道："看来，高欢并没有死啊！"他自知实力不及高洋，遂下令班师回朝，从此不再考虑进军北齐之事。所以，在高洋执政期间，北齐的局势较为平稳。

天保三年（552年）正月，高洋趁北部地区冰封雪冻之机，亲率大军出兵库莫奚，大获全胜。次年，高洋又率军征伐契丹，一直打到渤海边上才奏凯而归。之后他又连续作战，向北突袭突厥，一直追击至朔州北部，迫使其投降。从天保三年开始，高洋北击库莫奚，东北逐契丹，西北破柔然，西部平山胡（匈奴族），向南取淮南，势力一直延伸到长江边。

在内政方面，高洋采纳大臣们的建议，改革官制，削去州、郡建制，减裁了几万官吏，大大减轻了农民的负担；同时整顿吏治，遏制买官之风，使混乱的朝局有所改观，贪污腐化现象大大减少。他还修改法律，兴办学校，劝农事，求贤才，正礼仪，任用贤能之人担任文臣武将，国力达到鼎盛，农业、盐铁业、瓷器制造业都相当发达，使北齐成为当时与南陈、北周鼎立的几个国家之中最富有的政权。

天保六年（555年）十月，南梁大将王僧辩在内讧中被陈霸先诛杀，梁秦州刺史徐嗣徽联合南豫州刺史任约，将所辖各州献给北齐，然后趁陈霸先离开建康前往义兴的机会，率领5000精兵偷袭建康，经过一整天的激战，攻下了建康城郊的石头城。高洋得知后高兴万分，派5000精兵渡过长江支援徐嗣徽等人，南梁顿时陷入危机之中。

陈霸先闻讯急忙返回建康，商议迎敌之事。大臣韦载建议说："建康虽然危在旦夕，但建康以东和淮南地区还没有被敌人占领，还有取胜的希望。现在应该兵分两路，一路把守淮南，保卫运粮河道的安全；一路从北齐背后包抄，切断他们的运输道路，如此北齐则不攻自破。"陈霸先听从建议，立即布置兵力，成功夺回了建康。

高洋年轻自负，受此挫折后心中十分不甘，下令处死南梁人质陈昙朗。同时，他也认识到凭借自己的实力难以消灭南梁，再也不敢轻易发动战争。

同年，为了加强边疆的防御能力，北齐大兴土木，在西起恒州，东到幽州北夏口一线修筑了一道长城，绵延900多里。

残暴荒淫　死于非命

高洋登基六七年后，看到在自己的统治下，周边无战事，局势稳定，渐渐失去了进取之心，同时显露出心理扭曲的一面。他经常涂脂抹粉，穿着女性的衣服在大街上招摇过市，或者招纳一批女子到宫中供自己和亲信玩弄。据说他有一个宠妃薛氏，容貌倾城倾国，两人如胶似漆，日夜厮守。有一天，高洋喝醉了酒，忽然想起薛氏与清河王高岳有过暧昧关系，一时醋意大发，抽刀将薛氏杀死，还将其尸体肢解，取部分骨头做成乐器，常常自弹自唱，以此为乐。

娄太后见高洋整天沉湎酒色，非常生气，欲教训高洋。有一天，她见高洋又在饮酒作乐，便走过去，一边大声叱骂一边举起手杖朝高洋打去，没想到已喝得醉醺醺的高洋竟然一边回骂母亲，一边把母亲给举了起来，结果把娄太后给摔伤了。

天保十年的一天，高洋问身边的大臣们："为什么当年汉武帝经吕后之乱后还能中兴？"有人回答说："因为当年吕后上台，没有将刘氏斩草除根，所以后来刘氏中兴。"高洋似有所悟，想到自己虽然取代魏国，但北魏的皇室宗族还大量存在，是个极大的隐患。为了尽快消除隐患，他下诏将元姓宗室二十五家三千人全部杀死，甚至连婴儿也不放过，尸体扔进漳河，其状惨不忍睹。

同年十月，高洋因为饮酒过度而暴亡。

废帝高殷

高殷档案

生卒年	545—561 年	在位时间	559—560 年
父亲	文宣帝高洋	谥号	闵悼皇帝
母亲	李祖娥	庙号	恭宗
后妃	李难胜	曾用年号	乾明

高殷，字正道，小字道人，文宣帝高洋长子，南北朝时期北齐第二位皇帝。

天保元年，年仅 6 岁的高殷被册立为皇太子。天保十年，高洋驾崩，高殷继位，改元乾明，时年 15 岁。

乾明元年（560 年），常山王高演篡位，废黜高殷为济南王。次年，高殷为高演所杀，终年 17 岁，谥号闵悼皇帝，庙号恭宗，葬于武宁陵西北。

受人操控　命运悲惨

因为自己是篡权得来的帝位，为了防止重蹈东魏覆辙，高洋临死前令尚书令杨愔、尚书左仆射高归彦等人辅助幼主高殷处理朝政。但高洋之母、皇太后娄昭君却无视高殷是皇位继承人这一事实，欲立高洋同母弟、常山王高演为帝，幸亏尚书令杨愔、尚书左仆射高归彦、侍中燕子献、黄门侍郎郑颐军等顾命大臣力争，太子高殷才顺利继位。不过，高演仍晋封为太傅，长广王高湛则被封为太尉，皇太后娄昭君被尊为太皇太后。

高殷登基后，大臣杨愔在他的支持下准备实行改革，以整顿秩序，加强皇权。为了做个表率，杨愔主动上书请求高殷免去自己开府封王的爵赏，请求为全国凡70岁以上的军人授予名誉职位，60岁以上的将帅以及重病不能行军打仗者，则全部退位，同时罢免那些依靠贿赂、承袭而来的无用之才。这项政策的实施，使得朝野一片哗然。那些被罢免的奸佞小人心怀怨恨，纷纷投奔到高演、高湛兄弟门下。当时，高演、高湛和太皇太后娄昭君一起控制着北齐的军政大权，高演极具野心，暗中积极培植势力，企图篡权夺位。而杨愔的改革使双方的矛盾迅速白热化。

乾明元年，高殷经与杨愔商议，决定任命高演、高湛为刺史，以架空他们的权力。但是，参与谋划此事的平秦王高归彦偷偷向高演、高湛兄弟透露了这个消息。高演、高湛勃然大怒，随即利用去尚书省"拜职"的机会，带领几千精兵在酒宴上将杨愔等人拿下。他们将杨愔打得口鼻流血，之后押着他去见高殷。他们走到东阁门时，都督成休宁拔出宝剑阻止他们闯入。但是周围的卫士都已看出高殷大势已去，纷纷扔掉手中的兵器放弃抵抗。成休宁孤掌难鸣，只好作罢。

高演、高湛进入昭阳殿后，向太皇太后娄昭君历数杨愔的种种罪状。高殷因为口吃，越急越说不出话来。太皇太后娄昭君破口大骂高殷的母亲李太后说："我们鲜卑人难道还受你一个汉族老妇人的摆布不成！"李太后急忙磕头请罪。高殷惊慌失措，在娄昭君的威逼下，封高演为大丞相、都督中外诸军事、录尚书事。这样一来，高演完全掌握了军政大权，并下令将杨愔斩首。

乾明元年八月，娄昭君将高殷贬为济南王，移居别宫。高演则于晋阳宣德殿登位称帝。皇建二年（561年）秋，高演密令高归彦将高殷杀害。

孝昭帝高演

高演档案

生卒年	535—561 年	在位时间	560—561 年
父亲	高欢	谥号	孝昭皇帝
母亲	娄昭君	庙号	肃宗
后妃	元皇后、毛氏等	曾用年号	皇建

高演,字延安,东魏权臣高欢第六子,文宣帝高洋同母弟,南北朝时期北齐第三位皇帝。

北齐建立后,高演初封常山王,历任尚书令、司空、大司马等要职。文宣帝高洋临终前有意让位于他,但他却拒绝了,因此被封为顾命大臣。高殷继位后,高演被封为太傅。乾明元年,高演发动政变,废高殷为济南王,自立为帝,改元皇建。

高演在位仅一年多,却颇有作为,在他治下,北齐文治武功兼盛,政治清明。高演关心民生,轻徭薄赋,大力屯田,广设粮仓,有效地解决了北齐的粮食危机;同时,释放奴隶,依法量刑,选贤任能,大力宣传汉文化,注重民间风俗教化。军事上,高演北讨库莫奚,北出长城,拒敌千里。

皇建二年,高演病逝,终年 27 岁,谥号孝昭皇帝,庙号肃宗,葬于文靖陵。

才智超群　长于政术

高演从小便才智超群，器量宏大，具有做大事之才，他的母亲娄昭君对他非常看重。东魏元象元年，高演被封为常山郡公。高洋建立北齐后，高演开始参与朝政。他长于政术，胆大心细，多谋善断，经过官场的历练，政治经验逐渐成熟丰富起来。

天保元年，高演被封为常山王。天保五年，他被任命为并省尚书令[①]。由于他善于决断，擅长文辞义理，并省之内人人畏惧，不敢有所不从。

天保七年，高演跟随高洋返回邺城，深受高洋器重，次年转任司空、录尚书事，之后又被授任大司马，仍任录尚书事。

高洋在位后期沉湎酒色，群臣大多趋炎附势，不敢违逆圣意，唯独高演经常把忧愁气愤挂在脸上，不时对高洋直言相谏，高洋却满不在乎地说："国事有你处理就行了，我放纵行乐又有何妨？"高演哭泣拜倒在地，不发一语。高洋生气地把酒杯推到地下，说："你居然这样讨厌我，从今以后再有人敢进酒，我就杀了他！"他将酒杯全部砸坏丢弃，但不久又照样沉湎于游乐宴饮，有时还到各皇亲国戚家中举行比武搏击比赛。不过，每次高演一到场，所有人都会安静下来。高演还秘密撰写条例，打算向高洋进谏，其好友王晞劝他不要去招惹皇帝，但高演不听劝阻，找了个机会竭力劝谏高洋，结果惹得高洋大怒。

高演的王妃是北魏朝宗室元氏，两人感情很好，但高洋却想让高演离开元氏，于是私自做主为他找了很多美貌女子，希望他能够喜新厌旧，从此疏远元氏。高演虽然不敢违抗圣意，接纳了这些女子，但他与元氏的感情却更加深厚了。

高演行事非常严厉，尚书郎中若分析判断有误，就加以鞭打；令史如果干了不法之事，就刑讯追究。据说有一次，高洋让高演站在自己面前，用刀头上的环抵住其肋部，召来被高演惩罚的人，用刀子逼着，让他们揭露高演做得不对的地方，但没有一个人能说出高演的错处来。高洋这才作罢，但告诫高演从此不准再鞭打郎中。

还有一次，高洋酒后将北魏时的宫女赐给高演，但酒醒之后他却忘了这件事，硬说是高演擅自带走了宫女，还用刀头上的环猛打高演，高演被打伤，过了一个多月才渐渐康复，从此再也不敢向高洋进谏。

暗自谋划　政变夺位

高演比高洋的太子高殷大 10 岁，且长期镇守北齐发祥地晋阳，军事实力较强。高洋在世时担心高演以后会夺取高殷的皇位，甚至杀害高殷，临死前他忧心忡忡地对高演说："夺则任汝，慎勿杀也！"意思是说，你夺他的皇位可以，但不要杀掉他。高洋的担忧并非多余，他才刚刚咽气，太皇太后娄昭君便有意立高演为帝。由于尚书令杨愔、大将军高归彦、侍中燕子献、黄门侍郎郑颐等顾命大臣据理力争，太子高殷才得以继承大位。但是，高演身为皇叔，仍晋封为太傅，居昭阳殿东馆，大臣奏事先要由他裁决。

受诏辅佐高殷的尚书令杨愔担心高演对皇帝不利，便秘密向高殷的母亲李太后进言，将高演赶回封地。高演为了避嫌，也闭门不出，拒绝会见宾客。高殷身边的一些近臣也意识到，"若不诛王（高演、高湛），少主无自安之理"，太皇太后娄昭君也是一个巨大的威胁，于是建议几个顾命大臣早做防范。杨愔、燕子献等人听从建议，拟将太皇太后娄昭君迁居到邺城北宫，归政于李太后。杨愔又请求高殷采用明升暗降的方式，任命高演为太师、司州牧、录尚书事；长广王高湛为大司马、录并省尚书事，解除京畿大都督之职。不料计划泄露，高演和高湛相约打猎，在野外谋划政变。

经过周密策划，高演谎称他将去外州任职，特备酒宴在尚书省大会百官，向大臣们辞行，请杨愔、燕子献等人务必赴宴。高湛则在尚书省后室埋伏亲兵，又与亲信勋贵贺拔仁、斛律光等约定以摔杯为号，擒拿杨愔等人。

尚书令杨愔等人毫无戒备，来到尚书省后室。待他们入座后，高湛首先离席向杨愔敬酒，杨愔避席辞谢。高湛连声说："为何不饮酒？"并将酒杯摔在地上。伏兵听到暗号，如狼似虎般杀了出来，对杨愔等一顿乱打，杨愔与同来的领军将军可朱浑天和、侍中宋钦道被打得头破血流，当场被擒；燕子献力气大，奋力挣脱出去，但还是被斛律光捉住。

随后，高演、高湛兄弟带兵来到高殷居住的昭阳殿，击鼓起事。太皇太后娄昭君出殿升座，李太后与高殷侧立。高演叩头说："臣与陛下是骨肉至亲，杨愔想独揽朝政，王公以下都愤愤不平，若不及早将他们除掉，必贻害国家。臣已将他们抓住，请陛下处置！"

高殷闻讯大惊失色，当时他身边有侍卫2000人待诏，均全身披挂，而且武卫将军娥永乐勇武绝伦，只要他下令，很快便能扭转局势。但他因幼时挨过父亲鞭打，落下了口吃的毛病，一时急得说不出话来。这时，太皇太后娄昭君抢先开口，喝退拔刀欲战的娥永乐，并对高殷说："逆臣杨愔想杀死我的两个儿子，还危及我，你怎么还放纵他？快安慰安慰你的叔父！"高殷这才结结巴巴地说："此事任叔父处置吧，只希望保全侄儿的性命！"并被迫下诏任命高演为丞相、都督中外诸军、录尚书事，军队和国家大事全部由其决断。

乾明元年，高殷被太皇太后娄昭君废为济南王，移居别宫；高演继位于晋阳的宣德殿，改元皇建。因为担心高殷复兴，高演于次年将其杀害。

勤政为民　虚心纳谏

高演登上皇帝的宝座后，立即进行了大刀阔斧的改革：下令官奴婢凡60岁以上者，全部免为自由人；廷尉、中丞等执法部门必须量刑定罪，徇私舞弊者处以死刑；国子寺广招学生，讲习经典，设置官员进行督课。

高演执政以前，粮价飞涨，粮食转运困难。他了解现状后，下令在黄河南北大面积屯田，每年可以获得10多万石粮食，有效地解决了黄河以北的粮荒问题。之后，他又下令在河北等地设立粮仓，有效地解决了贡粮运送困难的问题。

高演非常善于采纳大臣们的意见。有一次，他在朝堂上杀了一名罪犯，血溅廷柱。之后他问大臣王晞："此人该不该死？"王晞回答道："该死，可惜死的不是地方。臣听说'在刑场上杀人，死得其所'。朝堂是议政的神圣地方，怎么能够变成刑场呢？"高演觉得他言之有理，从此不在朝堂上杀人。

高演经常自省，还要求大臣们积极进谏。有一次，他对大臣库狄显安说："我执政不久，缺乏经验，如有不对的地方，尽管大胆地说出来。"库狄显安回道："陛下有时会胡说八道。"高演感到不解，示意他继续说下去，库狄显安便接着说道："过去陛下见到高洋殴打臣下，总是苦苦规劝，认为人主不该这样；现在陛下也常常殴打臣下，您以前说过的话不是胡说八道吗？"高演听了恍然大悟，急忙道歉。

为了及时改正错误、反省自己，高演允许一些大臣随时进出自己的寝宫，讨论历代礼乐、职官、田市、税赋以及政治得失，并对问题逐一分析，发现过错便马上改正。

一代明君　愧疚而死

高欢掌权时期，北齐与北周之间战争不息，给老百姓造成了极大的灾难。高演继位后，双方实力发生了变化，北齐很快超越了北周。但是，高演并没有继承父兄的战争策略，而注重国内的经济发展，对外采取和睦相处、四邻为安的政策。

然而，就在高演当皇帝当得顺风顺水、如日中天的时候，他突然精神错乱，以至于命丧黄泉。原来，他在杀死高殷后心生愧疚，觉得对不起自己的哥哥。这种愧疚心理一直折磨着他，渐渐发展成精神错乱，眼前总是浮现高洋持剑为高殷报仇的幻觉。他经过找法师驱魔，并让卫士日夜守卫站岗，防止鬼魂进入，病情有所减轻。

不久，高演和几个随从外出打猎散心，其间因为有只兔子突然蹿出来，坐骑受惊，高演从马背上摔了下来，肋骨折断，被紧急送回宫中。

高演受伤后，病情急剧恶化，消失的幻觉又重新出现，折磨得他寝食难安。神志稍微清醒后，他意识到自己很难过得了这一关，便开始安排后事。他想到自己的帝位是因为杀了年幼的侄子高殷所得，而自己的儿子也还年幼，难保不会被自己的弟弟高湛杀掉，何况高湛并非仁义之人。经过再三考虑，为了保证儿子的平安，他决定改变传统，改立高湛为皇位继承人。

皇建二年十一月，高演宣布废掉年幼的太子，传位于高湛，并写了一份遗书，让高湛看在兄弟一场的情分上，好好对待他的妻子儿女，不要再犯他曾经犯过的错误。一切安排妥当后，高演驾崩。

注释：
①并省尚书令：官名。北齐置。主管设在晋阳的并州尚书省事务。

武成帝高湛

高湛档案

生卒年	537—568 年	在位时间	561—565 年
父亲	高欢	谥号	武成皇帝
母亲	娄昭君	庙号	世祖
后妃	胡皇后等	曾用年号	太宁、河清

高湛，字步落稽，东魏权臣高欢第九子，文宣帝高洋、孝昭帝高演同母弟，南北朝时期北齐第四位皇帝。

高湛初封长广郡公，天保元年晋爵为长广王。皇建元年（560 年），高湛与兄长高演一起发动政变废掉高殷，被封为右丞相，领京畿大都督。皇建二年，高演驾崩，高湛受遗诏继位，改元太宁。

高湛在位期间，宠信奸佞，肆意诛杀宗室及大臣，淫乱后宫，致使朝政混乱、社会动荡，北齐国势由盛转衰。

河清四年（565 年），高湛宣布退位，传位于太子高纬，自称太上皇。天统四年（568 年），高湛驾崩，终年 32 岁，谥号武成皇帝，庙号世祖，葬于永平陵。

滥杀宗室　败坏人伦

高湛自幼仪表不凡，风度翩翩，深受高欢喜爱，最初被封为长广郡公。其兄高洋建立北齐之后，他晋升为长广王。高洋去世后，太子高殷继位。高湛与兄长高演发动政变，诛杀顾命大臣杨愔等人，废黜高殷，高演继位称帝，高湛则被封为右丞相，权倾朝野。

高演身患重病以后，高湛曾与族侄高元海、高归彦等人密谋，打算发动政变，篡夺皇位，但他找来巫师占卜，巫师称起兵不吉利，只有以静制动才为大吉，这才放弃了起兵篡逆的打算。而高演也担心自己死后高湛会像自己一样起兵夺位，使自己的儿子高百年落得跟高殷一样的下场，决定将帝位传给高湛。

皇建二年十一月，高演驾崩，高湛受遗诏继位。这样做显然违背了长子继位的传统，因而引起了许多王公贵族的不满，其中尤以高演的儿子高百年为甚。高百年曾被立为太子，是名正言顺的皇位继承人，现在眼睁睁看着皇位被高湛抢去，他心中十分不甘，却又无可奈何，于是整天将自己闷在屋里，在纸上反复写皇帝专用的"敕"字。他的老师贾德胄发现后，担心受到牵连，急忙将此事报告高湛。事有凑巧，据说这一天天空中出现了两道彩虹，高湛立即联想到贾德胄所说的事情，心中十分担忧，遂下令将高百年抓来，以乱棍打死，尸体投入水池。又恰逢当天晚上电闪雷鸣、大雨滂沱，高湛以为得罪了神灵，万分惊恐，吓得跪在雨中磕头求饶。

平秦王高归彦善于见风使舵，因迎立高湛有功而被封为太傅兼司徒。随着官位的提升，他渐渐变得狂妄自大起来，根本不把高湛放在眼里，平时上朝总要带上3名全副武装的卫士，耀武扬威。高湛见状，解除了高归彦的官职，派他去地方驻守。高归彦接到命令后，知道大事不妙，一到冀州就起兵造反，趁夜率兵杀回邺城。高湛闻讯急忙派大军前去拦截，将高归彦包围起来。高归彦急忙改口，称自己不是叛乱，而是为了清君侧。高湛不予理会，直接命人将高归彦捉拿起来，押送刑场，并处死其子孙 15 人。

除了高百年和高归彦，高湛在位时还杀死了侄子高绍德、高孝瑜、高孝琬和四兄高淹。

杀人心虚　禅位避祸

高湛杀掉高归彦，解除了身边的一大威胁，自认为天下无忧，整日沉湎于酒色之中。据说，高湛想让文宣帝高洋的妻子李祖娥与自己私通，李祖娥不从，高湛便以杀掉其子相威胁。李祖娥无奈，只好顺从，之后怀孕生下一个女儿，但不幸夭折。高湛得知消息，认为孩子是李祖娥所杀，下令将李氏的儿子高绍德抓来，当着李氏的面杀死，随后又将李氏装进麻袋投入水池淹死（一说令其遁入空门）。

除了残暴荒淫，高湛还不辨忠奸、重用小人，以至于朝政混乱，百姓怨声载道。当时高湛最宠信的大臣是侍中和士开。和士开擅长一种叫"握槊"的游戏，高湛没有当皇帝时就喜欢玩这种游戏，和士开投其所好，又善于溜须拍马，因而深受高湛宠信。高湛当皇帝后，几乎到了须臾离不开和士开的地步，经常把和士开带到寝宫中玩乐。

河清四年，北齐天空中出现彗星，太史奏称"除旧布新之象，当有易主"。为了避祸，高湛将帝位传给儿子高纬，自称太上皇，三年后因酒色过度而死。

后主高纬

高纬档案

生卒年	556—578 年	在位时间	565—577 年
父亲	武成帝高湛	谥号	无
母亲	胡氏	庙号	无
后妃	斛律皇后、胡皇后、穆皇后、冯淑妃等	曾用年号	天统、武平、隆化

　　高纬,字仁纲,武成帝高湛长子,南北朝时期北齐第五位皇帝。

　　高纬少年时便被封为王世子,太宁二年(562年)被立为皇太子。河清四年,因为天空中出现彗星,太史官认为是不祥之兆,高湛急忙将帝位传给高纬,改元天统。

　　高纬是南北朝有名的昏君,自幼身边就围拢了一群奸佞小人,不学无术,荒淫残暴,比其父高湛有过之而无不及,最终酿成亡国之祸。

　　承光元年(577年),高纬仿照高湛的做法,将帝位禅让给儿子高恒。不久,北齐为北周所灭。次年,高纬父子连同众多宗亲全部被赐死。

荒淫残暴　心理扭曲

　　据传,高纬的母亲胡氏曾梦见自己坐在大海上的一只玉盒中,太阳直入自己裙下，梦醒之后便发现有了身孕，十月怀胎后生下了高纬。高纬小时候长得仪容俊美，深受父亲高湛宠爱，被立为王世子。高湛继位后，又将他立为皇太子。

河清四年三月，天空中出现彗星，太史官上奏说将有新皇帝出现。为了顺应天象，高湛决定将皇位传给年仅 10 岁的儿子高纬。高纬继位后大赦天下，改元天统，尊高湛为太上皇。

此时的北齐已经风雨飘摇、民怨沸腾，但是高纬并不引以为戒，反而变本加厉，自称"无愁天子"，常常抱着琵琶自弹自唱，有时还召来成百上千的太监同唱，过着荒唐的生活。

高纬爱好文学，但性情怯懦怪僻，口舌木讷，言语迟钝，除非是他宠信的近侍和宠臣，从不轻易与人交谈，更不喜欢与朝中大臣见面。假如有人多看他几眼，他就会恼怒斥责。大臣们向他奏事，即便是三公，也不能抬头看他，所以大臣们每次都是说个大概就慌忙退出。高纬还迷信巫术，每当国内发生灾害或有寇贼闹事，他不积极寻求解决办法，只在宫内斋戒祈祷。

由于他整天只顾吃喝玩乐，十天半月不上一回朝，朝政大权很快被奸佞小人把持。他有个奶娘叫陆令萱，其丈夫因犯谋反罪而被判处死刑，她自己也入宫做了奴仆，因为善于溜须拍马，她很快得到了武成帝高湛和胡皇后的信任，做了太子高纬的乳母。陆令萱看准太子高纬将来必定继承皇位，于是千方百计讨胡皇后和高纬的欢心。高纬对她也很亲近，称她为"干阿妈"，对她言听计从。高纬继位以后，封她为女侍中。陆令萱又自作主张，提拔奴婢、太监、倡优不计其数，陆令萱之子穆提婆也由一个宫奴成为朝中大臣，深受高纬宠信。陆令萱等佞幸小人把持朝政，勾结亲党，乱封官爵，导致朝廷中人员庞杂，职权不明，中央下达的政令无法执行，官员之间互相扯皮推诿，朝政几乎陷于瘫痪。

皇宫里有 500 多个宫女，高纬将每个宫女都封为郡官，赏赐每人一条价值万金的裙子和一个价值连城的镜台。之后，他在邺城大兴土木，广造宫殿；又在晋阳建造了 12 座宫殿，丹青雕刻，巧夺天工，比邺城的宫殿更加华丽。宫中的珍宝琳琅满目，他往往早上爱不释手，晚上就弃之一旁。高纬曾在晋阳的两座山上开凿两座大佛，下令工匠日夜劳作，晚上燃油照明，十几里地亮如白昼，造成了极大的人力财力浪费。

南阳王高绰是高纬同父异母的兄弟，为人心狠手辣。有一天，高绰牵着一条狼狗，看到一个妇女抱着孩子在大街上行走，一时兽性大发，将孩子从那个妇女手中夺过来，让身边的狼狗吞吃。妇女非常惊恐，大哭求情。高绰十分生气，又将那个妇女也拉来喂狼狗。狼狗因为刚刚吃过孩子，没有去咬那妇女，高绰就将小孩的血涂抹在妇女身上，结果，那个妇女很快便被狼狗咬死。高纬听说此事后，急忙召高绰进京。地方官员还以为皇帝要处置高绰，就用囚车将高绰押进京城。然而，高纬对高绰不但没有丝毫责备之意，反而摆酒设宴予以款待。席间，高纬问道："你在外地干什么最快活？"高绰回答说："看人和蝎子相斗最过瘾。"高纬听了，马上命人去抓蝎子，放进一个又深又大的盆子里，然后找来一个奴婢，将她衣服脱光，抛进盆里。蝎子很快爬到奴婢身上，将她蜇得大声哀号。高纬看得手舞足蹈，冲着高绰说："这样痛快的事为什么不早说？"之后，他封高绰为大将军，日夜陪伴自己寻欢作乐。

亡国之君　下场可悲

武平七年（576年），宇文邕亲率大军，分三路进攻北齐，围攻军事重地晋州，晋州守将侯子钦、崔景嵩早已对高纬失望至极，于是打开城门，投降北周。城内守军在行台仆射尉相贵的率领下浴血奋战，结果不敌，晋州陷落。

当将士们为晋州流血牺牲的时候，高纬正和新宠冯淑妃在京都城外打猎游玩。晋州的告急文书一封接着一封，但负责上奏的大臣却完全不当回事，说道："皇上正在兴头上，边境交兵乃日常小事，不必大惊小怪。"到了黄昏，驿站传来晋州陷落的消息，高纬有些惊慌，但美人在侧，他不忍败了美人的兴致，遂将国难置之脑后。

晋州陷落几天后，高纬才回到晋阳，派大将安吐根率军去收复晋州。安吐根命令士兵们往晋州城里挖地道，打算从地道进攻晋州。地道挖成后，高纬突然下令暂不进攻，因为冯淑妃想进地道游玩。北齐士兵只好等冯淑妃到来，谁知冯淑妃梳妆打扮又误了一个时辰，等她来了，北周的8万援军也已赶到。高纬十分慌张，想带着冯淑妃逃跑，安吐根等人连忙拦住他，并率领将士们拼死抵抗。后来，北齐大军后退半里，高纬和冯淑妃骑着马在后面观战，看到将士们后退，以为吃了败仗，又想逃跑。大将奚长忙拦住他们，劝道："进进退退乃兵家常事，现在我军毫发无损，陛下应该督战。若陛下马蹄一动，军心便会如山倒，望陛下三思！"其他大臣也都乞求高纬留下督战，以鼓舞士气；穆提婆却悄悄地对高纬说："臣子们的话不可信，陛下应该现在就走。"高纬早已方寸大乱，听了穆提婆的话，再也顾不上什么国事，仓皇北逃。将士们见皇上逃跑，也无心恋战，四散逃跑。

高纬逃跑后，安德王高延宗在晋阳自立为帝，率军抵抗北周的进攻，但因轻敌大意，最终兵败被俘。

北周军队攻下晋州后，一路挺进，直逼邺城。高纬坐立不安，与大臣们商议对策。大臣们纷纷建议说，应该重赏将士，鼓舞士气。高纬马上下诏，通令嘉奖，但并不见赏金。侍中斛律孝卿建议高纬亲自去安抚将士，并替他写了一份致辞，告诉他在读的时候应该慷慨激昂、声泪俱下，以激励士气。但是，高纬站在众人面前，一个字也念不出来，只是呵呵地傻笑。将士们看到皇帝如此昏庸，军心涣散，斗志尽失。

高纬知道大势已去，便于承光元年匆匆将帝位禅让给年仅8岁的儿子高恒，自称太上皇，以此推卸责任。几天以后，北周军队向邺城发起了全面进攻，高纬父子逃出邺城，奔往青州。途中，刚刚继位几天的高恒再也不愿当皇帝，又禅位给远在瀛洲的任城王高湝，并派侍中斛律孝卿将禅让诏令和玺绶送过去。殊不知斛律孝卿早已厌烦了高氏政权，带着诏令和玉玺直接走进了北周军营中。

不久，高纬父子被北周大将尉迟纲[①]抓获，押往长安，北齐宣告灭亡。北周建德七年（578年）十月，高纬父子为宇文邕所杀，其余族人被流放到西部沙漠，无一生还。

注释：

①尉迟纲（517—569年）：北周开国将领，宇文泰外甥。参与收复弘农、攻克河北、出战沙苑、邙山之战，屡立战功，历任车骑大将军、仪同三司、散骑常侍、侍中、华州刺史。北周建立后，支持太师宇文护，拜小司马、柱国大将军、大司空等职，封爵吴国公。

幼主高恒

高恒档案

生卒年	570—578 年	在位时间	577 年（正月）
父亲	后主高纬	谥号	无
母亲	穆黄花	庙号	无
后妃	无	曾用年号	承光

高恒，后主高纬之子，南北朝时期北齐的最后一位皇帝。

高恒出生不满百日便被册立为皇太子。承光元年（577 年），后主高纬禅位，年仅 8 岁的太子高恒继位，改元承光。

高恒继位后，宇文邕对邺城发起大规模进攻，很快攻破邺城，高恒与父亲高纬仓皇逃跑。途中，高恒又禅位于高欢第十子、任城王高湝。

北周建德七年，高纬、高恒父子一起被宇文邕下令处死。

国势衰微　强敌入侵

高恒是后主高纬的长子，其母为高纬第三任皇后穆黄花。穆黄花本是高纬第一任皇后斛律氏的侍女。斛律皇后是功臣斛律光之女，后来斛律光被诬谋反而处死，斛律氏也被废黜皇后之位。高纬又立其母胡太后的侄女为皇后，但他却更喜欢斛律氏的侍女穆黄花。高纬继位后，很宠信乳母陆令萱，封她为女侍中，不但把宫中的事情全部交给她掌管，而且让她参与朝政。陆令萱在朝廷大事上独断专行，在后宫更是说一不二。穆黄花见陆令萱得势，便认陆令萱为母亲。后来，陆令萱在高纬及胡太后面前进谗言，废黜了胡皇后，然后立穆黄花为皇后，所以高恒刚出生不久就被立为皇太子。陆令萱也被封为"太姬"，相当于一品官。

高纬荒淫昏庸，耽于享乐，肆意挥霍，又任用奸佞小人祸乱朝政，在他的潜移默化下，高恒也很喜欢斗鸡走狗，经常在马背上铺设褥子，把爱犬抱在上面，连斗鸡也都赐予开府官爵，犬、马、鸡、鹰都享受国家俸禄。朝廷官员上行下效，贪腐成风，以致齐国的国力迅速衰竭，民怨沸腾。

武平六年（575年），北周宇文邕率军进攻北齐，不料中途生病，不得不班师回朝。次年十月，宇文邕以越王宇文盛、杞公宇文亮、隋公杨坚为右三军，谯王宇文俭、大将军窦恭、广化公丘崇为左三军，齐王宇文宪、陈王宇文纯为前军，再次征讨北齐。宇文邕亲自率兵驻扎于晋州的汾曲，然后分派各军守住各处关隘、占领要害，另派步骑兵扼守蒲津关，以保证后方安全。安排妥当后，宇文邕派内史王谊指挥主力进攻平阳城。平阳守将海昌王尉相贵急忙向高纬求援。

宇文邕从汾曲到晋州城下督战，北齐行台左丞侯子钦不敌，只得出城投降。与此同时，防守北城的晋州刺史崔嵩因为迟迟不见援军到来，也向北周大将王轨之投降，并接应其攻取平阳，俘虏了尉相贵。

武平七年十一月，高纬、高恒率军抵达平阳。宇文邕见齐军来势凶猛，决定避其锋芒，引军西撤，仅留1万兵力守城。北齐军看到敌人撤退，在后面穷追不舍。宇文邕命宇文宪、宇文忻率军阻击，结果北齐军大败，北齐大将贺兰豹子阵亡。北齐军不敢恋战，急忙撤退。

宇文邕命宇文宪率6万将士屯于涑川，随时支援平阳，自己则返回长安。北齐看到北周大军撤退，又包围平阳，发起猛烈进攻，昼夜不停。守城大将梁士彦指挥士兵奋勇抵抗，多次击退齐军的进攻。宇文邕回到长安后，得知齐军对平阳的攻势十分猛烈，又亲率大军前来支援，于十二月到达平阳，打败了齐军。

一败再败 四处奔逃

北齐军战败后向晋阳撤退,北周军则在后穷追不舍。到了高壁,北齐将领高阿那肱①弃城逃跑。宇文邕继续朝晋阳方向追赶,在介休与宇文宪会师,北齐守将韩建业出城投降。

高纬、高恒见敌人将至,想投奔突厥,但是一路上随从人员大多逃跑,无奈之下只好逃往邺城。宇文邕攻下晋阳后,又奔邺城而来。高纬匆忙将帝位禅让给年仅8岁的太子高恒,改元承光,自称太上皇。

然而,高恒刚当上皇帝没几天,北周大军便兵临城下,高纬、高恒又一次弃城逃亡。北周军轻而易举地拿下邺城,北齐官员纷纷投降。在逃亡途中,高恒再也不想当皇帝了,下诏禅位于驻守瀛洲的任城王高潜,自称守国天王;高纬称无上皇。当时,高恒派斛律孝卿将玉玺和诏书送去远在瀛洲的高潜,不料斛律孝卿却直接送到了宇文邕军中。

高恒、高纬逃奔到青州,宇文邕派尉迟纲追击,北齐将领高阿那肱投降。高恒、高纬继续逃跑,准备投降陈朝,结果在青州以南的邓村被北周军俘获,押送到长安。高恒被北周封为温国公。北周建德七年二月,北周军攻下信都,俘获任城王高潜、广宁王高孝珩等人,北齐宣告灭亡。

同年六月,高恒与父亲高纬一起被宇文邕以谋反的罪名处死。

注释:

①高阿那肱(?—580年):北齐大臣,擅长骑射,谄事奉人。初随东魏丞相高欢,以功迁武卫将军,后为武成帝高湛所信用,又取悦幸臣和士开。后主高纬继位后,累迁并州尚书省右仆射,封淮阴郡王,位至右丞相。联合穆提婆、韩凤把持朝政,并称"三贵",排除异己。北齐灭亡后投降北周,出任大将军、隆州刺史。后联合益州总管王谦起兵反丞相杨坚,兵败被杀。

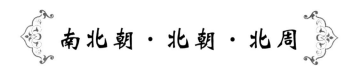

孝闵帝宇文觉

宇文觉档案

生卒年	542—557 年	在位时间	557 年二月至八月
父亲	宇文泰	谥号	孝闵皇帝
母亲	元皇后	庙号	无
后妃	元氏、陆夫人	曾用年号	无

宇文觉，鲜卑族，代郡武川人，宇文泰第三子，南北朝时期北周的开国皇帝。

宇文觉初封略阳郡公，西魏恭帝三年被立为世子，后又获封大将军。宇文泰去世后，宇文觉袭封安定公，官拜太师、大冢宰，不久又被封为周公。西魏恭帝四年（557 年）正月，宇文觉在宇文护的扶持下正式即位称天王，国号大周，史称北周。

宇文觉登基后，大权掌握在大冢宰宇文护的手中。为了自己能够亲政，宇文觉与宇文护产生冲突，结果被逼退位，一个月后被宇文护杀害，年仅 17 岁，后来被宇文邕追谥为孝闵皇帝。

承袭父荫　年少篡位

宇文觉于西魏大统八年（542年）出生于同州，当时他的父亲宇文泰已经成为西魏军队的实际统帅，任柱国大将军、都督中外诸军事。宇文觉生性刚毅果敢，"至德纯粹，天姿秀杰"，7岁（一说9岁）时被封为略阳郡公。据说当时善于相面的史元华给宇文觉相面后，私下对宇文泰夫妇说："此公子有至贵之相，可惜命不长久。"宇文觉未满15岁便娶了魏文帝元宝炬第五女晋安公主元胡摩为妻。

西魏大统十七年，魏文帝元宝炬去世，长子元钦继位，宇文泰独揽朝政大权，元氏政权名存实亡，不少元氏宗亲对此忧愤不已。西魏废帝二年（553年）十一月，尚书元烈密谋杀掉宇文泰，不料事情泄露，反为宇文泰所杀。元钦对元烈之死愤愤不平，决定诛杀宇文泰，夺回大权，结果又走漏风声，被宇文泰废黜，幽禁于雍州，不久又被毒杀。之后，宇文泰改立元钦四弟齐王元廓为帝，是为西魏恭帝。宇文泰自封太师、大冢宰，继续专权干政，并威逼元廓恢复原姓拓跋氏。

西魏恭帝三年三月，宇文觉被立为世子，不久又被封为大将军。宇文泰原想取代西魏政权自立为帝，不料却于同年十月病逝于北巡途中。宇文泰去世前，因为宇文觉还小，便嘱托侄子宇文护帮助宇文觉主持军国大事。

宇文护从小便善于矫情饰己，深得祖父宇文肱喜爱。后来宇文护追随宇文泰，也异常孝敬恭顺，从而骗取了宇文泰的信任，将很多事务交给他负责；他又随军转战，东征西讨，立下了不少功劳，深受宇文泰器重。

宇文泰死后，宇文觉继父位为太师、大冢宰，袭封安定公，西魏恭帝三年十二月又被封为周公。宇文护见篡魏时机已到，便逼迫元廓禅位给宇文觉。元廓亲自临朝，派民部中大夫[①]、济北公元迪将皇帝的印玺奉上，宇文觉力辞不受。公卿百官前去劝进，宇文觉遂同意了。次年正月，时年16岁的宇文觉在宇文护的扶持下受禅即皇帝位，代魏称帝，国号为周，史称北周。

宇文觉登基后，封大司徒、赵郡公李弼为太师，大宗伯、南阳公赵贵为太傅、大冢宰，大司马、河内公独孤信为太保、大宗伯，柱国、中山公宇文护为大司马。不久，他又晋封太师李弼为赵国公，太傅赵贵为楚国公，太保独孤信为卫国公，大司寇于谨为燕国公，大司空侯莫陈崇[②]为梁国公，大司马、中山公宇文护为晋国公。

宇文觉在位期间，多次减轻赋税，裁减六府官员，以减轻百姓负担；凡死罪以下的囚犯各减刑一等；诏令各地举荐贤良之士治理国家，这些举措对于北周的政治稳定和经济发展起到了一定的作用。

权臣当道　兄弟反目

宇文护掌握朝政大权后，专横跋扈，引起了一部分元老大臣的不满。太傅赵贵想要刺杀宇文护，于是找太保独孤信商议，独孤信极力阻止，但并未告发他。后来有人向宇文护告发此事，宇文护就以谋反罪名杀了赵贵，独孤信也被罢官，不久亦被赐死。之后，宇文护又相继杀害、排挤了不少功臣元勋，并打着维护社稷安宁的旗号，任用了一批心腹和爪牙，将自己的儿子封爵授官，由此造成了"百官总己以听于冢宰""事无巨细，皆先断后闻"的局面。

宇文觉渐渐看出宇文护居心险恶，对其揽权不法深为不满，产生了将他剪除的想法。一些久参国政的先朝大臣，如司会李植、军司马孙恒、宫伯乙弗凤和贺拔提等人，也对宇文护的专横十分痛恨。他们密谋策划，请求宇文觉除掉宇文护。宇文觉虽然赞同他们的意见，但却不敢贸然行动。李植等人继续进言道："宇文护擅杀功臣，威权日甚，很多谋臣宿将争相依附，臣料定宇文护必定不甘心臣事陛下，望陛下早做打算！"宇文觉听了，终于下定除掉宇文护的决心，召集一批武士在皇家花园讲习武艺，演练擒拿捆缚之术。

为免势单力薄，宇文觉又让李植、孙恒联络宫伯张光洛共同谋划此事。然而，张光洛是宇文护的心腹，他把宇文觉等人的计划通知宇文护，宇文护抢先动手，将为首的李植、孙恒驱逐到外州担任刺史。

谋诛权臣　被废身亡

尽管行动失败，宇文觉仍不肯罢休，总想召回李植、孙恒二人。一天，宇文护入宫去见宇文觉，装出一副很伤心的样子说："天下至亲，莫如兄弟，兄弟之间尚且互相猜疑，外人还能相信吗？臣自奉叔父遗命辅佐陛下以来，竭尽股肱之力，只盼陛下能够威加四海，帝业兴盛。臣最担心的是奸邪得志，这样不仅不利于陛下，也会使国家陷入危险的境地，一旦发生不测，臣有何面目见先王于地下呢？臣是陛下的兄长，官居宰相，还求什么呢？请陛下万勿听信谗言，疏弃骨肉！"宇文觉这才放弃了召回李植、孙恒二人的打算。

然而，李植等人也没有放弃除掉宇文护的计划，尤其是宇文觉身边的乙弗凤，他担心时日久了，除掉宇文护的计划会成为泡影，于是加紧谋划，打算让宇文觉设下御宴，然后密召宇文护前来赴宴，趁机将他杀死。

遗憾的是，直到这时，他们仍未能识破奸细张光洛，计划再次被宇文护得知。宇文护立刻召集柱国贺兰祥、领军尉迟纲商讨对策，贺兰祥等劝宇文护废掉宇文觉，并杀掉其同党。

当时尉迟纲掌管禁军，宇文护便派尉迟纲进宫，通知乙弗凤等前来商议国事，等他们一到，便一个个抓了起来。接着，他们遣散皇宫禁卫，由贺兰祥带兵入宫。宇文觉发现形势不妙，忙命宫女、太监操起兵器自卫，但已经无济于事。宇文护让贺兰祥将宇文觉幽禁起来，并要挟公卿废黜宇文觉。大臣们畏惧宇文护的淫威，只好违心地说："此公之家事，敢不唯命是听！"

后来，宇文护将李植、孙恒召回并处死，乙弗凤、贺拔提也同时被杀。宇文觉初被废为略阳公，一个月后也被杀掉。

注释：

①民部中大夫：官名。西魏恭帝三年置，北周沿置。地官府民部司长官，员二人，掌管民户数额。

②侯莫陈崇（514—563年）：西魏到北周时期将领，西魏"八柱国"之一。勇武果敢，擅长骑射，谨慎诚朴。随从宇文泰擒窦泰、复弘农、克沙苑、战河桥、破稽胡，屡立战功，拜柱国大将军、雍州牧、太子少师。北周建立后，拜太保、大宗伯、大司徒，册封梁国公。

明帝宇文毓

宇文毓档案

生卒年	534—560 年	在位时间	557—560 年
父亲	宇文泰	谥号	明皇帝
母亲	姚夫人	庙号	世宗
后妃	独孤皇后	曾用年号	武成

宇文毓，小名统万突，西魏权臣宇文泰庶长子，南北朝时期北周第二位皇帝。

宇文毓初封宁都郡公，后又任大将军，镇守陇右。西魏恭帝四年，其弟宇文觉在宇文护的挟持下，逼迫元廓退位后篡位称帝，建立北周政权，宇文毓也进位柱国、任岐州刺史等，在地方颇有政绩，深受百姓拥戴。次年九月，宇文护废黜宇文觉，由宇文毓继位。

宇文毓在位期间，励精图治，崇尚节俭，澄清吏治，修撰典籍，还率兵击退了吐谷浑的侵犯，威望与日俱增。武成元年（559 年），他不满足于王号的称呼，改称皇帝，改元武成。

武成二年（560 年），宇文毓为宇文护所害，终年 27 岁，谥号明皇帝，庙号世宗，葬于昭陵。

弟遭废黜　兄长继位

宇文毓自幼聪明过人，而且勤奋好学，15岁时便被魏文帝元宝炬封为宁都郡公，食邑3000户，开始参与朝政之事，后来又历任开府仪同三司、督宜州诸军事、宜州刺史。西魏恭帝三年，宇文毓23岁，被授予大将军之职，负责镇守陇右。

西魏恭帝四年，宇文觉在宇文护的扶持下，逼迫元廓退位，篡位称帝，建立北周政权。宇文毓也被封为柱国，掌岐州诸军事、任岐州刺史，在职期间政绩斐然，深受百姓拥戴。当时，因为宇文护独揽朝政大权，专横跋扈，引起了朝中大臣与宇文觉的不满。宇文觉想要收回权力，自己亲政，与宇文护的矛盾越来越大。后来，宇文觉与大臣李植、孙恒、乙弗凤等人密谋，想要除掉宇文护，不料消息泄露，宇文护先发制人，派心腹贺兰祥等人带兵逼宫，废黜宇文觉。但宇文护知道自己羽翼未满，还不敢自立，于是派使者到岐州迎宇文毓继位。同年九月二十八日，宇文毓被立为天王。

勤政帝王　惨遭毒手

宇文毓果断干练，而且有着多年的从政经验，自然不甘心做一个傀儡皇帝。为了培植自己的势力，他慢慢提拔了一批心腹大臣，期望有朝一日能够清除宇文护之流。宇文护也起了警觉之心，为了试探宇文毓对自己的态度，他于武成元年假意请求归政于宇文毓。宇文毓顺水推舟，趁机将权力收回，封宇文护为雍州牧、太师。同年八月，宇文毓觉得天王的称号不足以威慑天下，于是正式称帝，改元武成。

宇文毓亲政后励精图治，勤于政事，改革吏治，崇尚节俭；加上他为人宽厚，与大臣们的关系十分融洽，很快形成了一个良好的政治局面。他还非常重视发展文化，专门召集了80多人校刊经史，编纂《成谱》500卷，对当时的学术文化发展做出了很大的贡献。在军事上，宇文毓于武成元年派兵击退了吐谷浑的侵犯，威望得到了很大的提高。

然而，此时宇文护又蠢蠢欲动。武成二年四月，膳部下大夫李安在宇文护的授意下，在宇文毓的食物中投毒。宇文毓吃后上吐下泻，口鼻流血，经御医百般治疗仍不见效果。他深知自己时日无多，便口授遗诏500多字，传位于四弟、鲁国公宇文邕，之后驾崩。

武帝宇文邕

宇文邕档案

生卒年	543—578 年	在位时间	560—578 年
父亲	宇文泰	谥号	武皇帝
母亲	叱奴氏	庙号	高祖
后妃	阿史那氏、李娥姿等	曾用年号	保定、天和、建德、宣政

宇文邕，小字祢罗突，鲜卑族，西魏权臣宇文泰第四子，孝闵帝宇文觉、明帝宇文毓异母弟，南北朝时期北周第三位皇帝。

宇文邕13岁时被封为辅城郡公。孝闵帝宇文觉建立北周政权后，宇文邕被封为大将军，出镇同州。明帝宇文毓时，宇文邕改封柱国，授任蒲州诸军事、蒲州刺史，后又入朝担任大司空，晋鲁国公。武成二年，宇文毓中毒而亡，宇文邕继位为帝。

宇文邕在位期间，诛杀权臣宇文护，摆脱鲜卑旧俗，崇尚简朴，整顿吏治，使北周政治清明，百姓生活安定，国势强盛。

建德四年（575年），宇文邕大举进攻北齐，并于一年半后消灭北齐。宣政元年（578年），宇文邕再次率军讨伐突厥，不料大军还未行动，他便发病身亡，终年36岁，谥号武皇帝，庙号高祖，葬于孝陵。

韬光养晦　诛杀奸臣

宇文邕出生于同州，从小便聪明敏达，很有远识，而且性格果敢决断，有智有谋，气度恢宏。宇文邕也非常孝顺，侍奉双亲礼数周到，深得宇文泰喜爱。宇文泰经常当着别人的面夸赞他说："将来能实现我志向的，必定是我这个儿子。"西魏恭帝二年（555 年），年仅 13 岁的宇文邕被封为辅城国公。

宇文泰去世后，宇文觉承袭父职。西魏恭帝四年，宇文觉在宇文护的扶持下受禅登基，建立北周，封宇文邕为大将军，出镇同州。同年九月，宇文护废黜宇文觉，拥立宇文邕长兄宇文毓为帝。十二月，宇文邕升任柱国，授督蒲州诸军事、蒲州刺史。

武成元年，宇文邕入朝担任大司空，封鲁国公，兼任宗师。明帝宇文毓对宇文邕非常信任，凡朝政大事必与其商议。宇文邕性情深沉稳重，轻易不发表意见，但"言必有中"。武成二年，宇文护设计毒死宇文毓，宇文毓临死前口授遗诏传位于宇文邕，宇文护只得拥立宇文邕为帝。

宇文邕继位时，北齐朝政一片混乱，经济和军事力量严重衰退，老百姓苦不堪言，极度渴望统一。宇文邕认为这是消灭北齐的大好时机，于是花重金收买了一些北齐官民，获得了许多军事情报。之后，北周又派杨荐、王庆出使突厥，联络突厥首领木杆可汗，希望娶阿史那氏为皇后。北齐闻讯十分恐慌，也赶紧带着重金前去求婚。木杆可汗贪图北齐的钱财，准备将杨荐、王庆送给北齐处置。杨荐毫无惧色，晓以利害，最终说服了木杆可汗，答应与北周联合，消灭北齐。

保定三年（563 年），北周派大将杨忠率骑兵 1 万与突厥会合，从北路进攻北齐；大将军达奚武则率 3 万步兵从南路包抄。杨忠进军顺利，连克北齐 20 多城，直逼晋阳。北齐集中全部精锐迎战，突厥军队见北齐军军容甚盛，率先撤退，使北周军队大败而还。南路军得到消息后也跟着撤军，宇文邕第一次伐齐以失败告终。

继第一次伐齐失败后，宇文邕立即组织了第二次伐齐之战，但却遭到宇文护的阻止。

宇文护在宇文邕继位后继续把持朝政，根本不将宇文邕放在眼里。保卫宇文护的人比皇家护卫还要多，他不给兵符，宇文邕便无法调动兵马。宇文护之子仗着父亲的权威，也为所欲为，激起了很大的民愤。宇文邕遇到宇文护时，也要先表示恭敬之意，行家常之礼。平日他们一起去看望皇太后时，皇太后往往赐予宇文护座位，而宇文邕只能站立。

这些都使宇文邕对宇文护十分不满，一心想要将其除掉，但他深知宇文护势力强大，而自己根基未稳，根本无法与之抗衡。他决定采取韬光养晦的策略，等待有朝一日全力反击。

为了进一步麻痹宇文护，宇文邕极尽讨好之态。据说有一次，侯莫陈崇随宇文邕一起来到原州，到了晚上，宇文邕执意要回长安。众人都觉得奇怪，侯莫陈崇便对身边人说宇文护已被诛杀。这话很快便传了出去，宇文邕听说后马上在大德殿召见群臣，当众责骂侯莫陈崇散布谣言，离间君臣。侯莫陈崇连忙谢罪。当天晚上，宇文护派兵冲进侯莫陈崇府中，逼他自尽。宇文邕又下诏表彰宇文护，诏令此后在诏诰及百司文书中不得直呼宇文护的名字。

宇文护的母亲被北齐俘虏，母子分离长达几十年。后来，北齐将宇文护的母亲释放回国，宇文邕对宇文护的母亲也极力讨好奉承，经常将最好的东西赏赐给她。每逢节日，宇文邕总会率领皇室亲属向宇文护的母亲行家人之礼，称为"觞上寿"。宇文邕的这些做法使宇文护放松了警惕，但还是时时处处要挟宇文邕，总想取代宇文邕自己称帝。当时，与宇文护很亲近的庾季才奉劝宇文护将大权归还天子，卸甲归田，回故乡养老以求善终。但宇文护听不进去，还因此疏远了庾季才。

宇文邕表面讨好宇文护，暗中却积蓄力量，寻找机会诛杀宇文护。宇文邕之弟、卫国公宇文直与宇文护关系亲密，但宇文直在沌口之役失利后，宇文护毫不留情地罢免了他，宇文直为此心怀怨恨，遂劝宇文邕一定要诛杀宇文护，并希望由自己代替宇文护成为大冢宰。宇文邕知道时机已经成熟，便秘密召见宇文直和右宫伯中大夫①宇文神举等，商议除掉宇文护的具体计划。

建德元年（572年）三月，宇文邕从同州回到长安，在文安殿拜见了宇文护。之后宇文邕又带宇文护一起去拜见太后，他还对宇文护说："太后年事已高，却很喜欢喝酒，我多次劝谏太后不要饮酒，她都不在意。兄长今日来到后宫，拜见太后时顺便劝劝太后将酒戒掉。"他一边说一边从怀中拿出周成王曾经为劝诫他人不要饮酒而作的名篇《酒诰》，把它交给宇文护，让宇文护借此劝诫太后。

到了武安殿，宇文护遵照宇文邕的吩咐，为太后念起了《酒诰》。宇文邕趁他专心念文之机，拿起玉珽，对着宇文护的头猛地砸了下去，宇文护立即倒在了地上。宇文邕拿出御刀，命令身边的宦官何泉杀死宇文护。何泉从来不曾经历过如此场面，早已吓得魂飞魄散，恐惧之余，对着宇文护胡乱砍了几下，均未砍中要害。这时，藏在殿后的宇文直飞快跑了过来，对着宇文护一顿狂砍，宇文护当场身首异处。宇文邕又命令长孙览一干人迅速行动，将宇文护之子及亲信人士全部诛杀。

内修外征　身死异乡

宇文邕掌握实权后，全身心地投入到政事之中，一方面大力发展农业生产，一方面征召农民服兵役，以扩充军队人数，达到增强军事力量的目的。

建德四年七月，宇文邕再次动用18万兵力，以宇文纯、司马消难、达奚震为前三军总管，宇文盛、侯莫陈琼、宇文招为后三军总管，宇文献、杨坚率领重兵居中，其余将领各有任务，对北齐进行第二次讨伐。宇文邕亲率6万大军直逼河阴。出发之前，宇文邕发布了严明的军纪：不许骚扰百姓、践踏庄稼、砍伐树木等，违者定斩不赦。不久，北周军队便拿下河阴、洛口等地。但是在攻打晋阳时却遭遇挫折，一连20多天都没有取得什么进展。宇文邕焦急万分，忧虑成疾，只好退兵返回长安。

宇文邕这次出征虽然没有达到预期目的，却也使北齐元气大伤，从此再也没有力量与北周抗衡。

建德六年（577年），宇文邕第三次发兵，并很快攻下邺城。北齐皇帝匆忙逃往青州，途中被北周军抓获，北齐宣告灭亡。此战，北周共得到五十州、一百六十二郡、三百八十县、三百零三万两千五百户百姓。宇文邕终于实现了自己统一北方的愿望，为统一全国打下了基础。

消灭北齐后，宇文邕继续推行灭佛政策，使中原地区4万余所寺庙变成王公府邸，300余万僧尼还俗。他还下令赦免奴婢和杂户，提高其生产积极性。他在生活中厉行节俭，穿粗布皇袍，盖布被，取消皇宫内的华丽装饰，削减宫女，后宫仅留妃子10人。

宣政元年五月，突厥发兵骚扰北周边境，宇文邕亲率大军讨伐，途中不幸染病。他派宗师宇文孝伯安排后事，封其为司卫上大夫②，统领宿卫军，负责镇守京城。之后，因病情急剧恶化，他在六月返回长安，当月驾崩。

注释：

①宫伯中大夫：官名。西魏恭帝三年置，北周沿置。天官府宫伯司长官，分置左、右，皆正五命。掌管宫寝的侍卫、轮换在宫中值勤并负责临朝及出行的警卫。临朝时在前侍之首，金甲，执龙环金饰长刀。出行时卫护在路车两侧。隋开皇元年废。

②司卫上大夫：官名。北周置，简称司卫。侍卫长官，掌东宫卫士，在非常时期亦可统率皇帝宿卫兵马，权任甚重。隋开皇元年罢。

宣帝宇文赟

宇文赟档案

生卒年	559—580 年	在位时间	578—579 年
父亲	周武帝宇文邕	谥号	宣皇帝
母亲	李娥姿	庙号	无
后妃	杨丽华、朱满月、陈月仪等	曾用年号	大成

宇文赟（yūn），字乾伯，武帝宇文邕长子，南北朝时期北周第四位皇帝。

宇文赟幼年时曾被封为鲁国公，建德元年成为皇太子，曾率军西征吐谷浑。宣政元年，宇文邕驾崩，宇文赟继位，改元大成。

宇文赟在位期间，沉湎酒色，荒淫奢侈，滥施刑罚，致使北周的国势日渐衰落。

大象元年（579 年），宇文赟禅位于长子宇文阐，自称天元皇帝，但仍掌控朝政大权。次年，宇文赟驾崩，终年 22 岁，谥号宣皇帝，葬于定陵。

浪子继位 原形毕露

宇文赟出生于同州，初封鲁国公，建德元年又被立为皇太子。因为自幼过着优渥的生活,他养成了喜欢被人奉承的性格。建德二年(573年),为了树立宇文赟在朝廷中的威望,武帝宇文邕诏命他视察西部地区,并为他迎娶了杨坚长女杨丽华为太子妃。宇文邕外出视察时,经常留宇文赟监理朝政,以锻炼他治理国家的能力。

建德五年(576年)二月,宇文邕派宇文赟巡抚西部边境,带兵讨伐吐谷浑,并派大将王轨和宫正宇文孝伯随行辅佐。然而,宇文赟一路上和宫尹郑译①、王端等人胡作非为,遭到沿途百姓的咒骂。返回长安后,王轨如实向宇文邕禀报。宇文邕非常愤怒,下令责打郑译和宇文赟。但宇文赟并没有引以为戒,反而变本加厉,胆子越来越大,还偷偷地将郑译等人召入东宫胡混。

因为对宇文赟寄予了厚望,宇文邕对他的管教也非常严厉。每次朝见都要诫勉一番,告诫他与大臣们保持一致,不许偷懒,即使酷暑寒冬也不准他休息。宇文赟喜欢喝酒,宇文邕就下令不许往东宫送酒。每次宇文赟犯了错,宇文邕也毫不袒护,必定狠狠责罚,甚至警告他再这样下去就废掉其太子之位,并派人监视宇文赟的一举一动,每天都做详细的记录报告。宇文赟竭力伪装掩饰,装出一副真心悔过的样子,骗取了宇文邕和众人的信任。

宣政元年,宇文邕御驾亲征突厥,不料途中生病,忙找来大臣宇文孝伯安排后事。就在返回长安当夜,宇文邕驾崩,宇文赟立即原形毕露,父亲的尸体还未入葬,就站在棺材旁指着自己身上的伤疤大骂道:"你死得太晚了!"

按照传统礼制,宇文邕驾崩后,身为皇位继承人的宇文赟要守孝一个月,但他不顾礼仪,第二天便登基,之后天天在殿前观看歌舞表演,又在后宫与宫女们尽情嬉戏;10天后他将宇文邕下葬,下葬当天就脱掉孝服,为自己登基庆祝。他还将宇文邕的嫔妃全部找来,将其中年轻貌美的妃子留为己用;又提拔郑译为开府仪同大将军、内史中大夫,委以重任。

昏暴荒淫　胡作非为

宇文赟在位期间贪恋酒色,不理朝政,而且一反宇文邕勤俭节约的习惯，挥金如土，短短一年时间就导致国库亏空，国力严重衰退。他继位后还杀掉了叔父宇文宪及其几个儿子，又废除宇文邕制定的刑法《刑书要制》。为了收买人心，他下诏大赦天下，释放所有罪犯，结果导致犯罪分子十分猖獗，社会陷入了混乱。宇文赟见状，又急忙制定一部新法《刑经圣制》，其中一些条款比之前更为苛重。民众稍有过失，便斩首灭门。为了防范有人犯上作乱，宇文赟还派人秘密监视大臣，发现一点过失便施以重刑。

大成元年（579年），宇文赟将帝位传给太子宇文阐，改元大象，自任天元皇帝。这以后，他更加为所欲为，将自己比作天帝，所居宫殿称作天台，对大臣们讲话改"朕"为"天"，饮食用樽、彝、瓒等稀奇用具，在后宫与妃子们纵情淫乐，将杨丽华、朱满月、陈月仪、元乐尚、尉迟炽繁5人并立为皇后。他经常因为一点小事就责罚他人，连皇后也难以幸免。每次打人都要打120军棍，算是"天杖"。有一次，皇后杨丽华惹他生气，他便逼杨丽华自杀，幸得杨丽华的母亲独孤氏进宫苦苦哀求，杨丽华才幸免于难。还有一次，他对杨丽华恶狠狠地说："我早晚要杀掉你全家。"之后便召杨坚入朝，并吩咐左右，如果杨坚神色慌张，立即将其杀掉。然而杨坚不动声色，无论宇文赟说什么，他都神态自若，这才免于一死。

因为长期放纵，宇文赟的身体越来越虚弱。大象二年（580年），他在出游中病倒，连后事都来不及交代，当晚便驾崩。

注释：

①郑译（540—591年）：北周时历任内史上大夫等职。大象二年，与刘昉等支持杨坚总揽朝政，迁柱国、相府长史，参预机密，言无不从。杨坚建立隋朝后，拜隆、岐二州刺史。

静帝宇文阐

宇文阐档案

生卒年	573—581 年	在位时间	579—581 年
父亲	宣帝宇文赟	谥号	静皇帝
母亲	朱满月	庙号	无
后妃	司马皇后	曾用年号	大象、大定

宇文阐，原名宇文衍，鲜卑族人，宣帝宇文赟长子，南北朝时期北周最后一位皇帝。

大成元年正月，宇文阐被立为皇太子；二月，宇文赟便将帝位传给他，改元大象。这一年宇文阐年仅 7 岁。宇文赟自称天元皇帝，仍掌控朝政。

大象二年，宇文赟病危，御正下大夫刘昉、内史上大夫郑译伪造诏书，让隋国公杨坚接受遗命，辅佐朝政。宇文赟驾崩后，宇文阐服丧，朝政之事皆听命于杨坚。

大定元年（581 年），宇文阐被迫禅位于杨坚，降封为介国公，北周宣告灭亡。同年五月，宇文阐被杨坚派人害死，年仅 9 岁，谥号静皇帝，葬于恭陵。

幼年继位　危机暗伏

大成元年正月，宇文阐被封为鲁王，同月被册立为太子。一个月后，宇文赟宣布退位，由7岁的皇太子宇文阐继位，宇文赟自称天元皇帝。同年七月，宇文阐立柱国、荥阳公司马消难之女司马令姬为皇后。

宇文赟退位后，仍然掌控朝政大权。他当太子时就娶了杨坚长女杨丽华为太子妃，登基后又封杨丽华为皇后，杨坚也晋升为柱国大将军、大司马。不过，宇文赟对杨坚充满疑虑，一直想找机会杀掉杨坚，但杨坚早有准备，行事十分谨慎，使宇文赟始终找不到杀他的借口。后来，杨坚主动提出出藩任职，宇文赟正巴不得他远离朝廷，于是任命他为亳州总管。当时，与杨坚关系密切的庞晃劝他起兵夺取皇位，杨坚认为时机还不成熟，但夺权篡位之心已昭然若揭。宇文赟退位后更加沉迷于荒淫享乐，满朝文武大臣敢怒而不敢言，天下百姓怨声载道。而宇文赟因为放纵过度，身体越来越虚弱。

大象二年五月，宇文赟病危，御正下大夫刘昉、内史上大夫郑译伪造诏书，封杨坚为顾命大臣，入朝辅政。没过多久，宇文赟驾崩，宇文阐入住天台，废去正阳宫，停建洛阳宫，大赦天下。次日，宇文阐任命柱国、汉王宇文赞为上柱国、右大丞相、扬州总管；隋国公杨坚为左大丞相、柱国，假黄钺；秦王宇文贽为上柱国。杨坚以外戚身份控制了北周的朝政大权。宇文阐服丧期间，百官全部听从杨坚的安排。

被迫禅位　难逃一死

杨坚执掌朝政以后，提拔有能力的大臣李德林、高颎[①]（jiǒng）、庾季才担任要职，同时宣布废除宇文赟时期的一些弊政，恢复法制。随后，杨坚又任命世子杨勇为洛州总管、东京小冢宰，总管原北齐的地域。这年年底，杨坚晋爵为王。

随着自己在朝廷中的势力越来越大,杨坚认为时机已经成熟,开始阴谋篡位。他首先诱骗赵王宇文招、陈王宇文纯、越王宇文盛、代王宇文达、滕王宇文逌(yōu)到长安,将他们连同雍州牧宇文贤一起杀掉;又任用韦孝宽出兵打败尉迟迥,清除了威胁自己的政敌,扫清了篡夺帝位的障碍。

大定元年二月,宇文阐被迫禅让帝位于杨坚,居于别宫,北周宣告灭亡。杨坚称帝,建立隋朝,降宇文阐为介国公,食邑1万户,车服礼乐仍按北周旧制,上书皇帝不称表,皇帝回复不称诏。

同年五月,宇文阐被杨坚派人害死。

注释:

①高颎(541—607年):隋朝著名宰相、军事谋臣。北周末,被杨坚任命为相府司录。入隋,任尚书左仆射,执掌朝政。先后推荐苏威、杨素、贺若弼、韩擒虎等人为将相。灭陈时任元帅长史,主持军事。后因反对废太子杨勇并得罪独孤皇后,免官。炀帝时,起用为太常卿。后因与贺若弼等议论朝政,被杀。